国立民族学博物館論集 5

近代ヒスパニック世界と文書ネットワーク

吉江貴文 編

悠書館

The Modern Hispanic World and the Document Network

Edited by

Takahumi YOSHIE

Minpaku Series in Anthropology, No.5

ISBN978-4-86582-035-5 C3022

© T.YOSHIE, 2019

Printed in Japan

近代ヒスパニック世界と文書ネットワーク

目次

序　「近代ヒスパニック世界と文書ネットワーク」の構想と課題
………………………………………………………… 吉江貴文　7

第Ⅰ部　文書循環サイクルの成立過程

1章　スペイン帝国の植民地統治と文書
中央アメリカのチアパス地方王庫（1540〜1549）を事例として
………………………………………………………… 小原 正　23

2章　スペイン帝国の文書ネットワーク・システムとフィリピン
インディアス総合文書館所蔵フィリピン総督文書の検討
………………………………………………………… 清水有子　55

3章　検索可能なアーカイブの構築
スペイン異端審問の文書管理………………………… 坂本 宏　77

4章　イエズス会のグローバルな文書ネットワーク・システム
スペイン領南米パラグアイ管区の「年報」を中心に
………………………………………………………… 武田和久　101

第Ⅱ部　文書の物質的諸相

5章　紙の上の集住化
イエズス会ペルー管区モホス地方の洗礼簿の分析
………………………………………………………… 齋藤 晃　129

6章　植民地都市ラパスにおける公証人の文書作成術と公証人
マニュアルの影響
………………………………………………………… 吉江貴文　161

7章　テンプル／聖ヨハネ騎士団カルチュレールと文書管理
生成・機能分化・時間 ……………………………… 足立 孝　203

第Ⅲ部　帝国周辺社会における文書ダイナミズムの実相

8章　有力入植者と王権をつないだ文書
　　　初期メキシコ植民地の事例から………………………横山和加子　231

9章　植民地時代メキシコ中央部の先住民村落における「権原証書」
　　　（títulos primordiales）の作成と使用
　　　…………………………………………………………井上幸孝　255

10章　先住民の文書利用
　　　17世紀ペルー・ワマンガの公正証書の分析を通じて
　　　………………………………………………………溝田のぞみ　275

11章　スペイン領メキシコにおける簿記行為
　　　シモン・バエスの帳簿を中心に　　　　　　　　　伏見岳志　299

　　　第Ⅳ部　研究者の集合知

12章　近代ヒスパニック世界における文書ネットワーク・システム
　　　の成立と展開
　　　共同研究の集合知の可視化の試み　　　　　　　　中村雄祐　327

付論「集合知の可視化プロジェクト」に対する
　　　編者からのコメント………………………………………吉江貴文　345

参考文献　349
索　　引　377

近代ヒスパニック世界と文書ネットワーク

序 「近代ヒスパニック世界と文書ネットワーク」の 構想と課題

吉江貴文

1 スペイン帝国を支えた文書ネットワーク

　近代初期、アジアからアメリカに至る広大な領域を支配下に治めたスペイン帝国の統治原理は、かつてアンヘル・ラマが「文字化された都市（Lettered City）」という表現を用いて象徴的に示したように、文書主義の優越というイデオロギーによって支えられたものであった（Rama 1984）。ここでいう「文書主義」とは、対面的な口頭伝達よりも文書を介したコミュニケーションをより重視し、「文書への信頼」に基づいて人間関係の在り方や社会の仕組みを支えようとするメンタリティーを指している（Clanchy 1993、三瀬 2009）。15世紀末以降、アメリカ大陸の「発見」を契機として、海外征服・植民地化事業に乗り出したスペイン帝国は、そうした文書主義に支えられて成立した近代ヨーロッパ史上、最初の海外植民地帝国といえるだろう。スペイン帝国の統治機構においては、マドリード王宮の発する命令書簡からインディアス（新大陸およびフィリピンのスペイン領植民地）の最末端で作成された先住民請願書に至るまで、さまざまな出自をもつ文書が無数に行き交い、二つの大洋を跨いで縦横に横断することで、大陸間を接続する壮大な文書ネットワークが展開されていた。そうした広域的な文書ネットワークの網の目に沿って、植民地経営の実務を支えるヒトやモノ、情報の流れが構造化され、領域の隅ずみにまで拡張されることで、近代初期ヨーロッパにおいて類をみない規模の世界帝国を支えた統治機構の礎が整備されていったのである（図1）。

　こうした文書を媒介とする統治の仕組みが、スペイン帝国において最初に確立されたのは、国王カルロス1世（在位1516〜1556年）からフェリペ2世（在位1556〜1598年）治世期にかけての16世紀半ばのことだったとされている（エリオット 2009: 186-187）。この時期、新大陸においてアステカ帝国（1521年）やインカ帝国（1533年）の征服を経験したスペインは、日々拡張する海外植民地の経営や肥大化を続ける行政事務に対応するため、中央政府機構全体の再編成を迫られ

ることになる。そこで国内的には、財政諮問会議（Consejo de Hacienda）や国務諮問会議（Consejo de Estado）、インディアス諮問会議（Consejo Real y Supremo de las Indias）といった専門性の高い分野に担当部局を新設し、官僚組織の多元化・分権化を図るとともに、法知識や文書実務に長けた文官役人（letrado）を上級官僚として積極的に登用することにより、文書を媒介とする統治機構の土台作りを進めていった。一方で、インディアスの海外植民地に対しては、副王制（Virreinato）の導入や聴訴院（Audiencia）の設置などを通じて官僚機構に基づく植民地経営の下地を整えるとともに、インディアス関連法の体系化などを通し、文書的統治の枠組み作りを進めた。こうして16世紀以降、国内的な官僚機構の整備と海外領土における経営体制の強化を平行的に進めることにより、文書に基づく統治の仕組みを帝国全域に行き渡らすべく、文書ネットワークを拡張させていったのである（エリオット 2009: 186-199; 安村 2012: 70-75）。

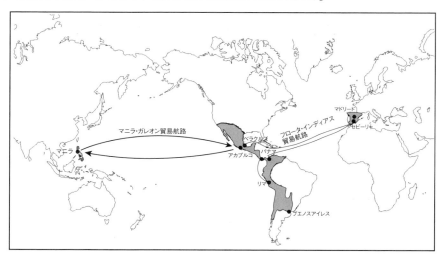

図1　スペイン帝国の版図と「主要航路」

　一方で、こうした文書的統治の仕組みがアメリカからアジアまでを包摂する広大なスペイン帝国の領域内において、実態としてどの程度機能していたのか、その詳細についてはこれまで十分に解明されてこなかった。現在、確実にわかっているのは、スペイン帝国が300年にわたって拡張した文書ネットワークの副産物として、われわれの手元に膨大な量の文書群が遺産として残され、スペインやラテンアメリカをはじめとした世界各地の文書館の棚にそれらの多くが眠っているという事実である。例えば、スペイン統治期にインディアス領からスペイン本国

に送付された文書群を現在、集中的に管理しているインディアス総合文書館（セビーリャ、1785年設立）には、今なお、8,000万ページを超える量の文書が収蔵されており、それらを収めた保管棚の総延長距離は、のべにして約8キロメートルにも達するという[1]。このような数字からは、当時のスペイン帝国の統治機構が、いかに文書メディアに深く依存したものであったのか、その一端を窺い知ることができるだろう。一方で、こうした膨大な規模の文書群の存在は、スペイン帝国による文書的統治の歴史的な成功を必ずしも担保するものではない。

　本書の議論からも明らかになるように、スペイン帝国の統治機構における文書主義の影響は、われわれが想像する以上に複雑かつ多面的な方向に波及していたのではないかと考えられる。例えば、植民地財政の集権的掌握を目的としてインディアスに導入された収支報告制度が、逆に植民地役人による財務制度の不正運用を誘発する遠因となっていたり、政務処理の効率化を目指して用いられた行政通信文書が、むしろ政治的意思決定の遅延を招く要因となるなど、文書主義の複雑な影響の実相を示唆する事例は、本書の議論のなかにもしばしば登場している。またスペイン帝国を構成する各地域や諸機関における文書ネットワークの運用過程も、権力中枢を構成するスペイン本国の官僚支配層の働きによってのみ支えられていたわけではない。例えば、16世紀の植民地化以降、文書作成能力を身につけ、スペイン帝国の行政司法制度を介して文書世界への参入を試みた新大陸の先住民や、文書戦略を駆使することで自らの社会地位を盤石に保とうとした植民地エンコメンデーロ、あるいは商業簿記帳簿に対する帝国行政の管理の網の目をすり抜けようとしたメキシコ商人など、帝国の周辺世界を構成する多様な主体の支えによっても、文書ネットワークの運営体制は維持されていたのである。

　本書のねらいは、このような多面的かつ複雑な様相を呈するスペイン帝国の文書主義の実態について、スペイン、ラテンアメリカ、アジア各地の文書館における実地調査を通して史料分析の研鑽を積んできたエキスパートたちの知見を総合することにより、学際的な視点から再構成を図ることにある。それにより、中世までヨーロッパの一辺境にすぎなかったスペイン王国を世界規模の一大帝国へと押し上げた原動力について、文書研究の視座から究明することが本書の主な目的である。

2　研究の内容と方法

　本書は平成25年10月から平成29年3月までの3年半、国立民族学博物館で実施

された共同研究「近代ヒスパニック世界における文書ネットワーク・システムの成立と展開」の成果である。

　共同研究には、スペイン、ラテンアメリカ、アジアをはじめとした世界各地の文書館・史料館において長年実地調査に携わり、文化人類学、歴史学、史料論、開発研究、西洋史学、識字・リテラシー研究、エスノヒストリーなどの実践的アプローチにも精通している15人の研究者たちが参加した。平成25年10月から12回にわたって実施された共同研究会では、多岐にわたる文書が議論の俎上に載せられた。いくつか例に挙げると、インディアス諮問会議の命令書簡、メキシコ先住民の土地権利証書、モホス地方のイエズス会洗礼簿、フィリピン総督府の行政通達文書、チアパス地方の王庫収支報告書、ラパスの公証人帳簿、スペインの異端審問記録、メキシコ商人の簿記帳簿、パラグアイ・ミッションの管区年報、ミチョアカン・エンコメンデーロの恩典請願書、などである。これらの文書に共通するのは、いずれも、かつてスペイン帝国の支配下にあった地域・機関において生産・管理され、現在、スペインやラテンアメリカ、アジア各地に設置されている国公立文書館、地方文書館、共同体アーカイブズ、教会文書館、民間の文書庫等の施設に保管されている文書だということである。

　共同研究を立ち上げるにあたっては、これらの文書にアプローチをする際に重点的に取り組む研究項目をいくつか設定し、参加メンバーのあいだで問題意識の共有をはかるように努めた。それは具体的に以下のようなものである。

　　（1）スペイン帝国内における文書循環サイクルの成立過程の究明
　　（2）文書の物質的側面に関わる諸相の究明
　　（3）帝国の周辺社会における文書ダイナミズムの究明

　このような研究項目の内容については、もとより、参加メンバー全員のあいだで全面的な合意が得られているわけではなく、研究会の議論のなかでもさまざまなご意見やご批判をいただいている。また本論集にご寄稿いただくにあたっては、各メンバーの文書に対する関心のあり方や研究スタンスの取り方を最優先に考えており、必ずしも上述の研究項目にあわせて執筆を依頼したわけではない。しかしながら、そうした文書に対する考え方の違いや研究スタンスの開きも含め、われわれが3年半にわたって進めてきた共同研究の基本的なねらいを理解する上で、上述の3つの研究項目の意図について説明することは、多少なりとも役に立つのではないかと考える。そこで以下では、各研究項目の内容についてそれぞれ簡潔に説明を試みたい。

（1）　スペイン帝国内における文書循環サイクルの成立過程の究明

　この研究項目のねらいは、スペイン帝国支配下の諸地域・機関において使用されていた文書群が、具体的にどのような行程をへて生産され、どういった領域に流通していたのか、またそれらの流通・保管の過程には誰がどのような関わり方をし、それらがいかなる仕組みのもとに機能していたのか、といった文書循環サイクルの成り立ちに関わる諸問題について、それぞれの文書の生産・保管・参照・廃棄等の局面からなる連続的なプロセスに着目しながら明らかにすることにある。

　こうしたスペイン帝国における文書循環サイクルの究明を進める上で、われわれが方法論上の指針として用いたのは、編者らが「文書管理実践論（The Theory of Document Management Practice）」と呼んでいる研究アプローチである。「文書管理実践論」とは、「文字や数字、図などの視覚的記号を定着させた人工物であり、記憶や思考・伝達・表現などの知的活動を補佐する道具（齋藤 2009:9）」としての文書が、人間社会において使われる仕組みをモノ・技術・制度という複合的なレベルから究明するための方法論であり、編者らがこの10年来携わってきた研究プロジェクトのなかで試行錯誤を重ね、検証を進めてきた研究法でもある。このアプローチの特徴を一言でまとめると、聖書、小説、パンフレットから地図、カレンダー、領収書などに至るまで、これまで人類が生みだしてきた多様な「書かれたもの」を対象に、それらが当該の時代的・社会的コンテクストにおいて記録・保管・参照・廃棄されるサイクルを文書管理実践の発達／衰退プロセスとして捉えたうえで、そうしたプロセスが発生する際の技術的要件やその発達を疎外する要因および波及効果などについて実証的に分析し、文書への信頼が人びとのあいだに醸成されるメカニズムを技術的・社会的・文化的な視点から重層的に解明する、というものである（詳しくは Yoshie y Nakamura 2005、および 中村 2009を参照のこと）。

　スペイン帝国の文書循環サイクルという文脈に照らして考えると、例えば、帝国支配下の諸地域・機関において生産・管理された文書群が、地域や部局の垣根を越えて複雑に交錯しながら記録・保管・参照等のプロセスを構成していた状況については、これまでの先行研究の中でも指摘されている。具体的に、18世紀後半のペルー副王領において、中央政府のスペイン王室官僚が作成した行政文書フォーマットが、植民地末端の先住民村落における集会議事録の雛形として転用されていったケースを分析したサロモンとニニョ・ムルシアの研究などは、その一例といえるだろう（Salomon and Niño-Murcia 2011）。本共同研究では、そうした

先行研究の成果も十分に踏まえた上で、スペイン帝国に固有の文書循環サイクルの在り方がどのようなものであったのかを具体的に理解するため、帝国支配下の地域・機関において使用された文書がいかなる仕組みにもとづいて記録・保管・参照・廃棄等のプロセスを構成していたのか、スペインおよびスペイン領植民地（インディアス）における事例分析を積み重ね、基礎的なレベルから把握できるように努めた。その上で、そうした文書循環サイクルの成立過程が、スペイン帝国に包摂された広大な領域を結びつける上でどのような効果をもたらしたのか（あるいは、もたらさなかったのか）を究明すべく、研究会での議論を深めていった。

　一方、先ほどの文書管理実践論の説明からも推測されるように、ある特定の社会における文書循環サイクルの成立過程について包括的な視点から捉えようとするならば、文書循環サイクルの成り立ちそのものに焦点を当てるだけでなく、それを支えるさまざまな次元の要因（技術的・制度的・社会的等）について幅広く考慮に入れる必要があるだろう。例えば、研究項目（2）で詳述するような文書の物質的諸相をめぐる問題（ある特定の文書の素材や体裁がいかなる理由によって選ばれたのか、また、それらの文書の保管場所や方法などはどのような要因に基づいて決定されたのか etc.）や、研究項目（3）で取り上げるような帝国周辺社会における文書実践の問題（例えば、在来の先住民社会がヨーロッパに由来する文書メディアにどう対応したのか etc.）なども、文書循環サイクルの成立過程を支える重要な要因として、議論の対象に含まる可能性が考えられる。その意味では、本研究項目は、本書所収の12本の論文のいずれにも、多かれ少なかれ関わりをもってくるような幅広い射程を備えたテーマとして位置づけられるかもしれない。ただ本論集の構成上は、文書循環サイクルの成立過程に直接関わるような中核的テーマ（例えば、帝国内における文書流通プロセスや文書保管体制の在り方、文書を介した情報検索システム etc.）を扱った論文を中心に第Ⅰ部を編成している。

　またスペイン・ラテンアメリカ研究の枠組み以外でも、文書循環サイクル（あるいは、「文書のライフサイクル」）の成立過程に焦点を当て、特定の組織体における文書管理体制の構築プロセスについて究明しようとする学術的な試みはすでに存在している。例えば、近世日本の幕藩体制における文書的統治機構の成立過程と文書主義の浸透プロセスについて分析した大藤（1990; 2003）や、近世日本社会のさまざまな組織体における文書の作成・流通・保管等のサイクルを包括的に取り上げた高木・渡辺（2000）らに代表される、日本近世史の記録史料学・文書管理史研究はその例といえるだろう。そうした日本近世史研究における取り組みやその具体的な研究成果については、本共同研究会を立ち上げるにあたっても大

いに参考にさせていただいた。とはいえ、中央集権的な官僚制にもとづく幕藩統治体制が強固に確立され、文書主義の影響が農村社会の末端にまで浸透しつつあった日本近世社会の状況と、16世紀以降に新大陸という未知の世界の征服に乗り出す過程で、文字通り一から文書ネットワークの構築を試みたスペイン帝国の事例を、同じ俎上に載せて比較分析するような試みについては、少なくとも後者の実態究明が進んでいない現段階においては、あまりにも拙速にすぎるとの印象も否めないところであろう。そこで、本共同研究では、文書循環サイクルの成立過程に焦点を当てた比較史的視点の重要性については十分認識しながらも、あくまで、近代ヒスパニック世界に固有の歴史的諸条件を重視し、16世紀以降に成立したスペイン帝国という時代的・地域的コンテクストにおいて、文書循環サイクルの成立過程が具体的にどのようなものであったのかを模索することに最大の精力を注いだ。

（2）　文書の物質的側面に関わる諸相の究明

　この研究項目のねらいは、スペイン帝国支配下の諸地域・機関において生産・管理された文書群の実態について、物質性のレベルから総合的に把握することにある。具体的には、文書の素材や体裁、書面の構成やレイアウト、書類の綴り方や仕分け法、文書の保管場所や方法など、モノとしての文書の在り方にまつわる諸相に着目し、それぞれの文書メディアの成り立ちや支持体としての特性を物質的な側面から明らかにした上で、文化人類学、歴史学、史料論、文書管理実践論など、それぞれの専門分野における知見を応用することにより、文書が物理的形態の背後に内包する歴史性や同時代のコンテクストのなかで果たしていた役割について遡行的に究明しようとするものである。

　編者らが、このような物質的側面からのアプローチを本共同研究会の重点的な研究項目の一つに加えようと考えたのには理由がある。通常、スペイン帝国の成立基盤について文書を手がかりに解明しようとする本共同研究のような試みにおいて、標準的な方法論として用いられるのはおそらく、対象となる文書の書面上に記された視覚的記号（例えば文字や数字、図など）の配列に着目したうえで、「書かれたもの」の内容を意味的なレベルから読み解いたり、そこで読み解かれた内容にもとづいて史的出来事を再構成したりするような、いわゆる史料解釈論的アプローチが中心であろう。もちろん、そのような書面上に刻印された視覚記号の配列を意味レベルで読み解こうとする史料解釈論的アプローチが有する学術的な意義については、ここで改めて繰り返すまでもない。本共同研究においてもそう

したアプローチが十二分に生かされていることは、本書所収の各論をご一読いただければ、ご理解いただけるものと思う。一方で、アジアからアメリカに至る広大な領域を支配下に治めた、近代ヨーロッパ史上初の海外植民地帝国・スペインにおいて、文書メディアが果たした役割とその歴史的な意義を根本的なレベルから捉え直そうとする本研究のような試みにおいて、そのような意味論的な解釈を重視した分析法をア・プリオリに優先させるようなスタンスの取り方が真に最善の選択肢なのかといわれると、その点については少なからぬ疑念を抱かざるをえない、というのが編者自身の率直な立場でもある。

　というのも、近代初期にスペイン帝国が文書ネットワークを拡張しようとした新大陸の広大な世界においては、文書の記号的な意味作用をつねに安定的に保ちうるような物質的諸条件の整えられた文書環境は、そもそも存在していなかったと考えられるからである。新大陸においては、当時のヨーロッパで普及しつつあった活版印刷の基礎的な技術はもちろんのこと、手書き文書の素材となる紙やインクの生産・供給体制などもまったく整備されてはいなかった。したがってスペイン帝国における文書ネットワークの拡張プロセスとは、現実には、例えば、紙の現地生産システムをもたない植民地社会において、いかにして安定した紙の供給体制を確立させるのか、あるいはそのような紙からどのような体裁の文書を作成するのか、さらには、そのようにして作成された文書を誰がどのような手段で保管・管理するのかといった、文書使用の前提となる物理的環境を、文字通り、一から整えていく試行錯誤のプロセスだったのではないかと考えられる。したがってそのような条件下で試みられた文書ネットワークの拡張プロセスを根本から捉え直そうとする本共同研究のような試みにおいては、文書使用の前提となる物理的環境の成立要件について、現在われわれの手元に残されている文書群の支持体としての特性やそこに刻まれた物理的痕跡を手がかりに、一つ一つ読み解いていく作業が何よりも求められるのではないか、というのが編者自身の考えである。

　もちろん既存研究においても、スペイン帝国の下で生産・管理された文書について物質性のレベルから分析した研究は少なからず存在する。例えばインディアス総合文書館に収蔵されている文書群を対象として、形態・様式別に分類整理したレアル・ディアスの文書形式学的研究や、インディアス諮問会議・通商院といったインディアス統治機関の発給文書を中心に機能別類型を行なったエレディア・エレーラの文書類型学的研究などはその代表例である（Real Díaz 1991; Herredia Herrera 1985）。しかしながら、こうした既存研究における文書メディアへの関心

序 「近代ヒスパニック世界と文書ネットワーク」の構想と課題　15

のあり方は、それぞれの文書の外形的特徴や様式上の差異を基準とした形式的な類型論に特化する傾向がみられ、文書が物理的形態の背後に内包している歴史性や、同時代のコンテクストのなかで果たしていた役割について遡行的に究明しようとするような研究射程の拡がりは十分にみられていない。何よりも、既存研究における文書分析は、インディアス総合文書館（セビーリャ）に代表されるような、スペイン本国に保管されている文書群を対象とした研究が中心であり、アメリカやアジアといった旧インディアス領の文書館、史料館に保管されている文書群について、物質性のレベルから総合的に把握しようとした試みは、管見の限り、ほとんど目にしたことがない。したがって本共同研究では、文書形式学などの既存分野における研究成果は参考にしつつも、アメリカやアジアなどの植民地社会を含め、スペイン帝国の支配下で生産・管理された文書群が総体としてどのような特徴をもっていたのかを究明すべく、物質的なレベルからの文書アプローチを重点的な研究項目のひとつに設定することにした。

(3) 帝国の周辺社会における文書ダイナミズムの究明

　スペイン帝国の文書ネットワークは、スペイン王室を頂点とする上意下達式の集権的統治機構にもとづいて、すべてが機能していたわけではない。先にも述べたが、文書ネットワークの運用過程には、例えば、植民地化以降、文書作成能力を身につけ、スペイン帝国の行政司法制度を介して文書的世界への参入を試みた新大陸の先住民や、文書戦略を駆使することで自らの社会的地位を保とうとした植民地地主など、帝国の周辺社会を構成するさまざまな個人や集団が参与しており、文書ネットワークの機能を維持・活性化する上で、それぞれが重要な役割を担っていたのではないかと考えられる。さらには帝国の周辺社会におけるアドホックな文書実践が革新の呼び水となり、帝国中枢に波及効果をもたらすような逆転現象が生じていた可能性も考慮に入れねばならないだろう。

　そのような帝国世界の周辺で生み出される文書ダイナミズムの実相について包括的に把握するためには、スペイン帝国の中枢における官僚制統治機構の仕組みや公的制度・組織の機能に目を向けるだけでは不十分である。そこで本共同研究では、とりわけ、帝国世界において周辺に位置づけられた植民地社会のさまざまな主体（例えば、インディアス植民地の先住民やメスティソ商人など）の果たした役割に着目したうえで、帝国権力を下支えした植民地体制の周縁部において、具体的にどのような個人や集団が文書ネットワークの拡張プロセスに参与し、いかなる形で文書循環サイクルの維持・運営に携わっていたのかといった実態につい

て、ローカル・レベルでの事例分析を踏まえながら検証することにした。

　本共同研究において、このような項目を立てるうえで一つの布石となった研究分野としては、1960年代以降、人類学、歴史学、心理学、教育学などの学際的な領域で展開されてきたリテラシー研究が挙げられる。ここでいうリテラシー研究とは、「文字の読み書きが人間の思考様式や社会構造、価値体系に与える影響を究明する（齋藤 2009: 13）」ことを目的として繰り広げられた学術的な取り組みを指している。スペイン領アメリカの研究事例に則していうと、例えば、アンデス北部のケチュア系先住民社会を対象に、ヨーロッパに由来するアルファベット文字が在来社会の儀礼的文脈や権力構造のなかでどのように読み替えられ、流用されていったのかを分析したラパポートとカミンズの分析や、ペルー中部ワロチリ地方の先住民社会を対象に、アンデス在来のキプ（結縄）からアルファベット文字へと記憶媒体が移行するプロセスをエスノヒストリーの視点から分析したサロモンとニーニョ・ムルシアの研究など、アメリカ大陸在来の先住民社会とヨーロッパに由来するリテラシーの関係性に焦点を当てた一連の研究がその代表例として挙げられる（Rappaport and Cummins（1994; 2012）; Salomon and Niño-Murcia 2011）。

　一方で、こうしたリテラシー研究が拠り所としている議論の枠組みでは、文書使用の過程を「話し言葉／書き言葉」といった二項対立的な構図に還元して捉えようとする言語中心主義的な傾向が強くみられ、文書メディアの備える多面的特性（支持体の物理的特徴、文書の作成・参照技術、レイアウト・書式の構成、文書の保管・管理体制 etc.）を踏まえた上で、それが人間の生活様式や社会制度、コミュニケーション形態や価値体系にいかなる影響を与えたのかを包括的に理解するための研究方法としては十分に機能してこなかった、というのも事実である（中村 2009: 4-6）。

　そこで本共同研究では、文書を上記のような多面的特性を備えた、人間の知的活動を補佐する認知的人工物として捉えた上で、在来の先住民ばかりでなく、新大陸生まれのクリオーリョ役人やメスティソ商人なども含めた植民地社会を構成する多様な主体が、そのように複雑な特性を有する道具をいかにして使いこなしていったのか（あるいは、使いこなせなかったのか）を具体的な文書使用の文脈に照らして明らかにし、帝国世界の周辺で生みだされる文書ダイナミズムの実相について微視的な視点から迫るべく、検討を重ねた。

3 本書の構成

以下では、本書の構成についての概要を述べておく。

第Ⅰ部は、スペイン帝国域内における文書循環サイクルの成立過程に焦点を当てた論文を中心に構成している。

小原論文は、スペイン王室が植民地財政を集権的に管理統制するため、16世紀半ば以降、スペイン領アメリカに導入した財務監査制度の役割と文書を媒介とした中枢（スペイン王室）／周縁（植民地役人）関係の成り立ちに焦点を当てた論考である。1540年代に設置されたチアパス地方王庫の収支決算報告書の事例分析を通して小原論文が明らかにするのは、スペイン帝国がインディアス領の植民地社会に浸透させようとした文書的統治システムの、緻密さと綻びという相矛盾した性質をあわせもつ複雑な実態である。

清水論文は、フィリピン総督府とスペイン王室を行き交う行政通信文書の軌跡を辿ることにより、帝国中枢と植民地末端を結ぶ文書流通プロセスの全体像を明らかにしている。とりわけ、フィリピン総督府から発給された行政通信文書の書面上に刻まれた痕跡を丹念に読み解くことによって、対フィリピン政策をめぐり、植民地総督府とスペイン本国とのあいだに樹立された「対話的」な合意形成の仕組みとその機能の実態を詳細に明らかにしている。

坂本論文は、近代初期ヨーロッパにおいて、最大規模とも称される文書コレクションを生みだしたスペインの異端審問の巨大アーカイブズ・システムが構築・維持されていく歴史的過程について、情報検索の要となるインデックス・システムの変遷に焦点をあてながら分析した論考である。異端審問という暴力的支配装置の機能を支えた原動力として、従来かえりみられることのなかった、情報検索システムの役割に着目しようとする意欲的な試みとしても注目される。

武田論文は、イエズス会の南米パラグアイ管区における「年報」の流通・保管プロセスに焦点を当てた分析である。「年報」とは、世界各地のイエズス会の活動拠点からローマ総長宛に送られた現地報告書だが、「心の一致」を図るための有力な手段として文書の役割を重視したイエズス会が、世界規模で築き上げた文書ネットワーク・システムの重層的な構造が、スペイン領アメリカの先住民布教区を起点に説得力を持って描き出されている。

第Ⅱ部は、スペイン帝国支配下の諸地域・機関において生産・管理された文書群の実態について、物質性のレベルから分析した論文を中心に構成している。

18　序　「近代ヒスパニック世界と文書ネットワーク」の構想と課題

　齋藤論文は、モホス地方のイエズス会ミッションで作成された洗礼簿の物理的形態の変化を丹念に追跡することにより、文書空間上に描きだされた「記号の領域に属する生」と、地理空間上に配置された「物理的領域に属する生」が弁証法的に呼応しあう集住化の二重プロセスの実相を明らかにしたものである。植民地の都市工学をめぐる歴史的な議論のなかで、ともすれば「宗主国中心主義」的な解釈に陥りがちであった従来の植民地史観に対し、実証的な立場から是正を迫る論考としても意義深い。

　吉江論文は、18・19世紀にラパスの公証人が作成した売買契約証書のテキストと公証人マニュアルに掲載されている書式見本とのあいだで比較分析を行なうことにより、マニュアル本という特定の文書ジャンルを介して、スペイン本国と植民地周辺社会の公証人とのあいだにどのような歴史的関係が築かれていたのかを論じたものである。そこでは、ラパスという植民地周辺都市において内生的に生みだされる文書実践の力こそが、スペイン帝国の文書ネットワークを支える原動力であった可能性が明らかにされている。

　足立論文は、テンプル／聖ヨハネ騎士団の編纂物であるカルチュレールについてテクスト生成論の視点から検証することにより、カルチュレールという集成文書が本来、多機能的な編纂物であることを明らかにしたうえで、類型論的なアプローチから機能分化論的なアプローチへの転換を提起するものである。足立論文は、スペイン帝国成立以前の中世アラゴンで作成された文書を対象にしている点で、本論集のなかではいささか異彩を放つところもある。ただ、カルチュレールに刻まれた体裁、配列、構成などの痕跡から文書編纂原理の中核に迫ろうとする分析視点は、前節で述べた本共同研究の基本アプローチに通ずるものであり、比較文書史の視点からも興味深い論考である。

　第Ⅲ部は、帝国の周辺社会で生み出される文書ダイナミズムの実相について焦点を当てた論文を集めている。

　横山論文は、新大陸征服直後の混乱期から官僚制統治へと政体が移り変わる16世紀ヌエバ・エスパーニャの法的環境を背景として、メキシコ市の有力エンコメンデーロであったインファンテ家とインディアス諮問会議（植民地政策を策定する中枢機関）とのあいだで100年あまりにわたって展開された文書による応答のプロセスを分析した論考である。そこではスペイン本国とインディアス植民地を繋ぐ壮大な文書ネットワークの裏側で繰り広げられた、権力中枢と植民地主体との文書を介した微細な駆け引きの実態が明らかにされている。

　井上論文は、植民地期中期にメキシコ中部のナワトル系先住民が作成した「権

原証書」と呼ばれる土地文書群の歴史的生成プロセスに焦点をあてた分析である。井上は、現代のナワトル系先住民集落を対象としたフィールド調査と、文書記録を対象とした歴史学的分析法を有機的に組み合わせることにより、スペイン的な文書概念と先住民の在来的な思考様式の狭間において新たな文書ジャンルが生成されていくプロセスの動態性とその背後にある要因について、多様な視点から論じている。

　溝田論文は、17 世紀ペルー副王領のワマンガで作成された公正証書の分析をもとに、スペイン征服以降、植民地社会に導入された公証人制度を在来の先住民がどのように利用したのかを明らかにしたものである。先住民社会内部の多層的な成り立ちが、公証人制度の利用実態の分析を通して詳らかにされており、植民地化以降に生じた文書的世界への包摂が先住民社会にどのような波及効果をもたらしたのかを具体的に理解する上で、格好の研究事例といえるだろう。

　伏見論文は、17世紀メキシコで作成された商業帳簿の分析を手がかりに、帝国行政と植民地商人の関係性を明らかにしている。そこでは、国王命令やマニュアルを介して帳簿作成のプロセスを直接管理下におこうとする帝国行政と、日常的な商取引の現実にあわせて商業簿記の記載ルールを柔軟に活用しようとする民間商人の実践知が対比的に描きだされている。

　第Ⅳ部の「研究者の集合知」は中村論文1本からなる。

　中村論文は、本共同研究に参加した研究者自身の文書実践を分析対象に設定し、3年半にわたって進められてきた本共同研究の活動を通して、研究者であるわれわれ自身のあいだにどのような集合知が形成されてきたのかを、人文情報学的な手法を用いて可視化し、インターネット上にマップ化しようとする試みをまとめたものである。

　同論文は、歴史文書を直接的な分析対象に据えていないという点で、本論集を構成する他の論文とは一線を画している。しかしながら、歴史の探求というわれわれの行なっている学問的営為自体、文書という道具に支えられた知的生産活動の一貫だと捉えるならば、その「知的土台」を対象化し、解剖しようとする試みが本論集の最後に収められるのは、むしろ必然だといえるのかもしれない。じっさい、中村論文で分析対象となっているデータベースの構築作業には編者自身も参加したが、自らの学問的行為とスペイン帝国の文書ネットワークを支えた歴史的諸主体の取り組みとを同軸上に重ね合わせて捉えようとする視点の取り方には、ある種、新鮮な感覚を覚えた。そうした意味からも、中村論文は本論集の最後を締めくくるのに相応しい論考なのではないかと考える。

なお、本論集への寄稿は叶わなかったが、共同研究には以下の3名にもご参加いただき、研究報告や質疑を通し、議論の活性化にご尽力をいただいた。最後になるが、感謝の意をこめて、それぞれの氏名と研究報告の題目を記しておきたい。

安村直己（青山学院大学文学部史学科）
　「インディオ村落共同体金庫と村の生活　18世紀後半のヌエバ・エスパーニャ副王領の事例から」
網野徹哉（東京大学大学院総合文化研究科）
　「アンデス先住民遺言書論序説」
菅谷成子（愛媛大学法文学部）
　「「マニラ公正証書原簿」からみる19世紀転換期前後のスペイン領マニラ社会の諸相」

註
　1）　インディアス総合文書館のホームページ参照（http://www.mecd.gob.es/cultura-mecd/areas-cultura/archivos/mc/archivos/agi/presentacion/historia.html）。

第Ⅰ部　文書循環サイクルの成立過程

1章　スペイン帝国の植民地統治と文書
中央アメリカのチアパス地方王庫（1540～1549）を事例として

小原　正

1　はじめに

　言うまでもないことだが、ヨーロッパ大陸のイベリア半島とアメリカ大陸の間には、大西洋という大海原が広がっている。イベリア半島の港町セビージャと、カリブ海のキューバ島は直線距離にして約7,000km の大海によって隔てられている。

　1521年のエルナン・コルテスによるアステカ王国の征服を契機として、スペインはアメリカ大陸の各地で征服事業を展開し、その後の20年間で、現在のメキシコからペルーに到るまでの広大な植民地を獲得した。これによりスペイン帝国は、広大な大西洋の向こう側にあるアメリカ大陸で植民地統治を行うこととなる。そして報告や指令の伝達の必要性から、大西洋をはさんで無数の文書が行き交うこととなった。スペイン帝国は、文書という手段を用いて、広大な海という障害を乗り越え、アメリカ植民地の統治を実現したのである。

　事実、アメリカ大陸のスペイン人征服者、植民地官僚、植民都市の参事会議員、カトリックの布教を担う司教や宣教師は、非常に多岐にわたる事案の書簡、陳情書、報告書などを、スペイン本国のインディアス諮問会議に送付した。そしてインディアス諮問会議は、これらの文書によって植民地の状況を把握し、対応策を練り、植民地の各地へ送付する勅書の起草[1]とスペイン王室への進言を行なったのである。スペイン王室は、インディアス諮問会議から報告や進言を受けて意思決定を行ない、さまざまな勅書を広大なアメリカ植民地の各地に送付させていた。このように、植民地統治の詳細に関わる報告と指令の伝達が、大西洋をはさんだ文書の往還によって行なわれていたのである。またスペイン王室は、文書による統治を確実なものとするために、官僚や聖職者に勅令の遂行に関する記録作成と報告を課し、さらに特定の日常業務については、日々の記録作成を義務付けていた[2]。そしてさまざまな報告書の作成や行財政の実務手続の際に、それ

24 第Ⅰ部 文書循環サイクルの成立過程

らの記録が参照されていたのである。スペイン帝国は、まさに文書を通じて、ア
メリカ植民地の統治を実現していたといえる。

　しかし、スペイン王室とインディアス諮問会議による文書記録を用いた植民地
統治の仕組みは、具体的にはどのようなものであったのだろうか。大西洋を間に
はさんでの報告と命令の往還には少なくとも数ヶ月、スペイン本国での審議に時
間がかかれば、問題の報告があってからその対処までに数年を要することもあっ
たはずである。はたしてスペイン王室とインディアス諮問会議は、アメリカ植民
地の統治の細部までを自ら把握し、統制しようとしていたのであろうか。それと
も副王や聴訴院長官といった現地の高級官僚に細部の把握や統制は任せて、大き
な統治方針や重要な案件についてのみ決断を下していたのであろうか。インディ
アス諮問会議が植民地統治の細部までを把握していたとすれば、それはどのよう
な文書記録の仕組みによっていたのであろうか。文書による統治の仕組みには、
どのような綻びがあったのだろうか。

　本稿は、中央アメリカのチアパス地方王庫（1540～1549年）を事例として、上
記の問いに答える試みである。

　そのためにまず本稿では、スペイン領アメリカ植民地における16世紀前半の
財政組織を概観する。次に、1540年にチアパス地方王庫が設置される経緯、
1540年から1549年までに同王庫を管理した財務官の変遷、1549年にグアテマ
ラ市でその収支報告書が作成され、1568年にスペインのマドリード市で同書の
監査がなされる過程を具体的に描写していく。最後に、チアパス地方王庫の事例
を検討することによって、スペイン帝国による初期の植民地統治、特に文書を用
いた統治の仕組みの実態を、上述の問いに沿って明らかにする。

2　アメリカ植民地の財政組織（1521～1554年）[3]

　スペイン領アメリカ植民地において財政を担ったのは、スペイン王室が直接に
任命する財務官（oficiales reales）であった。財務官とは王室財産の管理運用を担
う官職の総称であり、担当する業務の分担に応じて、財宝官（tesorero）、会計官
（contador）、商務官（factor）、監視官（veedor）の四つの官職から構成されていた。
これらの四つの官職によって財務を分担させる仕組みは、早くも1501年にニコ
ラス・デ・オバンドがエスパニョーラ島の総督（gobernador）に任命されたとき
から採用されており、その後も約3世紀にわたって、植民地の財政組織の根幹で
ありつづけた（Sánchez Bella 1990 [1968]: 12）。

他方、アメリカ植民地の要所に設置され、特定の地理的領域を管轄する財政の組織単位として植民地時代にもっともよく使われた用語は「王庫（Caja Real）」である。この言葉は元来、金銀などの財宝、財務官の帳簿、そして王印を保管しておく鉄製の金庫を意味したが、しだいに、金庫を管理する財務官の権限が及ぶ地理的領域をも意味するようになり、財務官の組織単位を表す語として使われたのである。ただし、実際に財政上の手続きとしてあるのは特定の地理的領域を管轄する財務官の任命のみであった。したがって、それまで財務官のいなかった都市に新たに財務官が任命されると、その結果として王庫の新設とみなされたのである（Sánchez Bella 1990［1968］: 96）。

　アメリカ大陸では、1521年にアステカ王国の征服がなされると、征服事業の進展にともなって、次々と植民都市が建設されていった。その際、スペイン王室は統治の拠点となる都市に財務官を任命・派遣し、植民地財政の基礎を築いた。まず1522年、アステカ王国の首都テノチティトランを破壊して同地に建設されたメキシコ市に財務官が任命され、その後の十数年で次々とアメリカ大陸の各地に財務官が任命されていった。中央アメリカでは、ホンジュラス（1526年）、ニカラグア（1527年）、グアテマラ（1529年）、南アメリカではグラナダ新王国[4]（1525年）、ベネズエラ（1529年）、ペルー（1529年[5]）、リオ・デ・ラ・プラタ（1534年）などに財務官が任命された。また1532年には、現在のメキシコの中西部にあたるヌエバ・ガリシア地方を管轄する財務官がグアダラハラ市に任命された[6]。

　こうしてアメリカ植民地の各地に王庫が設置され、スペイン王室の収入となるべき税などが財務官によって徴収されると同時に、植民地統治のためのさまざまな出費が王庫から支払われたのである。この時期の王庫の主な収入は、カトリック教会の十分の一税の一部についてスペイン王室が受取る権利を持っていた「王の9分の2」、「交換（rescate）」—すなわち略奪—による金銀の取得とその溶解について課された「5分の1税」、そしてアメリカとスペインを行き来する商品に課された関税アルモハリファスゴなどであった（Sánchez Bella 1990［1968］: 20-21）。

　それぞれの王庫において収入と支出を管理する財務官の役割分担は、上述の財宝官、会計官、商務官、監視官の間で次のように定められていた（Sánchez Bella 1990［1968］: 109, 142-145）。

　財宝官は金庫に納められた財宝（金、銀、真珠、宝石）を保管することがその第一の責務で、したがって財宝官の住む屋敷に金庫は保管された。また、実際に金庫から金銀などを出し入れし、王庫の収入を受取ったり、逆に支払いを行なったりするのもこの財宝官であった。

26 　第 I 部　文書循環サイクルの成立過程

　王庫からの支払いを受ける者は、支払額、支払理由、支払の受取人などが明記された支払命令書（libranza）を財宝官に提示する必要があったが、この支払命令書を発行するのは会計官の役目であった。会計官は、財宝官とは異なり、直接に財宝を管理せず、書類を通じて財宝の管理運営を行なうのがその任務であった。会計官は、王庫の収入と支出について詳細な会計帳簿をつけることが義務づけられ、官僚への給料の支払いやその他の財政上の出費のために支払命令書を発行したのである。

　監視官の任務は、征服の初期に行なわれた先住民からの財宝の略奪や溶解所における金銀の溶解を監視し、王庫の収入となるべきさまざまな税の支払いを確実に行なわせることであった。征服の過程で金銀財宝を先住民から取得した際には、その5分の1が王の取り分と決められていたため、金銀の溶解税と同様、監視官がこのような略奪行為を見張る必要があったのである。

　商務官は、王庫の収入のうち、財宝以外のすべての物を受取り、商品価値のある物を売却したり管理するのがその任務であった。したがって王の倉庫（reales almacenes）は、商務官の監督下におかれた。

　1543年から1550年には、この役割分担について一部改変があり、一人の人物が商務官と監視官を兼任することとなった（Sánchez Bella 1990 ［1968］: 28-29）。また監視官や商務官の業務が少ない王庫では、この二つの官職が廃止される場合もあった[7]。

　財務官は、広範な領域を管轄することが多かったため、多くの王庫収入の見込めそうな他の都市にその代官（teniente）を派遣し、王庫を設置することができた。このような王庫の多くは、スペイン本国との貿易上重要な役割を果たす港か（例：ベラクルス市）、金銀の溶解税による収入増が見込まれた鉱山町（例：サカテカス市）に設けられた（Sánchez Bella 1990 ［1968］: 19-20, 101）。この代官は各領域を管轄する財務官によって任命され、財政組織上も財務官に従属するため、代官の管理する従属的な王庫と財務官の管理する主要な王庫は区別して考える必要がある（Sánchez Bella 1990 ［1968］: 103-108）。

　従属的な王庫を管理する代官の任命や派遣はかなり柔軟に行なわれたようであるが、主要な王庫の財務官はスペイン王室から直接に任命されるのが原則であった（Sánchez Bella 1990 ［1968］: 130-133）。16世紀の中葉には、特に新興の鉱山地域の王庫については、その緊急の必要性に対応するため副王が財務官を任命することもあったが、事後にスペイン王室の承認を受ける必要があった（Schäfer 2003 ［1935 y 1947］, II: 154; Sánchez Bella 1990 ［1968］: 102-103, nota 105）。スペイン王室

が財務官の任命権を保持することによって、スペイン本国からアメリカ植民地の財政を統制しようとしたのである。

さらにスペイン王室は、植民地財政を管理統制するための方策として、王庫の決算を命じた。王庫の決算とは、一定期間における王庫の収支報告書を作成させ、その収支残高を財務官に支払わせ、スペイン本国に送金させることである。この王庫の決算については、1554年までは、どの役職者がどのタイミングで王庫の決算を行なうかを定めた規則がなかった。したがって、ある王庫について10年ないし20年も決算が行なわれないことが頻繁にあった（Sánchez Bella 1990［1968］: 269-271）。ある王庫の収支報告書が作成され、決算が行なわれると、スペイン本国にはその収支報告書の写しも送付された。この収支報告書の監査を担当したのは、インディアス諮問会議の会計部門（Contaduría）であった（Sánchez Bella 1990［1968］: 91-92）。

3　チアパス地方における王庫の設置（1540年）

中央アメリカの一地方であるチアパス地方の征服は1524年に始まった。その4年後の1528年、植民都市が建設され、植民地統治が始まる[8]。この1528年からチアパス地方に王庫が設置される1540年までのおよそ12年間、チアパス地方の財政はメキシコ市ないしグアテマラ市の財務官の管轄下に置かれた。

1528年から1531年までの4年間は、資料の不足から詳しいことは分かっていないのだが、チアパス地方は行政・司法上、メキシコ市の総督ないし聴訴院の管轄下にあったため、おそらくは財政上もメキシコ市の財務官の管轄下にあったと考えられる。

1531年以降、チアパス地方は行政・司法上、ペドロ・デ・アルバラードを総督とするグアテマラ総督区（gobernación de Guatemala）の管轄下に置かれることとなり、財政上もグアテマラ市の財務官の管轄下に入った[9]。

1540年初頭の時点では、チアパス地方の植民都市シウダ・レアル市（現サンクリストバル・デ・ラス・カサス市）の創設時からの市民であるフアン・デ・オルドゥーニャが、グアテマラ市の財務官の代官として、チアパス地方におけるスペイン王室の収入と支出を管理していたようである[10]。

しかし、チアパス地方が行政、司法、財政の面で他の統治機構に従属するという状況は、1539年8月1日に起こった次の出来事により一変する。この日、前線総督（adelantado）の称号をもつ二人の征服者ペドロ・デ・アルバラードとフラ

28　第Ⅰ部　文書循環サイクルの成立過程

ンシスコ・デ・モンテッホが、ホンジュラスの都市グラシアス・ア・ディオスで
会合を持ち、それぞれの総督区の一部を交換する約定を取り交わしたのである。
これにより、モンテッホがアルバラードにホンジュラス地方を引き渡し、アルバ
ラードはチアパス地方をモンテッホに譲渡したのだった（Chamberlain 1948: 170;
Vallejo García-Hevia 2008, I: 162-166 y 495-496, notas 497 y 498）。

　こうしてチアパス地方は、植民地の統治組織上、独自の総督を要する総督区と
なり、その唯一の植民都市シウダ・レアル市は総督区の拠点都市となった。これ
によってチアパス地方は、他の統治機構に従属することのない統治単位となった
のである。

　フランシスコ・デ・モンテッホは、1540年3月頃にチアパス地方に到着した[11]。
チアパス地方を統治する総督としての着任式をすませると、まず最初に着手した
事柄の一つは、この総督区の財政を支えるために王庫を創設することであった。

　モンテッホにとって、この総督区の財政面での問題点は、シウダ・レアル市に
財務官の官職が存在せず、したがって王庫も存在しないことであった。そのた
め、モンテッホがチアパス総督として着任した当初は、グアテマラ市の財務官
が、その代官を通じて、この地方の財政を管理していたのである[12]。その代官
を務めていたのは、すでに触れたように、フアン・デ・オルドゥーニャであった。
しかしオルドゥーニャは、モンテッホがチアパス地方に到着して間もなく、モン
テッホとの反目により失脚してしまう。シウダ・レアル市の市民であるペドロ・
オロスコが1546年に行なった証言によれば、「オルドゥーニャが彼［モンテッホ］
に対して支払いを拒んだ」ことを理由に、「総督［モンテッホ］はフアン・デ・オ
ルドゥーニャを捕まえて投獄し」、「陛下の金庫の鍵を彼［オルドゥーニャ］から
取り上げた」のである[13]。

　グアテマラ市の財務官の代官であったオルドゥーニャを投獄した後、モンテッ
ホが次にやるべきことは、シウダ・レアル市に独自の財務官が任命されるようス
ペイン王室に働きかけ、グアテマラ市の王庫に従属しない新しい王庫をチアパス
地方に創設することであったはずだ。

　1540年8月、チアパス総督に着任してからわずか半年のうちに、モンテッホ
はこの目的を達成した。しかしモンテッホがその際に交渉し、許可をえたのは
スペイン王室ではなく、ヌエバ・エスパーニャの初代副王アントニオ・デ・メン
ドーサであったと考えられる。1540年にチアパス地方の財務官が任命された手
続きを十分に説明する資料はまだ見つかっておらず、唯一発見されているのは、
1550年にロス・コンフィネス聴訴院長官の作成した中米の各王庫の収支報告書

の要約である。これによれば、副王メンドサが、「陛下から受けた特別な委任によって」、シウダ・レアル市の財務官を任命したとされている[14]。

モンテッホには実際、王庫の設置を急ぐ理由があった。シウダ・レアル市に王庫がない限り、チアパス地方で当時採取されていた砂金は、グアテマラ市に運ばれる必要があったからだ[15]。河川やかつて河川であった土地から採取された砂金は、財務官の監視下にある溶解所（casa de la fundición）で溶解され、固めた後の金塊にその純度が記録され、王の受取り分である溶解税が王庫に支払われなければ、支払い手段として用いることが禁じられていたからである。しかし、チアパスで採取された砂金がグアテマラ市に運ばれ、その溶解税がグアテマラ市の王庫に支払われれば、それはチアパス総督区の財政にとって大きな損失を意味したのである。

シウダ・レアル市には、王庫の設置と同時に、おそらくは簡易の溶解所が作られたはずである。1540年8月21日、初めて溶解所で砂金の溶解が行なわれ、王庫に溶解税の支払いがなされた[16]。そしてモンテッホ総督は、この溶解税の支払いが確実にシウダ・レアル市の王庫でなされるようにするため、チアパスで採取された砂金をグアテマラ市に運ぶことをあらゆる鉱山技術者（mineros）に禁じ、この命令に従うことを誓う宣誓書の提出を義務付けたのである（Chamberlain 1948: 178）。

4 チアパス地方における財務官の変遷（1540〜1549年）

チアパス地方の財務官は、財宝官、会計官、監視官の三つの官職から成っていた。後に見るようにチアパス地方の王庫は1540年から1549年まで存在したが、この三つの官職のうち、一人の人物によってその任務が9年間務められたものは一つもない。少なくとも一度か二度は、その担い手がかわった。

財宝官の役を担ったのは、当初はバルタサル・ゲラであったが、後に「この者の不在を理由として」、ガルシア・デ・メンダニョがこの役を務めた[17]。メンダニョは、1542年3月2日にはすでに財宝官の任務についており[18]、その後も1549年10月21日までその任務を果たしつづけた[19]。

会計官を務めた人物は、比較的頻繁に変わっていったと考えられる。資料からはっきりと分かっているのは、1541年8月19日にはペドロ・デ・エストゥラーダ[20]、1542年3月2日にはペドロ・モレノ[21]、そして1549年10月21日にはディエゴ・バスケス・デ・リバデネイラ[22]が会計官を務めていたということである。

30　第Ⅰ部　文書循環サイクルの成立過程

　監視官を務めたのは、当初はアンドレス・センテノで、後にアントニオ・デ・ラ・トーレであった。資料から明確に知ることができるのは、1541年11月29日、そして1542年3月2日にはアンドレス・センテノが監視官の任務についていたが[23]、1542年9月18日にはすでにアントニオ・デ・ラ・トーレがその任務を務めていたことである[24]。デ・ラ・トーレは、その後も監視官の役を担い続けたが、ある時点から監視官と商務官の二役を兼務した。1549年9月15日、シウダ・レアル市でその職務の委任状に署名をした際には、商務官兼監視官としての権能を委任している[25]。

5　ロス・コンフィネス聴訴院長官への王庫決算の委任（1548年）

　チアパス地方におけるモンテッホ総督の統治期は長く続かず、4年で終わりを迎えた。1544年5月には、中央アメリカを管轄するロス・コンフィネス聴訴院が創設され、チアパス地方もその管轄下に置かれたからである（Chamberlain 1948: 167 y 171-172; Lenkersdorf 1998: 62-63）。

　しかしシウダ・レアル市の財務官は、この統治組織の再編後も5年間は、この地方の王庫の収入と支出を管理し、その財務を担い続けた。実のところ、チアパス地方の財務官らが王庫をどのように管理していたか、不正や横領を行なっていたかどうかについては、資料の不足からあまりよく分かってない。しかし、1546年の3月から5月にロス・コンフィネス聴訴院の聴訴官フアン・ロヘルがチアパス地方を訪れ、モンテッホ総督の汚職監査を行なった際[26]、ロヘルはシウダ・レアル市の王庫の管理運営について、その惨状を目の当たりにしたようである。ロヘルはホンジュラスのグラシアス・ア・ディオス市に戻ると、1547年2月8日にスペイン王室に宛てて書簡を書き、チアパスとグアテマラの両方の王庫の決算を命じるよう進言している。

　　陛下は、一通の勅書により、チアパス地方の総督であったモンテッホ前線総督の汚職監査を私に御命じになられました。また、かの地方の良い統治のために何かなすべきことがあれば、報告するよう私に御命じになられました。［中略］あそこ［シウダ・レアル市］には、陛下の財産（Hacienda Real de vuestra majestad）の徴収を行なう官吏ら（oficiales）がおるのですが、その［陛下の財産の］管理はずさんです。というのも、そのお金の大部分は金庫の中にはなく、官吏らとあの町の市民らの間で貸し借りされているのです。陛下

が誰かに御命じになって、彼らの収支報告書を作成させ、決算をさせるのがよい（que les tome cuenta）と思われます。グアテマラ市の官吏らについても同じことを御命じ下さいませ[27]。

このフアン・ロヘルの進言は、スペイン本国のインディアス諮問会議とスペイン王室を首尾よく説得したようだ。翌年の1548年7月9日、スペイン本国のバリャドリードで勅令（real cédula）が出され、ロス・コンフィネス聴訴院の第二代長官アロンソ・ロペス・デ・セラートに対して、次の任務が委託されたのである。その任務とは、管轄区内の財務官の管理する王室財産について、収支報告書の作成と決算を行なうことであった[28]。

しかしこの勅令の本文を読んでみると、グアテマラ、ニカラグア、ホンジュラスの各地方の財務官とその代官については明記があるものの、チアパスの財務官については一切言及がない。勅令の該当箇所は以下のとおりである。

　　余の厚意と意志は、ホンジュラス（Higueras y cabo de Honduras）、グアテマラ、ニカラグアの諸地方の余の官吏に対して収支決算を行なうこと（tomar y recibir cuenta）を命じるものであると知るべし。ここでいう官吏とは、それらの［地方の］財宝官、会計官、商務官、監視官と、彼らの代わりに余の財政（nuestra Hacienda）を担ってきた他の者たちのことである[29]。

ロペス・デ・セラートはこの勅令を初めて読んだとき、チアパス地方の財務官に何ら言及がないことを不思議に思ったかもしれない。なぜならセラートは、チアパス地方にも財務官の官職があり、ゆえに王庫が存在することをすでに知っていたからである。

ロペス・デ・セラートは、1549年の1月か2月にはグアテマラ市にすでに到着していた。そしてちょうどこの町に、聴訴院の本拠地を移転したところであった[30]。この後すぐに見るように、セラートはグアテマラ市に到着して間もなく、上述の王庫決算を命じる勅令を受取っている。さらにちょうどこの頃、セラートはグアテマラ市の王庫だけではなく、チアパス地方の王庫の管理運営のあり方についても、早々に疑念を抱いていたようだ。だからこそ、スペイン王室の財産がこれ以上損なわれないようにするため、セラートはグアテマラ市の王庫からは1万1,200ペソ[31]、チアパスの王庫からは3,800ペソを出させ、ホンジュラスのカリブ海沿岸にあるプエルト・デ・カバージョス港に移送し、そこからスペイン本国

32　第Ⅰ部　文書循環サイクルの成立過程

に送ろうとしたのであった。1549年4月8日、ロペス・デ・セラートはスペイン
王室に宛てた書簡で次のように書いている。

> 　私はここ［グアテマラ市］に着いてすぐに、この町にある陛下の金と銀につ
> いて知りたいと思いました。そして財宝官（tesorero）は1万カステジャーノ
> ［1万ペソ］が盗まれてしまったと言うのですが、それでもチアパスから持っ
> てこさせた3,800ペソと合わせて1万5,000ペソを集めさせました。私はその
> お金を港に運ばせましたので、そこに［以前から］あったお金と一緒に置い
> てあります。確か港にはもうさらに1万5,000ペソが［以前から］あり、今は
> 艦隊［の到着］を待っているところです。というのも［近海の］島々はフラ
> ンスの船で溢れかえっていて、彼らに捕まらずにすむ船などないからです。
> そして今、［この書簡を運ばせる］この船でそれらのお金を送ることは、得策
> とは思えませんでした。なぜなら私は、陛下がペルーの金のために艦隊を派
> 遣くださるであろうと確信しており、この港に一隻の船が来て、それらのお
> 金を［艦隊のところまで］運べるだろうと思うからです[32]。

　さらにセラートは、たとえ勅令が言及していなくとも、チアパス地方の財務官
らについても収支報告書を作成し、決算を行なうのが賢明であると判断する。同
じ書簡のなかで、セラートは前述の勅令を確かに受取ったことを伝え、王庫決算
の任務について次のように報告している。

> 　私は、収支報告書を作成し決算を行なうように（para tomar las cuentas）と
> の勅令も受け取りました。ちょうど私が［グアテマラ市に］到着したときに、
> この勅令を送ってくださったことは非常に好都合でした。なぜなら、［グア
> テマラ市の］会計官は死亡してしまっており、商務官はスペインに滞在中、
> そして財宝官は不在という時に、この勅令が届いたからです。私は、財宝官
> を召喚するために遣いをすでに出してあります。早急に収支報告書を作成
> し、決算を行なうことにいたします。そしてニカラグアとホンジュラスの決
> 算についても同じようにいたします。勅令では言及されていませんでした
> が、チアパスについても同様にいたします[33]。

6 チアパス地方王庫の収支決算（1549年）

　1549年10月21日、チアパス地方の会計官ディエゴ・バスケス・デ・リバデネイラは、他の二人の財務官の委任状を持って、グアテマラ市の聴訴院に現れた[34]。バスケス・デ・リバデネイラが、「会計官の帳簿一冊、財宝官の帳簿一冊、そして金・銀の溶解についての記録と説明する丸い綴じ穴の開いた紙の束」[35]をセラート長官に提出すると、収支報告書を作る作業が開始された。

　セラート長官はこのとき、財務官の収支報告書を作成し、決算を行なうというこの面倒な作業について、すでに十分な経験をつんでいた。さかのぼること2ヶ月ほど前、グアテマラ市の王庫の収支報告書を完成させ、その決算もすませていたのである。実際、セラート長官はその年の6月から8月までのまるまる3ヶ月間をこの作業のために費やし[36]、グアテマラ市の財務官らが提出した帳簿や書類の一切を毎日3時間かけて調べ上げていた。1549年7月16日、この作業に取りかかってからちょうど1ヶ月半が過ぎる頃、セラート長官はスペイン王室に宛てて一通の書簡を書き、自らの勤勉さと収支報告書の作成作業に精通してきたことを、誇らしげに報告している。

　　ここ［グアテマラ市］では、今年、いや来年にさえ、収支報告書の作成は終わらないだろうと人びとは考えていました。私の見立てでは、この7月中には、いや今日からサンティアゴの日［7月25日］までの［10日間の］間に、すべてを終わらせ、写しをとらせ、そして陛下の諮問会議に送付させることができると思っております。そしてホンジュラスとニカラグアの収支報告書も、同様に［迅速に］いたします。というのも、私はこの作業に毎日3時間を費やしているからです。ここの収支決算のやり方はスペインでのやり方とは違うのですが、私はこちらでもっともこの作業に精通している者と同じくらい、すでにこの作業に精通しております。それは決算を取られる者ら［財務官ら］が意気消沈してしまうほどで、その理由は私自身も収支報告書の作成作業を行なうからなのです。したがいまして、もし神がそうお望みになるなら、今年中にすべての収支報告書を陛下に送付し、決算後の残高を、あるいは少なくとも私に集められる限りのお金を陛下に送ることができるでしょう。私は、あちら［スペイン本国］でお金が必要とされていることを承知しております[37]。

セラート長官は実のところ、この書簡を書いた時に予想していたよりもずっと多くの日数を費やすことになり、グアテマラ市の収支報告書が完成したのは、8月も終わろうとしている頃であった。

しかし予想以上に時間はかかったものの、セラート長官は相応の成果もあげていた。王室財産に9,800ペソの債務があることが判明したにもかかわらず、その支払いに応じないグアテマラ市の財宝官フランシスコ・デ・カステジャーノスを捕らえて数日を牢屋で過ごさせ、2,500ペソを為替手形で支払わせた上に、82人の黒人奴隷を担保として預かったのである。ちなみにカステジャーノスは、20年もグアテマラ市で財宝官を務めてきた町の有力者である[38]。

ホンジュラス、ニカラグア、そしてチアパスの財務官らは、グアテマラ市の財宝官がセラート長官に屈したことを噂で聞いていたに違いなく、セラートがいかに厳格な態度で王庫の決算に臨もうとしていたか、気づいたはずである。

その年の10月21日、グアテマラ市のセラート長官の前に現れたチアパス地方の会計官リバデネイラの表情は、緊張でいくらか強張っていたかもしれない。

その2週間後の11月5日、チアパス地方王庫の収支報告書は完成した。1540年8月から1549年9月までの9年間になされた収入と支出の記録が、72枚の紙をびっしりと埋めつくした。収入の記録は全部で348件にのぼり、そのうち262件がチアパス地方で採取された金の溶解税の記録であった。支出の記録は非常に少なく、全部で20件であった[39]。収支報告書が完成すると、すぐに写しが2部作成された。1部はスペインのインディアス諮問会議に送付するためで、もう1部はシウダ・レアル市の財務官らが手元に保管しておくためであった。収支報告書の原本は、その作成作業の書記を務めたフランシスコ・モラレス・ミジャンが保管した[40]。

2部の写しのうちの1部がスペインに向けて実際に発送されるまでには、それからさらに6ヶ月ほどかかったようである。セラート長官は、ニカラグアで1550年6月2日に書いた書簡のなかで、「プエルト・デ・カバージョス港を少し前に発った一隻の船で、[中略] 私は陛下に1万5,000ペソ、そしてこのグアテマラ市とチアパスの収支報告書を送付いたしました」とスペイン王室に報告している[41]。

さらにチアパス地方の王庫は、この収支決算をもってその役目を終えたようである[42]。1542年頃からチアパス地方における砂金の採取量は急速に減少し、1549年には金の溶解税による王庫の収入はほぼ皆無であった[43]。この事実は、

1章　スペイン帝国の植民地統治と文書　35

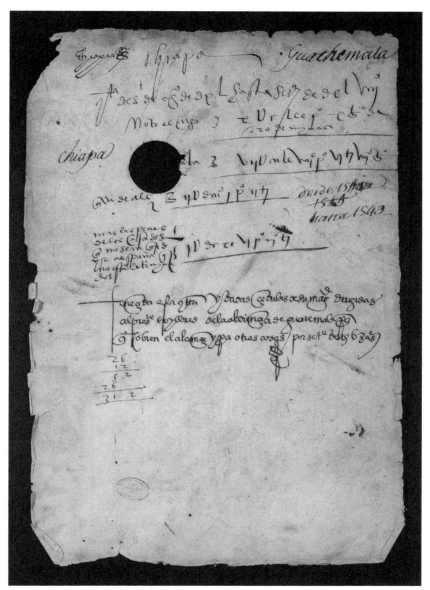

写真1　チアパス地方王庫の収支報告書の表紙（原寸は315×216ミリ）。同書には原本と写し2部が存在した。現在、原本と写し1部は所在不明である。写真は、インディアス総合文書館（セビーリャ市）に保存されている収支報告書の写しを撮影したものである。

収支報告書の一件一件の記録にしっかりと刻まれており、それを作成したセラート長官の目にも明らかであったはずだ。チアパス地方の王庫は、その収入の大部分を金の溶解税に負っていたため、王庫の存在理由がなくなってしまったのである。またチアパス地方は、すでに5年ほど前から独自の総督を擁する総督区ではなくなってしまっており、グアテマラ市の聴訴院が管轄する辺境の一地方というのが、当時の統治組織上の位置づけであった。王庫の廃止に直接言及する資料は見つかっていないが、聴訴院の長官セラートがその廃止を決定した、あるいはスペイン王室に進言したと考えるのが妥当である[44]。

　以来、チアパス地方の財政は、ふたたびグアテマラ市の財務官の管轄下に置かれた。チアパス地方に独自の財務官が新たに任命されるのは、それから200年以上が経過した1787年のこととなる。この年、ブルボン改革によってチアパス地方にも新たな地方統治制度が導入され、その結果として王庫が再び設置されるのである[45]。

7　チアパス地方王庫の収支報告書の監査（1568年）

　1550年7月7日、チアパス地方王庫の収支報告書は、スペイン本国に到着していたようである。同書の背表紙には、おそらくはインディアス諮問会議の会計部門の官吏が書いたと思われるメモ書きが残されており、「550年7月7日、秘書官から私にこれ［収支報告書］が渡された」という一文があるからだ[46]。前節で引用した同年6月2日のセラート長官の書簡によれば[47]、この収支報告書はそれより少し前、つまり5月にはホンジュラスのカリブ海沿岸の港を発っていたのだから、1ヶ月半から2ヶ月で大西洋を渡ったことになる。

　しかしチアパス地方の収支報告書は、この背表紙のメモが書かれてから15年以上の間、監査のときを待ちつづけることとなる。監査が実際に行なわれたのは、1568年のことだったからだ。その理由ははっきりとは分かっていないが、いくつかの要因が考えられる。

　まず一つ目は、インディアス諮問会議の会計部門は、多岐にわたる業務を同時にこなさねばならなかったことである。インディアス諮問会議自体の会計業務（インディアス諮問会議に支払われる罰金や官吏の給与などの会計）の他に、セビージャのインディアス通商院の会計監査も行なわねばならず、さらにアメリカ植民地から送られてくるすべての王庫の収支報告書の監査も行なっていたのである（Sánchez Bella 1990［1968］: 94）。そのような中で、財政規模の比較的小さかっ

1章　スペイン帝国の植民地統治と文書　37

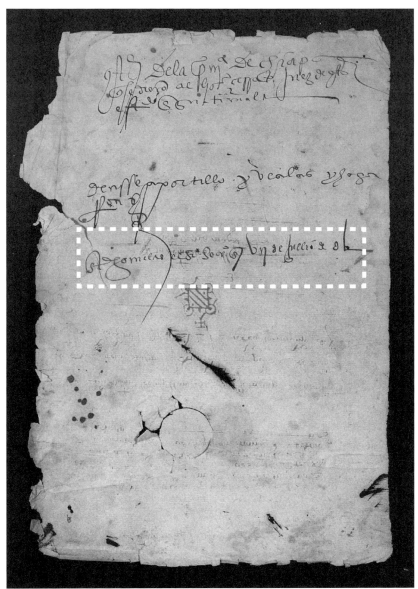

写真2　チアパス地方王庫の収支報告書の背表紙に残されたメモ書き。白い点線で示した部分に、"Entregómelas el señor secretario en VII de julio de DL"（550年7月7日、秘書官から私にこれ［収支報告書］が渡された）と書かれている。

38　第Ⅰ部　文書循環サイクルの成立過程

たチアパス地方王庫の監査業務は優先されなかったはずだ。チアパス地方王庫の収支報告書によれば、その9年間（1540〜1549年）の収支残高は2,801ペソであり、一時的に王庫が預かっていた1,696ペソを足しても、4,500ペソ程度であった[48]。これに対して1550年代にスペイン王室がアメリカ植民地から受取った送金額は、年平均51万9,700ペソだったのである（Sánchez Bella 1990［1968］: 20）。

　次に重要なのは、フェリペ2世が即位した翌年の1557年から1562年までの5年の間、スペイン帝国全体の財政組織に大きな改変が行なわれ、財政諮問会議（Consejo de Hacienda）が帝国の全領土の財政を統括したことである。したがってアメリカ植民地の財政もインディアス諮問会議の管轄ではなくなり、財政諮問会議の管轄となった。結局、この制度改変には多くの不都合や事務手続きの煩雑さが伴うことが判明し、わずか5年後の1562年2月頃には、アメリカ植民地の財政を再びインディアス諮問会議の管轄に戻すことが決定された（Sánchez Bella 1990［1968］: 30-36）。しかし制度の改変につぐ改変は、それぞれの諮問会議で会計業務を担う現場の官吏に混乱を生じさせ、事務手続きを増やし、処理すべき書類の量は一時的にせよ、急増したはずである。特に1557年から1562年までの5年間は、アメリカ植民地から送られてくる王庫の収支報告書の監査業務が中断されたとしても、何ら不思議ではない。

　理由はどうあれ、チアパス地方王庫の収支報告書は、インディアス諮問会議が監査を再び担当するようになってからも、さらに6年間ほどは手付かずのままであった。そして1568年の8月頃に、ようやくインディアス諮問会議の二人の会計監査官（contadores de cuentas）が、その記録内容や収支会計の検査を始めた[49]。

　実際には、まず一人の会計監査官が収入と支出の記録を一件ごとに確認し、たとえば砂金の溶解税の率（10分の1ないし5分の1）が正しいかなどを確認した。そして問題がなければその記録の左余白に略式の花押（rúbrica）で印をつけ、もし問題があれば、やはり左余白にメモを残してそれを明らかにした[50]。また何らかの問題が見つかった場合には、――おそらくはインディアス諮問会議会計部門の文書庫で――他の王庫の収支報告書や帳簿などの関連書類を探し、可能な限り事実関係を確認しようとした。この一人目の監査官はさらに、各ページの収入記録ないし支出記録の合計額をページ下部の余白にメモし、やはり略式の花押で印をつける作業も行なった[51]。

　次に二人目の会計監査官がもう一度チェックを行ない、それぞれの収入記録と支出記録の左余白にやはり略式の花押で印をつけていった。

　最後には、この監査結果を1枚の別紙に要約し、訂正を加えた収入と支出の合

1章 スペイン帝国の植民地統治と文書　39

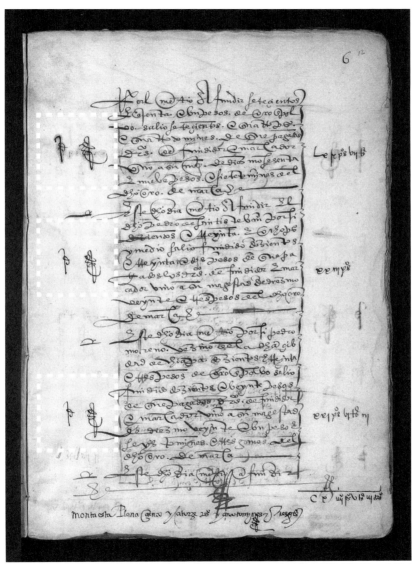

写真3　記録本文の左余白に二つの略式の花押が記されている（白い点線で指示）。チアパス地方王庫の収支報告書、6枚目表。

計額、そして収支残高などを記録した監査報告書が作成された[52]。

監査作業は、同年9月10日に完了したようである。この収支報告書の66枚目表にある全収入合計額の記録の左余白には、「この確認作業（averiguación）は、マドリードにおいて1568年9月10日になされた」とのメモ書きが見つかる[53]。

その後、この収支報告書と監査報告書は、インディアス諮問会議の本会議で審議されたはずである。そして監査結果に対処するために、グアテマラ聴訴院に宛てて四つの勅令（reales cédulas）が起草されたのであるが[54]、その起草作業もマドリードのインディアス諮問会議で行なわれたと考えられる[55]。そのうちの二つの勅令は、同年9月18日にエスコリアル宮殿で実際に発令されたことが分かっており[56]、勅書としてグアテマラ市に送付された。

これら四つの勅令の草稿は、現在は収支報告書に添付された状態で保存されており、その内容は以下のとおりである。

まず一つ目の勅令では、チアパス地方の財務官を務めたディエゴ・バスケス・デ・リバデネイラ、ガルシア・デ・メンダニョ、そしてアントニオ・デ・ラ・トレの3人は、王庫の決算から19年もの歳月が経過しているにもかかわらず、王庫の収支残高（4,620ペソ）をまだ支払っていないことが判明したと述べられている。そしてこの3人から、死亡してしまっている場合はその相続人、あるいは着任時に提示したはずの保証人から、その額を徴収することがグアテマラ聴訴院に命じられている[57]——セラート長官が厳格に王庫の決算を行なおうとしていたことを考えると、これは驚くべき発見である。しかし本当にリバデネイラら3人の財務官が収支残高を払っていなかったのかどうかは、資料の不足からまだよく分かっていない。

二つ目の勅令は、王の受取る貢納についてである。会計監査官らが問題としたのは、収支報告書が1540年から1549年までの9年間についてのものであるにもかかわらず、ハルテペックとコマラパのたった二つの村落の貢納だけが、しかも1549年の分のみ、収入として計上されていたことだった。しかも収支報告書では、それ以前の8年間に、王の受取るべき貢納を納める村落があったかどうか、何も言及がなかったという。グアテマラ聴訴院には、この点について調査し、もし徴収されていない貢納があったとすれば、それはチアパス地方の財務官の過失であったのか、不足分の貢納の額はどれほどであったかを報告することが命じられている[58]。

三つ目の勅令は、1545年と1546年の十分の一税の「王の9分の2」が収支報告書に計上されていないことを指摘している。収支報告書によれば、チアパス地方の財

1章　スペイン帝国の植民地統治と文書　41

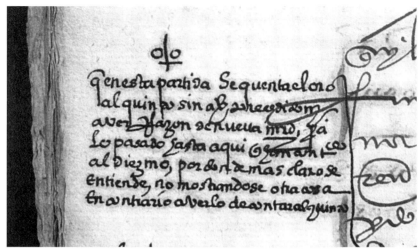

写真4　記録本文の左余白に記されたメモ書きの例（同収支報告書、32枚目裏、158件目の記録）。"Que en esta partida se cuenta el oro al quinto sin haber parecido ni haber razón de nueva merced. Para lo pasado hasta aquí que han contado al diezmo, por donde más claro se entiende, no mostrándose otra cosa en contrario, haberlo de contar al quinto" と記されている。

務官らは次のような理由を説明したとのことである。つまり、メキシコ市の財務官らがその2年間のチアパス司教の給与の支払いを行なう際に、その分の額を差し引いて支払ったために、それを計上すべきはメキシコ市の財務官らであるとのことであった。しかし、会計監査官らは、彼らが保管していた該当年のメキシコ市の財務官らの収支報告書を調べたものの、そのような計上は見つからなかったという。したがってグアテマラ聴訴院に、メキシコ市の財務官は本当にその2年間の「王の9分の2」を受取ったのかどうか、調査することを命じるものであった[59]。

　四つ目の勅令は、ユカタン地方とチアパス地方の総督であったフランシスコ・デ・モンテッホの給与についてである。モンテッホは、チアパス地方の王庫から1539年から1543年の期間の給与として計2,456ペソを受取ったのであるが、会計監査官らはユカタン地方の王庫からも二重に給与を受取っていたのではないかと疑っていた。しかし監査官らの手元にはユカタン地方の該当期間の帳簿がなく、それを確認することができなかったのである。そこでグアテマラ聴訴院には、ユカタン地方の財務官が保管しているはずの帳簿を調べ、支払い記録を確認することを命じたのである[60]。

　この四つの勅令のなかで指摘されている問題は、会計監査官が収支報告書の記

42　第Ⅰ部　文書循環サイクルの成立過程

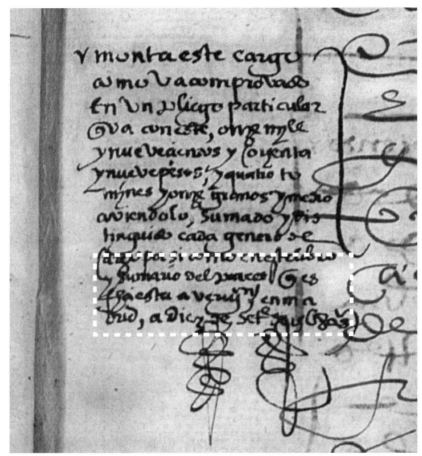

写真5　全収入合計額の記録の左余白にあるメモ書き（収支報告書66枚目表、354件目の記録）。白い点線で示した部分に、"[...]Que es fecha esta averiguación en Madrid a diez de septiembre de 1568 años"（この確認作業は、マドリードにおいて1568年9月10日になされた）と記されている。

録の左余白に書きつけたメモ書きの内容をそのまま反映したものである。会計監査官らが監査の過程で発見した問題点や疑念、そして監査の結果下した結論は、インディアス諸問会議の本会議をそのまま通過し、この四つの勅令を発したスペイン王室の意思決定につながったのである。

　その後、これらの勅令の内容は、グアテマラ聴訴院ないしヌエバ・エスパーニャ副王によって実際に遂行されたのであろうか。残念ながら、それを明らかにする資料はまだ見つかっていない。

8 文書記録を用いた統治の仕組み

　本稿では、中央アメリカに存在したチアパス地方王庫の設置経緯と、その財務官の変遷を見てきた。そしてグアテマラ市の聴訴院長官にその収支決算が委任され、収支報告書が作成され、後にスペインのインディアス諮問会議で同書の監査がなされる過程を見てきた。以下では、これらの諸点を総括しつつ、チアパス地方王庫の事例に見い出すことのできる植民地統治の実態、特に文書記録を用いた統治の仕組みを明らかにする。

　まず最初に確認しておきたいのは、大西洋を間にはさんで行なわれた報告と命令の往還には、相応の時間を要したということである。

　たとえば、1547年2月8日、ホンジュラスのグラシアス・ア・ディオス市で、フアン・ロヘル聴訴官はグアテマラとチアパスの王庫の管理運営に問題があることを指摘し、王庫の収支決算を進言する書簡を書いている。この書簡は同年3月21日にはスペイン本国のインディアス諮問会議に届いていたが[61]、セラート聴訴院長官にその管轄区内の王庫の決算を命じる勅令が出されたのは翌年の1548年7月9日であった。さらにセラート長官がこの勅令をグアテマラ市で実際に受取ったのは、1549年1月〜3月頃であった。ホンジュラスで問題の報告が書簡に記されてから、グアテマラ市にその対処の命令が届くまでに、2年ほどの歳月を要したのである。さらにいえば、ロヘル聴訴官がチアパス地方に実際に滞在したのは1546年の3月から5月で[62]、このときに王庫の不正な管理運営を発見したのであった。その後、実際にセラート長官によってチアパス地方王庫の収支報告書の作成が開始されたのは、1549年10月21日であった。植民地の現地で問題が発見され、スペイン本国と現地の間で報告と指令のやりとりがなされ、そして現地で実際に対処がなされるまでに、およそ3年半の時間を要したことになる。

　この点については、当然のことながらスペイン王室やインディアス諮問会議もよく理解していた。だからこそ、植民地の統治組織でもっとも高い官位の副王、そして総督（gobernador）と軍事総監（capitán general）の官位も併せ持つ聴訴院長官（presidente de la Audiencia）[63]には大きな権限を認め、緊急の案件にはその裁量で対応できるような統治の仕組みを作ろうとしたのである。

　では、スペイン王室とインディアス諮問会議は、大西洋を挟んだ遠隔地であるアメリカ植民地の統治の細部までを把握し、統制しようとする意図をもたなかったのであろうか。特にインディアス諮問会議は、副王や聴訴院長官に植民地の実

44　第Ⅰ部　文書循環サイクルの成立過程

情の把握や細部の統制は任せて、大きな統治方針や要所ごとの重要な決定のみを行なったのであろうか。

　アメリカ植民地の初期の財政、そしてチアパス地方王庫を例にとるならば、スペイン王室とインディアス諮問会議は、たとえ事後的にせよ、その管理運営の細部までを掌握し、制御しようと努めていたことが明白である。

　まずインディアス諮問会議は、アメリカ植民地の財務官のために詳細なマニュアルを作り、それを着任時に届けさせるようにしていた[64]。このマニュアルには、王庫の帳簿に一件一件の収入と支出の記録をとることも指示されている。チアパス地方の財務官も、ヌエバ・エスパーニャ副王が任命を行なったとはいえ、1540年の王庫設置の際には同様のマニュアルを副王の手配で受取っていたはずである。このマニュアルの指示に従って、チアパス地方王庫の収入と支出は、財務官の管理する帳簿に日々記録されていったはずである。もちろん、すべてが指示どおりに厳格に遂行されたはずはないが、帳簿の付け方や管理方法の大きな枠組みが指定されていたことが重要である。

　スペイン本国のインディアス諮問会議は、この帳簿記録を直接に検査したり、その記録作成を監視していたわけではない。この帳簿記録が実際に検査されたのは、1549年にグアテマラ市でセラート長官がその収支報告書を作成したときである。セラート長官はチアパス地方の財務官に、「会計官の帳簿一冊、財宝官の帳簿一冊、そして金銀の溶解についての記録」[65]を提出させ、そこに記録されていた一件ごとの収入と支出の記録を、整理しながら収支報告書に写させたはずである。またセラート長官は、この収支報告書の作成と王庫の決算にあたって、インディアス諮問会議から詳細な任務遂行マニュアルを受取っていたことも重要である[66]。セラート長官が詳細な収支報告書を作成したのは、彼の真面目で几帳面だったであろう性格だけによるのではなく、インディアス諮問会議が具体的な指示を与えていたからなのである。

　そして収支報告書の作成から15年以上もたってからではあったが、1568年にインディアス諮問会議の会計部門で監査が行なわれた。その監査は、非常に細かい点にまで及び、文書庫の他の文書記録も使いながら事実確認をしつつ、行なわれたのである。たとえば、チアパス地方の1545年と1546年の十分の一税の「王の9分の2」が、本当にメキシコ市の財務官が受取ったことになっているかどうかを確認するために、会計監査官は該当年のメキシコ市の王庫の収支報告書を実際に調べ、そのような記録は見つからなかったと報告している[67]。また、1549年にセラート長官がチアパス王庫から出させた3,800ペソについては、実際に当

時グアテマラの財宝官であったカステジャーノスの帳簿（1529〜1549年）を調べ、この財宝官が受取った記録が帳簿の304枚目に見つかることをも突きとめている[68]。そして監査の結果、それでも疑問の残る細部については、スペイン王室がグアテマラ聴訴院に勅令を出し、調査と確認を命じているのである。

このように、チアパス地方での帳簿記録の作成、グアテマラ市での収支報告書の作成、そしてスペインでの監査という三つの段階を通じて、スペイン王室とインディアス諮問会議は、事後的にせよ、その王庫の管理運営の細部までを実際に把握したのであり、何らかの問題が見つかれば勅令をだして、制御しようと努めていたことが明白である。当然、これらすべては王室財産の会計に関わるのであるから、その細部にまで監査がおよぶのは驚くに値しない。しかし、スペイン王室とインディアス諮問会議が、その植民地財政の細部まで掌握し制御しようとしていたこと、文書記録による統治の仕組みを用いてそれをある程度実現していたことは強調しておく必要がある。

9　文書記録を用いた統治の陥穽

しかし当然のことながら、上述の文書記録による統治の仕組みには綻びも見られた。スペイン王室とインディアス諮問会議は、チアパス地方の王庫を例にとるなら、実務上もっとも基本的と思われる事柄について把握しておらず、事後的にも完全に把握することはなかった。すなわち、チアパス地方に財務官が任命されて新たな王庫が設置されたことを1540年から1549年までは知らず、そして同地方の財務官の変遷については、事後的にすら把握することができなかったのである。スペイン王室やインディアス諮問会議にとって、これらはもっとも基本的であるがゆえに当然把握しているはずであった。チアパス地方王庫については、知らないということを知らなかったのであり、その存在を知らないものについては、調査の命令さえ出せなかったのである。

まず、1540年になされたチアパス地方の財務官の任命であるが、これは本来スペイン王室が行なうべきものであった。しかし実際にはヌエバ・エスパーニャ副王によって任命がなされ、スペイン王室には事後承認の手続きすらなかったと思われる[69]。そのために、インディアス諮問会議は、チアパス地方の財務官について文書記録を一切持っていなかったのである。中央アメリカではグアテマラ、ホンジュラス、ニカラグアにも財務官が存在し、その任命はすべてスペイン王室によって行われており、任命書の写しがインディアス諮問会議の文書庫に保

46　第Ⅰ部　文書循環サイクルの成立過程

管されていたことを考慮にいれるなら、このチアパス地方の事態はきわめて異常
であった[70]。

　だからこそ、インディアス諮問会議の官吏らは、フアン・ロヘル聴訴官の
1547年2月8日の書簡によって、チアパス地方に「陛下の財産の徴収を行なう官
吏ら（oficiales）」[71]がいると報告を受けた際にも、彼らをグアテマラ市の財務官
に従属する代官であると考えたのではないだろうか。いずれにせよ、セラート長
官に王庫の収支決算を命じる1548年7月9日の勅令には、グアテマラ、ホンジュ
ラス、ニカラグアの財務官のみが明記され、チアパス地方の財務官には言及がな
かった。1540年8月にチアパス地方の財務官が任命されてからすでに8年ほどが
経過していたが、スペイン王室及びインディアス諮問会議は、その財務官の存在
を知らなかったのである。

　インディアス諮問会議がチアパス地方の財務官についてその存在をはっきり
と知ったのは、その収支報告書が届いた1550年7月のことだったはずだ。同書
の最初のページでは、会計官ディエゴ・バスケス・デ・リバデネイラが、財宝
官ガルシア・デ・メンダニョと商務官兼監視官アントニオ・デ・ラ・トーレの
委任状をたずさえて登場し、この3人が管理したチアパス地方の王室財産（Real
Hacienda）の収支決算を行なうことが明記されている。インディアス諮問会議の
官吏らは、その任命書すら文書庫で確認することのできない財務官の存在に驚い
たに違いない。しかしその収支報告書を一読すれば、この3人が1540年8月から
1549年10月までチアパス地方の王庫を管理運営していたと考えるよりほかはな
かったはずである。

　また1550年11月21日、ロス・コンフィネス聴訴院のセラート長官は、イン
ディアス諮問会議に宛てて、中央アメリカの各王庫の収支決算を要約した報告書
を作成させた。この報告書では、チアパス地方の財務官について以下のような説
明がなされている。

　　ヌエバ・エスパーニャ副王アントニオ・デ・メンドサ様が、陛下から受けた
　　特別な委任によって、バルタサル・ゲラを財宝官に、ディエゴ・バスケス・
　　リバデネイラを会計官に、アントニオ・デ・ラ・トーレを商務官に任じまし
　　た。その後に、上述のバルタサル・ゲラの不在を理由として、あの［チアパ
　　ス］地方の市民であるガルシア・デ・メンダニョが財宝官の官職を務めまし
　　た[72]。

もしインディアス諮問会議の官吏がこの報告書を注意深く読んでいたとすれば、ようやくこの時点で、チアパス地方の財務官が1540年にヌエバ・エスパーニャ副王によって任命されていたことを知ったに違いない。また、バルタサル・ゲラなる人物が当初は財宝官を務めていたことにも気づいただろう。しかしインディアス諮問会議の官吏が、実際にこの報告書をどの程度まで気にとめていたかは定かではない。確かなのは、チアパス地方王庫の収支報告書の監査は1568年まで行なわれず、監査が行なわれたときには、この報告書の存在は忘れられていたということである。

このような経緯により、1568年に監査を行なったインディアス諮問会議の会計監査官は、チアパス地方の財務官は収支報告書で言及されている上述の3人のみであったと判断した。それは、この監査の結果を受けてスペイン王室が出した勅令の内容からも明らかだ。その二番目の勅令では、上述の3人に言及して、「540年から549年までのチアパス地方の官吏［財務官］であった」と説明している[73]。

しかし、本稿の第3節で明らかにしたように、実際にはチアパス地方の財務官は、三つの官職のすべてにおいて一度ないし二度、その担い手が替わっているのだ。1549年にグアテマラ市に召喚されたチアパス地方の会計官リバデネイラは、その事実を伏せたまま、セラート長官に収支報告書を作らせたのである。そして財宝官を最初に務めたバルタサル・ゲラについてだけは、セラート長官にも伝えており、それゆえに1550年11月の報告書では言及がなされたのだろう。

それでは、グアテマラ市に召喚されたチアパス地方の会計官リバデネイラは、なぜ財務官の変遷については事実を明かさなかったのであろうか。もちろん何らかの不都合があったからに違いない。もしかすると、1546年にフアン・ロヘル聴訴官が目の当たりにした、「金の大部分は金庫の中にはなく、官吏らとあの町の市民らの間で貸し借りされている」[74]という王庫の不正な管理状況と関係があるのかもしれない。いずれにせよ、スペイン王室とインディアス諮問会議は、ロヘルが報告したこの財務官らの不正についても、ついにその詳細を把握することはなかったのである。

10 おわりに

本稿では、チアパス地方の王庫を事例に、スペイン帝国による文書を用いた統治の実態を明らかにしてきた。大枠としては、文書記録による統治の仕組みが

機能しており、インディアス諮問会議及びスペイン王室は、チアパス地方の財政の細部に到るまで、王庫の収支報告書を利用して把握しようと努めたといえるだろう。しかし、文書による統治の仕組みには陥穽があり、同諮問会議とスペイン王室は、植民地財政の根幹である財務官の存在すら把握しておらず、事後的にも完全には把握することがなかったのである。これはフォーマルな財政制度の裏側で、財務官が行なっていた不正や横領を把握できなかったという事態とは、区別されねばならない。チアパス地方王庫で起きていた事態は、フォーマルな財政組織の基本的な事実を、スペイン王室とインディアス諮問会議が把握していなかったという事態なのである。スペイン帝国は、文書という手段を用いて、7,000kmの海という障害を乗り越えようとしたわけであるが、チアパス地方王庫の事例から判断するならば、それは非常に限定的な意味でしか成功しなかったといえるだろう。

　最後に、今後の課題を二つ指摘して本稿を終える。一つは、本稿がチアパス地方の王庫の管理と監査、つまり植民地財政という側面から、文書を用いた統治の仕組みと実態について考察してきたことに関わる。つまり財政ではなく、軍事や司法など、他の分野における文書を用いた統治では、また異なる仕組みや実態があったはずなのである。例えばよく知られていることだが、インディアス諮問会議は、アメリカ植民地の司法において最上級の裁判所として機能していた。当然のことながら、インディアス諮問会議に上告されず、アメリカ植民地の各聴訴院で決着する事案も多かったはずである。このように司法の分野では、スペイン王室及びインディアス諮問会議は、すべての事案を詳細に報告させて把握しようとはせず、上告される重要な案件についてのみ判断を下していたのである。「植民地統治と文書」というより一般的なテーマについて考察するためには、財政のみならず、司法や軍事といった他の分野についても目を向ける必要があるだろう。

　もう一つは、本稿がメキシコ市やリマ市という植民地統治の中心地ではなく、チアパス地方という周縁地域の小規模な王庫を取り上げたことに関わる。本稿では、スペイン王室とインディアス諮問会議がチアパス地方王庫の存在を事後的にしか知らず、その財務官の変遷についてはついに把握できなかったことを指摘した。筆者はこれを、メキシコ市のような植民地統治の中心地では起こりえない事態が、周縁地域のチアパス地方では起きていたと解釈している。そして、広大なスペイン領アメリカ植民地において、植民地統治の中心地はいくつかの点のようにしか存在せず、その大部分がいわば周縁地域であったことを考慮にいれるなら、チアパス地方王庫の事例は決して特殊な事例ではなく、より一般性の高い事

例として考えられるのではないだろうか。今後は、他の周縁地域における王庫の事例も考慮にいれながら、チアパス地方王庫という事例の特殊性と一般性について考察する必要があるだろう。

註

1）　本稿の註55を参照。

2）　たとえば財務官のつけていた会計帳簿、カトリック教会の司祭がつけていた洗礼簿などの教区簿冊をあげることができる。洗礼簿については、本書における齋藤晃の論考（5章）を参照。

3）　16世紀のスペイン領アメリカ植民地の財政組織については、Sánchez Bella（1990 ［1968］）が古典的かつ基礎的研究である。本節の内容は主にこの Sánchez Bella の研究に依拠している。

4）　現在のコロンビアにほぼ相当する。

5）　フランシスコ・ピサロと協約を結んだ際に、スペイン王室は財務官を随行させることをピサロに義務付けた。ペルーの最初の財務官の任命は1529年5月に行なわれた（Sánchez Bella 1990 ［1968］: 19, nota 29）。

6）　Sánchez Bella 1990 ［1968］: 18-19. 特に注28と注29を参照。この他にも、16世紀を通じて他の多くの都市に財務官が任命された（Sánchez Bella 1990 ［1968］: 97-100）。

7）　1563年の勅令によって、グアテマラ、ニカラグア、ホンジュラス、カルタヘナ、キューバ、クバグア、マルガリータ島、サン・フアン・デ・プエルトリコ、ベネズエラの王庫における商務官兼監視官の官職が廃止された（Sánchez Bella 1990 ［1968］: 29）。

8）　チアパス地方の征服については、Lenkersdorf（1993）を参照。

9）　AGI, Guatemala, 393, libro 1, ff. 113v-114r y 175v-176r.［Dos reales cédulas dirigidas a los oficiales reales de Guatemala, una fechada en Madrid, 6 de febrero de 1535 y otra fechada en Valladolid, 7 de julio de 1536］.

10）　後に見るように、1540年にチアパス地方総督となったフランシスコ・デ・モンテッホがチアパス地方に着任した際、この地方の王室財産を管理し、チアパス地方の「陛下の金庫」の鍵を持っていたのは、フアン・デ・オルドゥーニャだったからである。

11）　AGI, Guatemala, 965, exp. 2.［Presentación del título y real provisión de la escribanía del número y consejo de Ciudad Real de Chiapa, hecha por Juan Vázquez de Paradinas］. Ciudad Real, 10 de marzo de 1540. 2 ff.; y Chamberlain 1948: 173.

12）　AGI, Guatemala, 9A, r. 17, n. 72, f. 2r.［Relación de las cuentas de las reales cajas de las provincias de Guatemala, Higueras, Honduras y Chiapas, tomadas por Alonso López de Cerrato, presidente de la Audiencia de los Confines］. 21 de noviembre de 1550.

50　第I部　文書循環サイクルの成立過程

13）AGI, Justicia, 300, n. 2, r. 1, ff. 14v-16r. [Declaración de Pedro de Orozco]. Ciudad Real, en abril de 1546.

14）AGI, Guatemala, 9A, r. 17, n. 72, f. 2r. [Relación sumaria de las cuentas...]. 21 de noviembre de 1550.

15）AGI, Indiferente, 1204, n. 32. [Información sobre la distancia y los peligros de los caminos para llevar el oro a fundir a Guatemala]. San Cristóbal de Los Llanos, 23 de abril de 1534. 8 ff.

16）AGI, Contaduría, 995, 2ª parte, ff. 3r-4r, partidas 1-5. Cf. Obara-Saeki（2016）.

17）AGI, Guatemala, 9A, r. 17, n. 72, f. 2r.

18）AGI, Justicia, 300, n. 2, r. 1, ff. 63v-64v.

19）AGI, Contaduría, 995, 2ª parte, ff. 1r-2v.

20）AGI, Contaduría, 995, 2ª parte, f. 19r, partida 86. [Registro de la fundición de oro]. 19 de agosto de 1541.

21）AGI, Justicia, 300, n. 2, r. 1, ff. 63v-64v. [Francisco de Montejo presentó una real cédula ante los oficiales reales]. Ciudad Real, 2 de marzo de 1542.

22）AGI, Contaduría, 995, 2ª parte, ff. 1r-2v.

23）AGI, Contaduría, 995, 2ª parte, f. 20v, partida 96. [Registro de la fundición de oro]. 29 de noviembre de 1541; AGI, Justicia, 300, n. 2, r. 1, ff. 63v-64v. [Francisco de Montejo presentó una real cédula ante los oficiales reales]. Ciudad Real, 2 de marzo de 1542.

24）AGI, Contaduría, 995, 2ª parte, f. 29r, partida 139. [Registro de la fundición de oro]. 18 de septiembre de 1542.

25）AGI, Contaduría, 995, 2ª parte, f. 1r.

26）AGI, Justicia, 300, n. 2, r. 1.

27）AGI, Justicia, 300, n. 2, r. 1, f. 104r.

28）AGI, Guatemala, 402, libro 2, ff. 234v-235r. Comisión para tomar dichas cuentas. [Real cédula]. Valladolid, 9 de julio de 1548; y Molina Argüello（ed.）2001, VII: 24-25. 同日、収支報告書の作成と決算のための指示書（instrucción）もセラート長官に宛てて作成されている。AGI, Guatemala, 402, libro 2, ff. 229v-234v; y Molina Argüello（ed.）2001, VII: 12-18.

29）AGI, Guatemala, 402, libro 2, f. 234v.

30）1548年11月13日、アロンソ・ロペス・デ・セラートはグラシアス・ア・ディオス市を発ち、同月末にはすでにサン・サルバドル市に到着していた（AGI, Guatemala, 9A, r. 15, n. 51. f. 1r）。同年12月11日には依然としてサン・サルバドル市に滞在していたが、1549年3月8日にはすでにグアテマラ市に到着していた（AGI, Guatemala, 9A, r. 15, n. 52. 7 ff.）。Cf. Schäfer 2003 [1935 y 1947], II: 71.

31）本稿では、通貨単位ペソを、銀ではなく金のペソ（peso de oro de minas、450 マラベディと等価）に統一した。

1章　スペイン帝国の植民地統治と文書　51

32）　AGI, Guatemala, 9A, r. 16, n. 54, f. 3v.

33）　AGI, Guatemala, 9A, r. 16, n. 54, f. 3v.

34）　AGI, Contaduría, 995, 2ª parte, ff. 1r-2v.

35）　AGI, Contaduría, 995, 2ª parte, f. 3r.

36）　1549年6月1日、アロンソ・ロペス・デ・セラートはグアテマラ市の王庫の収支報告書の作成を開始し、同年8月27日にその作業を終えた。AGI, Guatemala, 9A, r. 17, n. 72, f. 2r.［Relación de las cuentas...］. 21 de noviembre de 1550.

37）　AGI, Guatemala, 9A, r. 16, n. 62, f. 1v.

38）　AGI, Guatemala, 9A, r. 16, n. 62, ff. 1r-1v.

39）　AGI, Contaduría, 995, 2ª parte.　筆者はこの収支報告書を活字に起こし、史料として刊行した（Obara-Saeki 2016）。

40）　AGI, Guatemala, 9A, r. 17, n. 72, f. 2v.［Relación de las cuentas...］. 21 de noviembre de 1550.

41）　AGI, Guatemala, 9A, r. 17, n. 67, f. 1r.

42）　Parrilla-Albuerne（2013: 152）も同じ結論を下している。

43）　AGI, Contaduría, 995, 2ª parte, ff. 3v-51v, partidas 1-262; y Obara-Saeki en prensa.

44）　1568年に監査を行なったインディアス諮問会議の会計監査官も、チアパス地方には財務官が1540年から1549年までの期間のみ存在したと判断している。1550年から1568年までの期間については、当時のインディアス諮問会議においてさえ、何らチアパス地方王庫の文書記録が見つからなかったようである。AGI, Guatemala, 394, libro 4, ff. 420v-422r.［Real cédula］para que se cobren de Diego Vázquez de Rivadeneira y otros cierta cantidad de maravedís. Escorial, 19 de septiembre de 1568.

45）　AGI, Guatemala, 800, exp. 2; AGI, Guatemala, 800, exp. 7, f. 1r

46）　AGI, Contaduría, 995, 2ª parte, f. 73v.

47）　AGI, Guatemala, 9A, r. 17, n. 67, f. 1r.

48）　AGI, Contaduría, 995, 2ª parte, ff. 71r-71v, partidas 378 y 379.

49）　1568年9月に出されたチアパス地方王庫の収支報告書に関する四つの勅令（reales cédulas）は、同報告書が「我々のインディアス［諮問会議］の会計部門において」検査されたことを明らかにしている。AGI, Contaduría, 995, 1ª parte, ff. 1r, 2r, 3r y 4r.

50）　チアパス地方王庫の収支報告書の各記録の左余白に書かれたメモが、1568年に監査を行なった会計監査官の手によるものであることを確認するためには、同報告書66枚目表の354番目の記録を参照のこと。この記録の左余白には、「この確認作業は1568年9月10日、マドリードでなされた」というメモ書きがある。また、同書の331、332、356番目の記録も参照されたい。1568年9月に出された四つの勅令のうちの三つの命令内容が、これら三つの記録の余白に書かれたコメントに対応している。

52 第Ⅰ部 文書循環サイクルの成立過程

51) たが実際には、各ページの合計額は1549年の収支報告書作成時にすでに計算され、各ページの右下の余白に記されていたため、この会計監査官は自らは計算をせず、すでに記されている合計額を右から左に書き写しただけであった。

52) この別紙の報告書の実物は今のところ見つかっていない。しかし、この監査が1568年9月10日に完了したことを記すメモ書きのなかで、この1枚の別紙の報告書が言及されている。AGI, Contaduría, 995, 2ª parte, f. 66r, partida 354.

53) AGI, Contaduría, 995, 2ª parte, f. 66r, partida 354.

54) AGI, Contaduría, 995, 1ª parte.

55) これら四つの勅令の草稿は現在、チアパス地方王庫の収支報告書に添付された状態で、インディアス総合文書館（セビーリャ市）の会計部門（Contaduría）に保管されている。このことから、インディアス諮問会議の本会議で収支報告書が審議された際、そこで勅令の草稿が起草され、後に会計部門に収支報告書が勅令の草稿と一緒に返却され、そこで保管されたと思われる。勅令はその後エスコリアル宮殿で発行されており、もし勅令の草稿も同宮殿で起草されていたなら、マドリードにあったインディアス諮問会議の会計部門が最終的に保管した収支報告書には、勅令の草稿は添付されなかったはずである。

56) AGI, Guatemala, 394, libro 4, ff. 420v-423r.

57) AGI, Contaduría, 995, 1ª parte, ff. 1r-1v. Cf. AGI, Guatemala, 394, libro 4, ff. 420v-422r.〔Real cédula〕para que se cobren de Diego Vázquez de Rivadeneira y otros cierta cantidad de maravedís. Escorial, 19 de septiembre de 1568.

58) AGI, Contaduría, 995, 1ª parte, ff. 2r-2v. Cf. AGI, Contaduría, 995, 2ª parte, f. 61v, partida 332; AGI, Guatemala, 394, libro 4, ff. 422r-423r. Para que se haga averiguación de los tributos que dejaron de cobrar los susodichos siendo oficiales en Chiapa. Escorial, 19 de septiembre de 1568.

59) AGI, Contaduría, 995, 1ª parte, ff. 3r-3v. Cf. AGI, Contaduría, 995, 2ª parte, ff. 61r-61v, partida 331.

60) AGI, Contaduría, 995, 1ª parte, f. 4r. Cf. AGI, Contaduría, 995, 2ª parte, ff. 66r-66v, partida 356.

61) この書簡は、フアン・ロヘル聴訴官の行なったモンテッホ総督の汚職監査の報告書に添付されて届いた。汚職監査報告書の一枚目表の上部の余白に "En Aranda de Duero a 21 de marzo de 1548 años, me entregó este proceso cerrado y sellado el licenciado Villalobos, fiscal de su majestad" というメモ書きが残されている。AGI, Justicia, 300, n. 2, r. 1, f. 1r.

62) AGI, Justicia, 300, n. 2, r. 1.

63) 聴訴院長官 presidente de la Audiencia であっても、総督 gobernador と軍事総監 capitán general の官位を併せ持たない場合があった。そのような場合、聴訴院長官の権限はより小さく限定的なものであった。

64) 財務官が任に就く際に受取った王庫管理のためのマニュアル（規則集）は、基本的

にフォーマットがあり、それをコピーしただけのものだった。コピーの元になっていたのは当初、エスパニョーラ島の財務官のために作られたマニュアルだった（Sánchez Bella 1990 [1968]: 25-26）。16世紀にグアテマラ市の財務官に送付されたマニュアル数点は、Molina Argüello (ed.) 2001, VII: 157-196で読むことができる。

65) AGI, Contaduría, 995, 2ª parte, f. 3r.

66) 1548年7月9日、セラート長官に王庫決算の勅令が出されたとの同じ日付で、王庫決算のための任務マニュアルも同長官に発行されている。AGI, Guatemala, 402, libro 2, ff. 229v-234v; y Molina Argüello (ed.) 2001, VII: 12-18.

67) AGI, Contaduría, 995, 1ª parte, ff. 3r-3v. [Tercera real cédula]. Sin fecha [septiembre de 1568]. Cf. AGI, Contaduría, 995, 2ª parte, ff. 61r-61v, [partida 331].

68) AGI, Contaduría, 995, 2ª parte, f. 66r, [partida 355]. 355件目の記録の左余白に会計監査官のメモ書きが残されている。

69) Sánchez Bella（1990 [1968]: 102）によれば、「これらの変化 [王庫の創設と廃止] は、たとえ事後的な王の承認が必要であったにせよ、副王が命じることも可能であった」。

70) 現在、インディアス総合文書館には16世紀のグアテマラ、ホンジュラス、ニカラグアの歴代の財務官の任命書が保存されている。しかしチアパスの財務官の任命書は一件も保存されていない（Molina Argüello (ed.) 2001, VII）。

71) AGI, Justicia, 300, n. 2, r. 1, f. 104r.

72) AGI, Guatemala, 9A, r. 17, n. 72, f. 2r. [Relación sumaria de las cuentas...]. 21 de noviembre de 1550.

73) AGI, Contaduría, 995, 1ª parte, f. 2r. [Segunda real cédula]. Sin fecha [Escorial, 19 de septiembre de 1568].

74) AGI, Justicia, 300, n. 2, r. 1, f. 104r.

2章　スペイン帝国の文書ネットワーク・システムと
フィリピン
インディアス総合文書館所蔵フィリピン総督文書の検討

清水有子

1　はじめに

　本章は、スペインのインディアス総合文書館（Archivo General de Indias、以下 AGI）[1] 所蔵フィリピン総督文書の流通過程に焦点をあて、文書ネットワーク・システムを前提としたスペイン帝国の政策形成のありようを考察することを目的としている。

　南米史やフィリピン史、筆者のように日本とフィリピン（ルソン）との関係史を解明しようとする場合、現在その多くが AGI に保管されている関係文書を史料として利用することになる。歴史学では通常、文書の内容を批判的に読み込み、その分析結果をもとに歴史を叙述する方法をとるが、例えば帝国の植民地政策が中枢部で通常どのように形成され決定されていたかの問題を解明しようとするとき、その手順自体が明確に文書に記されていることは稀である。仮に何か解明に寄与しそうな文章を見つけたとしても―例えばインディアス諮問会議（Consejo Real y Supremo de las Indias、通称 Consejo de Indias）の法規上の取り決め[2]―、それ自体は実際の運用面を反映しているわけではなく、全面的に信用するわけにはいかない。それよりも、関連文書が豊富に残されている場合は、政策の決定にいたるまでの複数の事例を再現してそのパターンを見極めるか、あるいは、政策形成の過程で取り扱われた文書の流通プロセスのパターンを文書それ自体に残された痕跡から再現する方法を取ったほうが、説得力に富むといえよう。よって本章では、後者のアプローチをとることにしたい。

　対フィリピン政策の場合、参考とすべきフィリピン関係文書に関する先行研究は、管見の限りレターナ、ブレアとロバートソン、パステルス、エレディア・エレーラであるが、なかでも注目されるのは、インディアス諮問会議の文書処理に関するパステルス『フィリピン史』の次の記述である。

56　第Ⅰ部　文書循環サイクルの成立過程

　　　インディアス諮問会議はカルロス1世の命令により1517年から1524年の
　　間、試験的に設立を開始した。この中枢部には海外から来るあらゆる文書―
　　報告書、通知、記録、検察官の訴訟裁判記録、審理や監査の見解、王の役人
　　の勘定書、当局市民、軍人、裁判官、政治家、聖職者、その他西方インディ
　　アスの諸機関からの通信文、また係争や請願のため個別に諮問会議の国王に
　　送られた文書でさえも届けられた。
　　　それらは読まれ、調査され、討論され、熟した審議の後で審理され協定が
　　得られるために解かれた。決定がなされるとただちに国王に意見が求めら
　　れ、検査官が彼の考えをきいた後、諮問会議員がそれを承認した。しかし、
　　それらに最終的な法的承認が下りる前に、国王は秘書に命じて、王勅（reales
　　cédulas）の草案を作成させた。再調査と細かな推敲の後にそれらは清書
　　され、王がサインして、受取人や各諸機関のもとへと発送されなければならな
　　かった[3]。

　以上によれば、植民地統治に関しては、海外の発送文書（①）と本国からの返
送文書、すなわち王勅（②）の二種の文書が生産され、それぞれは以下の流れを
たどり、最後は本国の文書館で保管されたと推定される。
　　　　①＜発信者→インディアス諮問会議⇆国王＞
　　　　　　　　　　　　　　　↓（草案）
　　　　②＜インディアス諮問会議→国王→発信者＞
　　　　　　　　　　　　　　　　（清書）
　パステルスは一次史料となる膨大な量のフィリピン関係の手稿文書をもとに
『フィリピン史』を執筆しており、文書から得られた情報を通して上記の文章を
書いたと思われるが、具体的な根拠が示されているわけではない。そこで本稿で
は、フィリピン関係文書のうち、総督（gobernador）が発信した文書そのものに
残された《痕跡》を根拠として提示し、主に上記①の、発信者から国王までの文
書流通プロセスを解明することを課題としたい。
　なお、本稿では筆者の専門であるフェリペ2世統治期の文書に分析対象を絞る
ことにした。しかし当該の時期は、広大なスペイン帝国の植民地統治体制―とり
わけ新大陸向きの―が整備され、インディアス諮問会議に関してはその規模が拡
大したと言われる重要な時期である[4]。
　この点に関してエリオットは、地理的に分散し多様な国制を持つ地域から成り
立つ広大なスペイン帝国の統治が成立した理由は、カルロス5世（カルロス1世）

およびフェリペ2世期の行政組織改革と官僚制の発達にあったとしている。これにより国王が海外領土のあらゆる重要事項を掌握する一連の伝達経路＜総督―諮問会議―国王＞が形成されて、国王の代理として行政、軍事、司法、宗教全般に強大な権限を持つ遠隔地の総督に対する中央の統制力を維持し、帝国の拡大という統治上の問題に対処することができたとする[5]。そして上記の伝達経路でやりとりされる情報媒体は文書であるから、フェリペ2世の、一日中事務机に向かい文書を処理するという統治スタイルを規定したと考えることできる[6]。しかし父のカルロス5世（カルロス1世）の場合は対照的に帝国内を自ら巡回し続けていたというのであるから[7]、やはりフェリペ2世期には、文書を媒介とした統治体制が成立した画期をみとめることができよう。

　また、本章では分析対象をフィリピン総督の通信文書に限定したが、同文書はスペイン帝国の文書ネットワーク・システムを前提とした統治の実態を端的に示し得る好材料と考える。帝国内で最も遠隔地にある植民地フィリピンの統治上の重要事項は、主に総督の通信文の検討を通して決定され施行されていたからである[8]。しかしその流通プロセスの特性は、これまでまったく研究がないわけではないものの、積極的な意義に関しては見過ごされてきた感がある。このため本章では同文書の処理過程を跡付け、そこから伺える対植民地政策の前提や枠組みを考察することにしたい。

　以上の問題に取り組むにあたり、はじめに分析対象となるフィリピン総督府文書の全体像を提示し、次にフィリピン―本国間の文書流通プロセス、最後にフィリピン総督文書の処理過程を具体的に探るという手順を取ることにする。

2　AGI 所蔵フィリピン総督府文書の全体像

　本節ではスペイン帝国のフィリピン統治においていかなる文書が生産され、それらをどのように管理したかを把握するため、現在 AGI に収蔵されるフィリピン総督府文書の成立経緯と全体像を明らかにしたい。なお、フィリピン総督府文書（Fondo de la Audiencia de Filipinas）とは、エレディア・エレーラによれば、「AGIに存在し、諸島に関する、最大量（1,063束）かつ最長（1564〜1850年）の中核（文書）」[9] であり、フィリピン総督文書はその一部となる。

　まず、再びパステルスに依拠し[10]、スペイン帝国の文書管理とその保管場所となった AGI の設立およびフィリピン総督府文書の移送経緯を以下に整理してみよう。

58　第Ⅰ部　文書循環サイクルの成立過程

　フアナ王女は1509年6月23日付王勅（real provisión）で王国内に散逸したあらゆる文書を蒐集し、バリャドリードの高等法院内に建設予定の文書保管所で管理するよう、サルメロン（Salmerón）学士に委任した。さらにその保管文書から二、三の写本を作成することが命じられ、ひとつはグラナダの高等法院へ、いまひとつはバリャドリードの王宮へ送られた。

　しかしこの文書管理体制には問題があった。王権や諸王国の財産に関する重要文書はメディナ・デル・カンポのモタ城に保管されていたが、これらは目の行き届くシマンカス城内の保管所で厳重に管理すべきだとの要請が1540年6月26日付、ロス・コボス（Francisco de los Cobos）の書簡等で出され、このため1543年2月10日付勅令（real cédula）で、フェリペ2世王子はシマンカス文書館を設立するよう命じた。シマンカス城は牢獄として使用されていたから、鉄格子内での厳重な管理が期待されたのである。

　1544年6月30日付、インディアス諮問会議議員宛王令（real orden）で、インディアスの所領と王権に関する全文書をシマンカス要塞へ送ること、文書を収める大箱には二つの鍵がいること、それらを別々の人物すなわち国王とインディアス諮問会議の書記官サマノ（Joan de Samano）および、シマンカス城の責任者ロス・コボスに委ねることが命じられた。文書管理が次第に厳重になっていく様子がうかがえる。

　時代が下って1778年、カルロス3世はシマンカスにあるすべてのインディアス関連文書を整理し、セビーリャとカディスの商品取引所（Casa Lonja）にインディアス総合文書館を設立するのが適切か調査するよう指示した。さらに1781年11月22日付王令で、シマンカスにある南米とフィリピンに関する文書を同所に移管すること、このため移管用に「束」（legajo）の文書の目録を作成せよ、と命じた。1774年にはシマンカス城の拡張が費用の点で断念されているので[11]、以上の措置は主に文書の収容スペースが問題とされたことによるのであろう。

　さらに、1778年にはカディスに運ばれていた文書のセビーリャへの返却要請があり、同年の王令（reales ordenes）で1717年以降の文書移送が命じられ、1781年6月21日、セビーリャの商品取引所内での総合文書館の設立が布告された[12]。その後は1785年9月20日から翌日にかけて、シマンカスから253束の文書が2回に分けてセビーリャに送付されたのを皮切りに、1852年まで数回にわたり文書群が移送された。1851年9月22日付王勅では、文書館員の要望に応じ、全書記局（Secretarias del Despacho）とその支部に対して、海外領土に関するすべての文書を送ることが命じられた。フィリピン関係文書は、外務省

（Ministerio de Ultramar）がキューバ、プエルトリコ、アメリカに関する文書とともに、1887年に移送している。

　しかしパステルスはなおマドリード文書館（Archivo Historico Nacional de Madrid）に16,000束のキューバとフィリピンに関する文書（1800〜1899年）があり、セビーリャへの移送が待たれているという。つまり、すべてのフィリピン関係文書を AGI が一括収蔵していたわけではない。エレディア・エレーラも強調するようにこの点は注意が必要であるが[13]、本章が分析対象とするフェリペ2世統治期の文書群に関しては、AGI がすべて保管しているはずであることが以上の経緯から明らかとなる。

　さてパステルスが紹介した1925年段階のインディアス総合文書館の収蔵文書は、以上の数回にわたる複数機関からの文書移送を反映した12部門に分類されているが[14]、1970年代の修正主義の動きを受けてその後見直しがなされ[15]、現在は16の部門が立てられている。フィリピン総督府文書は、第Ⅴセクション「行政」（Gobierno）中、Audiencia de Filipinas の項目に収められ、PARES で公開されている目録によると、同項目は以下四つの文書群で構成されている。

　Ⅰ. CONSEJO, CAMARA Y JUNTA DE INDIAS

　Ⅱ. CONSEJO DE INDIAS

　Ⅲ. REGISTROS

　Ⅳ. CONSEJO DE INDIAS, SECRETARIAS DE ESTADO Y DEL DESPACHO UNIVERSAL MINISTERIOS

　第Ⅰ文書群は「インディアス諮問会議、議会、委員会」と題する第1〜93束の文書であり、目録には「シマンカス発送」（Remesa de Simancas）とある。その内訳は「聖俗部門」（Ramo secular y eclesiástico）、「世俗部門」（Ramo secular）、「聖職部門」（Ramo eclesiástico）となっている。この文書群はフェリペ2世統治期の文書を多数含むので、以下やや詳細に内訳を検討してみよう。

　「聖俗部門」は、1575〜1700年分の文書を納め、第1〜5束に相当する。内訳を見ると、第1〜3束は「フィリピンからの意見書」（Consultas de Filipinas）で1586〜1700年間の文書を、第4束「諮問会議宛王勅」（Reales decretos dirigidos al Consejo）では1594〜1698年分の文書を、第5束「諮問会議内の申請書と覚書」（Peticiones y memoriales en el Consejo）では1600〜1700年分文書を収蔵する。つまりこの部門では、18世紀末までにフィリピンから本国に送付された聖俗両面にわたる意見書のうち、諮問会議ほか表題の関連会議で検討し、最終的には王勅の発給にいたった議案関係の書類が収められていることが知られる。

60 第Ⅰ部 文書循環サイクルの成立過程

「世俗部門」は第6～73束であり、1565～1802年分を収める。前半はフィリピン発送の書簡が多く、総督（第6～17束）、マニラ市議会（第18～26束）、マニラ聴訴院（第27～28束）、フィリピン王室役人（第29～33束）、世俗人（第34～44束）と発送者ごとに整理され、作成年次は1560年代から1699年までとなっている。後半は個別案件の書類であり、役職関係（第45～46束）、エンコミエンダ（第47～58束）、諮問会議に送られた諸事件に関する報告書の写し（第59～61束）、マニラ市議会および参事会の会計証書（第62束）、総督弾劾の書類（第63束）などが続き、訴訟関係書類（第73束）が最後である。これらは内容から諮問会議で検討し決裁を下す必要のあった文書類といえる。

なおこの部門の文書の下限は第73束の1802年5月27日付、フィリピン総督府宛王勅の草稿であり、これは1794年にフィリピンで起きた訴訟への最終回答である。他の書類がすべて1700年までに諮問会議で扱われたものであるにもかかわらず、この一件書類だけが大きく年次を外れている理由は不詳である。同束のもうひとつの訴訟一件のファイルと内容的になんらかの関連性があるために同じ場所に保管され、今日にいたるのであろうか。

最後の「聖職部門」は第74～93束であり、1579～1700年分の文書が収められている。フィリピンの聖職者からの書簡や訴訟書類で構成され、書簡はマニラ大司教（第74～75束）および司教（第76束）、マニラ聖堂参事会（第77～78束）、各会修道士（第79～83束）、教会関係者（第84～86束）発信のものである。訴訟関係では1680年代のフェリペ・パルド（Felipe Pardo）大司教関係の書類（第87～92束）、1696年セブ司教の所有財産に関する訴訟記録（第93束）がある。

以上のように、第Ⅰ部の文書群は、一部を除き1570年のフィリピン入植以降、1700年までに同地から本国に送付された聖俗の報告書に加え、インディアス諮問会議等で審議を経た書類等で構成されている。文書の1700年の区切りは、この年以降の行政関係文書がシマンカスではなくペルーとヌエバ・エスパーニャの書記局（Secretaría）に移送されるようになったからであるが[16]、その変化は11月1日に国王カルロス2世が死去してハプスブルク王朝が途絶え、ブルボン王朝に交代したことが関係していると考えられる[17]。

他の文書群について以下簡単に見ると、第Ⅱ文書群は「インディアス諮問会議文書」と題した第94～328束である。この文書群は「ヌエバ・エスパーニャ書記局送付分」であり、文書の上限は1697年、下限は1750年代となっている。

第Ⅲ文書群は「台帳」と題する、第329～350束の文書である。内容を見ると①マニラの聴訴院（Audiencia）に関する王勅等の規定事項等を集めた台帳3

種（1568〜1808年）、②喜望峰経由でフィリピンに救援艦隊を派遣することに関し、コントレラス（Juan Ruiz de Contreras）の諮問会議との信書控え帳（1619〜1621年）である。

　最後の第Ⅳ文書群は「インディアス諮問会議、国務総務省書記局」と題する、第351〜1063束の文書群である。目録上は5項目に分類され、①「統治と恩赦」（Gobierno y gracia, 第351〜725束）、②「財政」（Hacienda, 第726〜910束）、③「戦争」（Guerra, 第911〜931束）、④「海軍、領事館、商業と貿易」（Marina, Consulado y Comercio, 第932〜996束）、⑤「教会関係」（Eclesiásticos, 第997〜1063束）となっている。文書の年次は16世紀後半から19世紀半ばと幅広い。これらはインディアス諮問会議が1828年以降に、また、Secretarías（後の Ministerios）de Estado y del Despacho 以下、後継の諸機関が1856年から1863年までに移送した文書となる[18]。

　以上を総括すれば、AGI のフィリピン総督府文書は、1564〜1850年の約300年間に生産された1,063束分に上る。これまで指摘されているように文書を生産する諸機関の変遷や AGI への度重なる移送経緯により、文書全体の構造は複雑で把握しづらい。ただし今日にいたるまで大きな年次の欠落部分もなく保管されている、体系的なまとまりのある文書群であることは間違いない。このような文書の残存状況は、それ自体、スペイン帝国のフィリピン統治が一貫して文書主義に貫かれ、本国とフィリピンの間で恒常的な文書ネットワークが機能していたことを物語っている。

3　フィリピン−本国間の文書流通プロセス

　本節ではフェリペ2世期にフィリピン諸島と本国間でやりとりされた文書に焦点をあて、その流通プロセスを解明しよう。まず、フィリピン諸島第2代総督に任命されたサンデ（Francisco de Sande）宛、フェリペ2世王勅（1574年5月12日付）[19]には、次のような記載がみられる。

　　1．メキシコの役人が発行する証明書(fe)を持参すること。職務権原となる。
　　2．メキシコに送られている、フィリピン諸島に関する覚書と証明書（memoria y fe）を持参すること。
　　3．当地と植民、平定、原住民の改宗と指令について記した指令書の写し（traslado）を現地の総督・役人から（引継ぎ）携帯すること。

62 第Ⅰ部　文書循環サイクルの成立過程

4．財政に関する指令書の写しも同様。

5．メキシコ副王に渡された指令も同様。

6．到着したらすぐに供給品を渡し、総督と役人の邸宅を引き継ぐこと。

7．原住民改宗について何をしたか詳細に知らせること。キリスト教の宣布のため得られるべき命令についても同じ。原住民から損害を与えられたらこちらが彼らに謝罪し、すべてが善処され改宗が進むようにはからうこと。

8．なすべき仕事を総督と役人から引き継ぐこと。毎年はじめに役人たちから入手したものの報告を受け、支給残金（alcances）を徴収し、3つの鍵がついた我らの金庫に置かせること。

9．かの地域で発見され我々の支配に従属したすべての島々を記録すること。周辺のそうでない島々については位置、物産交易、我々の財産となりうるものを記録し送ること。詳細な報告をインディアス諮問会議とメキシコ副王に送ること。

10．新たな発見、植民、平定の際守られるべき命令について与えられている指令書を携帯すること。

11．中国と通信交易を持つよう、あの王国の人びとの性質を理解し、交易やその他すべてについて知ったことをインディアス諮問会議に報告すること。

（以下2か条省略）

　以上のように国王は、フィリピン総督の赴任にあたり、証明書等の複数の文書を携行すること（1〜5、10）、さらに諸島民の改宗、諸島周辺の発見・植民・平定事業、中国通交を目的とした中国情報[20] などに関して、赴任中に報告義務を課していた（7、9、11）。植民当初から帝国が文書を媒介にフィリピンを統治する体制を作ろうとしていたことが看取される。

　上記の報告命令を受けてフィリピン総督は、本国に向けた報告書を定期的に発送することになる。その通信制度は、平山篤子の整理[21] によると、太平洋、大西洋の二洋を隔てるアカプルコ経由に、インド・ゴアを経てアラビア半島に向かい、ホルムズからの陸路をたどるインド経由を加えた、二つのルートがあった。後者は「スペイン王がポルトガル王位を兼務して、マカオとマニラの心理的距離が縮まる時期には、通信文のインド経由は珍しくなくなる印象を受ける」[22] ということであるが、インド経由はあくまで副次的な非公式的ルートと考えるべき

であろう。というのも、フィリピン総督府は統治組織上、ヌエバ・エスパーニャ（以下メキシコとする）副王領の管轄下にあったからである。上記王勅の9でも、フィリピン総督にはインディアス諮問会議とメキシコ副王へ「発見」の報告が義務付けられていた。マニラ・ガレオンに積まれた文書はアカプルコに到着するとメキシコ市にいったん上ったが、ここで総督の報告書は副王の手に渡り、それを見た副王が自らの見解を開陳した国王宛報告書を作成し、総督の書簡に添えて発送していたのである[23]。

　これらの報告書はメキシコ市からベラクルスへ下り、ここから年1回のフロータス船団でカディスへ向かい、セビーリャを経て宛先へ送られた。復路は往路と逆のコースをたどり、1564年以降は年2回のフロータス、ガレオーネスによる護送船団方式の船団運航が実現し、16世紀末のピーク時には年間130隻前後が航行する、「相当太いライン」[24]が存在した。この基幹航路は季節風に依存し海難に遭遇する危険性から不安定・不確実さを当然残したが、文書を途切れなく往復させる恒常的機能は維持した。この点は、帝国の文書ネットワークを成立させた要因のひとつとして重要である。

　一方でこの通信制度は、往復に相当の時間を要することが特徴的である。6月初旬〜8月初旬にマニラを出港するガレオン船がアカプルコに到着するのは同年12月頃となる。本国で文書が処理されるのは翌年の7〜10月頃が多い。本国からアカプルコへの航海時期は春と秋の2回であるが、毎年1〜4月にアカプルコを出港するガレオンがマニラに到着するまで、さらに3ヶ月ほどかかることになる。つまり最短で2年かかるが、返信到着まで5年かかっている事例もある[25]。

　このような時間を要する通信制度は、フィリピン総督府側が自己に都合の悪い問題を本国に伏せ、現地の事情に合わせた処理を行なうのに都合がよかったであろう[26]。エリオットも中央集権化を阻む要因となり得るためにスペイン王室の脅威であったと評価している[27]。しかしそれ以外に、本国との間にメキシコにインターバルを置き時間を要する通信制度は、どのような政治効果を持ったといえるであろうか。以下では具体的な事例からこの問題を考えてみたい。

　上記王勅にもあるように、フェリペ2世は中国との通交関係の確立に強い関心と意欲を示し、1580年4月24日付の総督ペニャロサ（Gonzalo Ronquillo de Peñalosa）宛王勅[28]で、中国使節を派遣する準備を進めるようにと命じた。具体的にはアウグスチノ会士オルテガ（Francisco de Ortega）が国王に提出した覚書「（スペイン人が）友好をとりむすぶため中国の王国へ行き、そこへ自由に安全に通交するための往来ができるように、かの地の中国人と交易すること。またスペイン

人に、その交易と安全のための町を形成することができるような居留地を与え示すこと。またあの国の住民と付き合い、改宗させるため、既述のスペイン人には少なくとも12人の修道士が同行（すること）」[29] を実現するため、中国皇帝宛国書と贈り物を使節に持たせ派遣するという計画であった。

　フェリペ2世は使節にオルテガと同アウグスチノ会士のメンドーサ（Juan González de Mendoza）を選出し、国書と贈り物の時計を準備してメキシコに送った。メキシコ政庁に対しても、副王が贈り物を別途購入するようにとの王勅を発給していた[30]。ところがメキシコ副王コルニャ（conde de la Coruña）は、中国皇帝への贈呈品は国王の威厳を損なわないものか慎重に検討されるべきだとの意見を述べた[31]。さらに前フィリピン総督サンデと、中国入国の経験がある修道士マリン（Jierónimo Marín）の、「使節の中国入国は困難である」との趣旨の意見書を自分の報告書に添え、本国に送った[32]。

　この件に関して国王に決裁を求めた1582年4月28日付、諮問会議の意見書の余白を見ると、「オルテガがメキシコから到着したようだから、当事案を討議し、持参書類を見せるように」との国王の指示が書き込まれている[33]。そして結局フェリペ2世はこのメキシコからの反応を踏まえて計画を取り下げ、中国使節の派遣は実現にいたらなかった[34]。

　以上の一件で注目されるのは、中国使節派遣という対東アジア外交政策が、本国だけではなく、また窓口となるフィリピン総督府だけでもなく、メキシコ政庁を加えた三者の討議を踏まえて合意形成がなされている点である。東アジア地域への対応を含めた本国のフィリピン統治策に関しては、メキシコをインターバルに置く政治機構と、その上で展開される文書流通のプロセスがこのような合意形成を可能にしたといえる。それは「迅速な行政活動を麻痺させ」[35] たのかもしれないが、しかし見方を変えれば、この間に彼らは中国の海禁政策の情報を入手し検討しており、そうして収集した情報を複数の目で考え抜き、結果として客観的で慎重な政治的判断をもたらす機能を持たせたとも評価しうるのではないだろうか[36]。

4　フィリピン総督文書の処理過程

　さて、前節の史料で見たようにフィリピン総督には報告書の発送が義務付けられていたが、スペイン本国ではどのような手順を踏んでそれらを処理し政策を決定していたのであろうか。また処理過程においてフェリペ2世はどの程度関与し

2章　スペイン帝国の文書ネットワーク・システムとフィリピン　65

ていたのであろうか。この点を主に総督発信文書の内容ではなく、文書上に記された情報から具体的に検討してみたい。

　現在AGIに保管されている総督報告書の最後の頁には必ずといってよいほど複数の手による書き込みがなされており、特徴的な外観を呈している（写真1）。この書き込みはどこで、またいかなる目的でなされたのであろうか。ブローデルは、「フェリーペ2世の執務室には、ヨーロッパのあらゆる都市から発信された手紙が山積みになっている。規則では、手紙の最後の頁（la carpeta）の裏に発信と着信の日付が書き込まれ、貴重でないものも珍しい手紙も、返事の日付が書き込まれる」との説明をしている。この書き込みがなされる手

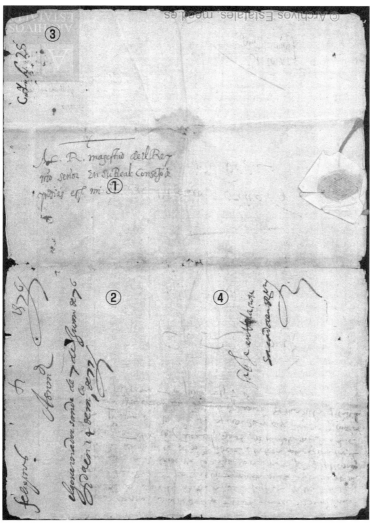

写真1

紙の最後の頁というのは、だいたいが包材すなわち包紙（現在の封筒）としての機能を持っている。例えば写真1のフィリピン発送文書（FILIPINAS,6,R,3,N.26）を見ると、最後の頁の裏面は蠟で封印された痕跡があり、また図中の①部分には「インディアス諸問会議における我らが聖なるカトリック国王陛下へ」といった意味の文言が書かれているが、これは発信元で記入した宛名である。つまり、現代のように便箋とは別に封筒を用意してそこに宛名を書くのではなく、当該時期は手紙を書き終えると本紙を折り込み、最後の頁の裏面に宛名と発信者の情報を記入し、封印したとみられるのである。なお本文が最終頁の裏面に及んだ場合には、包紙1枚が別途添付されている。

　この最後の頁、あるいは包紙は、本国に到着し封が解かれた時点でその役割を終えたわけではない。写真1の②の上段部分は「フィリピン、1576年」、中段に「国王陛下へ」、下段に「サンデ総督、1576年6月7日付、77年3月14日受領」と記入され、いずれも①とは異筆である。これは本国で書簡を開封したおそらくその当日、その日付とともに、同封の書簡の情報（上段：発信地と発信年、中段：宛先、下段：発信者と書簡日付、受領日）を記したものであろう。ではこれが何のためかといえば、王宮に届けられた大量の文書を効率よく捌くためではないだろうか。というのも②中段の宛先「国王陛下へ」の記載は①と比較すると一目瞭然であり、これにより諸問会議と王は各書簡の「顔」を容易に識別することができるであろう。パーカーによれば、フェリペ2世の文書の受領状況は以下である。

　　　例えば1571年3月は、1,250以上の個々の請願書、1日平均で40通以上が王の意見を求めて到着した。1583年8月から1584年12月の間には16,000通ほどの請願書が王の机に渡った。一月平均1,000通、1日でも30通以上である[38]。

　このような大量の文書を処理しなければならない王は、②の記載があることにより、効率よく文書の概要を把握できたと考えられる。

　なお、写真2（FILIPINAS,6,R,7,N.104）は複写された文書の最終頁であるが、ここにも写真1②の指令に相当する内容が書き込まれている[39]。署名のないこの文書はおそらく本国で複写されたものであるから、②はやはり発信元ではなく本国において処理上の必要な要素として、すべての文書に記入されたと考えられる。

　再び写真1に戻ると、③部分は大量の文書をある時期に整理するために付せられた番号のようにもみえるが、これがいつのものであるかは不詳である。

2章 スペイン帝国の文書ネットワーク・システムとフィリピン 67

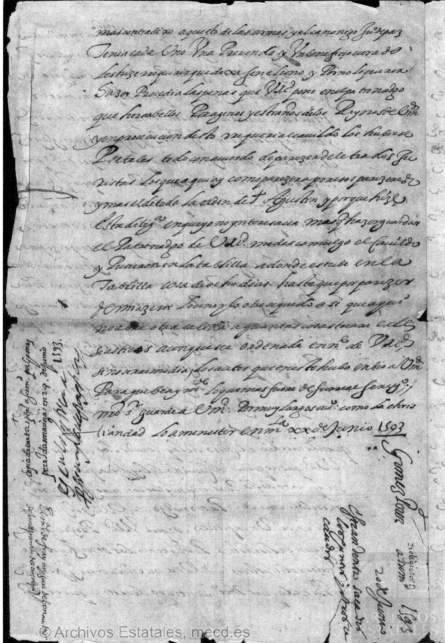

写真2

68　第Ⅰ部　文書循環サイクルの成立過程

　④部分は、「要約（relación[40]）を作成せよ」「要約を作成した」とあり、この部分が当該の文書を処理する過程で記入されたものであることがわかる。総督の書簡は1年分の報告を総括するものであるためしばしば長文に及び、例えば写真1の包紙に添付された総督サンデの書簡[41]の場合は実に27頁分にわたるうえ、各紙面に全面的に記入されており情報量が多いため、このような処置が必要であったと考えられる。実際に作成されたサンデ書簡の要約（写真3：FILIPINAS,6,R,3,N.26）をみると7頁に分量が圧縮され、右半分に文章が集約されている。これは余白に、次の処理機能を持たせるためと考えられる。

　108と番号が付された右部分の要約と左部分の余白メモに着目してみよう。要約部分では、「発見と平定に関して正義と聖性さを持つようにとの勅令が守られず、原住民が逃亡している」との趣旨の概要が記されている。その左側余白部分には、筆跡および内容から二人の人間の手（A、B）によるものと考えられるのであるが、（A）「意見を提出せよ」、（B）「勅令を守るよう改めて王勅を発行されるようにとの意見である」、（A）「発行せよ」、の旨の記述がある。これを書いた人物は、（A）に関しては命令形が三人称複数であること、王勅の発行を許可していることからフェリペ2世と比定される[42]。すると（B）はインディアス諮問会議である。

　写真1④の「要約を作成せよ」との指令もまた、この要旨を読むフェリペ2世のために、インディアス諮問会議側で記入したのであろう。つまり②と④は国王の手元に届けられるまでになされた諮問会議の作業とみなされるのであるが、それを裏付ける証拠として、1577年3月15日付、インディアス諮問会議の国王宛書簡[43]をあげよう。

　　現在、諮問会議では封書の開封と閲覧が終わりつつある。それらは通報艇が運搬したものであり、ヌエバ・エスパーニャから到着した。副王の書簡を通して、かの地域の諸問題はよき状態にあるように思われる。また船団はみな無事に到着したが、これは非常に良い情報であった。（副王は）出航が遅れたと（言って）不安を与えていたからである。それゆえ国王陛下には最大量の（書簡が）届けられるだろう。

　　また同様にフィリピン諸島総督のサンデ博士が送った報告書を通して、あちらのことはよき状態にあり、うまく進行しているように思われる。また報告書には何人かの中国の地方総督が書いた数通の手紙について書かれているが、それらは添付してある。同様に彼が書いた別のものには、かの王国（中

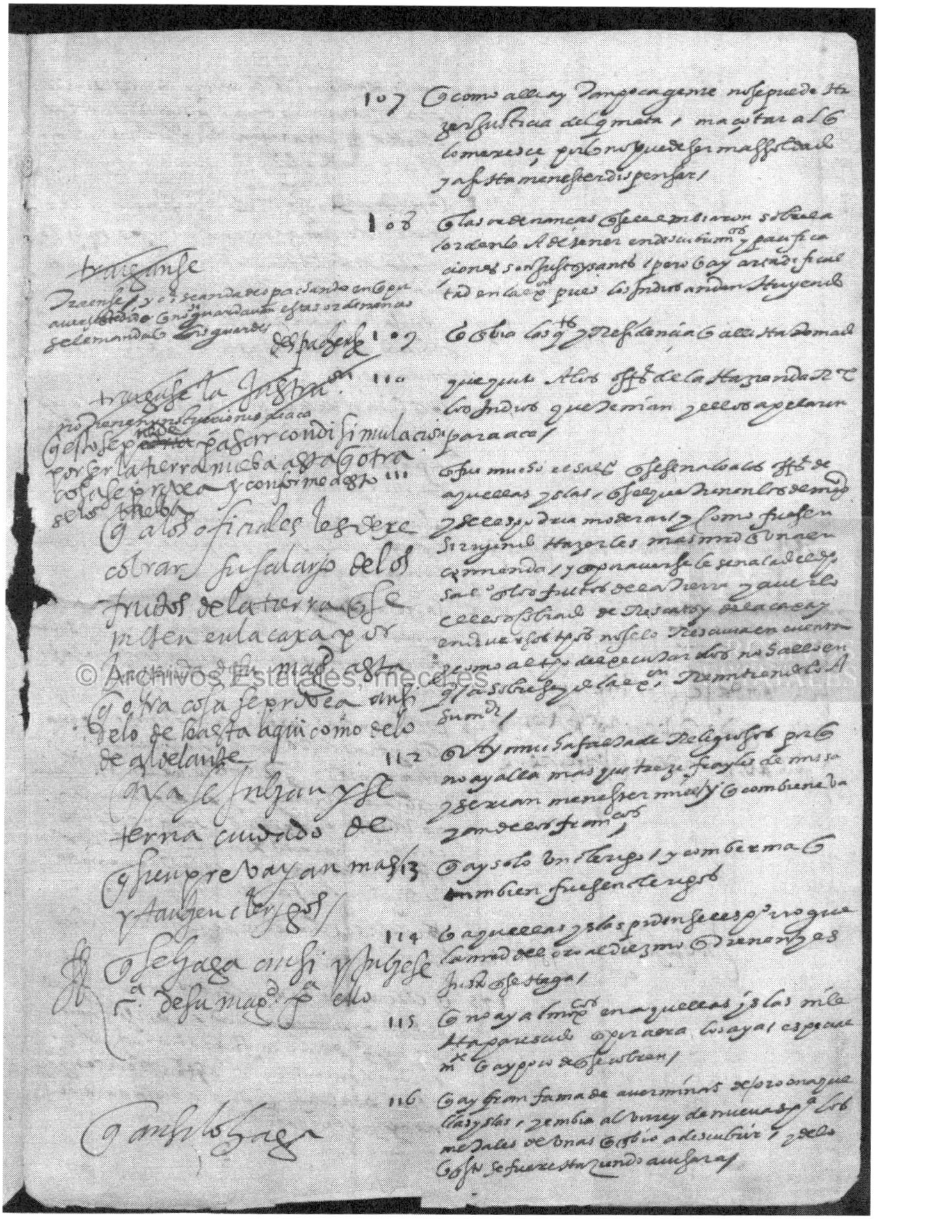

写真3

国）についての記述がある。国王陛下が調査するようお命じになるためであり、知ることを望まれていた情報である。（中略、キューバ島の総督の書簡などについて）

　副王領で閲覧された書簡はこちらに来ている。マニラ市が彼に書いた一通の書簡の写しと一緒である。その他の封書はこれから閲覧されるだろう。もし陛下に知らせるべきその他のことがあれば、ただちにそうする。マドリードにて、1577年3月15日。

　このように諮問会議は、ヌエバ・エスパーニャすなわちメキシコから到着した文書の開封と閲覧を終えつつあり、これからフェリペ2世のもとへ書簡が届くと報じている。また、同紙の余白には、「これをすべて私に知らせたのは大変良いことであった、既述の件については、こちらの私の手元にある。これからできる限り見る」と書き込まれている。これはフェリペ2世の返答であろう。

　以上の閲覧の順序と書き込みの内容から、フィリピン文書は最初に諮問会議での開封・閲覧がなされ、この段階で包紙上に②、その後④の指示が書き込まれ、本紙に作成された要旨等が添付され、フェリペ2世の閲覧に供される手順を踏んでいたと推定される。そして上記108の余白メモによれば、この要旨はその後再びインディアス諮問会議に差し戻され、そこで再び書き込みがなされて、フェリペ2世の手元に戻り、最終的に彼の裁決を得たということになる。以上で検討した流通プロセスを整理すると、次のようになる。

　　a）インディアス諮問会議で書簡の開封、閲覧。一部について要旨（relación, puntos）作成の指示。
　　b）国王による閲覧。指示を記入。場合によって諮問会議へ差し戻し。
　　　以上の過程で国王の最終採決を経て、
　　c）返書（王勅）を作成し、フィリピンに返送。

以上の段階を踏むことになろう。
　なお、シェッファーは史料不足のため諮問会議の職務形態について不詳な点が多いとしながらも、上記a）諮問会議における文書の書き手に関して、次のように述べている[44]。

　　会議ではまず秘書（secretario）あるいは宮廷書記官（escribano de cámara）

が通信文を開封し読んだ。すべてを読了した後はそれに関してできるだけ素早く合意を得なければならなかった。より長い手続きが必要であれば、法廷速記者（relator）か宮廷書記官が、このためにそれぞれの文書から短い抜粋を作成した。議長はその研究を議員の間で分配し、その後彼らは午後の会議で報告しなければならなかった。（中略）討議され一致した事項について、通常は秘書が普通の一枚の用紙に短い覚書（apuntes）を作成するか、それぞれの文書の中に合意のメモ（nota）を記した。これらの覚書は、見たところ、使用後はだいたい廃棄されている。いくつか少数が偶然保存されているのみである。

　以上のように、写真1の②や④の指示は秘書や宮廷書記官の手で書き込まれ、「抜粋」（extracto breve とあるが要約 relación もここに含まれよう）の作成は、法廷速記者か書記官の担当であった。なお上記 nota は、写真3の余白書き込みに相当しよう。同写真の108では国王の指示が先に書き込まれていたが、会議で討議した事項は、先にその合意事項が会議内で書き込まれ、王の手元に送られたのである。

　以上から、本国ではフィリピンから届けられた文書および要旨等の副次的文書に直接意見や指示を書き込み、検討事項を処理していたことが明らかであるが、それではこのような方式の政務処理はいつ頃から見られるのだろうか。フェリペ2世統治期のフィリピン総督および臨時総督が在任中に国王に宛て発送した文書（1565～1598年間）の、包紙上に記された情報を調査したところ[45]、写真1の①、②、④は基本的な構成要素としてほぼすべての文書上に確認することができた。

　注目すべきは、第一に、包紙上の記載は既述の①、②、④を基本的な構成要素とし、ときおり受領日や閲覧日がランダムに②や④に記されることがあるが、上記の期間中に大きな構成上の変化は見られないという点である[46]。つまり、フィリピン関係文書はその植民当初から、おそらくは従来のスペイン帝国内の方式を踏襲した処理が施されていたとみられる。

　第二に、既出のブローデルの言葉通り、ほぼすべての文書に①～④の何らかの記載が確認され、文書処理が徹底している点である。通常、フィリピン文書は正文を含めて第三便まで写しが作成され本国に送付される。例えば、1579年6月3日付総督サンデの国王宛書簡[47] は、正文と一緒に写しの包紙が保存されているが、その包紙には「写し、返答の必要なし」と書き込まれている。また、同文書と同じ日付で作成されたメキシコ副王宛文書の写し[48] にも、「見た、返答の必要

なし」と書き込まれている。さらに、1589年7月13日付、総督ヴェラ（Santiago de Vera）の書簡の第二便には、2年後の閲覧日付とともに、「第一便を見て返事をしているか調査せよ」との旨の指令が書き込まれていた[49]。これは第二便の受領に時間差が生じたために必要な措置であったのだろう。このように本国では、原則として到着したすべての文書を開封・閲覧し、処理過程を包紙に記入して、指示もれの生じない体制をとっていたことがわかる。

　最後に、①の宛名の様式は三タイプあったことを付言しておこう。第一は「我が君主、国王陛下へ」といったシンプルな宛名であり、ここに「聖なるカトリック王」や「フェリペ2世」が付け加えられることもある。第二は第一の宛名に「インディアス諮問会議における」という文言が加わる様式である。第三は第一の宛名の最後に「御手に」（en su mano）などと記されているパターンであり、当該文書が国王への親展であることを示す場合である[50]。これらの様式は内容に応じて発信者側が使い分けていたと考えられる。

　以上本節では、フェリペ2世統治期のフィリピン総督文書の包紙上に残された痕跡から、パステルスが提示したインディアス諮問会議とフェリペ2世による政務の処理過程①を確認した。

5　おわりに

　本章ではスペイン帝国内で流通したフィリピン関係文書を分析対象とし、帝国統治の実態を文書自体から得られる情報をもとに解明することを課題とした。成果は以下の二点となる。

　第一に、スペイン帝国の文書ネットワーク・システムを前提とした統治のありようを、フィリピン総督府文書を通して確認しえたことである。本章で示した長期的かつ体系的なAGI収蔵文書の存在、政策に関するメキシコ、フィリピンとの合意形成、文書上に残されたフェリペ2世およびインディアス諮問会議による情報処理の痕跡そのものが証左となる。かかる文書ネットワークが存在したからこそ、フィリピン諸島はスペイン帝国の中枢部から最も遠隔地に位置したにもかかわらず、長期間にわたる統治を受け続けた[51]といえるであろう。

　第二に、フィリピン総督発信書簡の包紙として使用された最終頁（Carpeta）上の書き込みから、スペイン本国での政務処理の一部過程が明らかになった。書簡は政務処理の合理化のため本国に到着するとただちに日付と発信場所が記入され、インディアス諮問会議で書簡の要約作成など討議のために必要な措置を施

された。その後文書は諮問事項とともに国王フェリペ2世が閲覧したが、国王自身の指示は時に詳細にわたり、また、原則として最終的な裁決を下し、不完全ながら親展の制度を設けたことも文書上から判明した。このように彼はただ玉座にあったわけではなく、フィリピンを実質的に統治した君主であったが、それを可能にしたのが効率的な文書処理のシステムであり、書簡の最終頁に処理過程を書き込んでいく方式であったといえる。

　今後の課題は、政務の効率化を図るスペイン帝国の文書処理方式の淵源がどこにあるのかという問題と、今回は扱えなかったフィリピン関連以外の文書の処理方法を探ることにある。

　註
　1）　AGI は、アメリカ「発見」500周年記念事業の一環として1992年以降情報化プロジェクトを着手し、同館所蔵文書のデータベース構築と重要文書のデジタル画像化を進めている。これらは現在国立公文書館のインターネットサイト Portal de Archivos Españoles（PARES）で公開されており、所蔵文書の研究利用は飛躍的に簡便となった。本章もその恩恵を受けている。
　2）　1571年9月24日付新法規第13条および15条の、植民地に送付される通信文書に関する規定など（Shäfer 2003, I: 141）。
　3）　（Torres y Lanzas & Pastells 1925, I: 34）
　4）　（Shäfer 2003, I: 120-135）
　5）　（エリオット1982: 186-195）
　6）　後掲註38参照。
　7）　（エリオット1982: 186-187）
　8）　スペイン領フィリピンの成立と研究状況に関して、（菅谷 2001）を参照のこと。
　9）　（Heredia Herrera 1997: 40）
　10）　（Torres y Lanzas & Pastells 1925, I: 35-44）
　11）　（Torres y Lanzas & Pastells 1925, I: 38）
　12）　商品取引所（Casa Lonja）は、もともと大聖堂の内外で商人が商品取引をする対策として、1582年7月11日付王勅（Real Cedula）で建設が命じられていた（Torres y Lanzas & Pastells 1925, I: 40）。
　13）　エレディア・エレーラの調査によれば、1760年以降の Escribanía de Cámara の裁判文書と、1850年以降の外務省の行政文書はマドリード文書館にある（Heredia Herrera 1997: 50）。
　14）　（Torres y Lanzas & Pastells 1925, I: 43）
　15）　（Heredia Herrera 1997: 41）
　16）　（Colomar Albájar y Escosura 2016: 212）

74 第Ⅰ部　文書循環サイクルの成立過程

17) 1700年に初のブルボン王朝出身の国王となるフェリペ5世が即位したが、同王は植民地財政の弱体化、官僚制の維持、国際的地位の回復といった山積する問題に対処するため、中央集権化政策を打ち出し、その一環として海軍内にインディアス省を設置した。このため1717年以降、インディアス諮問会議の活動範囲は司法関係に限定されるようになった（ギブソン1981: 181）。

18) 第Ⅴセクションを構成する文書を生産した諸機関と移送の詳細に関して、（Colomar Albájar y Escosura 2016）が詳しい。

19) Orden al gobernador Sande para que nombre un sustituto, 1574-5-12, AGI, FILIPINAS,339,L.1, ff.48r-48v.　拙訳は逐語訳ではなく概要を示したもの。

20) 初代総督レガスピが中国沿岸、日本、琉球を含めた周辺海域情報の位置と航路および、中国と交易の可能性を報告していたことにもとづく。1573年7月27日付、マニラ発、臨時総督ラベサリスの書簡（Carta de Lavezaris pidiendo mercedes por sus servicios, 1573-7-27, AGI, FILIPINAS,29,N.13.）ほか。

21) （平山2012: 15-18）

22) （平山2012: 16）

23) 16世紀のメキシコ副王の書簡679通のうち、主題の25%はフィリピンの問題に言及している（Heredia Herrera 1997: 45）。

24) （平山2012: 16-17）

25) （平山2012: 58）

26) （平山2012: 16）

27) （エリオット1982: 192）

28) Comercio con China y situación de las Filipinas, 1580-4-24, AGI, FILIPINAS,339,L.1, ff.187r-190v.

29) 同上王勅中に記されている。

30) Real Cédula, Badajoz, 1580-6-3, AGI, MEXICO,20,N.52.（anejo nᵒ.4）

31) Relación de carta del virrey conde de la Coruña, 1581-10-26, AGI, MEXICO,20,N.67.

32) Carta de virrey conde de la Coruña, 1582-1-25, AGI, MEXICO,20,N.84.（Torres y Lanzas & Pastells 9: 56）

33) Consulta del Consejo de Indias, 1582-4-28, AGI, INDIFERENTE,740,N.42.

34) （メンドーサ1965: 249）

35) （エリオット1982: 194）

36) メキシコ副王の意見を尊重する政治のありかたは、スペイン帝国の礫岩のような構造が反映しているように思われる。礫岩国家に関しては（小山2015）（古谷2015）参照。最近では、一政体の中に複数の中枢部を認めるPolycentricの概念が提示されている（Cardim, Herzog, Ibáñez and Sabatini 2012）。

37) （ブローデル2004, Ⅱ: 33）

38) （Parker 1998, 28）

39) Carta de G.P.Mariñas sobre estorbo de órdenes y clero, etc, 1593-6-20, AGI, FILIPINAS,6,R.7,N.104.

40） Puntos と表現されることもある。

41） Carta de Sande sobre corsario Limajón, reino de Taibin, etc, 1576-6-7, AGI, FILIPINAS,6,R.3,N.26.

42） パーカーが紹介したフェリペ2世の書き込みとも筆跡が近似している。（Parker 1998, 24）

43） Consulta del Consejo de Indias, 1577-3-15, AGI, INDIFERENTE,739,N.14.

44） （Shäfer 2003, I: 147, 150）

45） 筆者が調査したのは、総督名で発信した国王宛書簡の包紙113枚である。総督はマニラ聴訴院議長を兼任することもあるため、同一人物が議長名で書簡を作成することもあるが、煩雑となるため対象から外した。また文書は本文にもあるように通常第三便まで「写し」（duplicado）がフィリピンで作成され別々に送付される。このため同一書簡であっても包紙が複数保管されている場合があるが、原則として処理過程に関する情報量が最も多い一紙のみを取り上げた。

46） つまりフィリピン総督文書の場合は、ブローデルが言うように必ず返信日付が記入されていたわけではない。

47） Carta de Sande sobre Borneo, Joló, Mindanao, China, etc, 1579-6-3, AGI, FILIPINAS,6,R.3,N.36.

48） Carta de Sande al virrey sobre Borneo, Joló, Mindanao, etc, 1579-6-3, AGI, FILIPINAS,6,R.3,N.37.

49） Carta de Vera sobre situación en Filipinas, 1589-7-13, AGI, FILIPINAS,18A,R.7,N.46.

50） 親展の文書は原則として未開封のまま王の手元に渡らなければならないが、その前に諮問会議で隠密に開封されることがあったようである（Shäfer 2003, I: 150）。

51） フェリペ2世が望んだ諸島のカトリシズム化が成功して、現在にいたるまでの影響を残している（池端 1991年）のは、その名残と考えられる。

3章 検索可能なアーカイブの構築
スペイン異端審問の文書管理

坂本 宏

1 はじめに

　マドリードの国立歴史文書館に所蔵されている異端審問関連文書は、世界史上最大規模の文書コレクションだといわれる。スペインの異端審問がこれほどの文書を後世に残すことができたのは、ただ単に文書を大量に生産しただけでなく、それを効率的に管理しえたからである。本稿は、その管理の仕方について論じるものである。

　近世においては、行政の肥大化にともなって、どの行政組織においても大量に文書が生産された。行政組織の一つであった異端審問も、こうした近世の傾向に与する。しかし他の行政組織との大きな違いは、文書を単に保管するだけではなく、その中から、犯人捜査に必要な情報を探し出す技術に長けていたことである。異端審問は、他の刑事裁判と同様に、証拠を積み重ねて被疑者の犯罪を立証する裁判である。そのため、文書庫に蓄積された膨大なデータの中から被疑者に関する情報を素早く引出せるようにしておく必要があった。

　異端審問の文書群は、しばしば巨大なデータバンクにたとえられる。このデータバンクには、異端者だけでなく、その親族や祖先に関する情報も整理された状態で蓄積されている。異端審問所に勤務するスタッフに関しても、採用の際に作成された詳細な調査書が索引付きで残されている。マドリードと地方管区の間でやりとりされた書簡は、管区ごとに時系列で整理されている。こうした整理を行なったのは、現代の文書館員ではなく、異端審問所の検事や書記である。

　当時は、文書管理のためのマニュアルもなく、確立された分類方法があったわけでもない。スペインの異端審問は中世の異端審問を参考にしたが、文書管理の方法については参考にすべき手本を持たなかった。15世紀末に創設されたスペインの異端審問制度は、参考にすべき指針もないまま、現場のスタッフが試行錯誤を重ねながら整理の方法を練り上げていったのである[1]。

　スペイン異端審問研究は、制度創設から500年にあたる1978年を機に、1970

78　第Ⅰ部　文書循環サイクルの成立過程

年代の後半から1990年代初頭にかけて盛んに行なわれた。このとき、制度の仕組み、制度と社会の関わり、審問の対象となったマイノリティに関する研究がなされた。それらのほとんどは一次史料を用いた本格的な研究であったが、文書そのものが研究対象となることはなかった。

　文書そのものが研究対象とされるようになったのは、異端審問研究が停滞しはじめた2000年代に入ってからである。マドリード・コンプルテンセ大学のガレンデ・ディアス、カベサス・フォンターナ、サンティアーゴ・メディーナらによって、文書形式学（Diplomática）の観点からの研究がなされるようになった。彼らは異端審問関連のさまざまな形式の文書について、その作成過程、書面の形式、さらにはそれらを作成した書記に関する研究を行なった。管見ではあるが、現時点では目立った研究成果を上げるには至っていない。異端審問関連文書は、他の文書との形式的な差異が認められないだけでなく（Panizo Santos 2014: 258-261）、300年間にわたってほぼ同じ形式で作成され続けたから、文書形式学的な研究からは、魅力的な結論を導くことは難しいように思われる。

　本稿はこうした文書形式学の成果に多くを負いつつも、文書の別の観点に注目する。異端審問所は、どのように文書を管理したのか。そして膨大な情報の中からどのようにして必要な情報を取り出せるようにしたのか。こうした視点は文書形式学には欠けているように思われる。

　なぜこうしたことがテーマにならなかったのか。異端審問所は文書を管理するためにインデックス、とりわけ ABC 順の索引（abecedario）[2] を作成したが、研究者はこうした事実をほとんど知らない。なぜなら研究者がよく利用する審問記録（procesos）や年次報告書（relaciones de causas）には、インデックスは付けられなかったからである。例えばスペインの異端審問に関する最も標準的なケイメンの概説書は、文書管理の仕方にも、ましてや文書管理のためにインデックスが多用されたことにも触れていない（Kamen 2014）。しかし当時の文書目録を見ていると、文書の束のほとんどにはインデックスがつけられており、インデックスが文書管理のための重要なツールであったことに気付く。インデックスは異端審問研究の盲点になっているのである。

　以下、本稿の前半では、議論の前提となる事柄、すなわち、スペイン異端審問制度の概要、文書管理に関する規則、文書が膨大になった理由、について述べる。そして後半では、異端審問所が、さまざまな種類のインデックスを利用しつつ、いかにして検索可能なアーカイブを構築したかを論じる。

2 制度の概要

　主にカタリ派の撲滅を目的としていた中世の異端審問は、スペインにおいては南仏と地続きであったアラゴン連合王国においてのみ活動していた。この制度は15世紀末においてもかろうじてその活動を継続していた。

　スペインの異端審問制度は、この中世型の異端審問とは独立したものとして1478年に創設された。中世の異端審問が教皇庁主導の制度であったのに対して、近世スペインの異端審問は国王が主導する制度であった。その目的は偽装改宗者（隠れユダヤ教徒）の撲滅であった。

　スペイン帝国は、近世期のヨーロッパ諸国であればどこでもそうであったように、法や慣習・言語の異なる自律的な諸地域から構成される複合王政であった。その中で、帝国のほぼ全体で機能した唯一の制度が異端審問であった。帝国全土は（イタリアやアメリカも含め）約20の管区に分割され、それぞれの管区に一つずつの地方法廷（tribunal）が存在した（図1）。そこには常時二、三人の審問官がおり、彼らは法廷で告発を受け付けるだけでなく、定期的に管区全体を巡察した。もっとも、二、三人の審問官だけでは隈なく監視の目を光らせることは不可能である。審問官を支援するために、管区全体には、コミサリオやファミリアルと呼ばれる下級役人のネットワークが張り巡らされていた。外部からやってきたエリート官僚である審問官とは異なり、コミサリオやファミリアルは地元の名士であり地元の情報に通じていた。彼らからもたらされる情報が、異端審問所の日々の活動を支えていた。

　帝国全体に散らばる地方法廷を統括していたのが中央法廷（Suprema）である。中央法廷の役割は大きく分けて二つある。第一に、上級法廷であり、地方法廷において審問官の間で意見が一致しなかった案件を処理したり、被告から控訴の申し立てが行なわれた場合に控訴審を行なった。第二に、制度全体を統一的な基準によって運営する役割を負っていた。中央法廷は規則書（instrucciones）（Galende Díaz y Criado Lázaro 2009; González Novalín 1986）の作成や、規則書を補足するための通達（cartas acordadas）（Cabezas Fontanilla 2002; Henningsen 1986b; Torquemada Sánchez 1997）の発給によって制度運用の統一を図ると同時に、地方法廷からは毎週のように活動報告を受け、それに対してしかるべき指示を与えた。地方法廷から役人の腐敗や規則からの逸脱が報告されると、地方法廷への査察も行なった。査察官は前回の査察以降に作成された全ての審問記録に目を通し、形式面で

80　第Ⅰ部　文書循環サイクルの成立過程

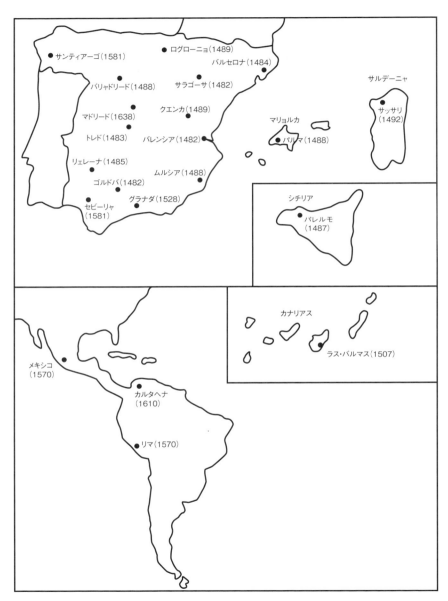

図1　異端審問法廷の所在地（括弧の数字は管区創設の年）John Edwards, *The Spanish Inquisition*, Stroud: Tempus, 1997, p.10をもとに坂本が作成

不備があるときには手続きのやり直しを命じた。

　複合王政であるスペイン帝国には中心となる行政府が存在しなかったが、その
かわりに、宮廷における複数の諮問会議（Consejos）が行政府の機能を果たして
いた。中央法廷はそうした諮問会議の一つだった。つまり異端審問制度はスペイ
ン帝国の行政機構に組み込まれていた。それゆえ中央法廷を構成するメンバー
は、他の諮問会議のメンバーと同様に、国王から任命された。また、週に二、三
回開かれる中央法廷の会議には、カスティーリャ行政の頂点にあるカスティー
リャ諮問会議（Consejo de Castilla）のメンバー二人が参加することが習わしとなっ
ていた。

　スペイン帝国の官僚に共通する特徴として、大学で法学の学位を取得した文官
（letrados）であること、法律主義を貫徹しようとするメンタリティを持つことな
どが挙げられるが、審問官もこの特徴を共有する。審問官は決して狂信的な異端
迫害者ではなく、厳格に法を運用・適用しようとする司法官であった。

　中世において一般的な裁判形式であった当事者主義（民事裁判）とは異なり、
異端審問は、中世の後半から現れた新しい裁判形式である糾問主義（刑事裁判）
によって行なわれた。近代的な刑事裁判と同様に、検事と被告が争う形式の裁判
であり、検事が証拠を集めて起訴し、被告がそれに対して抗弁する、という形で
行なわれた。審問官は判事であり、検事と被告の主張のどちらが正しいかを判断
する立場にあったが、尋問や調査も行なうから、どちらかというと検事の立場に
近く、必ずしも中立的な判事ではなかった。なお、被告には弁護士がつき、反対
尋問も認められていた。また、敵対的な審問官に対して忌避を申し立てること
や、判決に不服がある場合には控訴する権限も認められていた。

　異端審問制度は1808年にナポレオンによっていったんは廃止されたが、フェ
ルナンド7世の復位とともに復活した。最終的に廃止されたのは1834年のこと
である。ほとんどの地方法廷の文書庫は独立戦争期の混乱の中で、フランス軍や
民衆によって破壊された。トレドとクエンカの文書庫は破壊を免れたが、それで
も文書を退避させる過程で3分の1ほどが失われたと考えられている。バレンシ
ア、サラゴーサ、カナリアス、メキシコの文書庫も破壊を免れたが、文書のかな
りの部分が失われた。つまり、各地の地方法廷に残っていたはずの審問記録はほ
とんど失われてしまったのである。ただし幸いにも中央法廷の文書庫はほぼ完全
に近い状態で残された。我々が地方法廷の活動実態を知ることができるのは、
地方法廷から送られた年次報告書が中央法廷の文書庫に保管されていたためであ
る。

82　第Ⅰ部　文書循環サイクルの成立過程

　中央法廷の文書の大半は、19世紀半ばにシマンカス総合文書館に収められ、20世紀に入るとマドリードの国立歴史文書館に移された。現在、国立歴史文書館の異端審問セクションは1,466冊と5,359束を収めている[3]。残存する地方法廷の文書に関しては、トレドとバレンシアの地方法廷の文書は国立歴史文書館に収められたが、それ以外の地方法廷の文書は地元の文書館に収められた。例えば地方法廷の中で最も保存状態のよいクエンカの文書はクエンカ司教区文書館に収められている。19世紀前半に外国に持ち出された文書もあったが、文書は複数の写しが取られることが一般的だったため、持ち出された文書の大半はスペイン国内にもその写しが存在することが確認されている[4]。

3　文書管理に関する規則

　異端審問が開始された当初は、隠れユダヤ教徒の拠点を探し求めて法廷が移動したため、文書は持ち運びがしやすいように櫃（arcas）に保管された。櫃はすぐにも一杯になったはずだが、全ての文書を持ち運ぶことはできなかったため、必要性の低い文書から順に、近隣の宗教施設に預けられた。

　初期には膨大な数の隠れユダヤ教徒を裁く必要があった。中には即決裁判に近いものもあり、一件ごとの裁判文書の量は少なく、数頁に満たないことが普通であった。おそらく当時の審問官は、このような過酷な裁判がこのあと300年以上も続くとは考えてはおらず、のちの参照のために詳細な記録を残すことを意識していなかったのだろう。また当時は、文書庫が存在しなかっただけでなく、文書が公けのものであるという観念が薄かった。文書が担当の検事や書記の自宅に保管されることはごくあたりまえのことだった。

　1484年に大審問官トルケマダによって作成された異端審問の規則書には文書の保管に関する規則はなかったが、1488年に規則書に新たに15項目が付け加えられたときに、初めて文書の保管への言及がなされた。その第7項において、文書を櫃に入れて安全に保管すること、その場所は必要なときに閲覧できしかも外に持ち出されないように異端審問を行なう場所であること、鍵をつけ書記に持たせること、が定められた[5]。

　1498年には新たに16項からなる規則書が作成され、その第10項で、各法廷では一つの櫃または部屋で文書を保管すること、三つの鍵をつけ、そのうちの二つを書記に、一つを検事に持たせること、と定められた。この規則書には「部屋」への言及がある。創設から20年が経ち、ようやく文書庫の必要性が感じられる

ようになったということだろうか。

　1500年に大審問官デサによって作成された新しい規則書には、文書を束ねて
ひとまとめにした本には ABC 順の索引をつけることが定められている。しかし
検索のために ABC 順の索引を作成する慣行は、それ以前から異端審問所の中で
は一般化していたように思われる[6]。この ABC 順の索引が、異端審問の文書探索
において重要なツールとなった。

　隠れユダヤ教徒に対する厳しい迫害の時期が過ぎ去ると、地方法廷は移動する
ことを止め、1520年代から30年代にかけて管区を統廃合し、法廷の所在地を固
定するようになった。それとともに固定の文書庫が作られたはずであるが、規則
書にはしばらくの間は文書管理の仕方への言及は見出せない。

　次に文書への言及がなされるのは、1572年に大審問官エスピノーサが発した
通達においてである。この通達は、地方法廷における文書庫の整理の仕方を詳
細に定めたものである。そこには、17項目についてそれぞれに記録簿（registro）
を作成し、その一部については ABC 順の索引を付けるようにとの指示がなされ
ている。17項目とは、王令、管区の役人（コミサリオとファミリアル）、証言、投
獄や拷問を決定する際の票決、中央法廷から地方法廷への書簡、地方法廷から
中央法廷への書簡、監獄訪問記録、給与等の支払命令書、罰金刑、アウト・デ・
フェ、囚人の出入記録、貧しい囚人のための出費、没収した財産、などである。
さらには、判決を受けた者についての審問記録を刑罰の度合いで分類し、それぞ
れの刑罰別に ABC 順の索引をつけることとされている。さらにこの通達では、
文書庫の編成についての指示もなされている。文書庫を4つの区画に区切り、そ
れぞれの区画には、①継続中の裁判、②審理停止中の裁判、③終了した裁判、④
コミサリオとファミリアルに関する情報、を保管すべきこととされている。以上
の文書管理の仕事は、検事の任務であるとされている。

　エスピノーサの通達はほぼ忠実に実行されたと考えられる。エスピノーサの
通達以降に行なわれた地方法廷への査察記録からは、エスピノーサの分類方法
が記録簿の作成に反映されていたことが確認できる（Moreno 1998; Betancor Pérez
2011）。18世紀初頭に中央法廷が地方法廷に対して文書庫の状態についての報告
を求めた際にも、このエスピノーサの通達が参照された。このとき各地方法廷か
ら送られた詳細な報告から、エスピノーサの分類方法が浸透していることがわか
る（AHN Inq. legajo 3401）。

84　第Ⅰ部　文書循環サイクルの成立過程

4　膨大な文書量

機密文書

　初期には、機密原則は、密告者の身の安全を確保し、密告を奨励するためのものであった。そのため被告に対して示される起訴状においては、密告者の名前は伏せられていた。しだいにこの原則は組織全体にまで拡大された。被告や証人は、法廷での証言内容や監獄で起こった出来事を口外してはならなかった。役人に対しても同様に守秘義務が課された。文書は機密扱いにされ、審問官の特別の許可がなければ持ち出すことができなかった。したがって散逸の度合いも少なかった。文書庫には三つの鍵がつけられ、鍵を所持する三人がそろわなければ開錠することができなかった。文書庫は単に「機密（el secreto）」とだけ呼ばれるようになった。

　文書庫には、被疑者だけでなく、その親族の出自（ユダヤ系・イスラム系）に関する情報も蓄積されていた。誰でも祖先を遡れば異教徒の血が混じっていたとしてもおかしくなかった時代のことだから、人には知られたくない出自に関する情報が廃棄されずに蓄積されているという事実は、異端審問の権力の源となった。異端審問は、権利証書のように文書を誇示することによって権威を示すのではなく、文書を機密扱いにすることによって権威を示したのである。

裁判文書

　審問の途中で担当の審問官が変わることがある。審問の最終段階では、被疑者の異端思想を検証するために評価人（托鉢修道会の神学者）の目が入った。査察では、中央法廷からやってきた査察官が審問記録の内容を点検した。それゆえ審問記録は、第三者が読んでもわかるように、詳細かつ論理的に作成されていなければならなかった。そのために文書の量がかさんだ。

　他の形式の裁判と同様に、異端審問においても適法的な手続きが重んじられた。異端審問の目的は、被告がある言動を取ったかどうかを証拠を積み重ねて立証することにあるが、その手続きは法に適ったものでなければならなかった。逆にこうした手続きを守っていない場合は証拠とは認められない。審問記録には常套句や形式的な繰り返しが少なくないが、手続きを重んじる限りは、審問記録は冗長なものにならざるをえない。このことは、組織全体で生産される文書全般にもあてはまる。特定のフォーマットにしたがって文書を作成することが真実性や

法的効力を担保するから、どうしても文章が冗長にならざるをえない。

　審問を開始するまでに、調査や情報収集が行なわれている。そこで作成された証言集や、他の審問記録からの引用によって審問記録が作成される[7]。集められた証言のうち正式な起訴につながるのは一部であり、結局は正式な起訴につながらなかった膨大な文書（その大半は現在失われている）が実は作成されていたのである。

　審問は、一度判決が出たあとでも新しい証拠がみつかれば再開される。人が死んでからでも異端の証拠が出てくれば裁判が始まる可能性がある。原理上、異端審問には終わりがないから、情報が古くなったからといって、文書を廃棄することはできなかった[8]。

巨大組織

　組織面から見ると、スペインの異端審問と中世のそれとの違いは、前者が中央法廷を頂点に集権的に機能し、後者がそうではなかった点にある。中世の異端審問においては中央法廷に相当するものはなく、まとまった組織もなかった。文書庫もなく、スタッフも少なかった。それに対してスペインの異端審問は、中央法廷を頂点とする、真の意味での官僚組織であった。帝国のほぼ全土に管轄権を持ち、管区ごとに地方法廷があり、さらにその下には末端の役人がいて、管区中に監視網を構築していた。宮廷に所在する多数の諮問会議の中で、帝国中に管轄権を持ち、帝国各地から日々報告が送られてくる諮問会議は他には見当たらない。

　このように組織規模が大きくなると、スタッフを管理するための書類や中央への報告書など、組織統治のための文書が必要になる。異端審問関連文書と言うとき、我々がすぐにおもい浮かべるのは、審問記録である。しかし文書全体から見ると、審問記録はその一部でしかない。実は文書の大半は、組織統治のための文書である。その中の代表的なものは、異端審問所に勤務するスタッフに関する情報である。異端審問所はスタッフを採用する際に、当該人物に関する血の純潔（家系）調査を行なった。またスタッフに対する民事・刑事裁判は世俗の法廷ではなく、異端審問法廷で行なわれた。17世紀になると、異端審問所の本来の業務である異端審問の数は減るが、そのかわりに、日常業務の過半はスタッフの採用のための調査や民事・刑事裁判のために費やされることになった[9]。文書庫の重要な一角がそれらの文書によって占められることになった[10]。

　組織全体の意思疎通のために、書簡が用いられた。文書は広大な空間をカヴァーするための必須の手段となった。中央法廷は地方法廷に対してあらゆるこ

とに関する報告を求めた。地方法廷は報告するにあたり、原本を手元に残し、大審問官と中央法廷のそれぞれに充てて写しを作成するから、同一の書簡が3通存在することになる。中央法廷から地方法廷に対して出される指示書は地方法廷の数と同じだけ（約20）作成された。

社会的規律化

審問記録は、客観的・中立的な立場から臣民を「観察」した記録ではない。臣民に積極的に働きかけ、それを変えようとした結果の記録である。公証人とは違って、審問官や検事には調査・捜査権があり、家や船に立ち入って取調べをすることができた。管区巡察を行なって情報を収集することもできた。つまり自分から進んで情報を取りに行き、情報を増やすことができた。

初期には、審問記録は数枚の紙にぞんざいに書かれただけのものだった。そこには臣民への関心が感じられない。しかし16世紀半ば以降、キリスト教の基礎的な知識について、そして被告のライフヒストリー、年齢、職業、家系について問いただす習慣が定着し、審問記録は詳細かつ冗長になっていった（Dedieu 1986: 170）。記録の詳細さは、審問官が被疑者の日々の生活にまで関心を示していることの証拠である。これは16世紀半ばから汎ヨーロッパ的に観察される社会的規律化の傾向と一致する。文書の増大は、臣民統制と密接な関係がある。

5 検索可能なアーカイブの構築

記録簿

整理のために最初にすべきことは文書を分類することである。分類が決まっていれば、ある特定の文書を探すとき、特定の分類の文書群の中だけを探せばよいから、文書庫全体を探し回る必要がなくなる。

審問官は、分類を決めると、その分類に従って記録簿を作った。パソコンでは複数のファイルをまとめるためにフォルダを作るが、このフォルダに相当するのが記録簿である。未分類のままの文書よりも記録簿に入れられた文書の方が後々まで残る可能性が高くなる。

記録簿の種類を定めたのが、1572年のエスピノーサの通達である。しかしそれ以前にも、現場では早い段階から記録簿の作成が行なわれていた。何を記録簿にするかは地方法廷ごとに独自の基準で決められていたが、審問手続が共通していたので、結果的には同じような分類になった。エスピノーサが示した指針は、

それらを追認したものにすぎない。

　最も重要な記録簿の一つが「証言の記録簿」である。これは、異端審問所にもたらされた密告や、管区巡察において集められた証言を時系列で整理したものである。それがある程度の量に達したところで1冊の本にまとめられ、ABC順の索引が付けられた。

　15世紀末から16世紀初頭にかけては法廷が移動していたために必要最低限の文書しか保管できなかった。そのためにこの時期の文書のほとんどが失われてしまった。しかし残存する断片的な記録からは、証言の記録簿の作成方法が早い時期に確立していることがわかる。一例を挙げよう。1483年にシウダ・レアルで初めて異端審問所が活動を開始したとき、審問官が恩恵の布告を読み上げ、2ヶ月以内に罪を告白すれば刑罰が軽減されるとして、隠れユダヤ教徒たちに自発的な出頭を促した。このときレオノール・デ・ラ・オリーバなる女性が期限の最後の日に法廷に現れて罪を告白した。彼女の告白は「第14冊目の自白の本（libro quartoçeno de confesiones）」に記録されている。ということは、それまでの2ヶ月の間に14冊分の自白証言が集められていたことになる[11]。同じような自白証言集は、シウダ・レアルだけでなく、同じ管区のアルマグロやダイミエルでも作成された。

　このシウダ・レアルのケースと同じような証言の収集と整理の方法、つまり巡察で訪れた都市ごとに証言をまとめて本にし、本に巻数を振ってゆく方法（例えばマドリードで集められた証言の第1冊目ならば el libro primero de testificaciones de Madrid となる）は、このあと異端審問において標準的な文書の整理方法となった（Dedieu 1986: 177）。こうした証言集のほとんどが現在は失われているが、審問記録の欄外への（「どの記録簿の何巻の何頁から抜粋」といった）書き込みから、それが存在したことが確認できる。

索　引

　記録簿には各冊ごとに索引が付けられた。普通はABC順の索引である。異端審問において最も検索の必要があったのは被疑者や証人の名前であり、ABC順の索引は名前の検索に適した手段だったからである。

　ABC順の索引においては、姓（家族名）ではなく、名（個人名）の頭文字が用いられた。例えば Antonio López という人物であれば L ではなく A の項目に分類された。そして A の項目の中では名前は順不同に列記された。例えば Ana Domínguez という人物がいたとして、彼女が Antonio López の前に来るか後に

来るかは偶然に左右された。

ABC順の索引にはさまざまなヴァリエーションがありうる。同じ系列の記録簿の中でも必ずしも統一した基準では作られていない。インデックス作成が、試行錯誤のたまものであったことがわかる[12]。

証人や被疑者の名前を検索するためにはABC順の索引を付ければよかったが、書簡や命令・法規などの抽象的な内容はABC順の索引にしにくかった。そのためであろうか。エスピノーサの通達においてABC順の索引を付けるよう指示された記録簿は、役人のリスト、証言集、刑罰を受けた人々のリスト、の三つだけだった。したがって、書簡や法規の場合、(単に内容と頁を記しただけの)目次を付けるか、もしくは索引も目次も付けないことが普通だった。

索引や目次がない場合でも、文書は時系列で整理されたから、日付が検索の手がかりとなった。書簡の場合、その左上には、それが読み上げられた日付が記入された。その日付は本文中の日付(例えばmil quinientos cuarenta y dos)とは違ってアラビア数字(1542)で記入されたから、頁を繰ったときにすぐに目に飛び込んでくる。目的の文書を探すときに、この日付が目安になった。中央法廷と地方法廷がやりとりした書簡には、「先の何年何月何日の書簡でこれこれの内容の指示をした」という言い方がされている。つまり日付によって書簡の特定をしている。書簡は時系列で整理され、年ごとに束ねられていたから、文書庫の中から目的の書簡を見つけることは比較的容易だった[13]。

目　録

インデックスの作成には大きく分けて二つの方向性がある。一つは個々の本に索引や目次をつける作業である。もう一つは文書庫に保管されている全て(または一部)の文書を目録(inventario)にする作業である。

16世紀には、文書に関する規則においては、目録に言及されることはなかった。文書管理のための参照基準となったエスピノーサの通達では、個々の記録簿(本)にABC順の索引をつけることが指示されているが、目録の作成は指示されていない。ということは、文書庫全体の索引(目録)があるわけではなく、個々の本の索引があるだけということになる。

全文書を目録化しようとする発想は、文書がある程度の量に達するまでは出てこないのではないか。16世紀においてはまだ、検事や書記の経験と勘でなんとかなったのではないか。もちろん目録があるに越したことはないが、それがなくても日々の業務には支障をきたさなかったはずである。ある文書は、全文書の中

から探し出すわけではないので、全文書の状況を把握しておく必要はない。例えばある被疑者について調べたければ、証言に関する記録簿だけを探せばよい。本は文書庫の棚に時系列で並べられているから、直近の過去の本から順々に手にとって、それらの本についているABC順の索引を頼りに探していけばよいのである。

　個々の本に索引をつけるだけならば、通常業務の合間にできる片手間作業である。ところが全文書の目録を作るとなると、作業には数年を要するから、大変な手間暇がかかる。しかも目録の作成は通常業務の時間外に行なわれるから、自宅に持ち帰って夜遅くまで作業することも稀ではなかった。

　中央法廷と地方法廷では、所持する文書の種類が違うために、違った発想に基づいて文書管理が行なわれていたように思われる。

　地方法廷は、裁判に関する文書を検索可能な状態にすることに関心があった。ある人物についての情報を探し出すためには、個々の記録簿に索引がついていればそれでよく、全文書の状態を正確に把握しておく必要はなかった。

　それに対して、中央法廷が手近に持っていた文書は、教皇勅書や王令、異端審問法規など、主に法関係の文書であった。このことは、中央法廷が制度全体の運営にかかわる文書に関心を抱いていたことを示している。ある証人や被疑者について調べる場合、せいぜい2,30年遡ることができればよかった。それゆえ裁判文書は古くなればなるほど必要の度合いが低くなった。ところが法関係の文書は、古くなればそれだけ効力が薄れるということはない。法規の効力は、古かろうが新しかろうが変わらないのであり、直近の法規だけを知っておけばよいということはない。新しい法規を作成する際には、古い法規との整合性が保たれるよう留意しなければならないから、法規群の全体像を把握する必要がある。法規のインデックス化が行なわれるのは17世紀に入ってからだが、文書の全体像を把握するという傾向は中央法廷にはもともと備わっていたように思われる。

　17世紀に入り、中央法廷に権限が集中するにつれて、業務が増え、扱う文書量も増大していった。16世紀においては異端審問の判決は地方法廷の審問官が下すことができたが、17世紀になると判決を下す前に中央法廷に詳細な報告書を送り、中央法廷の判断を仰がなければならなくなった。16世紀半ばから行なわれるようになっていたスタッフ採用の際の血の純潔調査は、17世紀になってから一般化し、その最終的な可否判断は中央法廷が行なった。中央法廷の書記局の人数は変わらなかったから、書記一人あたりの業務量は一気に増えたはずである。業務に支障をきたさないように文書を整理することは、喫緊の課題となって

90　第Ⅰ部　文書循環サイクルの成立過程

いた。

　意外な事実であるが、地方法廷に対して文書庫の整理を命じていた当の中央法廷は、17世紀になるまで固定した文書庫を持っていなかった。宮廷は16世紀半ばにマドリードが首都となるまでは移動を続けており、中央法廷もそれにともなって移動していたという事情もある。それまで中央法廷は、教皇勅書や王令のたぐいを所持するだけで、その他の文書は近隣の宗教施設に預けるなどして、手元に置いていなかった。地方法廷とは違い、中央法廷は基本的には異端者の捜査を行なわないから、さしあたりは裁判文書を保管する必要がなかった。

　1622年、中央法廷はようやくマドリードに固定した文書庫を持つことになった。このときになって全文書を把握する必要性が感じられたのであろう。中央法廷の書記アルグエーリョによって、中央法廷の文書目録が初めて作成されることになった（Cabezas Fontanilla 2004; Fernández-Turégano 2001）。

　このあと、中央法廷は、約100年をかけて文書庫の整理と文書目録の作成を行なった（Avilés Fernández, Martínez Millán y Pinto Crespo 1978; Cabezas Fontanilla 2007; Fernández-Turégano 2015; Galende Díaz y Cabezas Fontanilla 2003; Palacios Alcalde 1986）。セビーリャの審問官ポルトカレーロ、クエンカの検事バリェッホ、中央法廷の書記のリベーラやカントーリャらがこの作業に関わった。最終的には17世紀末から18世紀の初頭にかけて、ロカベルティとビダル・マリンの2代にわたる大審問官が主導して、中央法廷の文書庫の整理作業を完成させた。この間に、さまざまな文書目録や法規集成が作成されているが、それらについての詳細な研究はまだなされていない。

　中央法廷の文書庫にはABC順の索引に不向きな法令関係の文書が多かったから、文書を整理・管理しようとするときに、目録というツールを用いることは自然な選択であっただろう。異端審問所の役人は、被疑者を逮捕すると財産の没収を行ない、財産目録の作成を行なっていたから、文書を目録化しようとする発想は彼らにはなじみやすかっただろう。

　ただし文書目録の作成には、財産目録とは違った難しさがある。目録は、過去を静態的に捉えようとする傾向がある。この方法は、ある人物が死んだ際に作成される財産目録がそうであるように、すでに完結したコレクションを記述する際には有効である。しかし異端審問関連文書のように、日々刻々と増大するコレクションを記述するには必ずしもふさわしい方法ではない。財産目録的な発想で全文書をインデックス化しようとしても、新たな文書が次々と文書庫に運ばれてくるから、インデックス化されていない文書が増えてゆく一方である。1620年代

にアルグエーリョがいったんは中央法廷の文書庫の目録を完成させながらも、その後たびたび新たな目録作成の指示が出されたのは、アルグエーリョの文書目録が有効に活用されなかったためではないか。1697年に大審問官ロカベルティが中央法廷の文書庫の目録の作成を指示したときには、その理由として、目録がないために目的の文書が見つけられないことを挙げている（Avilés Fernández, Martínez Millán y Pinto Crespo 1978: 486）。つまりアルグエーリョの目録は作成の70年後にはすでに活用されていなかったのである。

　目録が実際の検索に役に立つのかという問題もある。ABC順の索引であれば全体像を把握する必要はなく、すぐにも目的の文書にたどりつくことができるが、目録の場合は目録全体に目を通さなければ目的の文書を見つけることができない。例えばアルグエーリョが作成した目録は497葉（994頁）からなり、目を通すだけでも一仕事である。しかも大変に重く、気軽に手に取って扱えるような代物ではない。現物は保存状態が極めてよく、書き込みもされていないので、あまり使用されなかったという印象を受ける（AHN Inq. libro 1275）。

　目録は、文書が整理された状態でなければ作成できないから、目録を作成する前に、もしくはそれと並行して、文書の整理が行なわれた。結果的にではあるが、目録が有効に活用されたかよりも、それと並行して行なわれる文書庫の整理作業の方が重要だったのではないか。

　17世紀に行なわれた目録の作成、あるいは法規の集成は、日常的な必要性とは明らかに次元の異なる、理念的な要請にも基づいて行なわれたのかもしれない。この時期に作成されたものに目を通すと、ありとあらゆる事柄を網羅しようとする作者の意気込みが伝わってくる[14]。17世紀末に中央法廷の文書庫の目録化作業に取り組んだカントーリャは、その目的が「普遍的集成（recopilación universal）」であるとしている。その意味するところは必ずしも明らかではないが、その背後には百科全書的な発想があったのかもしれない。

配　架

　目録は、過去のデータに対しては役に立つが、未来のデータには役に立たない。目録にはこれから加わるはずの未来のデータを追加してゆく仕組みがない。目録が持つこの欠点は方法論的には解決されることはなかったが、文書庫の棚が、ある程度はこの欠点を補っていたように思われる。なぜなら文書を棚に配架することによって、文書の追加（と引出し）が容易になったからである。

　目録の作成は、文書庫の棚への配架と並行して行なわれなければならない。な

92　第Ⅰ部　文書循環サイクルの成立過程

ぜなら目録を作成しても、文書の空間的配置（どの文書をどの棚に置くか）が決まっていなければ、目的の文書を探し出すことができないからである。だから目録を作成する際には、文書だけでなく、文書の空間的配置までをもインデックス化しなければならない。

　16世紀の通達においては、文書の種類に関する指示はなされても、文書庫への言及はほとんどなされていない。審問記録の欄外には、「どの記録簿のどの頁から抜粋」といった書き込みがなされても、その記録簿がどこにあるかまでは書かれていない。文書庫がまだ小規模なうちは、ある記録簿がどこにあるかをわざわざ書き記す必要がなかったのかもしれない。

　17世紀から18世紀にかけて作成された目録には、配架するときの棚の番号が振られるようになる。例えば1739年に作成された中央法廷の文書庫の目録には、それぞれの文書が何番の棚の何番目の段にあるかが欄外に書き記されている（AHN Inq. libro 1319）。

　通達からも、棚が意識的に利用されていたことがうかがえる。1648年の通達では、文書を棚から引出す際には目録にそのことを書き記し、使用後は元の場所に戻すよう定めている（AHN Inq. libro 498, f.121）。この通達は、文書がしかるべき位置に配架されていることを前提としている。その後、18世紀にかけて、中央法廷は、ある文書を棚から引出した場合は棚の番号を記録すること、そして使用後は元に戻すことを繰返し求めている。

　1697年に大審問官ロカベルティが中央法廷の文書庫の整理を命じたとき、整理の仕方を提言したサパータなる人物は、最初にすべきこととして、文書を種類ごとに棚に置き、棚に番号を振り、本の背表紙にタイトルをつけること、を挙げている（Avilés Fernández, Martínez Millán y Pinto Crespo 1978: 487）。おそらくはすでにどの文書庫でも行なわれていた方法をあえて挙げているのは、文書の空間的配置の重要性が意識されていたからだろう。

　中央法廷の文書庫に蓄積された文書のほとんどは、帝国各地から送られてきた文書か、または中央法廷が帝国各地に送った文書（の原本）である。地方法廷から中央法廷に送られた書簡は、1620年以降、つまり中央法廷が固定の文書庫を持つようになったころから起源の地方法廷ごとに整理されるようになった。文書庫の棚には各地方法廷の所在地のラベルが貼られていた[15]。当時のエリート官僚がスペイン帝国全体についてどのような視覚的（地図的）イメージを持っていたかは詳らかではないが、審問官や検事は、中央法廷の文書庫に入るたびに、文書の空間的配置を、帝国の視覚的イメージと重ね合わせていたのではないだろう

か。文書庫の棚には文書が時系列で並べてあり、本の背表紙には文書が作成された年が書き記されてあったから、文書庫は、過去から積み上がってきた時間と、これから追加される未来の文書を意識させる空間でもあっただろう。

犯罪捜査のための新しいタイプのインデックス

本節では、17世紀半ばに登場した新しいタイプのインデックスについて論じる。それまでに異端審問の文書管理において多用されていたのは、個々の本に付けられる ABC 順の索引であった。文書がある程度の量になったところで製本し、それに ABC 順の索引をつけるという方法であった。このタイプのインデックスは、個々の本に索引がついているだけで、全体の索引は存在しない[16]。過去の情報を検索するだけだったら、さしあたりはそれで充分だった。

ただしこのタイプには、一度製本して索引を作成すると、次に製本して索引を作成するまでの数年間は直近の情報が検索ができないという欠点があった。つまり直近の現状を把握する手段としては必ずしもふさわしいものではなかった。このインデックスでは対応できない異端のタイプがあった。それが誘惑者（solicitantes）のケースである。

誘惑者とは、告解において懺悔者（confesantes）を誘惑した聴罪司祭のことである（Haliczer 1996; Sarrión Mora 1994）。この事例では、聖職者の猥褻な言行そのものが問われたのではなく、その言行によって告解の秘跡を汚したことが異端とみなされた。16世紀半ばにそれまでは司教の管轄であったこの件が異端審問の管轄に入ると、地方法廷から中央法廷に送られる年次報告書のうちの少なからぬ部分を誘惑者の件が占めることになった[17]。

裁判においては、ある事実に関する証言は、目撃証人が2人以上いなければ証拠として採用されないという原則がある。しかしこの原則に忠実である限りは誘惑者を裁くことはできない。なぜなら告解は密室で2人だけで行なわれるから、目撃証人は1人だけ、つまり誘惑された当の懺悔者しかいないからである。そこでこの件に関しては例外的に、ある誘惑者に対して複数の懺悔者から情報が寄せられた場合にはそれを証拠として採用することにした。異端審問所は、誘惑者の情報が寄せられると、彼に関する次の情報が寄せられるまで、忍耐強く（普通は数年、場合によっては20年も）待った。

ある被疑者に対して審問を開始する際に、その被疑者が他の地方法廷で裁かれたことがないかを確認するために、他の地方法廷に対して文書探索（recorrección）の依頼がなされた（Galende Díaz 2004）。依頼された側の地方法廷

94　第Ⅰ部　文書循環サイクルの成立過程

は、文書庫にその被疑者についての文書がないかを調べた。とりわけ誘惑者の場合は、多くが修道士であり、しばしば管区を超えて移動したから、彼らに関する情報を地方法廷どうしで共有する必要があった[18]。

　しかし文書探索には欠点があった。この方法では、被疑者についての過去の情報しか検索することができなかった。もし文書庫の中にその被疑者の情報を見つけることができなければ、被疑者のその後を別の方法によって追跡調査しなければならなかった。しかも依頼を受けるたびに文書庫を探しまわるのは効率が悪かった。この方法によって被疑者についての情報が見つかることは稀だったから、文書探索は無駄骨に終わることが多かった[19]。そこで異端審問所は、誘惑者の捜査のために新しいタイプのインデックスを考案した。

　18世紀初頭における地方法廷の文書庫の状態を知ることができる貴重な史料がある。1705年に中央法廷は、地方法廷に対して、文書庫の整理を命じると同時に文書庫の状態の報告を求めた。それに対する各地方法廷からの回答がこの史料には収められている（AHN Inq. legajo 3405; Escamilla Colin 1985）。この史料を紐解くと、個々の本にABC順の索引をつける従来の方法に加えて、索引だけを独立させて本にする方法が多用されていることに気付く。この索引本はボカンドルム（vocandorum）と呼ばれる[20]。ボカンドルムは、被疑者の名前を管理するためのABC順の索引であり、その仕組みはアドレス帳と同じである。あらかじめ白紙の本を作っておき、Aからはじまるアルファベットの1文字ずつに10頁から20頁程度のスペースを割り当てておく。被疑者に関する情報がもたらされるたびに、被疑者の名前の頭文字と同じアルファベットの項目のところに名前（と年齢、身体的特徴、所属する修道会など）を書き加えてゆく（写真1）。

　それぞれの地方法廷は、ある誘惑者についての情報が寄せられると、その情報を他の地方法廷に送った。情報を受け取った各地方法廷はそれぞれが所持するボカンドルムに被疑者の名前を書き加えていった。こうして地方法廷は、ボカンドルムを用いることによって、常に帝国全体の最新情報を把握することができるようになった。

　索引だけ独立させて本にする方法は17世紀になって突然あらわれたわけではない。16世紀からすでに審問記録の管理はこの方法によって行なわれていた。審問記録は個々がそれなりの厚みがあるので、それらを一まとめにしたうえでABC順の索引をつけることは現実的ではない。おそらくはそのために、他の記録簿とは異なり、審問記録だけは独立した索引本を作って管理していたのだろう。この、文書管理のために培われてきた索引作成のノウハウが、17世紀に

3章　検索可能なアーカイブの構築　95

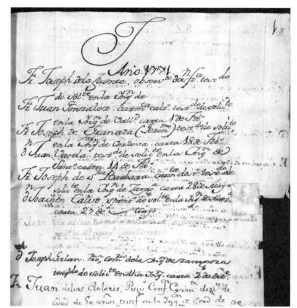

写真1　マドリードの地方法廷が作成したボカンドルム。1771年から1819年までの誘惑者（の被疑者）がABC順にリストになっている。最初から大部になることを予想して2冊（A-I、J-Z）に分けて作成されている。写真は2巻目（AHN Inq. libro 1294）。なお、1巻目（libro 1293）の冒頭には、この種のインデックスとしては異例なことに前文と凡例が付されており、インデックス作成にかける無名の製作者の意気込みが伝わってくる。
【写真左】背表紙【写真中】Jの項目の冒頭部分。1771年から始まっている。筆跡やインクの濃度の違いから、年ごとに情報が少しずつ書き加えられていったことがわかる。【写真右】アドレス帳のようにABC順に階段状に綴じられている。私が文書館員に確認した限りでは、このような階段状のインデックスは他に類例がないそうである。

なってから犯罪捜査のために活かされることになった。

　なぜ被疑者の名前だけを抽出して独立した索引本を作る必要があったのか。その最初のきっかけはポルトガル系コンベルソの捜査のためであった。1580年にスペイン帝国に併合されたポルトガルからは、スペインだけでなく、新大陸にも大量のコンベルソが流れ込んだ。彼らはしばしば隠れユダヤ教の実践の疑いをかけられたが、帝国各地を移動したために、その捜査は困難を極めた。この捜査のために、被疑者の名前に特化した索引が必要であったと考えられる。

　17世紀の通達に目を通すと、1630年代から40年代にかけて、中央法廷がボカンドルム（の名前で後に知られるようになる被疑者管理のためのインデックス）の作成を指示し出したことがわかる。ただし通達の中にはまだボカンドルムという名

96 第Ⅰ部 文書循環サイクルの成立過程

称は出てきていない[21]。一方、先に言及した1705年の書簡では、中央法廷が、全地方法廷に対してボカンドルムを継続的に運用しているかを問い合わせている。この書簡ではボカンドルムの存在が自明のものとされている。以上から、17世紀後半にボカンドルムの使用が一般化したと考えられる。

　誘惑者の件で、ある被疑者が2度目の犯罪を起こすまでどのような方法で20年間も監視を続けたのか。まさか監視員でもいて、ずっと被疑者を追跡し続けたのか。肝心な捜査方法が、審問記録には書かれていない。しかしボカンドルムのことがわかれば、この謎は解ける。ボカンドルムには、過去に誘惑を行なった者の名前がABC順に記載されているから、新たに情報がもたらされたときに、リストの名前と付き合わせるだけでよいのである。文書探索のようにいちいち文書の山をかき分ける必要はなくなる。例えばJuan de Segoviaという人物の情報がもたらされたとしよう。このとき、ボカンドルムのJの項目の中に同じ名前の人物を探すだけでよい。もし名前が見つかれば、彼は2度目の誘惑を行なったことになり、立件のための最低条件が満たされることになる。もしリストに名前が見つからない場合は、リストにJuan de Segoviaの名前を書き足しておけば、次に情報が入ったときに役に立つはずである。

　ボカンドルムは、文書管理のインデックスのノウハウを、犯人捜査のために応用した新しいタイプのインデックスであった。ボカンドルムにはABC順に名前が載っているだけであり、従来のABC順の索引と見かけはほとんどかわらない。しかし発想や仕組みは異なる。従来の目録や索引が文書庫の内部（の文書のみ）をインデックス化していたのに対して、ボカンドルムは文書庫の外部（スペイン帝国全体の潜在的な犯罪者）をインデックス化したのである。

　従来の目録や索引は、情報を追加することができなかったので、過去の情報をインデックス化することしかできなかった。しかしボカンドルムは、情報を追加することができたので、未来の情報をインデックス化することができた。情報を追加できるということは、常に情報を最新の状態に保てるということであり、誘惑者やポルトガル系コンベルソなどのように、頻繁に移動を繰返すタイプの異端に対応することができるようになったのである。

6　おわりに

　文書の分類を決め、その分類に沿って文書を積み重ねてゆき、文書がある程度の量に達したところでABC順の索引を作成して製本する。文書の内容がABC順

の索引に適さない（または索引の作成が面倒な）場合は、次善の策として、単なる目次をつけた。書記や検事がそれほどマメでない場合は目次さえつけられなかったが、その場合でも、文書は基本的には時系列で積み重ねられたから、文書に記されている日付が検索のための指標となった。紙には意識的に余白が設けられていて、そこには見出し、人名、地名、参照元の記録簿の頁数、などが書き込まれていた。それらの書き込みが、後から見返すときに役に立った。

　このように、文書庫の文書は、日々の継続的な整理作業のおかげで、検索可能な状態に保たれていた。文書の整理は、文書どうしを関連付ける作業である。それは欄外への書き込みから、文書を時系列で積み重ねること、索引や目次を付けること、文書全体の目録を作ること、さらには文書を文書庫の棚に配架することまでの全てを含む。文書どうしが関連付けられているからこそ検索が可能なのであり、目的の文書を探し出すことができる。逆に言えば、この関連付けの作業から漏れてしまった文書を探し出すことはほとんど絶望的である。次に（新しい文書庫に引っ越すときなどに）文書庫の整理が行なわれるときまで、失われた文書が見つけられることはないであろう。

　中央法廷では1620年代から約100年かけて、文書庫の整理と文書目録の作成がなされた。16世紀には、中央法廷だけでなく、おそらくはどの地方法廷においても、詳細な文書目録は存在しなかった。文書全体の目録がなくても、文書が感覚的に把握できる量であるうちは、個々の本に索引がついてさえいれば、文書の検索にはそれほどの支障はなかった。

　17世紀になって文書目録が必要になったのは、文書の量が増えただけでなく、文書庫の混乱の度合いが増して目的の文書を見つけられず、業務が滞りだしたためであろう。ただし文書目録を作成しても、日々大量の文書が生産されていたから、すぐにも目録化されていない文書が積み重なっていった。

　目録の不完全さは、文書庫の棚への配架によってある程度は補われた。文書を分類どおりに棚に並べておけば、目録化されていない文書でも探し出すことができた。17世紀には、文書を棚から引出す場合は記録に残し、使い終わったら元の位置に戻すことが繰返し求められた。文書を検索可能な状態に保つために、文書を指定の棚の指定の位置に置くことが意識されるようになっていた。

　目録の作成は文書の整理作業と並行して行なわれたので、目録が作成されるたびに文書庫が整理されていった。中央法廷の文書庫は、こうした目録の作成と文書の整理作業を18世紀の初頭まで、約100年かけて繰り返した。現在、マドリードの国立歴史文書館に所蔵されている異端審問関連文書の大部分は、このと

98　第 I 部　文書循環サイクルの成立過程

き完成した文書庫の分類・整理の状態をほぼそのまま引継いだものである。

註

1 ）　ただし文書の利用の仕方についてはかなりの共通点がある。中世異端審問の文書管理については、Given 1997; Sherwood 2012.

2 ）　異端審問において ABC 順の索引が多用されたことの指摘は、例えば Luque Muriel 1986によってなされているが、ABC 順の索引そのものの研究はない。近世ヨーロッパにおける ABC 順の索引の使用については、バーク 2004: 279-283.

3 ）　Archivo Histórico Nacional 2009: 16. 国立歴史文書館の異端審問セクションの文書は libros（本）と legajos（束）に分けられているが、これは内容に基づく分類ではなく、文書の束を製本していれば libros、未製本のままであれば legajos と呼んで区別しているにすぎない。

4 ）　異端審問関連文書の保存状況については、Henningsen 1986a; Pinto Crespo（1982, 1984）。国立歴史文書館の異端審問セクションについては部分的で古いカタログしか存在しない（Fuestes Isla 1928; Moreno Garbayo 1979）。クエンカ地方法廷に関しては詳細なカタログが存在する。地方法廷の文書がどのようであったかを想像することができる貴重なカタログである（Pérez Ramírez 1982）。

5 ）　以下、規則書のテクストについては Jiménez Monteserín 1980にしたがう。

6 ）　例えば1495年に作成された職業禁止解除（habilitación de inhábiles）のリストは ABC 順に作成されている。AHN Inq. legajo 120, expediente 36.

7 ）　証拠を積み重ねてある事実を論証するという審問記録の形式は、典拠の示し方（他の文書からの引用を欄外に記す）を含めて、学術論文の形式と極めて似ている。

8 ）　少なくとも文書の廃棄を定めた規則はない。1705年に中央法廷が地方法廷に対して不要な文書を焼却するよう命じているが、ここでは、文書庫に保管している禁書で同じものが2部ある場合、1部を焼却する、といったことを想定しているようである。ANH Inq. legajo 3405, Carta de Consejo, sin fecha.

9 ）　近世のスペイン（とアメリカ植民地）においては、多くの社団が、ユダヤ系・イスラム系の改宗者を排除するために、入会志願者に対して血の純潔調査（informaciones de limpieza de sangre）を行なった。血の純潔調査は裁判ではないが、裁判と同じような形式で手続きが進められた。異端審問所の場合は、血の純潔調査の最終的な可否は中央法廷が判断したため、中央法廷に送られた血の純潔調査書が現在でも残っている。トレド地方法廷の文書カタログを紐解けば、異端審問所では、異端を裁くための裁判（causas de fe）と同じくらいの割合でスタッフを採用するための血の純潔調査が行なわれていたことが一目瞭然とする（García Fresca y Gómez del Campillo 1903）。コルドバ地方法廷の血の純潔調査書に関しては詳細なカタログがあり、その調査の規模をイメージするのに役に立つ（Martínez Bara 1970）。膨大な史料が残されているにもかかわらず、血の純潔調査書の研究はいまだなされていない。唯一参考になるのは、López Vela 1993. もともとは隠れユダヤ

3章　検索可能なアーカイブの構築　99

教徒の親族を調べるための方法であった家系調査・系図作成が、16世紀半ば以降に、異端審問所のスタッフを管理する方法として採用されたのは何とも皮肉なことである。通常、血の純潔は、人種差別のためのイデオロギーであったと考えられている。しかしそれだけでなく、以上述べた異端審問所における血の純潔調査の実態からは、血の純潔が、戸籍がなく人物特定が困難だった時代において、人物管理の方法として有効であったと推察することができる。

10）　18世紀初頭のバレンシア地方法廷の文書庫には血の純潔調査書専用の棚があり、羊皮紙で製本された調査書の束が400冊に達しようとしていた。AHN Inq. legajo 3405, carta de Inquisición de Valencia, 14 de julio de 1705.

11）　「第14冊目の自白の本」の現物は失われているが、レオノールが37年後の1521年にトレド地方法廷で裁かれたときに証拠として引用されているので、それが存在していたことがわかる。Beinart 1983: 125-126.

12）　通常は名前をABC順に列記するだけだが、①Aの中でさらに姓をABC順に並べる（AHN Inq. libro 238）。このパターンでは、Antonio Aguilera のような名前が一番上に来る。②全員の名前をABC順に並べるのではなく、居住地ごとに名前をABC順に並べる（AHN Inq. legajo 120, expediente 35）、などのパターンがありうる。欄外の利用の仕方によっても、ヴァリエーションはさらに増える。

13）　日付による検索は比較的容易だったが、内容による検索は困難であった。ただし書簡にはたいてい見出し（書簡の要約）が付けられているので、見出しを手がかりにして検索することは可能であった。

14）　Rodríguez Fermosino 1674; Anónimo, *Diccionario de las Leyes de la Inquisición* (BL), sin fecha.

15）　少なくともパレルモのラベルが貼られた引出しがあったことが確認できる（AHN Inq. libro 1281, 203r）。バレンシア地方法廷の文書庫には各管区の地名が書かれた棚があり、各管区から送られてきた書簡はそれぞれの管区名が書かれたの棚に置かれていた。AHN Inq. legajo 3405, carta de Inquisición de Valencia, 14 de julio de 1705.

16）　18世紀初頭、ムルシア地方法廷の文書庫には、個々の索引はあったが、文書全体の目録はなかった。AHN Inq. legajo 3405, carta de Inquisición de Murcia, 29 de julio de 1705.

17）　コルドバの地方法廷から中央法廷に送られた年次報告書の刊行史料（García Boix 1983）を見るだけでもそのことをイメージすることができる。

18）　地方法廷どうしが文書探索を依頼し合うことによって、約20存在する地方法廷の文書庫が、あたかもひとつの巨大なデータバンクであるかのように機能していた。皮肉にも、その中心にある中央法廷には文書庫がなかった。中央法廷は、1620年代に固定の文書庫を持つようになるまでは手持ちの文書をきちんと管理していなかったために、しばしば自分たちで作成した書簡や法規を見つけることができなかった。そうした場合、地方法廷に対して文書探索の依頼をした。たいていの文書には複数

100　第Ⅰ部　文書循環サイクルの成立過程

の写しが存在するから、きちんと管理していなくても、この巨大なデータバンクの
どこかで見つかるはずだと考えていたのかもしれない。

19)　例えば AHN Inq. legajo 566は、バレンシア地方法廷に対して他の地方法廷が誘惑者
についての文書探索を依頼した書簡である（1727〜1732年と1737〜1742年の書
簡が残存）。依頼は月に2〜10通程度であったが、この10年間で目的の文書が見つ
かったことは1度もない。

20)　中央法廷は、あらゆる種類の異端の被疑者を載せたボカンドルムと、誘惑者のみに
限定したボカンドルムの2種類を作成するよう命じていたが、以下では誘惑者のボカ
ンドルムのみを扱う。ボカンドルムの存在は Lea 1983［1906］, II: 117-118によっ
ていち早く指摘されたものの、研究者の間ではいまだに認知されていない。ボカン
ドルムは誘惑者の捜査において強力な武器になったにもかかわらず、誘惑者を研究
した Haliczer 1996や Sarrión Mora 1994は、その存在に触れていない。おそらく
彼らは、審問記録のみを参照していたために、ボカンドルムの存在に気付かなかっ
たのだと思われる。なお、私が参照したボカンドルムは、バレンシア地方法廷が作
成したもの（AHN Inq. libro 238）と、マドリード地方法廷が作成したもの（AHN
Inq. libros 1293 y 1294）である。とくに後者は、インデックス作成技術の粋を集
めた素晴らしい出来である（写真1）。

21)　1635年の通達において、1620年以降に集められた証言の中から被疑者の名前を抽
出して、ABC 順の索引を別の本として作成することが指示されている。この指示
が充分に履行されなかったために、1644年にあらためて同様の指示がなされた。
1647年の通達では、まだ裁かれていなかったり、審理停止中の誘惑者の名前を30
年遡って抽出し、各地方法廷に送付すること、各地方法廷はその情報をもとにし
て誘惑者全員の ABC 順の索引を作成すべきことを指示している。1661年の通達で
は、何度も指示してきたように、被疑者についての索引を作り、それを継続するこ
とが重要であると説かれている。AHN Inq. libro 498, f.100r, 110r.

4章　イエズス会のグローバルな文書ネットワーク・システム

スペイン領南米パラグアイ管区の「年報」を中心に

武田和久

> 継続的かつ特別な回想という手段をとることで、あなた方を決して忘れないように、そしてまた私自身の大いなる慰めのために、私はあなた方にお知らせしますが、親愛なる兄弟たちよ、私はあなた方が私に書いてくれた書簡を大事にとってあります。あなた方の名前や、あなた方自身の手によってしたためられた書簡です。（こうした書簡は）私が行った修道誓願と一緒にとってあります。書簡は私と常に一緒にあります。私は書簡によって大いなる慰めを得るのです[1]（Sancti Francisci Xaverii 1899-1900: 403-404）。
> フランシスコ・ザビエルがイエズス会の同僚に宛てた手紙
> 1546年5月10日。

1　はじめに

　多くの日本人にとって、フランシスコ・ザビエルは歴史上最も馴染みのある外国人の一人だろう。文部科学省検定済教科書（検定教科書）にも必ずといっていいほど登場するザビエルは、戦国時代との関連でも日本人の記憶に刻まれている。

　周知のとおりザビエルは、イエズス会という修道会の会員であり、キリスト教の教えを広めるためにヨーロッパからはるか遠い日本にまでやって来た。そして彼が日本で活動する頃、世界各地では、同じくイエズス会の幾多の会員たちが地球規模のキリスト教化に心血を注いでいた。

　本稿で詳しく論じる通り、イエズス会の会員たちは、広大な世界で散り散りに

102　第Ⅰ部　文書循環サイクルの成立過程

活動しながらも、「心の一致」を図るために膨大な数の書簡をやり取りしていた。いくつか例を挙げれば、スペイン統治時代のペルーで活動したホセ・デ・アコスタは、日本の会員たちが綴った書簡を『新大陸自然文化史』の中で活用している（Acosta 1962［1590］: 242, 261）。またスペインのマドリードでイエズス会が運営していた帝国学院（Colegio Imperial de la Compañía de Jesús）には、ヌエバ・エスパーニャ（現メキシコ）南東部のプエブラの司教であったフアン・デ・パラフォックス（Juan de Palafox 1600-1659）に関する文章や、フィリピンのマニラおよび南部のセブ一帯のビサヤ諸島から届けられた書簡が保管されていた[2]。さらには現エクアドルの首都キトのイエズス会の学院（Colegio Máximo de Quito）で1682年に作成された蔵書カタログを見ると、前述のアコスタの著作をはじめ、世界各地のイエズス会の会員が著した書物が収められていたことがわかる（Barnadas 1974）。

　近年、イエズス会のこうしたグローバルな情報伝達のメカニズムの実態解明を目指す研究が注目されている。その嚆矢と位置づけられるのが、リューク・クロッセイの『救済とグローバリゼーション』（2008）である。従来の研究では地域ごとに分断された活動とみなされていた近世のキリスト教宣教を「世界全体を取り囲んだ宗教的グローバリゼーションの唯一の事例」と捉え直し、17世紀の中国、ドイツ、メキシコにおけるイエズス会会員の間でやり取りされたヒト、モノ、カネ、そして情報の循環が詳細に論じられた（Clossey 2008）。同著の出版から10年がたとうとする今日、クロッセイが提示したこのような研究視座を共有する動きが世界的に高まってきている。

　このテーマに関して、ここ数年の間に興味深い研究成果を精力的に公にしているのが、本稿でしばしば言及するドイツのマルクス・フリードリヒである。「規範に従って管理され画一化されたもの」がイエズス会文書であるという彼の指摘は極めて妥当である（Friedrich 2008: 3）。そもそもイエズス会という修道会が組織として「ヒエラルキーと服従」を重視していること（Friedrich 2009: 6, note 11）、そしてスティーブン・ハリスの言葉をつけ加えれば、ゆえに「長距離ネットワーク」の構築を成し遂げ、会のガバナンスが「組織的かつ均整のとれた」構造を有したことで、会全体において行政文書が組織的に作成されていたことが指摘されてきた（Harris 1996: 289, 299）。

　なぜイエズス会は、このような類まれなるガバナンスを構築し、グローバルな文書ネットワーク・システムの運用を目指したのか。ミシェル・フーコーは、16世紀中葉から18世紀末にかけてのヨーロッパでは「統治技法」に関する議論

が発展、拡散していたと指摘している。彼によれば、この時代、（1）自己、（2）魂や日常生活、（3）子供、（4）国家といったあらゆるものを巧みに統治するための具体的な方法が検討、実践されていたのだという（Foucault 1979: 5）[3]。イエズス会は1540年という近代初期にローマ教皇に正式認可された修道会である。統治技法に関する議論がヨーロッパ各地で活発な最中に誕生、拡大していったイエズス会は、おそらくこうした思想的な潮流の直接、間接的な影響を受けながら、いわゆる近代的かつグローバルなガバナンスの形態や文書作成のシステムを築きあげていったのだろう[4]。

　ところで先ほど、イエズス会のグローバルな文書ネットワーク・システムに関する議論の嚆矢がクロッセイにあると述べたが、彼の研究が2008年に公になるまで、このテーマを専門的に深く論じた研究はほとんど見あたらない。しかしそうは言っても、20世紀中葉、近世インドにおけるイエズス会と文書作成の問題を扱ったジョン・コレイラ・アフォンソの『イエズス会書簡とインドの歴史』という秀逸な研究が存在したことを見落としてはならない。彼は同著の冒頭で、これから議論を展開していく前段階として、イエズス会書簡を四つの種類に分類し、それぞれの特徴を次のように簡潔に定義した。（1）自分から見て上の立場の会員にむけて書かれた書簡、（2）広く会内部の人びとに向けて書かれた書簡、（3）会の外の人びとに向けて書かれた書簡、（4）個々の会員が個人的に親しい人びとに向けて書いた書簡である（Correia-Afonso 1969: 8）。これら四つを大きく二つに分ければ、（1）は縦方向に向けて発信された書簡であり、（2）、（3）、（4）は横方向に向けられた書簡と言える。つまりイエズス会文書には、縦と横二つのベクトルが存在したとも言える。

　本稿でこれから議論していくイエズス会の文書ネットワーク・システムの端的な例として挙げられるのが、上記（1）に該当する「年報」である。詳細は後述するが、これは世界各地のイエズス会の会員からローマ在住の会のトップである総長（General）に送られていた現地報告書である。

　年報に対して、コレイラ・アフォンソは、「権威を欠いたもの」という否定的な評価を下している。年報は「統合体」に過ぎず、執筆の過程で「取るに足らない細かなこと」とされた記述は「削除」され、さらには「間接的な複製物」であるがゆえに「権威を欠いたもの」というのが彼の結論である（Correia-Afonso 1969: 26）。

　この指摘は間違ってはいない。しかし本稿では、「情報の体系的な管理や編纂」という観点から、年報に高い史料的価値を見いだしたい。実際にこれから論じて

いく通り、年報は、それが作られていく過程に注目することにより、イエズス会の文書ネットワーク・システムの具体像を映し出す鏡となる。

　本稿ではまず、年報システム誕生以前の経緯を素描する。イエズス会が組織として文書にいかなる価値をおき、重視していたのか、また年報の前段階として、会員たちの間でやり取りされていた書簡送付の頻度について論じる。さらには「心の一致」をもたらすために、年報を含むイエズス会文書一般が会員同士の間でいかに利用されていたのかを見ていく[5]。

　次に、スペイン統治時代の南米大陸南東部にイエズス会が設けたパラグアイ管区（Provincia）[6]において実践されていた年報作成の手順を具体的に論じていく。この議論を通じて、学院（Colegio）[7]や宣教地といった管区内の個々の活動拠点で作られた年報執筆のための情報源がどのように保管、流通されていたのかが明らかになる。また一口に年報と言っても、実際にその内実としては異なる次元の複数の年報が存在したことも論じる。

　なお本稿の議論の中核はイエズス会という一修道会にかかわる文書ネットワーク・システムの詳細だが、この問題に関して、他の修道会についてもここで少し述べておきたい。イエズス会は、今日に至るまで関連文書の整備や体系化を精力的に進め、幾多の研究成果を発信してきた。ゆえに同会は「近代的な文書管理能力」にとりわけ秀でた修道会であり、他の修道会はイエズス会の足元にも及ばなかったと早合点してしまう節がある。実際に本稿で詳細に議論する年報は、管見の限り、他の修道会には見られないイエズス会独自の制度である。一例をあげれば、アンデス地域の歴史研究のための各種史料を紹介した手引書には、イエズス会ならびにフランシスコ会に関する項目があり、前者については現存する年報が年代順に細かく列挙され、その他のイエズス会文書や著作も詳しく紹介されている。これに対して後者については、年代記のみが言及されており、数の面でもイエズス会に比べて少ない。ドミニコ会に至っては項目すら存在しない（Pillsbury 2008, I）。

　しかし、イエズス会以外の修道会も独自の組織を構築し、新世界におけるキリスト教布教にあたって多種多様な文書を地球規模でやり取りしていたことは想像に難くない。フランシスコ会やドミニコ会では学術研究を目的とした文書閲覧のための仕組みが体系的には整備されていないという問題もあるものの、研究者の関心がイエズス会に偏重しすぎてきたという経緯も関連している。この意味で近年、スペインのフェデリコ・パロモが着手し始めた近世スペイン・ポルトガル帝国においてフランシスコ会がいかなる組織や制度に基づいて文書をやり取りし

4章　イエズス会のグローバルな文書ネットワーク・システム　105

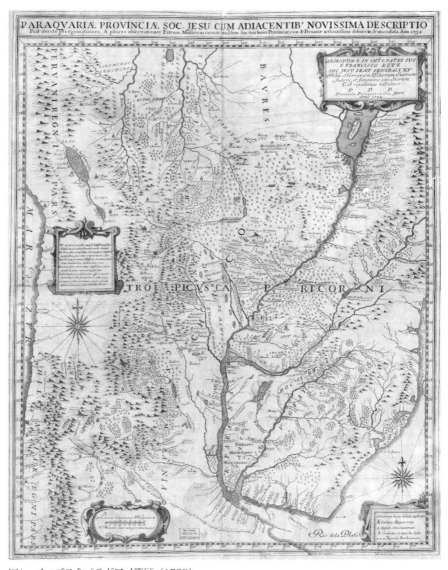

図1　イエズス会パラグアイ管区（1732）
出所：https://commons.wikimedia.org/wiki/File:Jesuit_Province_Paraguay_1732_map.png

106　第Ⅰ部　文書循環サイクルの成立過程

ていたのかを解明しようという試みは注目に値する（Palomo 2016: 1-8）。あるい
は、碩学ペドロ・ボルヘスが1992年に紹介したイエズス会以外の修道会の組織
形態に関わる先行研究を再確認する時期が今まさに到来しているのかもしれない
（Borges 1992, I: 234-244）[8]。

2　イエズス会における文書主義

　前述のコレイラ・アフォンソは、『イエズス会書簡とインドの歴史』の冒頭で、
文書の伝達経路について次のように論じている。イエズス会においては、初代総
長イグナチオ・デ・ロヨラの考えに従って、上から下へと指令や命令といった文
書が縦方向に伝達されなければならなかった。すなわち、会の最高位である総長
から管区長へ、管区長から学院長へ、そして学院長から会員一般へという流れで
ある。そしてまた同じ経路で、報告文書は下から上へと伝達されねばならないと
された（Correia-Afonso 1969: 1）。

　興味深いことにロヨラは、文書を介したこのような縦方向の会員同士の意思
疎通に加えて、いわゆる横方向の経路も重視していたようである。このこと
は、彼の意志が反映され、かつイエズス会の基本理念の明文化である『会憲』
（Constitución）の中に読み取ることができる。『会憲』はロヨラの死（1556）か
ら2年後の1558年に開催された第1回総会（Congregación General）で正式認可さ
れた（Correia-Afonso 1969: 5）。

　『会憲』の第8部には「各地に分散している会員が会の頭首とのあいだ会員ど
うしのあいだにもつべき一致のための助け」というタイトルがつけられ、さらに
その第1章（655～676項目）のタイトルは「心の一致のための助け」である。以
下に655項目の一部を引用する。

　　この修道会の会員は、世界の様々な地域で、信者のあいだ、あるいは信者で
　　ない人びとのあいだに散らばっており、会の頭首との一致、会員相互の一
　　致は、それだけ難しくなる。したがっていっそう大きな努力を払い、この一
　　致に役立つ手段を講じていることが必要である。会員が互いに結ばれ、頭
　　首と結ばれていない限り、この会の維持と統治は不可能であり、神のより
　　大いなる栄光のためにこの会が求めている目的を達成することができない
　　（Iparraguirre y Dalmases 1963: 587）[9]。

ロヨラのこうした夢の実現に大きな役割を果たしたのが、初代ロヨラ、第2代ディエゴ・ライネス、そして第3代フランシスコ・デ・ボルハと初期イエズス会の3人の歴代総長に仕えた秘書フアン・デ・ポランコ（Juan de Polanco 1517-1576）だった。前述のコレイラ・アフォンソは、ポランコを「先見の明がある人物」として非常に高く評価している（Correia-Afonso 1969: 128）。イエズス会の特筆すべき文書ネットワーク・システムはポランコなくしては誕生しなかったといっても過言ではない。

イエズス会文書にかかわるポランコの命令の中でも注目すべきは、（1）イフエラ（hijuela）というジャンルの文書の作成、（2）イフエラを含む種々の文書のローマへの定期送付である（Polanco 1903: 542-549）[10]。

まずイフエラについてだが、そもそもこれは、スペイン語の名詞イハ（hija［娘の意］）の縮小辞 hijuela（小さく幼い、かわいらしい女の子）のことである。しかし実際には多くの副次的意味を持つ。その一つが、通常の書簡と一緒に同封された別の紙のことで、一般の目に触れられるべきではない情報を含む紙のことである。いわゆる「極秘文書」である（Brodrick 1952: 79, note 2）。ロヨラ自身は、同僚のペドロ・ファブロ（Pedro Fabro）に1542年12月10日付で宛てた書簡の中で、イフエラの中には、多くの人が目にする書簡（ロヨラはこれを「主要な書簡」（carta principal）と呼んでいる）には入れるべきではない「人を不愉快にさせるような細かい事柄」（particularidades impertinentes）を書くべきと命じた（Polanco 1903: 236-237）。つまりポランコは、世界各地のイエズス会の会員に対して、だれが見てもよい文書と、それとは別の秘密の文書を作成させ、ローマに送るように命じたのである。そして前述のハリスによれば、秘書の主要業務の一つがイフエラに目を通し、その多種多様な内容を総長が簡便に把握できるようにすることだった（Harris 1996: 299-300）。

通常と極秘、こうした二種類の文書は、1547年にポランコが定めた命令により、世界各地のイエズス会の活動拠点からローマに4ヵ月ごとに送られることが義務づけられた[11]（Friedrich 2008: 7）。具体的には1月、5月、9月のはじめに各地からローマへと文書が届き、秘書はその内容を校正した後で各管区へと伝達した（O'Neill y Domínguez 2001, I: 965）。なおこれに関連して、コレイラ・アフォンソは、『会憲』に付された宣言（Declarations）において、次の規定が正式に決まったという。すなわち、世界各地の学院や宣教地のイエズス会士は所属管区の管区長に4ヵ月ごとに活動報告文書を送り、管区長はこうした文書の複写をローマの総長に送る。同時に管区長は、総長に送った文書の複写を管轄管区内の会員にも転送

108 第Ⅰ部 文書循環サイクルの成立過程

するようにと（Correia-Afonso 1969: 5）[12]。

こうして1547年以降、4ヵ月ごとに文書の作成を義務づけられたイエズス会の会員たちだったが、1564年11月30日付でローマから出された第二代総長ライネスの命令により、文書の作成頻度は6ヵ月ごとに変更された（Laínez 1917: 322）[13]。その理由としては、会員数の増加や活動拠点のグローバルな拡大にともない、文書の頻繁なやり取りがしだいに困難になったからである（O'Neill y Domínguez 2001, I: 965）。

さらに翌1565年7月、ボルハが第3代総長に就任、第2回総会が開かれると、ローマへの文書送付は年1回、つまり「年報」となった（O'Neill y Domínguez 2001, I: 965）[14]。年報についてはパラグアイ管区を事例に後述する。

これまでの議論で、世界各地の活動拠点から届けられた文書はローマで校正され、また各地へと流布していったことを論じたが、実際にこうした他所から到着した文書は、イエズス会の会員にどのように受け止められていたのか。このことを端的に示す文書が存在する。1552年12月1日にインドのゴアでルイス・フロイスがコインブラの会員たちに宛てた書簡である。この中の「de Purtugal」という一語を、「ポルトガルから届けられた」と解するか（この場合、フロイスが書簡の中で言及している文書とは、ポルトガルからゴアに届けられたものになる）、「ポルトガルに関連する」と解するか（この場合、フロイスが言及する書簡は、ローマで校正された後に同地からゴアへと届けられたものになる）、明確な断定については今後の研究に委ねたいが、この書簡から読みとれるのは、届いたイエズス会文書を大いなる喜びと熱狂をもって受けとったゴアの会員たちの姿である。夜になると鐘が鳴り、食堂で遅くまで書簡の内容が朗読される。そしてこれが10日間続くのである。その後、書簡の要約（sumario）が作成され、ゴアから中国、日本、モルッカやマラッカで活動する会員たちのもとへと送られた（Wicki 1950, II: 488）[15]。なおこの書簡の冒頭の「複数の書簡」（As cartas）が具体的にどのような種類を指すのかは定かではないが、本稿の議論の中心となる年報についても、前述のフリードリヒは、完成後には管区内で朗読され、また別の管区にも送られていたと指摘している。そして到着後にはやはり食堂で大きな声で読まれるのが常だった（Friedrich 2008: 18）。

3　パラグアイ管区における年報作成の重層的プロセス

本稿の導入部でも論じたとおり、イエズス会文書の特徴を「近代的」と評する

見方が多くの専門家の間で共有されている。特に年報に関しては、「官僚的力作」の成果という評価もあるほどである（Friedrich: 2008: 5）。

この評価は本稿でしばしば取り上げているフリードリヒが下したものだが、その根拠として彼は、ドイツ管区を事例としている。ドイツ南部に点在する学院のトップである学院長の仕事の一つは、年報執筆のための素材となる情報を選別することだった。そして管区長は、管区内の会員が書いた書簡を結集する権限を持ち、また自身も管区内を定期巡察して年報執筆の素材を集めていたという（Friedrich 2008: 20-22; Friedrich 2009: 23）。

実際に文書作成のプロセスの中でも、年報のそれは「官僚的力作」というフリードリヒの評価に的確に合致する。ブラジルのイエズス会士の研究者セラフィム・レイテは、16世紀ブラジル管区を事例として、年報作成の官僚的なプロセスを一般化して次のように論じている。毎週土曜日、会員同士は、興味深いこと、あるいはメモしておくべきことを話し合う。それぞれの学院では12月もしくはその少し前に「ひとつの年報」（uma carta ânua）が作成され、別の学院へと送られる。こうした作業が3ヵ月ごとに繰り返される。年報はイエズス会会員の居住地や学院を行ったり来たりし、愛をもって受け取られる。巡察役のイエズス会士（visitador）は、年報の中の「教化的な出来事」（sucessos edificantes）に関する記述に誤りがないかどうか確認する。1年の最終日にこうした年報が集められ、編集がなされる（Leite 1938, II: 536）。なおここでいう巡察士とは、1583-1589年にブラジル管区をまわったポルトガル出身のクリストヴァウン・デ・ゴウヴェイア（Cristóvão de Gouveia）を指す（O'Neill y Domínguez 2001, II: 1792-1793）。

またレイテは、これに関連して、巡察士ゴウヴェイアが1589年にポルトガルに戻る前に出した命令を次のようにまとめている。新年が始まったら、年報の編纂に適した一人の神父もしくは助祭を任命し、教化関連の出来事が書かれているすべての書簡をこの人物に預けること。書簡が届けられた同日もしくは翌日にはどの出来事が年報に書かれるべきか決め、任命された人物は手持ちのノートにこうして決められた書くべき項目を詳しく記すこと。そして毎月、書き記した内容を上長にみせること。この任命された人物は一年の最後に他の学院で書かれたすべての年報も集めること。こうしてすべての年報をもとに完成した年報は「総体的な年報」（Carta Geral）となる。そしてこの総体的な年報の写しを一つ本に記しておくこと。この本には以前より記されてきた総体的な年報の写しが書かれている（Leite 1938, II: 536）。

イエズス会は、会の基本理念として、年報を含むイエズス会文書の作成にか

かわるこのような手順のひな型を会の発足当初から公的に定めていた。「文書作成定式」（Formula scribendi）と命名された公的文書作成のための諸規則である。完成までに数度も改訂（1547, 1560, 1563, 1580, 1594）された（Friedrich 2008: 8-9）。この中の6-31項目に年報執筆に関する規定がある（Institutum 1893: 43-45）。

このような定式の存在を踏まえて、コレイラ・アフォンソは、年報作成のプロセスは地域を問わず、どこでも似かよっていたと結論づけた（Correia-Afonso 1969: 145）。以下本稿では、パラグアイ管区を事例に具体的に論じる。

まず、パラグアイ管区の概要を述べたい。同管区は1607年に設立され、スペイン領全域からのイエズス会士の追放（1767～68年）まで存続した。「パラグアイ」と呼ばれるものの、その領域は現在のパラグアイにとどまらず、アルゼンチンのほぼ北半分、ボリビア南東部（現在のチキトス地方）、ブラジル南部、ウルグアイにまで及ぶ広大なものだった。管区の発足から17世紀前半まではチリも含まれた。管区の中心は現在のアルゼンチン北西のコルドバに定められ、管区長はここに住居し、種々の指令を出した。

パラグアイ管区内におけるイエズス会の活動で世界的にも名高いのが、グアラニ語系先住民を対象としたキリスト教布教である。1607年の管区発足から程な

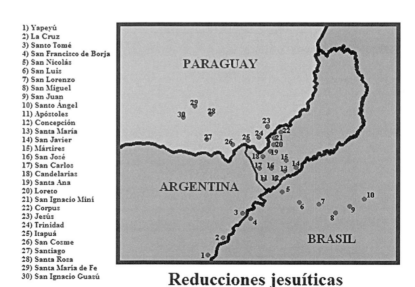

図2　グアラニ語系先住民のキリスト教化のために設立されたイエズス会布教区の分布（18世紀前半）
出所：https://commons.wikimedia.org/wiki/File:Reducciones.PNG

くして、現在のパラグアイの首都アスンシオンの南東に初の布教区サン・イグナシオ・グアス（San Ignacio Guazú）が1609年に設立された。以後、同形態の布教区が各地に次々と建設されていった。

　布教区とは、スペイン語でミシオン（misión）あるいはレドゥクシオン（reducción）と呼ばれた改宗施設である。イエズス会士たちは、布教区での先住民との共同生活を通じて彼らが模範的なキリスト教徒として生まれ変わることを期待した。こうした方針は、レドゥクシオンという言葉の意味にも表れている。この言葉の意味は、「あるものを別のあるものへと抜本的に変える」である（Saito y Rosas Lauro 2017）。

　布教区の物理的な構造についていえば、基本的には四角形ないし長方形の広場（図3の Plaza de armas）が中央に設けられ、その一辺に聖堂（図3の5）が建設された。残りの三辺には先住民の住居が縦横規則的に、いわゆるグリッドラインの考え方に基づき、直線的な通りに沿って設けられた（図3）。日本の平城京や平安京、中国の長安などの計画都市をイメージすれば理解しやすいだろう。宣教師のための住居、また先住民にヨーロッパ伝来の技芸や知識を教えるための工房や学校が聖堂の脇に建設された。日々の糧は、布教区の近隣に設けられた広大な農牧場の生

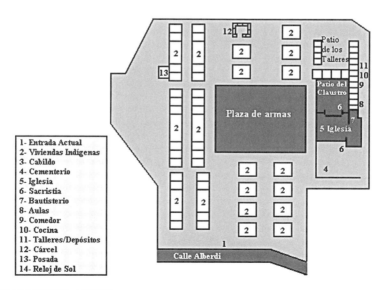

図3　布教区の典型的な内部構造
出所：https://commons.wikimedia.org/wiki/File:Plan_de_la_reduction_saint_ignace.PNG を一部修正

112　第Ⅰ部　文書循環サイクルの成立過程

産物によって基本的にまかなわれた（岡田・齋藤 2007）。

　グアラニ先住民のキリスト教化のために建設された一連の布教区は1620〜
1630年代にかけてブラジル、サンパウロ在住のポルトガル人によって率いられ
た奴隷狩り部隊バンデイランテ（bandeirante）の度重なる襲撃を受け、そのほと
んどが壊滅した。しかし布教区在住のグアラニとイエズス会士たちの応戦によっ
てバンデイランテを武力により劇的に敗走させたことを契機に（1641年のムボロ
レの戦い）、布教区は安定と繁栄の時代に入った。18世紀前半に最盛期を迎えた
布教区の数は総数30に達し、総人口も14万人を超えた。その名声と評判は遠く
ヨーロッパにも達し、ルソーやモンテスキューといった啓蒙思想家たちの知的関
心を刺激した（田島・武田2011; Ganson 2003; Sarreal 2014）。

　総数30の布教区の中心として定められたのがカンデラリア（Candelaria）布教
区である。ここには上長（Superior）と呼ばれた会員が居住した。上長はコルド
バ在住の管区長の指揮下のもと、布教区全体の管理・運営の責任を負った。

　イエズス会の文書ネットワーク・システムとの関連で興味深いのは、上長の部
屋（aposento）の巨大な文書庫（archivo grande）の存在である。現在のアルゼン
チンの首都、ブエノスアイレスの国立総合文書館にはカンデラリア布教区の文書
庫に収められていた文書目録が残っている（1748年作成）。これによれば、文書
庫には多種多様な内容を扱った文書が保管され、また簡便に参照できるように、
引き出し（gaveta）には番号が付けられ、それぞれの番号は文書のテーマを示し
ていた。そして目録によれば、引き出しの13番に年報（Annuas）が収められて
いた[16]。

　この引き出し13番の中身について詳しく見てみよう。中には1、2、3と番号
がつけられ、それぞれがおそらく紐のようなもので縛られてまとめられた三つの
文書群（3 atados con 3 números）が収められていた。このうち1番がラプラタ地
域のスペイン人総督が出した布教区の設立認可に関する文書であり、2番が布教
区それぞれで暮らすグアラニ語系先住民の数を記したリスト（catálogo）であっ
た。そして3番目の文書群については、「年史」（Historia anual）という見出しが
つけられ、次の説明が記されている。

　　この番号（の文書群）には、毎年の出来事が要約された年史が収められてい
　　るが、何年分もの年史が非常に不足している。しかしこのように年史を文書
　　庫に収めておくことにより、イエズス会の内規や、歴代総長たちが繰り返し
　　発してきた命令に従って（年報執筆のための素材を）執筆し、毎年の初めにこ

れを管区長へと送らねばならない上長は、執筆を簡便に継続できたのである[17]。

「何年分もの年史が非常に不足している」と言われつつも、管区長が年報を書くのに必要な情報をカンデラリア布教区在住の上長が供給し続けられたのは、ひとえにこの巨大な文書庫の存在の賜物だったのだろう。

パラグアイ管区の年報として一般によく知られているのは、「イエズス会パラグアイ管区年報」（Cartas Anuas de la Provincia Jesuítica del Paraguay）である。これはコルドバ在住のパラグアイ管区長がイエズス会本部のローマに定期的に送った年次報告書であり、1609年から1762年にかけての150年以上の期間にわたっている。しかし本稿の冒頭でも述べた通り、「年報」と命名されてはいるものの、パラグアイ管区でも同じく諸事情により数年分がまとめて執筆されローマに送られることもしばしばであり、18世紀には基本的にこうした状況が常態化していた。

写真1　現存するイエズス会布教区（トリニダ遺跡、パラグアイ）
出所：https://commons.wikimedia.org/wiki/File:Jesuit_Missions_of_La_Sant%C3%ADsima_Trinidad_-_panoramio_（1）.jpg

パラグアイ管区年報は基本的にラテン語で執筆され、原本は現在のヴァチカン市国に隣接するイエズス会ローマ文書館（Archivum Romanum Societatis Iesu）に収められている。20世紀初頭、ドイツ出身のイエズス会士カルロス・レオンハルトが全期間の年報（1609〜1762）をスペイン語に訳し、アルゼンチンの歴史学者エミリオ・ラビニャーニ（Emilio Ravignani 1886-1954）の協力のもとで総刊行を予定していた（Leonhardt 1927: XII-XIII）。しかし計画は中止となり、レオ

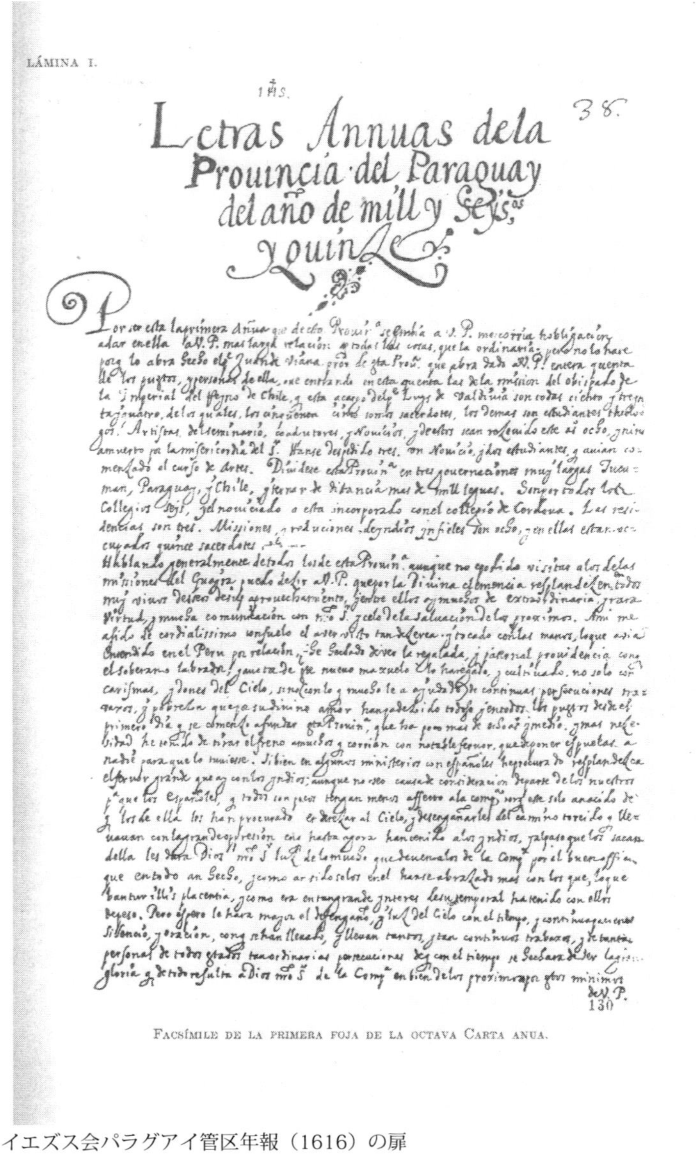
LÁMINA I.

IHS.

38.

Letras Annuas dela Prouincia del Paraguay del año de mill y seys, y quinze

130

FACSÍMILE DE LA PRIMERA FOJA DE LA OCTAVA CARTA ANUA.

写真2　イエズス会パラグアイ管区年報（1616）の扉
出所：Carlos Leonhardt (ed.), *Cartas anuas de la Provincia del Paraguay, Chile y Tucumán, de la Compañía de Jesús (Documentos para la historia argentina,* Vol. 20), Buenos Aires: Casa Jacobo Peuser, 1929, 4-5.

ンハルトが刊行できたのは1609～1637年の期間にとどまった（Leonhardt 1927; Leonhardt 1929）。その後は半世紀以上にわたり年報の刊行は中断されたままだったが、アルゼンチンの歴史学者エルネスト・メーデールがレオンハルトの意思を引き継ぎ、1984～2007年の間に1637年から1649年にかけての年報を断続的に刊行した。そして現在は、同じくアルゼンチンの歴史学者マリア・ラウラ・サリーナスがメーデールの仕事を引き継ぎ、1654～1762年まで全てを刊行した[18]。

　こうした一連の刊行を背景としてか、多くの研究者は管区年報を第一級の史料とみなし、分析の対象としてきた。しかしながら、彼らの視点が管区年報の分析に集中したあまり、管区年報とは別の異なる種類の年報の存在が見過ごされてきた。そう断言できるのは、ブラジル、リオ・グランデ・ド・スル州のサン・レオポルドにあるイエズス会系の大学、ウニシーノス（UNISINOS）大学内のアンシエタノ研究所（Instituto Anchietano de Pesquisa）が保管する、ペドロ・デ・アンジェリス・コレクション（Coleção Pedro de Angelis）に収められている、管区年報とは別の次元の年報の網羅的な調査の結果による。

　アンジェリス・コレクションの原本は、現在リオデジャネイロの国立図書館が所蔵している。しかし原本へのアクセスは基本的に認められておらず、2010年8月の調査時には、マイクロフィルム化されたコレクションを旧式のマイクロリーダーを使って読まねばならなかった。リーダーは相当に旧式のため、判読は容易ではなかった。

　一方で、同じマイクロフィルムが、前述のラビニャーニの名前が付されたブエノスアイレス大学内のラビニャーニ研究所（Instituto de Historia Argentina y Americana "Dr. Emilio Ravignani"）に存在する。しかしここのマイクロリーダーもリオデジャネイロの国立図書館のそれ以上に旧式で、史料の判読はほとんど不可能であった。

　こうした状況で、アンシエタノ研究所のアンジェリス・コレクションは極めて重要である。同コレクションはイエズス会士アルナルド・ブルーシェルを責任者として20世紀前半から中葉にかけて作成された。リオデジャネイロの原本がマイクロフィッシュ化されてサン・レオポルドまで運ばれ、ここですべてがタイプライターを使って印字された。全体は数十巻に及び、アンシエタノ研究所が誇る貴重なコレクションの一つとなっている（Bruxel 1957）[19]。

　以下、管区年報と、それとは異なる別種の年報の存在に関する議論を進める。一例を挙げると、アンシエタノ研究所のアンジェリス・コレクションの中に、1675年にサン・ミゲル布教区で書かれた年報が存在する[20]。まず注目すべき点

116　第Ⅰ部　文書循環サイクルの成立過程

表1　アンジェリス・コレクションにおいて保管場所が明記されている年報一覧

番号	年報の作成年	年報に記された名称	年報の保管場所 （原語のまま表記）	アンシエタノ研究所におけるアンンジェリス・コレクションの史料請求番号
1	1619	イタプア	Archivo de Córdoba	I-29-7-9
2	1621	イタプア	Archivo de la Prov.	I-29-7-11
3	1624	ナテビダ・デ・ヌエストラ・セニョーラ・デル・アカライ	Archivo de Córdoba	I-29-7-12
4	1627	サンタ・マリア・デル・イグアス	Archivo de Córdoba y Archivo de la Provincia de Córdoba	I-29-7-17
5	1629	コルプス	Archivo de la Provincia de Córdoba	I-29-7-22
6	1634	パラナとウルグアイ	Archivo de Córdoba de la Provincia	I-29-7-25
7	1645〜46	パラグアイ管区	Archivo de Córdoba, legajo 4I, gaveta II	I-29-7-47
8	1675	コルプス	Archivo de Misiones	I-29-7-55
9	1675	サン・ミゲル	Archivo de Misiones	I-29-7-56
10	1690	ラ・クルス	Archivo de Misiones	I-29-7-62
11	1690	パラナとウルグアイ	Archivos Misiones	I-29-7-63
12	1693	パラナとウルグアイ	Archivo: Paraná Uruguay 93. // 1693.	I-29-7-65
13	1695	パラナ	Archivos Misiones	I-29-7-67
14	1700	パラナ	Archivos de Misiones	I-29-7-71
15	1702	カンデラリアとサンコスメ	Archivos de Misiones	I-29-7-75
16	1702	ロレト	Archivo de las Misiones	I-29-7-76
17	1705	ヘスス	Archivo de Missiones	I-29-7-79
18	1705	ウルグアイ	Archivo de Misiones	I-29-7-79 a
19	1711	ロレト	Archivo de Misiones	I-29-7-86
20	1711	サンタ・アナ	Archivo de Misiones	I-29-7-86
21	1713	サンタ・ロサ	Archivo de Misiones	I-29-7-88
22	1713	サンタ・マリア・ラ・マジョール・デル・ウルグアイ	Archivo de Misiones	I-29-7-89
23	1713	アポストレス	Archivo de Misiones	I-29-7-90
24	1713	ラ・クルス	Archivo de Misiones	I-29-7-91
25	1713	サン・ルイス	Archivo de Misiones	I-29-7-92

4章　イエズス会のグローバルな文書ネットワーク・システム　117

として、この年報が書かれた場所が管区長在住のコルドバではないことが挙げられる。サン・ミゲル布教区という、コルドバよりもローカルな場所で書かれた年報である。加えてこのサン・ミゲル年報には、「Carta annua de la reducción de San Miguel de 1675」というタイトルが付されている。重要なのは、このタイトルにおいて年報は「Carta annua」と単数形で記されている点である。通常、一般によく知られる年報は原語で「Cartas Anuas」と複数形で記される。しかしこのサン・ミゲル年報の場合は単数形である。

　こうした単数形と複数形という文法上の差異は、二つの異なるレベルの年報の存在を示している。つまり、それぞれの布教区で執筆された単数形の「年報」が統合され、複数形で記された一つの「管区年報」がコルドバで作成されるというプロセスである。換言すれば管区年報は、個々の布教区で書かれた年報を素材として作られた「編集版」なのである[21]。

　さらに注目すべきは、この1675年サン・ミゲル布教区年報の最後に記された次の短い一言である。「布教区文書庫、引き出し番号12、年報」（Archivo de Misiones, Gaveta 12, Cartas annuas）。ここでいう「文書庫」（Archivo）は、前述のカンデラリア布教区在住の上長の部屋に存在した「巨大な文書庫」（Archivo Grande）と考えてよいだろう。そして布教区（Misiones）とは、イエズス会士がグアラニ語系先住民と共同生活を営んだ30の布教区全体の総称である。なぜなら布教区は、総体として史料に記される時、「Misiones jesuíticas」もしくは「Reducciones jesuíticas」と表記されることが一般的だったからである。つまり「布教区文書庫」の布教区とは、前述の布教区全体を統括する上長が暮らしていたカンデラリアを指すと断定してほぼ間違いない。そしてさらには引き出しの番号も興味深い。1675年当時、サン・ミゲル布教区年報は巨大な文書庫の12番目の引き出しに収められていた。それが時を経て、前述の1748年に作成された「巨大文書庫の歴史目録」（Índice histórico del Archivo Grande）では、年報はすぐ隣の13番目の引き出しに移動されていたのである。

　この1675年サン・ミゲル布教区年報の例が示す通り、「Carta annua」と単数形のタイトルが付された一部の年報にはその保管場所も記されていることがある。アンシエタノ研究所のアンジェリス・コレクションを渉猟し、保管場所が明確に記されていた年報を一覧にしたリストが表1である。なおここで言及した1675年サン・ミゲル布教区年報はリストの9番目にある。

　このリストの中で、1から6番までに該当する（1）「コルドバの文書庫」（Archivo de Córdoba）、（2）「管区の文書庫」（Archivo de la Prov.［incia]）、（3）「コルドバ

118　第Ⅰ部　文書循環サイクルの成立過程

の管区の文書庫」（Archivo de la Provincia de Córdoba）、（4）「管区のコルドバの文
書庫」（Archivo de Córdoba de la Provincia）は、管区長在住のコルドバに存在した
に違いない文書庫に収められていた年報である。布教区それぞれで執筆された年
報はコルドバの文書庫にも収められていたのだろう。

　7番目は、「1645〜1646年」と複数年にまたがっていること、また名称として
「パラグアイ管区」（Provincia del Paraguay）と記されていることから、これは管
区年報とみてよい。そして興味深いのは「legajo 4I, gaveta II」という短い一言
である。これはカンデラリア布教区と同様にコルドバにおいても引き出しごとに
テーマ別に分けられて文書が保管されていた可能性を示唆している。

　8から25番までは、12番を除いて、すべて「Archivo de Misiones, Archivos
Misiones, Archivo de las Misiones, Archivo de Missiones」と、スペルの違いや定
冠詞の有無といった個々の特徴はあるものの、基本的に「布教区の文書庫」とい
う意味の一言が記されている。これらはすべてカンデラリア布教区の上長の部屋
の巨大な文書庫に収められ、コルドバへと送られる時を待っていたのだろう。

　ところで、原語の綴りが複数形の管区年報（Cartas Anuas）と単数形の布教区
年報（Carta Anua）という二種類の違いや特徴を論じてきたが、以下では布教区
年報にもさらに二つの種類があったことを述べておきたい。前述の1675年サン・
ミゲル布教区の事例でも明らかなとおり、基本的に個々の布教区年報には布教区
の名称が記されている。しかし6、11、12番は「パラナとウルグアイ」（Paraná
y Uruguay）、13、14番は「パラナ」、18番は「ウルグアイ」という単語が名称と
して使われている。パラナおよびウルグアイとは、総数30の布教区が建設され
た一帯を流れる主要河川の名称で、それぞれパラナ川とウルグアイ川を指す。転
じて、それぞれの川にほど近い土地に建設された複数の布教区が点在する一帯を
指して、「パラナ地方」もしくは「ウルグアイ地方」を意味することもあった。
本稿ではこうした地方名がつけられた年報を便宜的に「地方年報」と呼びたい。

　以上をまとめると、年報には次の三つの種類があったといえる。第一に布教区
年報である。これは一つの布教区の事柄のみを扱い、それぞれの布教区で作成さ
れたものである。第二に地方年報である。これはパラナもしくはウルグアイ地方
に点在する複数の布教区にかかわる事柄がまとめられて記述されたものである。
これら二つはカンデラリア布教区の上長の部屋に設置された巨大な文書庫や、同
様に管区長在住のコルドバの文書庫の引き出しに収められていた。そして第三と
して、布教区年報と地方年報をもとに作成された管区年報である。これはローマ
のイエズス会本部への報告文書に加えて、他の二つの年報の編集版という特徴も

有していた。

4　おわりに

　グローバルな文書ネットワーク・システムについて議論する時、イエズス会の年報制度は最適な事例である。年報制度が確立されるまでの前段階として、会員同士の「心の一致」を目指して文書ネットワークの構築が必要とされていたこと、初期イエズス会の歴代3代の総長に仕えた秘書ポランコの手腕を背景としながら、世界各地の学院や宣教地からローマの本部に対する書簡送付の頻度が4ヵ月、6ヵ月、そして年1回へと至ったことを、本稿前半で論じてきた。次に、そのようにして誕生した年報制度が具体的にどのように機能していたのか、パラグアイ管区を事例に明らかにした。グアラニ語系先住民のキリスト教化を目的として設立された個々の布教区で書かれた布教区年報、これらの布教区がパラナやウルグアイといった特定の地方ごとに複数まとめられて作られた地方年報、そしてこれら二つの年報を素材として編纂された管区年報という、異なる次元の年報の存在は、ブラジルのアンシエタノ研究所のアンジェリス・コレクションの調査を通じて明らかになった。そしてこうした種々の年報は、カンデラリア布教区在住の上長の部屋に設置された巨大な文書庫にて、他の文書と共にテーマ別に細かく分類、保管されていた事実を、アルゼンチンの国立総合文書館所蔵の史料をもとに解明した。本稿の導入部でも述べたように、異なる次元の年報の編纂の帰結が管区年報であり、その意味では「権威を欠いたもの」というコレイラ・アフォンソの指摘は間違ってはいない。しかし文書の管理や編纂の過程の解明にあたっては、年報は貴重な価値を有するのである。

　本稿の議論をさらなる研究に活かすために、管区年報がいわば年報の最終形態ではなかった事実について、簡単に触れておきたい。実はローマでは、世界各地から届けられた管区年報を素材として、会全体の事柄について扱った『イエズス会年報』が1583年から出版物として公にされていたのである。この会年報はラテン語で書かれ、基本的に管区ごとに見出しがつけられ、同管区内で起きた出来事の中でも会全体にかかわるとして選定された情報が活字化された。1581～1614年までの34年間にかかわる会年報は小刻みに出版され、30巻を超えた。しかし1615～1649年については謎の空白期間が存在する。それ以後、会年報の出版が復活したのは1658年であり、この年に1650～1651年の期間が出版された。しかし次の1653～1654年会年報の出版年はわかっていない（Friedrich 2008:

写真3　イエズス会年報（1584）の扉（1586年出版）
出所：http://www.tulips.tsukuba.ac.jp/mylimedio/dl/page.do;jsessionid=83999cec6877950d082ffe0fc47f?bookid=100625462&tocid=0

35-37) [22]。

　本稿でもカンデラリア布教区の巨大な文書庫を事例として議論し、また会年報の上述のケースからも明らかな通り、「年1回」の作成という年報は、実際には複数年がまとめられて作成されることが多く、原則は徹底されていなかった。さらにいえば、こうした実態と原則との乖離はペルー管区の管区年報にもあてはまる（Pillsbury 2008, I）。こうした事実から、イエズス会の年報制度は破たんしてい

たと結論づける見方もあるだろう。しかし近代初期という時代、「多くの技術的な制約」がある中で[23]、鳥瞰的な視点からグローバルな文書ネットワーク・システムの構築に取り組んでいたイエズス会の活動にスポットをあてることは、昨今の歴史研究で注目を集めている近代初期における情報のグローバルな循環やアーカイブ学といった領域にも関わる学際的な研究への発展につながると、筆者は考えている[24]。

　また、会年報の出版は17世紀中葉をもって停止したが、多種多様なイエズス会文書を編纂して広く流布させようという試みは、フランスで出版された『教化的かつ興味深い書簡群』(*Lettres edifiantes et curieuses 1702-1776*) を嚆矢として、英語版 (*Edifying and Curious Letters 1707-1709*)、ドイツ語版 (*Der Neue Welt-Bott 1726-1758*)、スペイン語版 (*Cartas edificantes y curiosas 1753-1757*) の出版へと受け継がれていった (Stewart 1918; Cardozo 1979: 221-223)。こうした一連の流れは、年報という制度が一定の役割を終えた後の新時代の到来を意味しているのかもしれない。このような変化の原因と帰結については今後の研究の課題としたい。

　最後に、スペイン帝国の文書ネットワーク・システムと本稿の議論との関連について簡単に述べたい。本稿の議論の中核は年報を事例としたイエズス会における文書の管理と編纂のプロセスだったが、こうした一修道会で実践されていた事柄がスペイン帝国の文書管理や編纂にも何らかの影響を及ぼしていた可能性がある。この可能性を探るためのキーパーソンとなるのが、1555年に国王修史官 (cronista real もしくは cronista del rey) に就任したフアン・パエス・デ・カストロ (Juan Paéz de Castro 1510-1570 [任期1555-1570]) である。国王修史官というのは、1450年代のカスティーリャ宮廷に設けられた官職であり、16世紀にはカスティーリャ諮問会議の管轄におかれた。その主要業務は各種歴史書の執筆であった (内村2015)。このようなスペイン帝国の公的な歴史書の執筆を担った国王修史官に就任したパエス・デ・カストロこそが、他ならぬイエズス会士だったのである。彼は同官職への就任間もない1556年、イエズス会に対して、とりわけインディアス関連のあらゆる文書の提供を求めた。彼は膨大な素材を駆使してスペイン帝国の公的な歴史書の執筆を構想していた (Correia-Afonso 1969: 104)[25]。素材獲得のための貪欲ともいえるこうした彼の姿勢は、前年の1555年9月に国王カルロス1世に対して執筆した建白書「歴史を書くために必要な事柄について」(De las cosas necesarias para escribir la historia) にも明白である (Kagan 2009: 90, 96)。

　パエス・デ・カストロは1560年代に公の場を退いたため、彼自身がこうした

122 第Ⅰ部 文書循環サイクルの成立過程

壮大なプロジェクトの実現に関わることはなかった。しかし彼の構想は、後にスペイン帝国挙げての地誌報告書（Relaciones topográficas）の編纂に必要な大規模な総合調査（1574～1586）や、インディアス諮問会議の議長フアン・デ・オバンド（Juan de Ovando 1510-1575［任期1571-1575］）の就任と同時に実行されたインディアス年代記編纂官（Cronista mayor de las Indias）ならびにインディアス天地誌編纂官（Cosmógrafo mayor de las Indias）といった官職の設立にも一定の役割を果たしたと言われている（Campos y Fernández de Sevilla 1986; Cebrián Abellán y Cano Valero, 1992; Campos y Fernández de Sevilla: 2003）[26]。そしてパエス・デ・カストロ亡き後、数十年を経て同じ国王修史官に就任したのがペドロ・デ・アバルカ（Pedro de Abarca 1619-1697［任期1682-1697]）であり、彼もまたイエズス会士であった[27]。アバルカは、文書の収集に加えて、その内容を批判的に吟味する重要性を説き、1681年に『古文書学』（De re diplomatica）を著したフランスのジャン・マビヨン（Jean Mabillon 1632-1707）の影響を受けていたとされる（Kagan 2009: 266-268）[28]。

　これらの事柄について、本稿の脱稿時点で筆者はこれ以上の知見を持ち合わせていない。しかし国王修史官というスペイン帝国の公的歴史の執筆に携わる官職に、16世紀中葉と17世紀末に少なくとも二人のイエズス会士が関与していた事実は、イエズス会内部で1540年の会の正式認可とほぼ同時に培われ発展してきた文書の管理や編纂に関わるグローバルなネットワーク・システムが、スペイン帝国の同種のシステムに対して何らかの影響を与えたかもしれない可能性を示唆しており、より深い議論については今後の課題としたい。

　　註
　1 ）"... y para que jamás me olvide de vosotros, por continua y especial memoria, para muchas consolación mía, os hago saber, charisimo hermanos, que tomé de las cartas, que me escribisteis, vuestros nombres, escritos por vuestras manos propias, junatmente con el voto de la profesion que hice, y los llevo continuamente conmigo por las consolaciones que de ellos recibo."
　2 ）Libros y papeles que hay en el archivo del que fue Colegio Imperial de la Compañía en Madrid, y se hallaron al tiempo de la expulsión de estos regulares; Lista de los índices que se pasan para su custodia en la Biblioteca de los Estudios Reales de la sne.（sic）casa de San Isidro de esta Corte, de los libros y cuadernos impresos y manuscritos, ocupados en los colegios y casas, que tuvieron los individuos de la extinguida Compañía en las Islas Filipinas, Madrid, 28 de enero de 1783, Archivo

Histórico Nacional, Madrid, España, Clero jesuitas, Legajo 754, Expediente 13. スペインの国政を将来的に担う人材育成のために設立された帝国学院についてはシモン・ディアスの研究が未だその価値を失っていない（Simón Díaz 1952）。

3 ）この統治技法の問題についてフーコーは、『監獄の誕生』ですでに議論を展開していた。同著の第3部では、工場、軍隊、学校といった場において、人間が強制力を伴って規律化されていく過程と関連して、統治技法の問題が議論されている（Foucault 1977［1975］: 170-194）。また統治技法と国家との関係を詳細に論じた研究は（Raeff 1983）。

4 ）近代的な文書作成がいかなるものかを知るためには、近代以前のそれがどのようなものであったかを理解しておく必要がある。この観点から（Blair 2010）は有益。

5 ）本稿第一節「イエズス会における文書主義」における議論のより良い理解のために、16世紀戦国時代の日本で活動したイエズス会士たちが作成した年報に関する次の研究を参照することは有益である（シュワーデ1963; チークリス1975; 柳田1988; 五野井1978; 2001）。

6 ）宣教ならびに信者の司牧のために設けられた区域。そのトップは管区長（Provincial）という（O'Neill y Domínguez 2001, IV: 3782-3783）。

7 ）イエズス会会員の居住施設ならびに会員もしくは非会員に対する教育機関。そのトップは学院長（Rector）という（O'Neill y Domínguez 2001, I: 682-684）。

8 ）この情報を提供してくれたドイツ、ハーゲン通信大学（FernUniversität Hagen）のファビアン・フェヒナー（Fabian Fechner）博士に謝意を表したい。

9 ）"Constituciones de la Compañía de Jesús." 日本語訳は（ロヨラ1993: 203）に依拠した。

10）この命令は1547年7月27日にローマで出された。"Reglas que deben observar acerca del escribir los de la Compañía que están esparcidos fuera de Roma."

11）こうした「4ヵ月文書」については、インドならびにブラジル管区関連は割愛されたものの、1894-1932年に全7巻の刊行物として公にされた（Litterae quadrimestres 1894-1932）。

12）『会憲』の673-676項目においても、会員に課せられた同種の書簡の定期送付の義務が明文化されている（Iparraguirre y Dalmases 1963: 592-593）。

13）"Le cose d'edificatione doueranno esser scritte dalli rettori et superiori, di sei in sei mesi, alli loro prouinciali, i quali di tutte le semenstri di suoi collegii o case, insieme ne componghino o faccino una sola, che contenga tanti capitoli quanti sono il luoghi di sua prouincia, della quale farà fare otto copie."

14）しかしポランコが総長ボルハに1571年7月5日付けで執筆した書簡には、イエズス会の管区全体に年報制度が完全には定着していないことが言及されている（Borja y Enríquez 1911: 598）。引用は次の通り。"Quello delle lettere annue restò quasi risoluto, ma non del tutto."

15）"As cartas que de Purtugal vierão, asi colegio como do Brasil, no ano de 52,

124 第Ⅰ部　文書循環サイクルの成立過程

sobremaneyra nos alegrarão, e ouve com ellas asás de fervor. Na noite que cheguarão se lerão com quampainha tangida até à huma depois de mea noite e no refeytorio todos os dez dias segintes; e logo, tresladado o sumario dellas, forão mandadas à China e Yapão, Maluquo e Malaqua , e todas as mais partes donde os Padres nossos andão."

16）Índice histórico del Archivo Grande que está en el aposento del Padre Superior de las doctrinas acabado el año 1748, Archivo General de la Nación, Buenos Aires, Argentina, IX-7-1-4.

17）"Contiene este número la historia anual compendiosa de sucesos de cada año, también es muy diminuto faltando de muchos años, lo cual fácilmente se podía proseguir dejando el Padre Superior un ejemplar en el archivo de la historia anua que ha de escribir según el Instituto y repetidas ordenes de los Generales, y enviar al Padre Provincial al principio del año." Índice histórico del Archivo Grande que está en el aposento del Padre Superior de las doctrinas acabado el año 1748, Archivo General de la Nación, Buenos Aires, Argentina, IX-7-1-4, f. 56.

18）メーデールが手掛けた管区年報の期間とそれぞれの出版年は次の通り。1637-1639 年（Maeder 1984）、1632-1634年（Maeder 1990）、1641-1643年（Maeder 1996）、1644年（Maeder 2000）、1645-1646, 1647-1649年（Maeder 2007）。またサリーナスが手掛けた管区年報の期間とそれぞれの出版年は次の通り。1650-1652, 1652-1654年（Salinas 2008）、1658-1660, 1659-1662年（Salinas 2010）、1663-1666, 1667-1668, 1669-1672, 1672-1675年（Salinas 2013）、1681-1692, 1689-1692, 1689-1700年（Salinas 2015）、1700-1762年（Salinas 2017）。

19）さらに彼の同僚であったイエズス会士アルトゥール・ラブスキが執筆した同コレクションの紹介文も参照（Rabuske 1984）。

20）Carta annua de la reducción de San Miguel de 1675, Coleção de Angelis, Instituto Anchietano de Pesquisa, São Leopoldo, Brasil, I-29-7-56.

21）厳密にいえば、初の管区年報が作成された1609年から1614年までの6年間は、「年報」と記される際の単数形と複数形の区別はそれほど厳格ではない。しかし1615年以降になると、「管区年報」という言葉が年報中で表記される際、それは必ず複数形で記されるようになる。この断定は、本稿で言及したレオンハルトならびにメーデールが編纂したパラグアイ管区年報を網羅的に分析した結果に基づく。

22）会年報について、管見の限り、日本では上智大学キリシタン文庫で『1583年イエズス会年報』（1585年出版）ならびに『1609年イエズス会年報』（1609年出版）が閲覧できる（Annuae litterae 1585; Annuae litterae 1609）。また筑波大学が所蔵する『1584年イエズス会年報』（1586年出版）はオンラインで無料公開されている（Annuae litterae 1586）。

23）フリードリヒはこの問題を2017年出版の論文では「特有のインフラ上の困難」と表

現している（Friedrich 2017: 25）。

24）例えばスペイン、マドリードの研究機関カサ・デ・ベラスケス（Casa de Velázquez）では、2017-2021年の5年プロジェクトとして、近世スペイン・ポルトガル両国の支配領域におけるヒト、モノ、カネに加えて、知識、技術、思想、信仰といったものの循環の具体像を世界システム論との関連でグローバルな視点から解明しようという共同研究「循環、交換、ネットワーク」が進行中である（Circulaciones, intercambios, redes）。またドイツ中北部のヴォルフェンビュッテル（Wolfenbüttel）では、2017年7月前半の二週間、国際サマーセミナー「アーカイブの新たな歴史―近世ヨーロッパを超えて―」（The New History of Archives: Early Modern Europe and beyond）が開催され、世界の第一線で活躍するこのテーマの専門家たちのレクチャーや参加者を交えた総合討論が行われた（The New History of Archive）。

25）イエズス会士ペドロ・デ・リバデネイラは、ブリュッセルで執筆した1556年6月21日付けのスペインの会員に宛てた書簡にて膨大な文書の送付を依頼している。理由は、国王修史官に就任したパエス・デ・カストロと会食した際に提示された要望に応えるためという。また1557年3月10日に宛てたグメシンド・スアレス・デ・フィゲロア（Gumesindo Suárez de Figueroa）なる人物にリバデネイラがローマで書いた書簡には、パエス・デ・カストロにポルトガル領インディアス関連の文書を幾つか送ったと書かれている。これらの手紙は翻訳の時間がなく、イタリア語原文のまま送られたとも付言されている（Ribadeneyra 1920: 173-174, nota 2; 218）。

26）オバンドについては（Brendecke 2012）、特に第7章 "Entera noticia. El proyecto de Ovando de conocimiento completo" を参照。天地誌編纂官については（Portuondo 2009）を参照。

27）アバルカの代表的著作は『アラゴン王の歴史』（*Los Reyes de Aragón en anales históricos*）（第1巻はマドリードで1682年に出版。第2巻はサラマンカで1684年に出版）。興味深いことにこの著作は、本稿で取り上げたパラグアイ管区の中心であるコルドバのイエズス会学院（Collegi Maximi Cordubensis Societatis Iesu）の図書室に収められていた。このことは、1757年作成のカタログからわかる（Fraschini 2005, I: 349; Fraschini 2005, II: 395）。二巻本から成る同書はインターネット上に無料公開されている。またスペイン領全域からのイエズス会士の追放（1767-1768）後の1771年にスペイン人官吏たちがイエズス会の財産接収のために作成したアスンシオンのイエズス会学院の蔵書カタログ（Índice Alfabético de la Librería del Colegio de la Asunción del Paraguay）にも、アバルカの『アラゴン王の歴史』が言及されている（Gorzalczany y Olmos Gaona 2006: 61, 328-329）。本稿では文書庫（archivo）に関する議論に集中したが、これとは別に書籍を扱う図書室（librería, biblioteca）とイエズス会に関する議論も将来的に別稿で可能だろう。

28）マビヨンについては（佐藤2009）、特に「III-3「博識の時代」における史料の収集と批判―マビヨン―」を参照。あわせて『古文書学』の日本語訳も参照（マビヨン2002）。

第Ⅱ部　文書の物質的諸相

5章　紙の上の集住化
イエズス会ペルー管区モホス地方の洗礼簿の分析

齋藤　晃

1　植民地の都市工学

　集住化とは広範囲に分散する先住民の小規模な集落を計画的に造られた大きな町に統合する政策であり、16世紀以降、スペイン領アメリカ全土で実施された[1]。その目的はキリスト教の宣教を促進し、租税の徴収と賦役労働者の徴発を容易にすることだが、それに加えて、人間は都市的環境でのみ本性を発揮できるのであり、自然のただなかで暮らす「野蛮人」は人間以下の存在でしかない、という考えが背景にあった。集住化により建設された町は碁盤目状に整然と区画されており、中央には方形の広場が、その周囲には聖堂や集会所などの公共建築物が配置された。集住化の具体例としては、16世紀前半に司教バスコ・デ・キロガがミチョアカンで試みた施療院の建設、1570年代に副王フランシスコ・デ・トレドがアンデスで実施した「総集住化（reducción general)」、17世紀以降にイエズス会がラプラタで遂行したミッションの建設などが有名である。トレドの「総集住化」では、150万人の先住民が1,000以上の町に移住させられたといわれている（Málaga Medina 1974: 836; 1993: 299)。

　アンヘル・ラマは、『ラ・シウダ・レトラダ』[2] のなかで、ラテンアメリカの都市は「知性の産物」であり、「秩序の夢想」であると述べている（Rama 1984: 1)。ラマによれば、アメリカに渡ったスペイン人は母国で慣れ親しんだ「中世の有機的都市」と決別し、「知性により構想された理念的モデル」を選択した。その理念とは秩序であり、秩序とは本質的に階層的なものだった。その具体的形態は、ラテンアメリカの都市の標準的レイアウトとなる碁盤目である。それによれば、市街地は直行する街路により方形の区画に分割され、中心部の区画は有力市民に、周辺部の区画は一般市民に与えられた。その結果、人間社会のピラミッド型階層構造が都市空間の求心的階層構造に投影された。この都市工学の中核にあるのは、知性により人間の生を秩序立てることができるという考え、そして都市の

130　第Ⅱ部　文書の物質的諸相

形態は社会秩序の形態に等しいという考えである（Rama 1984: 1-7）。

　イベリア半島の「有機的都市」からアメリカの「秩序立てられた都市」への移行を可能にした要因について、ラマはいくつか指摘している。たとえば、ルネサンス以降、古代ギリシアの都市工学が知られるようになったこと、集権国家の成立により国王が都市建設を主導し、自治体を統制できるようになったことなどである（Rama 1984: 2-4）。しかし、決定的な要因はアメリカの「発見」である。「歴史的過去の具体的蓄積」であるヨーロッパの都市が「想像力の自由な飛翔」を妨げたのに対して、「タブラ・ラサ」のアメリカは新たな都市工学の実験場として最適だったのである（Rama 1984: 2）。

　『ラ・シウダ・レトラダ』におけるラマの議論の重要性は、アメリカの都市工学の新しさを指摘したことにとどまらない。より重要なのは、「秩序立てられた都市」が同時に「文字化された都市」だったという指摘である。ラマによれば、アメリカの都市建設では「象徴的道具立て」がきわめて重要な役割を果たした。「秩序立てられた都市」を建設するには、まず実現すべき秩序を想像し、表象する必要があるが、「象徴的道具立て」はその不可欠の手段なのである（Rama 1984: 6-10）。ここでラマが念頭に置いているのは、命令や規則、創設証書、市街図など、都市建設に関する一連の文書である。ミシェル・フーコーの研究に依拠しつつ（Foucault 1966: 72-77）、ラマは近世ヨーロッパにおいて記号と事物の関係が大きく変化したと説く。近世以前、記号は指示対象の属性とみなされていたが、近世以降、事物から切り離され、自立した体系を構成するようになった。その結果、記号と事物の関係を逆転することが可能になった。すなわち、既存の事物を記号によって表象するのではなく、いまだ存在しない事物を記号によって構想することが可能になった（Rama 1984: 3-4, 10-11）。アメリカの「文字化された都市」はこの可能性の応用例なのである。

　ラマによれば、記号は事物と異なり時間を超えて不変である。この特性のおかげで、記号は可変的な事物に対して規範として機能しうる。「記号は時間がたっても変わらず、物事の移ろいゆく生を厳格な枠のなかで統御し続ける」のである（Rama 1984: 8）。都市建設の場合、実現すべき秩序を表象した規則や証書や地図は、街路や家屋として実現された秩序が時間とともに変容し、無秩序へ転化するのを未然に防ぐ役目を担わされている。この点でとりわけ重要なのは文字である。発話は一時的で不安定だが、文字は恒常的で安定しており、「歴史の盛衰と変遷から自由」である。それゆえ文字は「秩序を堅固にする」。図もまた時間的変化を超えており、しかも言語の多義性を免れているため、文字より厳密な表現

が可能である。ラテンアメリカでは法律や契約、証言などは文書化されねばならず、そうすることで「唯一有効な言葉」とみなされるが、ラマによれば、この文書主義は植民地化当初の都市建設までさかのぼるのである（Rama 1984: 8-9）。

　記号の事物からの自立、そして不変的記号と可変的事物の対立は、アメリカの都市を創設当初から二つの生を生きるように仕向けた。すなわち、「物理的領域に属する生」と「記号の領域に属する生」である。前者は地理空間上に街路や家屋として建てられた都市を指し、後者は文書空間上に文字や図として描かれた都市を指す。前者は「建設と破壊、設立と刷新を繰り返し、そのときどきの個人や集団の一時的で突発的な創意に委ねられている」。他方、後者は「象徴的なレベルで作用し」、「物質的な有為転変とはほぼ無縁の不変性を帯びている」（Rama 1984: 11）。これら二つの生のうち、時間的にも論理的にも優越するのは象徴的生である。都市が地理空間上に時間をかけて建設される以前に、それは文書空間上に完全なかたちで表現されている。文書空間上の都市は地理空間上の都市のモデルとして機能し、後者が前者の忠実な模倣であることを要求するのである。

　『ラ・シウダ・レトラダ』におけるラマの議論は、アメリカにおけるスペイン人の都市建設を対象としており、集住化による先住民の町の建設にはふれていない。しかし、彼の議論を集住化に敷衍することは可能であり、実際トム・カミンズとジョアン・ラパポートによってなされている。ラマはスペイン人の都市建設を秩序の理念の具現化とみなしたが、同じ理念は先住民の集住化にも通底している。集住化を指すレドゥシル（reducir）というスペイン語の動詞は、より一般的には物事を秩序立てることを意味する。スペイン人はアメリカの先住民の存在様態を「反社会的で野蛮な混沌状態」とみなし、集住化によりそれを秩序立てようとしたのである。先住民の町の標準的レイアウトである碁盤目も、悪魔的な無秩序が支配する空間を整序するための仕組みにほかならない（Cummins and Rappaport 1998: 175-176; Cummins 2002: 201, 205; Rappaport and Cummins 2012: 221-222）。

　カミンズとラパポートの考えでは、「象徴的道具立て」は先住民の集住化でもきわめて重要な役割を果たした。碁盤目状に整序された町の秩序は、地理空間上で実現される以前に文書空間上で綿密に表象された。すなわち、建設すべき町のレイアウトが地図上に描かれ、街路と街区が画され、そこに住むべき住民の名前が書き込まれた（Cummins and Rappaport 1998: 176; Cummins 2002: 206; Rappaport and Cummins 2012: 222, 224-225）。文書空間上に表象された町が地理空間上に建設されるこのプロセスは、宗主国で決定され、文書化された命令や規則が、植民地に

伝達され、施行されるプロセスにほかならない。カミンズによれば、「新世界におけるキリスト教的秩序の体系的建設」は、「スペインにおいて首尾一貫した政治的・神学的方針が立てられ、次にその方針が植民地の共同体に伝達され、施行されるプロセス」に従っていた。そこでは、スペインの神学者や政治家の論考が先住民向けの教理文書に書き換えられ、その教理文書は「テクストとイメージが構築され、演じられる空間に変貌」した（Cummins 2002: 199）。カミンズの考えでは、先住民の集住化はこの文書主義的で植民地主義的な「キリスト教的秩序」構築の重要な支柱である。そして、スペイン人の都市建設のみならず先住民の町の建設でも、文書は政治的権威と文化的規範の特権的媒体として機能し、アメリカの都市空間と社会秩序を成型する力を発揮したのである。

　本論の目的は、ラテンアメリカの都市建設についてのラマのテーゼ、およびそれを先住民の集住化に適用したカミンズとラパポートの議論の妥当性を、具体的事例の検討を通じて検証することである。検証の焦点となるのは、ラマのいう「象徴的道具立て」、すなわち文書が果たした役割である。はたしてレドゥクシオンには「記号の領域に属する生」に相当するものが存在したのだろうか。かりに

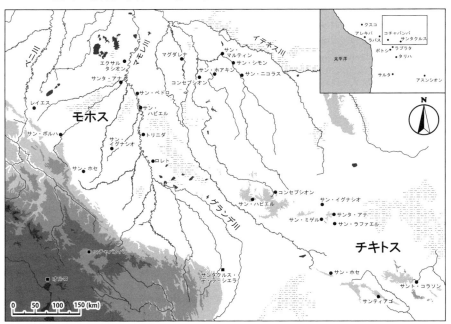

図1　イエズス会時代のモホス地方。同地方の南東にはイエズス会パラグアイ管区チキトス地方のミッションが存在した。筆者作成。

存在したとして、それは「スペインの神学者と政治家の文書のページ」に生を受け、上意下達方式で植民地の末端まで伝えられ、そこで実現されたものなのだろうか。それはまた、レドゥクシオンの「物質的領域に属する生」に先行し、「物質的な有為転変とはほぼ無縁の不変性を帯びて」、生身の人間が住む町の「移ろいゆく生を厳格な枠のなかで統御し続け」たのだろうか。

　本論が扱う事例はイエズス会ペルー管区モホス地方（現ボリビア、ベニ県）のミッションである（図1）。ミッション（misión）とは辺境地域の非キリスト教徒をキリスト教に改宗させるための制度であり、そこでは修道会の聖職者が聖俗両面において先住民を監督し、指導した。ミッションは原則として司教区から独立しており、行政府の役人も常駐していなかった。また、先住民は租税と十分の一税の支払いを一定期間免除されていた（Saito 2007: 453-455）。スペイン領アメリカの辺境とはメキシコ北部、オリノコ、アマゾン、ラプラタ、チリなどを指すが、それらの地域の先住民には狩猟や漁労、焼き畑農耕に従事し、半移動生活を送る者が多かった。それゆえ、ミッション建設は集住化なしにはなし遂げられなかった。宣教師は散在する先住民を集めて町に定住させ、外来の栽培植物や家畜を導入して自給自足体制を整備し、在来の首長制度と外来の町議会（cabildo）を併設した政治組織を編成し、在来宗教の根絶とキリスト教の宣教を推進したのである。イエズス会は1540年に正式に発足した新しい修道会だが、アメリカの辺境地域の宣教にとりわけ熱心だった。彼らがラプラタに建設したグアラニ語系先住民のミッションは歴史上有名だが、アマゾン南西のモホス地方にもミッションが存在した。イエズス会士がこの地域で本格的なミッション建設に着手したのは1670年代だが、レドゥクシオンの数と人口は急速に増大し、最盛期の1730年代には37,000人以上が21の町に分かれて暮らしていた。しかし、ミッションはその後衰退期に入り、イエズス会がスペイン領全土から追放される1767年には、レドゥクシオンの数は16、人口は19,000人未満まで減少していた（Saito 2015: 40-41）。

2　洗礼簿の特徴

　イエズス会時代のモホス地方にはさまざまな文書が流通していたが、本論では洗礼簿（libro de bautismos）に焦点を絞る。先住民の集住化において規範として機能した文書があったとすれば、その最有力候補は洗礼簿だからである。ミッション建設に関する修道会上層部の指令は存在するが、集住化への具体的言及は

134 第Ⅱ部 文書の物質的諸相

まれである。創設証書や地図はまったく存在しないが、これらの文書はレドゥク
シオンには欠如しているのが常である。教区民台帳はイエズス会追放後のものが
わずかに現存するのみである。イエズス会時代、モホス地方の先住民は行政府に
より課税されることがなく、それゆえ徴税のための住民台帳も作成されなかっ
た。小教区帳簿としては、洗礼簿のほか婚姻簿が存在したが、現存していない。
結局、集住化に関する文書としては、洗礼簿がもっとも重要だったと考えられ
る。洗礼簿がどのような点で集住化の規範として役立ったかについては、のちほ
ど詳述する。

　洗礼簿とは小教区の司祭が教区民に授ける洗礼の秘跡を記録する帳簿である[3]。
司祭は堅信と婚姻の秘跡についても帳簿を作成するのが常であり、教区民の死亡
と埋葬も別の帳簿に記録した。それに加えて、教区民台帳と告解者リストの作成
も求められた。現代の研究者が小教区帳簿（libros parroquiales）と総称する文書
群のなかで、洗礼簿はもっとも重要だが、それがいつごろ何の目的で作成される
ようになったかについては不明な点が多い。フランスではおもに15世紀以降、
婚姻の支障となりうる血縁関係と霊的親子関係、および新生児の嫡出庶出を記
録するため、各地の司教が洗礼簿の作成を命じるようになったという（藤田1992:
157-162）。他方、アメリカでは、ヨーロッパ諸国による植民地化以降、キリスト
教の宣教と現地の教会組織の整備に伴い、小教区帳簿が作成されるようになっ
た。中米では1555年の第1回メキシコ公会議が先住民の洗礼と婚姻について、
1583年の第3回公会議が洗礼、堅信、婚姻、死亡について帳簿の作成を命じて
いる（Morin 1972: 391）。南米では1545年にリマ司教ヘロニモ・デ・ロアイサが
先住民の洗礼簿の作成を命じており（Vargas Ugarte 1951-1954, II: 144）、1551年
から1552年にかけて開催された第1回リマ公会議が洗礼簿、堅信簿、婚姻簿、
告解者リストの作成を命じている[4]。1567年から1568にかけて開催された第2
回公会議でも、同じ帳簿の作成が命じられている[5]。1582年から1583年にかけ
て開催された第3回公会議は第2回公会議の決議を承認しており、小教区帳簿に
関する新たな決定事項はない（Leonardo Lisi: 1990: 122-123; Palomera Serreinat 2002:
71）。

　もっとも、公会議の決議はただちに履行されたわけではなかった。中米では
16世紀の小教区帳簿はごくわずかしか現存しておらず、その作成が普及し、記
載事項に欠損がなくなるのは17世紀中葉以降だそうである（Morin 1972: 391）。
この変化の理由は多々あると思われるが、1614年に刊行された『ローマ典礼書』
の影響を看過することはできないだろう（Paulo V 1617）。この書物は、1545年か

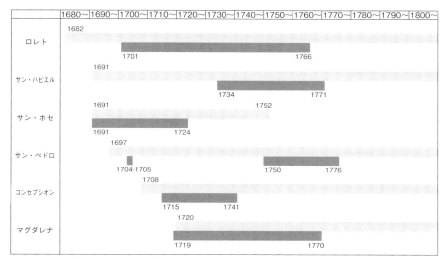

図2　イエズス会ボリビア管区文書館所蔵のモホス地方の洗礼簿。上の線はレドゥクシオンの存続期間、下の線は洗礼簿の記載期間を示す。なお、レドゥクシオンの創設年は修道会の記録に記載されたものであり、町の建設や先住民の集住化の年とは必ずしも一致しない。

ら1563年にかけて開催されたトリエント公会議の決定を普及させるべく、カトリック教会が推進した出版活動の産物の一つである[6]。典礼書（ritual、manualなど）とは小教区の司祭が執行すべき秘跡授与、祝福、除霊、行列などの儀式の手順と定型句をまとめた手引書である。『ローマ典礼書』は教皇パウルス5世の名で刊行され、スペイン帝国の版図を含めた世界中のカトリック圏でその使用が推奨された（Palomera Serreinat 2002: 26-29）。その結果、その内容を取り込んだ典礼書が世界各地で刊行された。それらの書物には、定型句を現地語に翻訳するなど、現場の必要に応じたアレンジが施されていた。たとえば、中米では1642年、ナワトル語の定型句を収めた『聖なる秘跡の手引き』が、南米では1631年、ケチュア語の定型句を収めた『典礼定型句集』が刊行された（Saenz de la Peña 1691; Pérez Bocanegra 1631）。本論との関連で重要なのは、『ローマ典礼書』の巻末には「司祭が備えるべき帳簿の作成のための書式」が収録されていたことである（Paulo V 1617: 378-384）。そこには洗礼簿、堅信簿、婚姻簿、教区民台帳、死亡簿という5つの帳簿の書式がラテン語で掲載されていた。スペイン領アメリカで刊行された典礼書には、しばしばそのスペイン語訳が収録されていた（Saenz de la Peña 1691: 265-268; Pérez Bocanegra 1631: 632-643）。

　モホス地方のミッションが創設された17世紀後半には、すでに『ローマ典礼

書』とそのスペイン語版が流通しており、小教区帳簿の作成は一般的慣行となっていた。実際、モホス地方の宣教師はレドゥクシオンの建設直後から帳簿を付け始めている。現存する帳簿は6つの町に関する7冊の洗礼簿である（図2）[7]。洗礼簿以外で残されているのは、サン・ペドロの婚姻簿の表紙だけである[8]。現存する洗礼簿はすべてラパス市のイエズス会ボリビア管区文書館（以下、管区文書館）に保管されている。それらの帳簿が管区文書館に収められたのは20世紀初めであり、それ以前にはそれぞれの町の聖堂で保管されていた。

　7冊の洗礼簿はすべてフォリオ・サイズである。ロレトの帳簿は全体が革の表紙で覆われている。サン・ハビエルの帳簿は表面と裏面が革の表紙で覆われているが、背表紙は失われている。マグダレナの帳簿には裏面にのみ革の表紙が残っている。その他の洗礼簿には表紙がないが、おそらくもともとはすべての帳簿に革の表紙があったと思われる。帳簿の中身に関しても、完全な状態で残されているものはなく、冒頭と末尾の数葉が欠落している。

　7冊の帳簿のうち5冊には、各葉の表ページの右肩に通し番号が付されている（写真1）。これらの番号は洗礼簿を新調したとき一括して振られたと思われる。例外はサン・ハビエルの帳簿とサン・ペドロの1750年からの帳簿であり、前者に

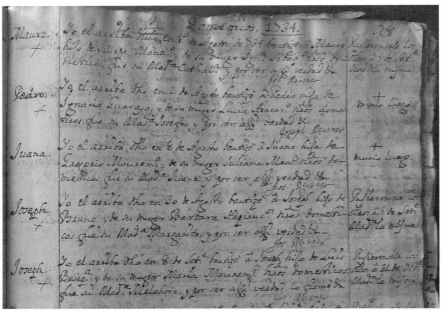

写真1　ロレトの洗礼簿の一葉の表ページ

は通し番号がなく、後者には各葉の表裏両方のページの右肩に通し番号が付されている。

洗礼記録の記載事項は帳簿によって若干異なるが、基本的には洗礼を授けた司祭の名前、洗礼の年月日、受洗者の名前と年齢、受洗者の父母の名前と身元、洗礼に立ち会った代父母（padrino / madrina）の名前と身元である（写真2）。これらの記載事項は『ローマ典礼書』で推奨されているものとほぼ一致している（Paulo V 1617: 378）。父母と代父母の身元は常に記載されているわけではないが、記載がある場合、パルシアリダ（parcialidad）か職業が明示されている。後述するが、パルシアリダとはレドゥクシオンの基本的社会単位であり、しばしば在来の親族集団に対応していた。

ロレトの帳簿の各葉の表ページ左端と裏ページ右端、そしてコンセプシオンの帳簿の各ページ左端には、受洗者の洗礼名を記入する欄が設けられている（写真1; 3）。サン・ハビエルの帳簿の各葉の表ページ右端と裏ページ左端には、受洗者の洗礼名とその両親の氏名を記入する欄がある。また、サン・ペドロの1704年からの

Año de 1703.

Isabel.　　Yo el arriba dho á 3 de mayo de 703, bautize á　　Pusieronsele los
　　　　　Isabel, que nacio el mismo dia, hija de Cyp⁰ Noco, hapi-　oleos á 12 del
　　　　　rucono, y de Feliciana Mocucha sibaqueriono, su mug*, na-　mismo mes. M-
　　　　　turales de este pueblo. Su padrino. Ignacio el enfermero,　dᵃ Theresa mug*
　　　　　y por ser verdad, lo firme.　　　　　　　　　　　　　de Thomas carp⁰
　　　　　　　　　　　　　　　　　　Diego Ant⁰ Morillo.

1703年

イサベル　わたしこと上記の者は703年5月3日、イサベルを　　同月12日、
　　　　　洗礼した。彼女は、当町の出身であるパピルコノのシプリアノ・　彼女に聖油を
　　　　　ノコとシバケリオノのフェリシアナ・モクチャの娘として、　注いだ。代母は
　　　　　同日生まれた。代父は看護人イグナシオ。　　　　　　　大工トマスの
　　　　　以上真実であり、署名する。　　　　　　　　　　　　妻テレサ。
　　　　　　　　　　　　　　　　ディエゴ・アントニオ・モリリョ

写真2　ロレトの洗礼簿の記載事項の一例

138　第Ⅱ部　文書の物質的諸相

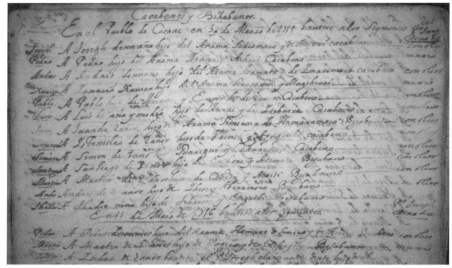

写真3　コンセプシオンの洗礼簿の一葉の表ページ

帳簿の各ページ左端、そして同じくサン・ペドロの1750年からの帳簿の各葉の表ページ右端と裏ページ左端には、受洗者の両親の氏名と身元を記入する欄がある。

　ロレトとコンセプシオンの帳簿には、受洗者の洗礼名の欄の反対側に、聖油の塗布を記録する欄が設けられている（写真1; 3）。そこには受洗者に聖油が塗布されたこと、その年月日、立ち会った代父母の名前と身元などが記入されている。また、受洗者が洗礼直後に死亡した場合、その旨が洗礼簿に記載されることもある。この情報はロレトとコンセプシオンの帳簿では聖油の塗布と同じ欄、サン・ハビエルの帳簿では受洗者とその両親の名前と同じ欄、サン・ペドロの1704年からの帳簿では各ページ右端に設けられた独自の欄に記載されている。

　洗礼簿に記載された洗礼の日付は、新生児の場合、ほとんど常に出生日と同じである。他方、聖油の塗布はその数日後、複数の新生児に対してまとめて行なわれることが多い。このことは、モホス地方のイエズス会士が洗礼を聖堂以外の場所で付随的な儀式を省略して授けていたことを示している。このような儀式なしの洗礼（bautismo sin solemnidad）は、本来瀕死の病人のための措置としてのみ認められていたが、アメリカやアジアの宣教師はそれを一般的慣行とした。宣教当初、彼らは聖堂や祭服、聖油を欠いており、儀式を省略せざるをえなかった。教皇庁もそのことを認め、1569年にはピウス5世が儀式免除の特権をイエズス

会に授けている。しかし、この暫定的措置はやがて恒常化する。その理由はさまざまだが、いずれも宣教現場の特殊事情に由来している。たとえば、日本のイエズス会士は現地の礼儀作法に配慮し、日本人に不快感を与える儀式を省略した。スペイン領アメリカのミッションでは、宣教師は新生児の死亡率の高さを危惧して出生直後に洗礼を授け、儀式は後回しにした[9]。

　受洗者に関してだが、宣教当初ただちに洗礼を施されたのは、理性を行使する年齢に達していない子供と瀕死の病人のみである。洗礼記録をみるかぎり、モホス地方の宣教師は当地の先住民が理性を行使できる年齢を10歳以上とみなしていたようである。ただし、年齢のみきわめはおおざっぱである。最初の大人の洗礼時に一緒に受洗した子供には10歳の者が不自然なほど多い。いずれにせよ、理性を行使できる年齢に達した者は受洗前に宗教教育を受ける義務があったため、洗礼が先延ばしされた。彼らに対する最初の洗礼は宣教の成功を祝う重要なイベントであり、しばしばカトリックの祭日に合わせて一斉に行なわれた。モホス地方最初のレドゥクシオンであるロレトでは、1682年3月25日の聖母受胎告知の祭日に500人以上が集団洗礼を受けた[10]。レドゥクシオン在住の非キリスト教徒がひととおり洗礼を受けたのち、新たに洗礼が施されるのは新生児のみとなった。しかし、宣教遠征の基地の役割を果たしたレドゥクシオンには、しばしば新たな非キリスト教徒が編入されたため、新生児以外の洗礼記録も帳簿に記載され続けた。

　洗礼簿一般についていえることだが、記録は洗礼が施された年月日順に記入されるのが常である。記録をそれ以外の順番で並べたり、何らかの基準で分類して別々のセクションに記載したりすることは、通常なされない。しかし、モホス地方の洗礼簿はこの点で例外的である。現存する7冊のうち、サン・ペドロの2冊を除く5冊において、記録は受洗者のパルシアリダごとに分けられ、別々のセクションに記載されている。たとえば、マグダレナの洗礼簿は冒頭の9葉を欠いており、通し番号10番から始まっているが、そこから12番まではマヤゲエというパルシアリダに充てられている。次いで13番から23番まではモクヨ、24番から32番まではマスオロカに充てられている。以下、グアマハ、グアタグアタ、ヤッカなどが続く。帳簿の末尾にも欠損があり、通し番号が読みとれる最後の葉は227番だが、帳簿全体として18のセクションに分かれている。一つのセクションの内部では、同じパルシアリダの記録が年月日順に記入されている。この帳簿が使われ始めたのは1719年だが、その時点で全葉に通し番号が振られ、セクション分けがなされたのだろう。

140　第Ⅱ部　文書の物質的諸相

表1　ロレトの13のパルシアリダ。6つのパルシアリダについては、最小人口と最大人口が示されている。

名称	言語	集落	人口	位置
トゥビラナ	非モホ	3	不明	チェネシ川
マリキオノ	モホ	3	200	チェネシ川
チャマイナノ	モホ	4	125-150	マモレ川
タティルオノ	モホ	2	90-100	マモレ川
マネソノ	非モホ	6	300	マモレ川
モウレモノ	モホ	1	80	マモレ川
シバケリオノ	モホ	3	210	マモレ川と東部平原
下流のスベリオノ	モホ	2	100	東部平原
ハピルコノ	モホ	4	100	東部平原
カサボヨノ	モホ	4	230-260	マモレ川
アラクレオノ	モホ	10	443-480	マモレ川
ボノペオノ	モホ	1	80-90	グランデ川
上流のスベリオノ	モホ	6	230-263	グランデ川とサポコ川
合計		49	2188-2333	

文献：Relación de la provincia de los mojos por el hermano José del Castillo, [1676-1678], AHLP, Límites con Bolivia, no. 314, pp. 1-10; Copia de la relación de los padres de la misión de los infieles mojos, pueblo nuevo, 12 de julio de 1679, ARSI, Perú 20, ff. 228r-230r.

　パルシアリダとはそもそも何だろうか。スペイン領アメリカに建設されたレドゥクシオンには、土地利用や共同労働の単位として機能した社会集団が存在した。その集団はモホス地方ではパルシアリダと呼ばれたが、他の地域では別の名称が使われた[11]。レドゥクシオンの住民は通常、数個から数十個のパルシアリダに分かれており、それぞれ異なる首長を仰いでいた。町の居住空間は複数の街区に分かれていたが、同じパルシアリダに属する家族は同じ街区に居を構えていた[12]。パルシアリダは町の周辺に領地を保有しており、そこで生業活動を行なった。パルシアリダは公共事業の労働班としても機能し、聖堂の装飾や祭具を購入するための共同農地の耕作、街路や家屋の建設や修理など、レドゥクシオン全体の利益にかかわる作業を分担した。パルシアリダはまた、キリスト教の典礼でもまとまって行動した。辺境地域のミッションでは、パルシアリダは非キリスト教徒に対する宣教遠征の部隊として活動することもあった。

　パルシアリダの最大の特徴は、それが在来の社会組織との連続性を部分的に維持していたことにある。集住化は先住民の社会組織を再編成したが、それを根底から刷新したわけではなく、レドゥクシオンは彼らの集団範疇を部分的に取り込

5章　紙の上の集住化　141

むかたちで建設された。それゆえ、パルシアリダの内実は地域により大きく異なっていた。モホス地方の最初期のレドゥクシオンの多くはマモレ川上流に建設されたが、そこの先住民はもともと川岸に小規模な集落を形成し、集落ごとに首長を仰いでいた。しかし、隣接する複数の集落の住民は共通の祖先から出自したという意識をもち、特定の神を共同で崇拝し、その神が守護するといわれる領地を共有していた。宣教師はそれらの集団をパルシアリダと呼び、それを基本単位としてレドゥクシオンを建設した[13]。たとえば、ロレトには創設当初、13のパルシアリダが集められた（表1）。集住化以前、パルシアリダの成員は複数の集落に分散していたが、集住化後は一つの街区にまとめて住まわされた。集落ごとに存在した首長は集住化後もその地位を維持した。しかし、おそらく人口減少のせいで、パルシアリダはやがて政治的にも統一される。洗礼簿では、パルシアリダの首長はロレトではカピタン（capitán）、コンセプシオンではアラマ（arama）と呼ばれているが、その数は1720年代以降、ほぼひとりに絞られる。

　モホス地方において洗礼簿が集住化の規範として機能したとすれば、それはパルシアリダの再編成に関してであると思われる。レドゥクシオンの建設に際して、宣教師は町の居住空間を複数の街区に分割し、それらをパルシアリダに割り振った。同様に、洗礼簿も複数のセクションに分割し、パルシアリダに割り与えた。それゆえ、パルシアリダは町の居住空間と洗礼簿の文書空間の双方で固有のスペースを与えられ、いわばそこに集住させられた。ラマはラテンアメリカの都市は物理的生と象徴的生という二つの生を生きるよう仕向けられたと述べたが、彼の表現を借りれば、モホス地方のパルシアリダは町の街区で物理的生を、洗礼簿のセクションで象徴的生を生きるよう仕向けられたわけである。それでは、それら二つの生の関係はいかなるものだったのだろうか。ラマによれば、ラテンアメリカの都市では象徴的生が物理的生に優越し、後者を秩序づけたが、同じことがモホス地方のパルシアリダについてもいえるのだろうか。町の街区で営まれた物理的生は「物質的な有為転変」に流され続けたが、洗礼簿のセクションに書き込まれた象徴的生は、それとは「ほぼ無縁の不変性を帯びて」、物理的生を「厳格な枠のなかで統御し続け」たのだろうか。以下の節では、現存する洗礼簿をより詳細に検討することで、これらの問いに答えたい。

3　パルシアリダへの帰属

　初めに洗礼簿のセクションを詳しくみてみよう。現存する7冊の洗礼簿のう

142　第Ⅱ部　文書の物質的諸相

ち、セクション分割がなされているのは、サン・ペドロの2冊を除く5冊である。具体的に述べると、ロレトの帳簿は15、サン・ハビエルの帳簿は10、サン・ホセの帳簿は19、コンセプシオンの帳簿は18、マグダレナの帳簿は18のセクションに分かれている。ただし、サン・ホセの帳簿は冒頭の25葉を初めとしてかなりの欠損があるため、もともとのセクション数はもっと多かったと思われる。

　通常、セクションの冒頭には、それに対応するパルシアリダの名前が記されている（写真3）。洗礼簿のセクション分割が洗礼記録をパルシアリダごとに分けて記載する目的でなされたことは明らかである。宣教師は受洗者のパルシアリダをみきわめ、その記録を該当するセクションに記入したのである。しかし、そもそも宣教師はどのようにして受洗者のパルシアリダをみきわめたのだろうか。大人の場合はすでに特定の集団に属しているが、受洗者の大半は新生児である。洗礼は新生児のパルシアリダが公式に認定される最初の機会だったと思われるが、それはどうやって決められたのだろうか。以下、現存する帳簿のなかで記載事項の欠損がもっとも少ないロレトの帳簿に基づいて議論を進めたい。

　ロレトの帳簿の記録は1701年から始まり、イエズス会が追放される直前の1766年に終わっている。これは2冊目の帳簿であり、かつて管区文書館には、最初の大人の集団洗礼が行なわれた1682年から1700年までの記録を収めた1冊目の帳簿が保管されていた（Vargas Ugarte 1964: 29）。この帳簿は残念ながら紛失している。ロレトでは1700年末から1701年初めまでの雨季に洪水が発生し、その後流行した天然痘で300人の死者が出た。そのため、町はマモレ川を6レグア（約33キロメートル）さかのぼった場所に移転された[14]。おそらくこの移転に伴って帳簿も新調されたのだろう。

　ロレトの13のパルシアリダの各々は現存する洗礼簿で一つのセクションを与えられている。洗礼簿は15のセクションに分かれているが、残りの二つは使用人（domésticos）とイトナマ語系先住民に充てられている。使用人とは聖堂に隣接する宣教師の住居に住み込み、彼らの日常生活の世話をした未婚の男性たちを指す。若者たちは宣教師に現地語を教え、ミサの侍者や看護人として宣教師を支援した。他方、宣教師は彼らに楽器演奏や大工仕事、機織りなどの技術を伝授した。結婚後、使用人は宣教師の住居を去るが、習得した技術を生かして専門職人として活動した。同じ職業の者は同業者組合を結成し、それらはやがてパルシアリダから自立した社会集団に変貌した（Saito 2007: 460-462）。他方、イトナマ語系先住民とは1756年にマグダレナから移住してきた人びとを指す。1750年末から1751年初めにかけてモホス地方を襲った大洪水ののち、天然痘が猛威を振る

い、ロレトでも多くの死者が出た。その結果、町は再び移動するが、移動先でも洪水と伝染病が絶えず、人口が大幅に減ってしまった。そのため、マグダレナの住民の一部がロレトに移住させられたのである[15]。

　洗礼簿の各セクションには原則として一つの集団の洗礼記録が記載されている。しかし、通し番号146葉の表ページから始まる第7セクションは、例外的にタティルオノと外来者（forasteros）の2集団に充てられている。タティルオノはロレトの13のパルシアリダの一つである（表1）。他方、外来者とは、レドゥクシオンの創設後、宣教遠征などの機会に個人単位や家族単位で編入された人びとを指す。彼らは通常、キリスト教徒の先住民の家に預けられ、宗教教育を施された。それゆえ、外来者は独自のパルシアリダを構成せず、専用の街区も持たなかった。ロレトの洗礼簿では外来者の洗礼記録はすべてタティルオノと同じセクションに記されているが、その理由はよくわからない。

　ロレトの洗礼簿の記録には、1739年まで、新生児の両親のパルシアリダが逐一明記されている（写真2）。しかし、1740年以降、その記載はまれになり、かわりに父親の職業がしばしば明記されるようになる。新生児の両親のパルシアリダは同じこともあれば異なることもあるが、同じ場合はその集団に新生児も属している。他方、両親のパルシアリダが異なる場合、新生児は父親か母親どちらかの集団に属している。新生児のパルシアリダが出自により決定されたことは明らかだが、両親のパルシアリダが異なる場合、新生児の集団帰属はいかなる基準で決められたのだろうか。筆者の考えでは、それは居住である。異なるパルシアリダの男女が結婚するとき、どちらかがもう一方の集団の街区に移住する必要があるが、彼らの子供は居住先として選ばれた集団に帰属したのである。言い換えれば、同じセクションに洗礼記録が記載されている新生児とその両親は、みな同じ街区に居住していたのである。

　筆者の考えはあくまで仮説であり、それを直接証明する手段はない。しかし、レドゥクシオンの居住空間がパルシアリダごとに街区に分割されている以上、新生児が出身の街区の集団に帰属するのは自然といえる。ロレトの洗礼記録を調べると、異なる集団の両親から生まれた子供のうち、69％が母親の集団に帰属していたことがわかる。これはおそらく、ロレトの住民のあいだで妻方居住が一般的だったことを示している。実際、集住化以前のマモレ川上流のモホ語系先住民が妻方居住を実践していたことは、宣教師が証言している[16]。ロレトの洗礼記録にはまた、初子は母親の集団に属するが、第二子以降は父親の集団に属する事例がしばしばみとめられる。筆者の仮説が正しければ、これは初子の誕生後、夫

144　第Ⅱ部　文書の物質的諸相

婦が居住先を妻の集団の街区から夫のそれに変えたことを示している。妻方居住を行なう社会では、この移動は一般的である。妻の実家に婿入りした夫は、娘や妹をもらった代償として義父や義兄弟に一定期間労働奉仕することを求められる。しかし、負債を完済したのちは、妻を連れて自分の実家に戻ることができるのである。

　以上の考察から、ロレトでは新生児のパルシアリダ帰属に関して出自と居住の二つの基準を併用した規則が存在していたことがわかる。この規則はおそらく集住化以前にさかのぼるが、集住化後は宣教師の介入と洗礼簿の作成により厳格化され、恒久化されたと考えられる。レドゥクシオンでは新生児は誕生後ただちに洗礼を受け、キリスト教会の仲間入りをした。それと同時に、洗礼記録が洗礼簿の特定のセクションに記載されることで、新生児は特定のパルシアリダにも帰属させられた。洗礼簿がパルシアリダごとにセクション分けされている以上、新生児の洗礼とパルシアリダへの帰属は不可分の関係にある。二つの行為は宣教師により行なわれ、その記録は宣教師の手で帳簿に書き込まれ、彼の署名が添えられた。そして、帳簿自体は聖堂の聖具室に保管され、必要な場合には繰り返し参照された。結果として、レドゥクシオンのすべての住民が生涯にわたり単一のパルシアリダの成員として同定されることになった。

　宣教師は報告や書簡のなかで、レドゥクシオンの住民が複数のパルシアリダに分裂し、互いに敵対していることを嘆いている[17]。彼らの考えでは、集住化以前、異なるパルシアリダは頻繁に戦争状態にあり、敵意と憎しみにより引き裂かれていた。集住化後、パルシアリダは一つの町に集められたが、積年の恨みは容易に解消されず、互いに反目し続けた。宣教師の証言では、異なるパルシアリダは異なる首長を仰ぎ、異なる街区に住み、異なる畑を耕した。典礼でもパルシアリダは別々に祈祷を唱え、別々に聖歌を歌い、別々に曲を奏で、別々に舞を踊り、別々に宴会を開いた。異なるパルシアリダの成員は、同じ湖や川へ行くときでも異なる小道をたどり、互いに出くわさないようにした。そのため、町の周囲には無数の小道が迷路のように張りめぐらされた。宣教師のひとりは「離れていることがこれらの先住民の特質の一つである。何事につけても彼らはばらばらでいることが好きなのだ」と結論づけている[18]。

　しかしながら、在来の社会組織であるパルシアリダをレドゥクシオンに取り込んだのは宣教師自身である。集住化以前、パルシアリダは複数の集落に分かれていたが、集住化により一つの街区にまとめられた。かつては集落ごとに存在した首長も、集住化後しばらくしてひとりに統一された。新生児のパルシアリダ帰属

は出自と居住を併用した規則により厳格に定められ、生涯変わらぬ身分として洗礼簿に記載された。結果として、パルシアリダは居住集団としても政治集団としても互いに明確に区別されるようになり、成員帰属は重複も変更もきかないものとなった。この変化は、パルシアリダをレドゥクシオンの基本単位とし、それを通じて先住民を管理しようとする宣教師の目的に適っている。宣教師が嘆いているパルシアリダの分裂状態は、集住化に対する先住民の本能的抵抗というより、集住化の構造的帰結なのである。パルシアリダごとにセクション分けされた洗礼簿は、設計者である宣教師により認知されざるこの都市工学の「象徴的道具立て」なのである[19]。

　再編成されたパルシアリダを通じて先住民を管理し、統御しようとする宣教師の試みは、どの程度の成功を収めたのだろうか。住民台帳が作られなかったモホス地方では、洗礼簿は町の住民ひとりひとりのパルシアリダを把握するための唯一の道具だったが、それはどこまで有効に機能したのだろうか。ロレトの帳簿には1739年まで新生児の両親のパルシアリダが逐一明記されているが、その記録をたどることで、興味深い事実が明らかになる。すなわち、実際にはパルシアリダへの帰属は恒久的ではなく、しばしば変化しているのである。一例を挙げよう。ボノペオノのアルバロ・コヘはマネソノのメルチョラ・モヨルと結婚し、妻のパルシアリダの街区に住んでいた。1703年、息子シプリアノが生まれるが、アルバロはその洗礼記録でボノペオノと同定されている。しかし、1710に生まれた娘マリアの洗礼記録では、アルバロはマネソノと同定されている。1713年、アルバロはモビマ語系先住民の反乱を鎮圧する軍事遠征に参加し、マネソノの部隊の一員として戦った。その戦闘で彼は5、6歳の女児を捕獲したが、その洗礼記録でもやはりマネソノと同定されている。結局、ボノペオノ出身のアルバロは、婿入り先のパルシアリダに同化され、事実上マネソノに変化したのである[20]。

　アルバロ・コヘの事例が示すように、出身集団とは異なる集団の街区に居住する人びとのアイデンティティは両義的だった。そして、アルバロと同様、多くの者が異なる街区に暮らす血縁者より同じ街区に暮らす姻戚との絆を重視した。前述の1713年の軍事遠征は、アルバロのように両義的な立場に置かれた人びとのパルシアリダへの忠誠心が試される機会だった。この遠征では、モビマの女性と子供が数多く捕獲され、ロレトに編入された。10歳未満の子供はただちに洗礼を受けたが、その記録には捕獲者の名前とパルシアリダが明記されている[21]。遠征部隊はパルシアリダごとに編成されたが、子供の洗礼記録は捕獲者が所属する部隊ごとにまとめて記載されている。興味深いのは、兵士たちが必ずしも出

身集団の部隊に参加していたわけではないことである。洗礼記録には40名の兵士が捕獲者として登場するが、そのうち10名は詳細不明のため除外する。残り30名のうち、19名は出身集団と居住集団が一致しており、当然その部隊に参加している。残り11名については、3名が出身集団の部隊に参加しているが、その倍以上の7名が居住集団の部隊に参加している。最後の1名であるフランシスコ・ノコは出身集団と居住集団の両方の部隊に参加している。シバケリオノ出身のフランシスコは妻アグスティナ・マリキのパルシアリダであるマネソノの街区に居住していたが、マネソノの部隊の兵士として1歳の男児を、シバケリオノの部隊の兵士として4歳の男児を捕獲している。

　少数の事例にすぎないが、その分析から興味深い知見が得られる。すなわち、パルシアリダを通じて先住民を管理しようとする宣教師の試みは限定的な成功しか収めなかったのである。洗礼簿に公式に登録されたパルシアリダに実質的に帰属し続けた人びとも大勢いただろう。しかし、結婚に伴い他のパルシアリダの街区に移住し、やがてその集団に編入された人びとも少なくなかったのである。前者の場合、宣教師は洗礼簿を通じて彼らのパルシアリダを把握し、その知識を公共事業の労働班や宣教遠征の部隊の編成に役立てることができた。しかし、後者の場合、宣教師自身が個人の事情を把握していないかぎり、彼らのパルシアリダを知ることはできない。それができるのは個々のパルシアリダを統率する首長であり、宣教師はレドゥクシオンの運営のため彼らの協力を仰がざるをえない。洗礼簿をパルシアリダごと別々のセクションに分け、個々の記録を該当するセクションに記入する作業は、かなりの時間と労力を要したはずである。その時間と労力に見合うだけの収益を宣教師が上げることができたかどうか、疑念を抱かざるをえない。

4　街区の形成

　前述のように、モホス地方の洗礼簿はサン・ペドロの2冊を除いて使用開始時点で複数のセクションに分割された。しかし、この作業を行なうためには、宣教師は洗礼記録を記載すべきパルシアリダの数をあらかじめ知っていなければならない。ロレトとサン・ハビエルの帳簿は2冊目以降のものであり、使用開始時点で先住民の集住化は完了していた。それゆえ、帳簿のセクションを割り振るべきパルシアリダの数は決まっていた。しかし、サン・ホセとコンセプシオンとマグダレナの帳簿は1冊目であり、使用開始時点で集住化はなされていないか、進

行中だった。したがって、パルシアリダが最終的にいくつになるかは明確ではなく、帳簿のセクション分割は予測に基づいて行なわれざるをえなかった（図2）。

ロレトの事例が示すように、一つのレドゥクシオンに集住させられたパルシアリダの人口はさまざまだった（表1）。それゆえ宣教師は、洗礼簿をセクションに分割する際、各集団の人口を考慮しながら、どの集団に何葉を割り振るべきか計算しなければならなかった。この作業を怠ると、人口の大きな集団のスペースが足りなくなり、小さな集団のスペースが余ることになった。実際、現存するロレトの帳簿では、各パルシアリダにその人口に応じた葉数が割り振られている。図3は、帳簿の使用開始時点で各集団にあてがわれた葉数と、1701年から1705年までの最初の5年間の洗礼総数を比較したものである。洗礼総数は各集団の人口規模のおおよその指標となるだろう。この図をみると、マネソノやチャマイナノのように40葉近く与えられた集団がある一方で、タティルオノや上流のスベリオノのように20葉以下しか与えられなかった集団もあることがわかる。この違いは偶発的ではなく計算されたものである。前者の洗礼総数が90以上であるのに対し、後者は40以下であり、半数にも及ばない。人口規模にそれだけの違いあったのであり、宣教師はそれを考慮したうえで各集団に帳簿上のスペースを割り振ったのである。

洗礼簿の目的は教区民に授けられた洗礼の秘跡を記録することであり、集住化

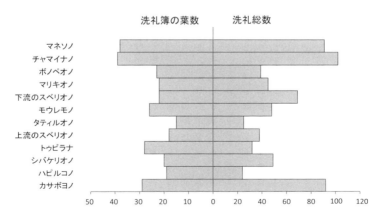

図3　ロレトの洗礼簿における各パルシアリダの葉数と1701年から1705年までの洗礼総数の比較。タティルオノと同じセクションに記録されている外来者の洗礼数は、事前に予想できない不確定要因であるため除外した。また、アラクレオノの洗礼記録は1703年以前、使用人のそれは1718年以後しか現存しないため、やはり除外した。

148 第Ⅱ部 文書の物質的諸相

の計画を立案することではない。しかし、結果的に洗礼簿はレドゥクシオンの計画的な建設と運営のための「象徴的道具立て」の役割を果たしている。洗礼簿のセクション分割を通じて、宣教師はレドゥクシオンにいくつのパルシアリダを集住させるべきか、そしてその各々にどれほどの広さの街区をあてがうべきかを計算しているのである。洗礼簿がパルシアリダごとにセクション分けされたのと同様、町の居住空間もパルシアリダごとに街区に分けられた。そして、洗礼簿の同じセクションに洗礼記録が記載された新生児とその両親は、すべて同じ街区の住民だった。それゆえ、洗礼簿のセクション分割は必然的に町の居住空間の街区分割のシミュレーションの役割を果たした。人口の大きな集団には多くの葉数を、小さな集団には少ない葉数を割り振らねばならないのと同様、前者には広い街区を、後者には狭い街区をあてがう必要があった。さもなければ、文書空間と居住空間の双方で大きな集団のスペースが不足し、小さな集団のスペースが余るという不都合が生じたのである。

　それでは、洗礼簿を介した集住化の立案はどの程度の成功を収めたのだろうか。宣教師は想定した数のパルシアリダを想定したスペースに集住させることができたのだろうか。ロレトに関しては、彼らの計画は成功したとはいいがたい。図4は洗礼簿の各セクションが消費される過程を時間の経過に沿って示したものだが、帳簿が新調された1701年の時点でセクションを割り振られた14集団のうち、5集団が与えられたスペースを使い切る前に消滅している。すなわち、上流のスベリオノ（1720年）、タティルオノ（1730年）、ボノペオノ（1737年）、トゥビラナ（1738年）、ハピルコノ（1739年）である[22]。その一方で、使用人とカサボヨノと下流のスベリオノの3集団は与えられたスペースを早々と使い切り、消滅した集団が使い残したスペースを再利用している。特に目立つのは使用人である。彼らは1737年に自分たちの割り当てを使い尽くすと、その翌年、消滅したトゥビラナの余剰スペースを使い始める[23]。しかし、1757年にはそれを使い切り、1758年には消滅した上流のスベリオノの余剰スペースに進出する[24]。ところが、1765年2月にはそれも使い尽くし、同年3月にはモウレモノのスペースを浸食し始める。モウレモノは消滅した集団ではなく、それゆえ彼らは自分たちが将来使うはずだったスペースを使用人に奪われたことになる。いずれにせよ、この時点で新たな帳簿の必要性は明らかだったはずであり、宣教師はそれを準備していたにちがいない。現存する帳簿の最後の記録は1766年12月11日付であり、1767年1月以降の記録は新帳簿に記載された可能性が高い。

　図4は、帳簿を新調した時点で宣教師が立案した文書スペースの配分計画が、

5章　紙の上の集住化　149

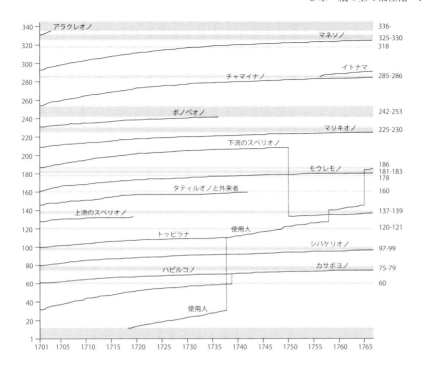

図4　ロレトの洗礼簿の各セクションの消費過程。縦軸は葉番号、横軸は年を示す。網掛けは欠損部分を示す。欠損のほとんどは、帳簿が記入されなくなったあと、未使用の葉が切りとられることで生じている。

パルシアリダの予想外の人口変動により頓挫してしまい、何度も練り直しをよぎなくされたことを示している。おそらく同様のことは、レドゥクシオンの居住スペースでも起きていたにちがいない。ロレトが1701年に新たな立地に移動したとき、使用人を含めた14集団は人口規模に応じて一定の広さの街区を与えられたと考えられる。しかし、そのうち5集団は1720年代から1730年代にかけて消滅したので、彼らの街区は余剰スペースと化したはずである。そのスペースは使用人のように一定の人口規模を維持しえた集団により再利用された可能性がある。残念ながら、宣教師の報告や書簡には町の居住空間の利用に関する記述がほとんどないため、この仮説を検証するすべはない。

　前述のように、ロレトの洗礼簿では原則として一つのセクションに一つの集団の洗礼記録が記載されている。この方針は他の洗礼簿でも遵守されている。マグダレナの帳簿は18セクションに分かれているが、それらはすべて一つの集団に

充てられている。サン・ハビエルの帳簿では、10セクションのうち8つが一つの集団に充てられ、残り二つのうちの一つが2集団、もう一つが3集団に充てられている。サン・ホセの帳簿は19セクションに分かれているが、該当集団がはっきりしない4セクションを除いて、12セクションが一つの集団に充てられ、3セクションが複数の集団に充てられている。唯一、コンセプシオンの帳簿だけが、この方針から逸脱している。この帳簿は18セクションに分かれているが、そのすべてに複数の集団の洗礼記録が記載されている。18のうち10の冒頭には該当するパルシアリダの名前が列挙されているが、その数は最大5、最小2、平均3.1である（写真3）。

　現存する洗礼簿のなかでコンセプシオンのものだけが例外的特徴を示している理由は不明だが[25]、一つの要因としてあげられるのは、パルシアリダの数の多さである。このレドゥクシオンにはバウレ語系先住民が集められたが、洗礼記録に登場する受洗者のパルシアリダの総数は101である。もちろん101のすべてがレドゥクシオンの基本的社会単位だったわけではなく、そこには独自の首長や街区を持たない外来者も含まれていたはずである。宣教師の書簡によれば、コンセプシオンは「40以上のパルシアリダから構成されて」いるが、それらは集住化以前には「広く分散し、憎しみのため互いに疎遠な関係にあった」[26]。創設当初のロレトのパルシアリダは13、マグダレナのそれは17、現存する洗礼簿の使用開始時点のサン・ハビエルのそれは13なので、40以上はとても多い。おそらくこの数の多さ、そして個々の集団の人口の小ささゆえ、宣教師はレドゥクシオンの居住空間をパルシアリダごと別々の街区に分割する方針をあきらめ、複数の集団をまとめて一つの街区に住まわせたのだろう。その結果、複数の集団の洗礼記録が洗礼簿の同じセクションに混在することになったのだろう。

　コンセプシオンの洗礼簿はより詳細な検討に値する。この帳簿は18セクションに分かれているが、ここでは便宜上それらにＡからＲまでのアルファベット記号を付ける（表2）。これらのセクションは、洗礼記録が時間の経過に沿って現れるパターンから、三つの範疇に分類できる。第1の範疇にはＡからＩまでの9セクションが属する。そこでは、帳簿が使われ始めた1715年1月初めから3月初めにかけて、洗礼記録が継続して現れるようになる。おそらくこの時期に集住化が行なわれたのだろう。Ｉはやや例外的であり、記録が継続的に現れるのは1715年5月中旬である。この範疇では、Ｄ以外のすべてのセクションで、1715年6月10日に最初の大人の集団洗礼が行なわれている。Ｄの最初の大人の集団洗礼は1年遅れの1716年5月31日である。

5章　紙の上の集住化　151

表2　コンセプシオンの洗礼簿の18セクションの詳細。各セクションにおいて洗礼記録が占める割合が10%以上のパルシアリダを主要な集団とみなす。太字の集団はセクションの冒頭に名前が挙げられている。

記号	範疇	葉番号	記録の年	記録の総数	集団の数	主要な集団の名称（%）
A	1	3r-9v	1715-1741	237	20	タララマノ（59）カヒピレノ（12）
B	1	24r-33v	1715-1741	400	14	チャバマノ（32）カビリプヨポノ（21）ベレマナ（15）ヨレシノ（12）
C	1	42r-51r	1715-1741	363	11	チャマノ（49）アベハノ（38）
D	1	62r-69r	1715-1741	330	6	ボポレオモコノ（66）オポチャノ（25）
E	1	83r-87r	1715-1725	156	9	ウリモノ（51）イサイリオノ（31）タカラノ（10）
F	1	103r-112r	1715-1741	319	7	**ニポセノ**（51）**タピモノ**（25）**サナノ**（13）
G	1	123r-128v	1715-1741	217	6	チュイノベ（53）コマピアキネノ（41）
H	1	143r-149v	1715-1741	257	7	ボロコノ（49）ハパイノ（47）
I	1	163r-169r	1715-1741	236	9	カヒネノ（43）ピホレボコノ（29）エシリノ（21）
J	2	189r-194v 57v-60r	1715-1741	383	8	**ヒモボコノ**（39）**アレアセイノ**（25）**アベアバノ**（24）
K	3	195r-200v 10r-11v	1717-1741	236	9	**ヒヨボコノ**（25）**イチャキオノ**（23）**アラナボコノ**（16）**ベイリリアバノ**（13）**アベアバノ**（10）
L	2	201r-206r 134v-135r	1715-1741	307	5	**カカベノ**（58）**ビハバノ**（37）
M	3	207r-212r 14v-20r	1717-1741	475	9	**ティラハバノ**（59）**ホモポセオボコノ・ティラハバノ**（25）
N	2	213r-217v	1715-1740	217	4	**エモリセボコノ**（76）**タレレノ**（20）
O	2	219r-224r 88v-93r	1715-1741	451	7	**チュリボコノ**（41）**バレタバノ**（34）**オコレボコノ**（23）
P	2	225r-229v	1715-1741	224	8	**ホモポセオボコノ**（69）**ハビタバノ**（10）
Q	3	231r-236v 155v-156r	1716-1741	286	8	**ブリアバノ**（53）**モロポレセオボコノ**（28）
R	2	237r-245r	1715-1741	405	10	**タリノ**（63）**シベベリノ**（18）

　第2の範疇にはJとLとNとOとPとRの6セクションが属する。いずれも、1715年3月30日から4月1日にかけて、ヨロベとカカベとトモポセオボコという三つの在来の村で子供の集団洗礼が行なわれている。洗礼記録が継続して現れ始めるのは1716年4月初めから6月初めにかけてであり、おそらくそのころ集住化が行なわれた。最初の大人の集団洗礼は1717年8月15日の聖母被昇天の祭日と8月29日の洗礼者ヨハネの斬首の祭日に行なわれている。

　第3の範疇にはKとMとQの3セクションが属する。洗礼記録が継続的に現れ始めるのは1717年5月中旬から6月中旬にかけてであり、そのころ集住化が行なわれたと推測される。最初の大人の集団洗礼と呼べるものはなく、大人は五月雨式に受洗している。注目すべきことに、この範疇に属する3セクションは、いず

れも第2範疇のセクションの残余スペースを利用してあとから作られている。具体的には、KはJの、MはLの、QはPの残余スペースを利用している。

　図5は、各セクションに当初配分された洗礼簿の葉数と、最初の5年間の洗礼総数を比較したものである。最初の5年間とは、第1と第2の範疇では1715年から1719年まで、第3範疇では1717年から1721年までを指す。図3と比較すると、ロレトとの違いは明らかである。ロレトの帳簿では各集団にその人口に応じた葉数が配分されたが、コンセプシオンの帳簿にはそのような配慮はみられない。第1範疇の9セクションには、洗礼総数の違いにもかかわらず、いずれも20葉前後が与えられた。第2と第3の範疇の9セクションには、最後のRを除いて、いずれも6葉が与えられた。第2範疇のJとLとPには当初12葉が与えられたが、そのうちの6葉は、近い将来集住予定の第3範疇のKとMとQのためのものだった可能性が高い。JからQまですべて6葉という結果の均一性が、配分の計画性を示している。したがって、帳簿のセクション分割は実質的に2回に分けて行なわれたことになる。各セクションにはいずれも複数のパルシアリダが配属されているが、おそらく宣教師は、パルシアリダをセクションに割り振る際、各セクションの人口が互いに大きく異ならないよう配慮したと考えられる。洗礼総数にかなりの違いがあることを思えば、この配慮は期待した結果をもたらさなかった

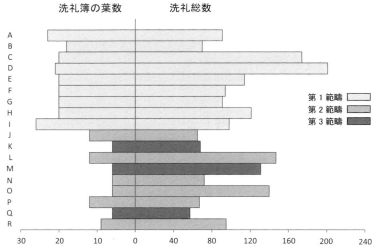

図5　コンセプシオンの洗礼簿における各セクションの葉数と最初の5年間の洗礼総数の比較。KとMとQの6葉はJとLとPに当初配分された12葉からとられている。なお、Qでは1716年に5人の幼児が受洗しているが、KとMとの比較の便宜上、除外した。

といわざるをえないが、それでも宣教師はセクションの人口規模はだいたい同じ
とみなして、それらに同じ葉数を配分したのだろう。

　洗礼簿の文書空間がセクションに分割され、先住民諸集団に配分されたのと同
じやり方で、町の居住空間も街区に分割され、彼らに配分されたはずである。
その詳細は不明だが、少なくとも部分的には、前者は後者のシミュレーションと
して役立った可能性がある。とりわけ、第2と第3の範疇の9セクションに関して
は、宣教師は文書空間と居住空間の双方で残余スペースを計算し、集住予定の
パルシアリダをどのようにグループ分けし、それらにどれだけのスペースを配分
すべきか、慎重に検討したはずである。二つの空間の残余スペースを使い切って
しまうわけだから、これは当然といえる。先に述べたように、洗礼簿の18セク
ションのうち10の冒頭には該当するパルシアリダの名前が列挙されているが、
そのうちの9つは第2と第3の範疇に属している（表2）。どのパルシアリダをどの
セクションに割り振るべきか、宣教師がとりわけ気を配った証だろう。

　コンセプシオンの洗礼簿からはもう一つ興味深い事実が読みとれる。パルシア
リダのセクション間の移動である。洗礼記録の各々には受洗者のパルシアリダが
明記されているが、その記載に基づいて個々のパルシアリダの洗礼記録を時間の
経過に沿って追いかけると、ある時期以降、それまでとは別のセクションに記録
が移動することがある。具体的には、エシリノが1720年から1721年にかけてR
からIへ、アベアバノが1724年ごろKからJへ、ボルピアバノがやはり1724年
ごろQからFへ、コリリセボコノが1728年から1729年にかけてCからMへ、
カヤリアキレノ[27]が1733年ごろBからFへ、プニアセリノが1738年から1739
年にかけてBからMへ移動している。これはおそらくパルシアリダが街区を移
動したことを示している。つまり、人口増加により街区が手狭になったため、居
住集団の一つに白羽の矢が立てられ、スペースに余裕のある別の街区へ引っ越し
させられたのである。洗礼簿のスペースが足りなくなったという可能性も考えら
れるが、その場合、個々のパルシアリダではなくセクション全体が移動するはず
である。実際、18セクションのうち6つ、すなわちJとKとLとMとOとQが、
帳簿が使われなくなる1742年以前に葉数不足に陥り、別のセクションの残余ス
ペースに移動している（表2）。

　この事実は、セクション分割された洗礼簿と街区分割されたレドゥクシオンの
双方を持続可能なシステムとして構築し、維持しようとする宣教師の試みが必
ずしもうまくいかず、システムがしばしば機能障害に陥ったこと、そしてその障
害を克服するため宣教師が再調整を繰り返したことを示している。結果からみる

154 第Ⅱ部 文書の物質的諸相

と、彼らの再調整はうまくいったようである。洗礼簿が使用された1715年から1741年までの27年間、18セクションのすべてが消滅することなく持続したのである。他方、ロレトの洗礼簿では、すでにみたように、14セクションのうち5つが消滅している。ロレトの場合、一つのパルシアリダが一つの洗礼簿セクションと一つの街区に対応しているが、このシステムは融通がきかず、人口変動に柔軟に対処することができない。宣教師は個々のパルシアリダの人口を考慮しながら文書空間と居住空間に広さの異なるスペースを割り振ったが、この厳密さが裏目に出たのである。他方、コンセプシオンの場合、宣教師は40以上のパルシアリダを人口規模を同じくする18のグループにまとめ、それらのグループに同じ広さの洗礼簿セクションと街区を割り振った。それゆえ、個々のパルシアリダの人口が変化してもグループ全体の人口変化に直結しないし、特定のパルシアリダを別のグループに移動させることで調整を図ることも可能になった。コンセプシオンのシステムは複雑だが、柔軟なのである。ただし、パルシアリダはグループのなかの一要素と化してしまうため、ロレトと比べるとその可視性は低下せざるをえない。それゆえ、パルシアリダをレドゥクシオンの基本単位とし、それを通じて先住民を管理しようとする宣教師の意図は十分実現されているとはいいがたい。

5 結語

本論の目的は、ラテンアメリカの都市建設についてのラマのテーゼ、およびそれを先住民の集住化に適用したカミンズとラパポートの議論の妥当性を、モホス地方の事例に基づいて検証することだった。この最終節では、これまでの検討から引き出された知見をまとめたい。

スペイン領アメリカにおける先住民の集住化が「秩序立てられた都市」の計画的建設という側面を持っていたことは確かである。この政策は「野蛮人」の「無秩序」な存在様態を秩序立てるという明確な目的意識のもとに立案され、遂行されたのだから。しかし、そのための「象徴的道具立て」として文書が重要な役割を果たしたかどうかは再検討が必要だろう。この点についてカミンズとラパポートが主張すること、すなわちレドゥクシオンは地理空間上で建設される前に文書空間上で綿密に表象されたという主張は、一般的には正しいとは思われない。副王トレドの「総集住化」でもイエズス会のミッション建設でも、上層部の指令は概括的であり、個別の状況への具体的対応をそこから導き出すのはむずかしい。

5章　紙の上の集住化　155

　他方、現場で実際に集住化を指揮した巡察使や宣教師は文書をほとんど残していない。個々の町の創設証書や地図は皆無に近いのである。文書を介した都市工学がレドゥクシオンにまったくなかったわけではないが、その重要性を過大評価しないよう注意が必要だろう。

　ラマはラテンアメリカの都市は創設時から物理的生と象徴的生という二つの生を生きるよう仕向けられたと述べたが、彼の表現はモホス地方のレドゥクシオン、とりわけその基本単位であるパルシアリダによく当てはまる。レドゥクシオンに集住させられた先住民諸集団は、町の街区で物理的生を、洗礼簿のセクションで象徴的生を生きるよう仕向けられたのである。ラマによれば、ラテンアメリカの都市の二つの生のうち、象徴的生が物理的生に時間的にも論理的にも優越していた。文書空間上の都市は地理空間上の都市のモデルとして機能し、後者が時間とともに変容し、無秩序へ転化するのを防いでいた、と彼は説いている。モホス地方の場合、洗礼簿がそのような役目を担っていたといえる。レドゥクシオンの建設に際して、セクション分けされた洗礼簿は、町の居住空間を街区に分割し、パルシアリダに割り振るための指針の役割を果たした。また、洗礼記録を洗礼簿の特定のセクションに記載することは、先住民のパルシアリダ帰属を生涯規定する効果を持ち、パルシアリダを通じて先住民を管理しようとする宣教師の試みを支えたのである。もっとも、社会的現実を成型する洗礼簿の力を過大評価できないことも明らかである。洗礼簿に登録された公式の集団帰属に反するにもかかわらず、先住民はしばしばパリシアリダを変えた。とりわけ、出身集団とは異なる集団の街区に居住する者は、居住先の集団とのあいだにより強い紐帯を結ぶ傾向があった。また、洗礼簿のセクション分割にそくして町の街区を分割し、パルシアリダに割り振る試みは往々にしてうまくいかず、宣教師は幾度も再調整を行なわねばならなかった。結局、レドゥクシオンの物理的生に対する象徴的生の優越はきわめて限定されていた。二つの生の関係はむしろ並行的であり、弁証法的だったといえる。

　ラマは、ラテンアメリカの都市の物理的生が「物質的な有為転変」に流され続けたのに対し、象徴的生はそれとは「ほぼ無縁の不変性を帯びて」いたと主張している。地理空間上に街路や家屋として建設された都市が「建設と破壊、設立と刷新を繰り返」したのに対して、文書空間上に文字や図として描かれた都市は「歴史の盛衰と変転から自由」だった、というわけである。しかし、近世ヨーロッパにおいて記号が指示対象から切り離されたというフーコーの指摘が正しいとしても、そのことは記号が支持体から自立したことを意味しない。文字や図は紙な

156 第Ⅱ部 文書の物質的諸相

どの媒体に描かれなければ存在しえないし、その紙は整理され、保管され、参照されなければ役に立たない。本論におけるモホス地方の洗礼簿の分析は、レドゥクシオンの象徴的生が、物理的生と同様、「物質的な有為転変」に流され続けたことを明瞭に示している。このことは、モホス以外の地域の先住民の町やスペイン人の都市にも当てはまるはずである。それゆえ、地理空間上の都市の生を「物理的」、文書空間上のその生を「象徴的」と形容し、前者を可変的、後者を不変的とみなすラマの議論は受け入れられない。ラテンアメリカにおいて文書が規範の役割を果たさなかったわけではないが、その規範性を確立し、維持するためには、物質的なレベルで試行錯誤を繰り返す必要があったのである（齋藤 2009）。

　最後になるが、ラマとカミンズとラパポートの議論には、宗主国中心主義とでも呼べる特徴が顕著にみとめられる。すなわち、植民地の社会秩序はまず宗主国の上層部、とりわけ首都在住の行政官や聖職者により構想され、その構想が文書のかたちで植民地に伝達され、実現されたという考え方である。ラマは「秩序立てられた都市」の建設は「上から下へ、スペインからアメリカへ」という上意下達方式で行なわれたと主張しているし、カミンズも宗主国で「首尾一貫した政治的・神学的方針」が立てられ、その方針が植民地に伝達され、施行されるプロセスを強調している（Rama 1984: 7-8; Cummins 2002: 199）。しかし、これまでの検討から明らかなように、レドゥクシオンの建設では、ローマやマドリードからの命令や指示を遵守するよりも、現場の必要に応じて臨機応変に対応するほうがはるかに重要だった。先住民の集住化全般についていえることだが、宗主国からの指令はどれも一般的すぎて、巡察使や宣教師が植民地の現場で遭遇した具体的問題を解決するのに役立ったとは考えがたい。国王や修道会総長からの抽象的な指令を現場の状況にそくして具体化する作業は、巡察使や宣教師に加えて、現地のスペイン人役人や司祭、先住民首長などの当事者を巻き込んだ対話と交渉を通じてなされたと考えるべきだろう。

謝辞
本章に提示された研究成果の一部は、JSPS 科研費 JP15H01911の助成により得られたものである。

註
1 ）中米ではコングレガシオン（congregación）、南米ではレドゥクシオン（reducción）と呼ばれた。後者は集住化により建設された町を指す言葉としても使われた。本論では政策を集住化、町をレドゥクシオンと呼ぶ。

2） この本のタイトルには、文字で表象された都市、文官の牙城などの複数の意味が込められている。

3） 洗礼簿の形態や内容、利用や保管、成立経緯や歴史的変化を扱った研究は少ない。本論では藤田1992; Konetzke 1946; Martini 1993; Morin 1972を参照した。

4） 先住民の小教区帳簿に関する第1回リマ公会議の決議は Vargas Ugarte 1951-1954, I に刊行されている。ページ数を示すと、洗礼簿（13, 77）、堅信簿（63）、婚姻簿（13）、告解者リスト（19）。死亡簿への言及はない。なお、この公会議の決議は先住民向けのものとスペイン人向けのものに大別されているが、内容は必ずしも明確に区分されていない。

5） 先住民の小教区帳簿に関する第2回リマ公会議の決議も Vargas Ugarte 1951-1954, I に刊行されている。ラテン語原文のページ数を示すと、洗礼簿（168-169）、堅信簿（182）、婚姻簿（168-169）、告解者リスト（185）。スペイン語要約のページ数を示すと、洗礼簿（242）、堅信簿（247）、婚姻簿（242）、告解者リスト（247）。死亡簿への言及はやはりない。

6） 1566年に『ローマ教理問答書』、1568年に『ローマ聖務日課書』、1590年に『ローマミサ典書』、1592年にウルガタ聖書の改訂版が刊行された。

7） Libro de bautismos de Loreto, 1701-1766, APBCJ, Misiones de Mojos（以下 MM），no. 0039; Libro de bautismos de San Javier, 1734-1771, APBCJ, MM, no. 0040; Libro de bautismos de San José, 1691-1724, APBCJ, Misiones（以下 M），no. 0044; Libro de bautismos de San Pedro, 1704-1705, APBCJ, M, no. 0044; Libro de bautismos de San Pedro, 1750-1776, APBCJ, M, no. 0044; Libro de bautismos de Concepción, 1715-1741, APBCJ, M, no. 0044; Libro de bautismos de Magdalena, 1719-1770, APBCJ, MM, no. 0049.

8） Tapa del libro de casamientos de San Pedro, 1720, APBCJ, MM, no. 0049.

9） 儀式なしの洗礼については、ロペス・ガイ1983: 84-96; Martini 1993: 51-58を参照せよ。

10） Carta del padre Antonio de Orellana al padre Martín de Jáuregui, Loreto, 18 de octubre de 1687, ARSI, Perú 17, f. 106v.

11） アンデス北部ではパチャカ（pachaca）、アンデス中部と南部ではアイユ（ayllu）、ラプラタではカシカスゴ（cacicazgo）という言葉が使われた。

12） Urbano de Mata 1704, cap. 4; Carta del padre Nicolás de Vargas al padre Francisco Rotalde sobre la muerte del padre Luis de Benavente, San Pedro, 20 de diciembre de 1737, APChCJ, Cartas mortuorias, no. 86, f. 2r.

13） モホス地方における在来のパルシアリダの特徴、および集住化に伴うその変容については、Saito 2017を参照せよ。

14） Autos originales de visitas practicadas por el gobernador interino don León González de Velasco en el año de 1773（以下 Autos originales de visitas），ABNB, Archivo de Mojos de la Colección Gabriel René-Moreno（以下 AM-GRM），vol. 4, no. 1, ff. 23v-24r; Letras

158 第Ⅱ部 文書の物質的諸相

anuas del año de 1701 de la provincia del Perú que remite al padre general Tirso González el padre Diego Francisco Altamirano visitador y viceprovincial de la misma provincia, Lima, 25 de enero de 1702, ARSI, Perú 18b, f. 216r. なお、モホス地方では雨季は10月から4月まで、乾季は5月から9月まで続く。

15) Libro de bautismos de Loreto, 1701-1766, APBCJ, MM, no. 0039, ff. 287r-288v; Autos originales de visitas, 1773, ABNB, AM-GRM, vol. 4, no. 1, ff. 23v-24r; Anua de las misiones del año 1751, ARSI, Perú 17, f. 242r.

16) Urbano de Mata 1704, cap. 2; Orellana 1755: 100. ただし、夫方居住が行なわれていたという証言もあり、単純な一般化はできない。次を参照せよ。Relación de la provincia de los mojos por el hermano José del Castillo, [1676-1678], AHLP, Límites con Bolivia, no. 314, p. 53.

17) Relación de la misión apostólica de los moxos en esta provincia del Perú de la Compañía de Jesús que remite su provincial padre Diego de Eguiluz al padre Tirso González general, 1696, ARSI, Perú 21, ff. 58v, 63r; Relación auténtica del fray Francisco de Torres del Orden de Predicadores sobre el estado de las misiones de Mojos, Lima, 14 de enero de 1698, ARSI, Perú 21, f. 113v; Eder 1985: 285-287, 298, 365.

18) Descripción de los mojos que están a cargo de la Compañía de Jesús en la provincia del Perú, 1754, AHPTCJ, estante 2, caja 84, 2-2, f. 5r.

19) 誤解のないよう付言すれば、ミッション時代のパルシアリダは、宣教師の記録が示唆するような相互閉鎖的で自己完結した集団ではなかった。パルシアリダにより差はあるが、外婚はおおむね頻繁であり、その街区には他集団からの婚入者が多数同居していた。宣教師は洗礼簿の管理を通じて先住民が生涯を通じて単一のパルシアリダに帰属するよう配慮したが、そのことは外婚の妨げにはならなかった。なお、ロレトにおけるパルシアリダ間関係の詳細な分析は Saito 2017でなされている。

20) Libro de bautismos de Loreto, 1701-1766, APBCJ, MM, no. 0039, ff. 153v, 296v, 303r, 308v. この事例と次の事例は Saito 2017で詳しく分析されている。

21) Libro de bautismos de Loreto, 1701-1766, APBCJ, MM, no. 0039, ff. 153v-154r.

22) 括弧には各集団の洗礼記録が完全に消滅した年を記す。洗礼簿にはトゥビラナは「消滅し」、ハピルコノはカサボヨノに「編入された」と明記されている。Libro de bautismos de Loreto, 1701-1766, APBCJ, MM, no. 0039, ff. 59v, 110r. なお、タティルオノのセクションには外来者の洗礼記録も記されているが、それが消滅するのは1743年である。

23) 洗礼簿には「使用人の新生児を記載する紙がもうないので、消滅したトゥビラナのパルシアリダに移るが、それは彼らの葉が白紙のまま残ることがないよう、それらを利用するのが好都合だからである」と記されている。Libro de bautismos de Loreto, 1701-1766, APBCJ, MM, no. 0039, f. 31r.

24) 上流のスベリオノの余剰スペースには、使用人に先駆けて、下流のスベリオノが

1750年に進出している。

25) コンセプシオンの洗礼簿は受洗者の性別により洗礼記録が分けられている点でも例
外的である。すなわち、男性の記録は各葉の表ページ、女性の記録は裏ページに記
載されているのである。

26) Carta del padre Nicolás de Vargas al padre Joseph Isidro de la Barreda sobre la
muerte del padre Pedro de Rado, San Pedro, 16 de octubre de 1749, APChCJ, Cartas
mortuorias, no. 110, f. 1v.

27) 洗礼簿には「cayariaq°」または「caiariaquir°」という省略形でのみ記載されている。
本論では便宜上、これを「cayariaquireno」とみなす。

6章　植民地都市ラパスにおける公証人の文書作成術と公証人マニュアルの影響

吉江貴文

1　はじめに

「公証人（escribano）とは、鋳型から真実を成型する錬金術師のようなものである。」

これはアメリカの歴史学者キャスリン・バーンズが、スペイン領アメリカにおける公証人の役割を指して用いた言葉である（Burns 2005: 353）。この言葉は、少なくとも中世後期以降のスペイン社会における公証人の役割を表す表現としては的を射たものである。なぜならスペイン社会の行政司法制度においては、過去の行為や出来事が「真実」として認証しうるものであるかどうかを判定する基準は、公証人の作成する文書記録の形式性（formalities）に依るところが大きかったからである。もちろん、ここでバーンズが述べている「真実」とは、中世イタリア法学の生みだした「法的虚構」としての真実であり、現実に起きた出来事や行為を字義通りに指しているわけではない（Nussdorfer 2009: 12）。しかしながら、スペイン領アメリカに暮らす市井の人びとにとって、そのような「鋳型から成型された真実」、すなわち文書に象られた真実が日々の生活に及ぼす影響は、少なからぬものであったと考えられる。というのも、スペイン領アメリカにおいて公証人が文書記録の作成を担う領域は、今日のわれわれが想像するよりもはるかに広い範囲に及んでいたからである。例えば、遺言書（testamento）や売買証書（escritura de venta）といった私人間の契約行為を認証する公正証書はもとより、聴訴院（Audiencia）や市参事会（Cabildo）などさまざまな行政機関における議事録、裁判所に提出される民事・刑事案件に関する調書類に至るまで、スペイン領アメリカの行政司法制度のもとで公的認証力（fe público）を求められる文書記録のほとんどが、公証人ひとりの手に管理の枢要を握られていた。いうなれば、スペイン領アメリカにおいては、行政司法制度の根幹を支える文書管理体制全体が公証人の手に委ねられていた、といっても過言ではない。そして、その

162　第Ⅱ部　文書の物質的諸相

ような公証人たちの生みだす文書記録の「真実性」を担保する鍵こそが、バーン
ズいうところの「鋳型」にあったのである。とするならば、ここで彼女が述べて
いる「鋳型」とは、具体的に何を指しているのだろうか。それは、スペイン領ア
メリカの公証人が文書記録を作成する際に参照したとされる「公証人マニュアル
（formulario）」のことである（Burns 2010: 30）[1]。

　「公証人マニュアル」、あるいは "formulario" と呼ばれる書物は、字義通りに
は、公証人たちが文書記録を作成する際に手本として用いたとされる、さまざ
まな書式（formula）や文例などを集成した雛型集を指している。ただ、16世
紀以降のスペインおよびスペイン領アメリカでは、公証人をはじめ、司法関連
の実務に携わる専門職の人々（判事、弁護士など）が用いたとされる文書作成術
の指南書や法律概説書、業務手引きなどの書物を広く総称する呼び名として、
"formulario" という語が使われていた[2]。そうした "formulario" と呼ばれるマニュ
アル本の類が、16世紀以降のスペインおよびスペイン領アメリカにおいて、実
際にどのくらいの規模で作成・出版されたのかについては、公式のデータが存在
しないため正確なところはわからない。ただ、既存研究でこれまでに取り上げら
れてきた公証人マニュアルのタイトルや、筆者自身がスペインおよびラテンアメ
リカの図書館・文書館などで調査したデータを総合すると、16世紀から18世紀
にかけての300年余りのあいだにスペインおよびスペイン領アメリカで作成・出
版された公証人マニュアルのタイトル数は、少なく見積もっても100点は下らな
いのではないかと考えられる。

　さらに、これらの16世紀以降に作成・出版された公証人マニュアルには、ひ
とつの興味深い共通点がみられる。それは、これら100点余りの公証人マニュア
ルの出版地のほとんどがマドリードやサラマンカ、バリャドリードといったス
ペイン本国の主要都市によって占められていることである。16世紀以降に作成・
出版された公証人マニュアルのなかで、スペイン領アメリカが出版地となって
いるものは、筆者の知る限りでは、1603年にリマで出版されたエビア・ボラー
ニョス（Hevia Bolaños）の『クリア・フィリピカ（Curia Philippica）』や、1605
年にメキシコで出版されたイローロ・カラール（Yrolo Calar）の『証書の作法（La
política de escrituras）』など、ごくわずかな点数に限られる。公証人マニュアル
全体の流通量からすれば、スペイン領アメリカで出版されたものが占める割合は
数パーセントにも満たなかったのではないだろうか。したがって、もしもスペイ
ン領アメリカで文書管理の実務を担う公証人たちが、バーンズのいうように、さ
まざまな公証人マニュアルの類を参照して文書作成の任務にあたっていたとする

ならば、その際に参照されていた公証人マニュアルは、おそらくは、スペイン本国で作成・出版され、スペイン領アメリカに「輸入」された書物であった可能性が高い、ということになるだろう。冒頭のバーンズの言葉を借りていえば、スペイン領アメリカにおいて公証人たちが文書記録に刻んだ「真実」は、スペイン本国で象られた「鋳型（＝公証人マニュアル）」にもとづいて成型されていた可能性が高い、ということになる。

いっぽうで、公証人の文書作成術について分析した先行研究を筆者が読んだかぎりでは、スペイン領アメリカの公証人たちが上述のような公証人マニュアルを実際にどのように利用していたのか（あるいは、利用していなかったのか）といった実態を詳細に論じた研究は、これまでのところほとんど存在していない。先行研究のなかで明らかにされてきたのは、16世紀以降、かなりの規模で公証人マニュアルが出版され、スペイン本国のみならず、スペイン領アメリカの書籍市場にも数多く出回っていたという、流通面での事実関係が中心である（Calvo 1952: 42-50; Rojas 2010; Rueda 2010）。それに対し、スペイン領アメリカの公証人たちが具体的にどのようなマニュアルを手に入れ、文書作成の際にそれらのマニュアルをどう参照していたのか（もしくは、参照していなかったのか）、あるいは、そのようなマニュアルがスペイン領アメリカの公証人たちの文書作成術にいかなる影響を及ぼしていたのか（もしくは、及ぼしていなかったのか）といった問題について、実証的なデータにもとづいて究明しようとした研究は、管見の限り、目にしたことがない。

本論の目的は、スペイン領アメリカにおいて周辺都市として位置づけられたラパス（ペルー副王領）の事例をもとに、植民地社会の公証人たちが実際にどのようにして公証人マニュアルを利用していたのか（あるいは、いなかったのか）、その実態を明らかにすることにある。具体的には、18・19世紀にラパスの公証人が作成した売買契約証書のテキストと公証人マニュアルに掲載されている書式見本とのあいだで比較分析を行なうことにより、ラパスの公証人が公正証書の書面を作成するにあたって、どのようなマニュアルを参照していたのか（あるいは、参照していなかったのか）、また、もしマニュアルを参照していたとするならば、公正証書の書面にどのような痕跡

図1　現在のボリビア国とラパス市

164 第Ⅱ部 文書の物質的諸相

が残されているのか、といった点についてテキスト分析のデータをもとに詳細に
跡付けていく。そのようにして売買契約証書と公証人マニュアルの関係性を通時
的に辿るなかで、そもそも公証人マニュアルという書物自体がどのような経緯を
へて生みだされてきたものなのか、その生成過程についても分析を試みる。そう
した分析を進めることにより、公証人マニュアルという特定の文書ジャンルを介
して、スペイン本国と植民地周辺社会の公証人とのあいだにどのような歴史的関
係が築かれていたのかを究明するとともに、スペイン本国とスペイン領アメリカ
を繋ぐ文書ネットワークが具体的にどのような仕組みにもとづいて機能していた
のかを実証的な視点から明らかにすることが本論の目的である。

　なお、本論で分析の対象となる年代にはスペイン植民地期だけでなく、ボリビ
ア共和国独立期以降の19世紀後半までが含まれている。本研究の構想段階にお
いて、そのような年代設定を行うことにより、スペイン帝国による植民地支配の
意味合いを、ラテンアメリカの独立期以降も含めたより広い文脈から問い直すこ
とができるようになるのではないかと考えたからである。その詳細については本
論の議論の中で追々明らかにしていきたい。

2　分析の対象と方法

　本節ではまず、今回の調査で対象として取り上げた売買契約証書および公証人
マニュアルの概要と、テキスト比較のデータ分析に用いた方法について具体的に
説明する。

　まず今回の調査で取り上げた売買契約証書（escritura de venta）の概要につい
て説明する（写真1）。今回の分析で用いた売買契約証書は、具体的には1735年
から1883年までのおよそ150年間にラパスの公証人たちが作成した公証人帳簿
（protocolo）のなかから抽出した44点である[3]。対象となった150年の間に、ラ
パスではのべ25人の公証人が公証業務に従事しており、その間に作成された公
証人帳簿の総数は300冊以上に及んでいる。そうしたなかから、今回対象となっ
た44点の売買契約証書を抽出するにあたっては、いくつか具体的な選定条件を
課している。例えば、上述の対象期間中にラパスで活動した25人の公証人の証
書が、それぞれ最低1〜2点はサンプルに含まれるように証書を抽出すること、
また、サンプルとなる証書の作成年代が特定の時期に偏らないよう、できるだけ
一定のタイムスパンで証書を選ぶこと、さらに、後述するような分析対象となる
売買契約条項が欠落なくテキストに含まれている証書を選ぶこと、などである。

6章 植民地都市ラパスにおける公証人の文書作成術と公証人マニュアルの影響　165

そのようにして選び出されたものが、表2に示した44点の売買契約証書である。ちなみにこれら44点のうち、17点はボリビア共和国独立（1825年）以降に作成されたものである。先述のように、今回の調査では、スペイン植民地期のみならず、独立期以降も分析対象に含めることで、近代ラテンアメリカにおける植民地支配の意味合いをより広い歴史的文脈から問い直すという研究意図があったため、対象サンプルの抽出年代はそのようなものとなっている。

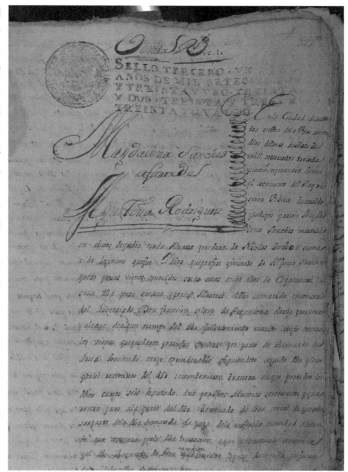

写真1　売買契約証書。1735年にラパスの公証人ホセフ・ベルナルド・デ・ソルエタが作成したもの。315×215ミリ

　次にこれら44点の売買契約証書に記載されているテキスト全体のなかで、今回、具体的に分析対象として取り上げた契約条項およびテキストの絞込条件について説明する。それにはまず、売買契約証書というものが、全体としてどのような構成になっているのか、文書としての基本的な成り立ちについて理解しておくこと必要である。そこで売買契約証書に記載されている諸条項の標準的な構成を表1に示している。

166　第Ⅱ部　文書の物質的諸相

表1　売買契約証書に記載される条項の標準的な構成リスト[1]

1 前　文 Protocolo	1-1 祈り Invocatio			
	1-2 通知 Notificatio			
	1-3 場所・年月日 Data			
	1-4 立会い公証人の担当宣告 Fórmula de intervención notario testitifical			
	1-5 出頭宣告 Fórmula de comparecencia			
	1-6 当事者の明示 Intitulario			
	（1-7 婚姻許可 連帯義務と放棄 Licencia marital y/o obligación de mancomunidad y renuncias）			
	（1-8 授権行為権限 Título de apoderamiento para otorgar）			
2 本　旨 Texto	2-1 売却譲渡規定 Dispositivo	2-1-1 売却譲渡規定 Dispositivo		
		2-1-2 売却相手 Dirección		
		2-1-3 財産の記述 Descripción del bien		
		2-1-4 権利書 Título de propiedad		
	2-2 価格と支払形態 Precio venta y Forma de pago	2-2-1 付帯権利・責任 Cargas y derechos accesorios		
		2-2-2 売却価格 Precio venta		
		2-2-3 支払形態 Forma de pago	2-2-3-1 全額弁済 Total anterior otorgamiento	
			2-2-3-2 公証人立会一部弁済 Mixto anterior y ante escribano	
			2-2-3-3 後払い弁済 Ante escribano	
	2-3 価格と支払について Sobre el pago	2-3-1 債務弁済 Satisfacción del pago		
		2-3-2 弁済諸法の放棄 Renuncia a las leyes sobre el pago（詐欺 engaño, innumerata…）		
		2-3-3 正当な補償と贈与 Justo precio y donación		
		2-3-4 正当補償諸法放棄の最終項 Cláusula final de renuncias a las leyes del justo precio		
	2-4 権利喪失と移譲 Desapoderamiento y traspaso			
	2-5 制定 Constituto（constitución como inquilino　借主制定）			
	2-6 賠償と担保 Evicción y saneamiento	2-6-1 保障と担保責任 Seguridad y saneamiento		
		（2-6-2 担保責任保証 Fianzas para el saneamiento）		
		（2-6-3 保証人の提示　Presentación de fiador）		
		（2-6-4 連帯義務と放棄 Obligación de mancomunidad y renuncias）		
		（2-6-5 担保責任義務 Obligación de saneamiento）		
	2-7 強制執行認諾条項 Cláusula guarentigia	2-7-1 対人対物履行の全体義務 Obligación general de cumplimiento con persona y bienes		
		2-7-2 裁判所執行授権と特別法の放棄 Apoderamiento ejecutivo de justicias y renuncias a propios fueros		
		2-7-3 特別法と法の全般放棄 Renuncias generales a fueros y leyes		
3 締　文 Escatocolo	（3-1 確証 Corroboración）			
	（3-2 年月日 Data）			
	3-3 真正認諾 Validatio	3-3 立会人氏名記述 Reseña nominal de testigos		
		3-4 公証人の嘱託人面識証明 Fe de escribano de conocer a las partes		
		3-5 署名の告示 Anuncio de suscripción		
		3-6 改正の除外 Salvado de enmiendas		
		3-7 署名 Suscripción		

6章　植民地都市ラパスにおける公証人の文書作成術と公証人マニュアルの影響　167

　表1に示したように、通常、売買契約証書に記載されているテキスト全体は、前文（protocolo）、本旨（texto）、締文（escatocolo）の三つのパートで構成されている。これら三つのパートはさらに細かく、それぞれ3項目から8項目程度の契約条項で構成されている[4]。ここではまず、三つの大きなパート（前文・本旨・締文）に記載されているテキストの内容について大まかに説明する。まず前文（表1の1-1から1-8まで）では、当該の売買契約証書の作成年月日・場所・作成者（担当公証人）の氏名、および嘱託人の氏名など、契約締結に関わる当事者の属性や契約の交わされた場所・日時といった基本項目が記載されている。つづいて、本旨（2-1から2-7まで）には、契約を締結した当事者同士のあいだで取り交わされた合意事項の具体的な内容が記載されている。例えば、対象となる売買契約の締結行為について正式な手続きを経て合意が交わされたという事実を公証人が認証したうえで、取引対象となる財産や物件の詳細、取引価格や支払い条件、担保や賠償に関する諸条件などが各条項にわけて記載されている。最後の締文（3-1から3-3まで）は、締結された契約の法的効力を最終的に担保するための諸条項が記載された部分である。具体的には、売買契約証書に記載されている内容について、公証人が嘱託者本人および立会人の面前で直接読み上げたあと、記載内容に誤りがないことを嘱託者本人および立会人が宣誓し、各自の署名を最下段に記入するまでの行程を文章化して書面上に記録している。表1に示しているように、それぞれのパートを構成する諸条項については、さらに詳細に分けることができるが、そうした細目は本論の趣旨に直接関わるものではないので、ここでの説明は割愛する。

　こうした売買契約証書を構成する諸条項のうち、今回の調査で分析対象としたのは、表1に示した本旨を構成する7条項のなかの2-4（権利喪失と移譲）から2-6-5（担保責任義務）までに該当する部分のテキストである（表1のグレーの部分）。この2-4から2-6-5までの部分には、主に売買契約の取引条件に関する約束事を記した条項が配置されており、そのテキストのほとんどが契約締結にまつわる定型的な表現を用いて記されている。そのため、今回のような書式比較を行なう対象としては最適な箇所だと判断したからである。それに対し、例えば、表1の前文および本旨の条項1から2-3までを構成するテキストの場合、売買契約を締結した嘱託者の氏名や居住地などの個別的な属性、あるいは売買対象となる物件の名称や所在地など、固有名詞を多く伴う内容の文章が記載されており、取り扱われる案件によってまったく異なる文や単語が並ぶことになる。そのため、今回のような書式比較の分析対象としては不向きだと判断した。

168　第Ⅱ部　文書の物質的諸相

　次に上記のような売買契約証書と比較する対象として、今回取り上げた公証人
マニュアルの概要について説明する。本調査において、分析対象に選んだ公証人
マニュアルは、具体的に次の2点である。

　①　『公証人の書棚、および初学者のための理論的、実践的な司法指南
　　　（Librería de escribanos é instrucción jurídica teórico práctica de principiantes：
　　　以下、「公証人の書棚」と略）』

　②　『地区判事および諸事務官が執行しうる司法手続の書式集、法務局
　　　の下級判事および雇用者を対象とした報酬規定の一覧を巻末に添付
　　　（Formulario de Las Dilijencias Judiciales que pueden practicar los jueces de
　　　paz, i cualesquiera funcionarios, i va añadido al fin el arancel de los derechos
　　　designados a los jueces inferiores i a los empleados subalternos del poder
　　　judicial：以下、「司法書式集」と略）』

　この2点の公証人マニュアルを選んだ理由は、いずれも筆者が本調査に先立っ
て実施した予備調査において、18世紀以降のラパスで作成された売買契約証書
の書式に何らかの影響を及ぼしている可能性が高いと判断できる結果が得られた
からである。1節でも述べたように、16世紀以降、スペインおよびスペイン領ア
メリカで出版された公証人マニュアルのタイトル数は、ゆうに100点を超えてい
たと考えられる。だがそうした数多くのマニュアルのなかでも、売買契約証書を
含めた、各証書の書式をテンプレート形式で掲載している公証人マニュアルのタ
イトル数となると、30点程度に絞られてくる。そこで筆者はそれらの公証人マ
ニュアルに掲載されている売買証書の書式・文例を対象として、ラパスの公証
人が作成した売買契約証書のテキストとのあいだで予備的な比較分析調査を試み
た。そうした中で、18世紀以降のラパスで作成された売買契約証書の書式に直
接的な影響が及んでいる可能性が高いと判断できた公証人マニュアルが、上記2
点であった。そこで本調査においては、この2点の公証人マニュアルを中心にし
て比較分析を進めるよう、研究枠組みを設定したのである。

　そこで以下では、この2点の公証人マニュアルの概要についてもう少し詳しく
説明しておきたい。

①　『公証人の書棚』

　この公証人マニュアルの正式なタイトルは、『公証人の書棚、および初学者
のための理論的、実践的な司法指南『Librería de escribanos é instrucción jurídica
teórico práctica de principiantes』というものである。このマニュアルは1769年

にマドリードで初版が出版されている（写真2）。作者名はホセフ・フェブレーロ（Joseph Febrero）といい、18世紀後半にスペイン王室の宮廷公証人を務めていた人物である。同書は、18世紀以降のスペインにおいて最も大きな商業的成功を納めた公証人マニュアルの一つに数えられており、スペイン領アメリカでも広く普及していたとされる書物である（Jimémez Gomez 2005: 56）。

1769年にマドリードで出版された『公証人の書棚』の初版は、全体では7巻36章、4,000頁を超える大著であった。さらに1769年の初版以降も、1852年までの80年ほどのあいだに7バージョンの改訂・増補・簡略版が出版されている。そうしたことから、『公証人の書棚』のマニュアルとしての評価の高さや、当時の公証人たちに与えたであろう影響力の大きさを窺いしることができる[5]。内容的には、遺言や契約などの民事案件を扱う第1部と普通訴訟や執行訴訟などを取り上げた第2部で構成されており、初学者に向けた公証人としての基本的な心構えから、公証業務に求められる法的知識の解説、さらには公正証書の発行に必要な手続の詳細に至るまで、およそ公証人に求められる要素のすべてを網羅的にカバーした、かなり完成度の高いマニュアル本となっている。

本論の分析では、この『公証人の書棚』の第1部第2巻に掲載されている売買契約証書の書式のうち、前節で説明した表1の条項2-4から2-6-5までに該当する部分を対象として抽出している。それが下の事例1である。なお、本論ではこの書式について、著者である「フェブレーロ Febrero」の名前からとって、「FEB型書式」と呼ぶことにする[6]。

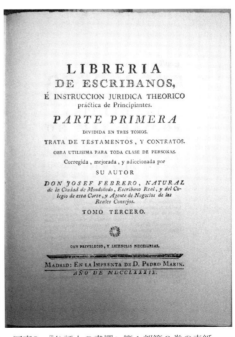

写真2　『公証人の書棚』第1部第3巻の表紙

事例1　FEB型書式のテキスト
y desde hoy en adelante para siempre se despodera, desiste, quita, y aparta, y á sus herederos, y succesores del dominio, ó propiedad, posesion, titulo, voz, recurso, y otro qualquier derecho

170 第Ⅱ部 文書の物質的諸相

que le competa á la enunciada casa : lo cede, renuncia, y traspasa con
las acciones reales, personales, utiles, mixtas, directas, y egecutivas en el
comprador, y en quien la suya represente, para que la posea, goce, cambie,
enagene, use, y disponga de ella á su eleccion, como de cosa suya adquirida
con legitimo y justo titulo: y le confiere poder irrevocable con libre, franca,
y general administracion, y constituye Procurador, ó judicialmente entre, y
se apodere de la nominada casa, y de ella tome, y aprenda la real tenencia,
y posesion que por derecho le compete; y para que no necesite tomarla, me
pide que le dé copia autorizada de esta Escritura, con la qual sin otro acto de
aprehension ha de ser visto haberla tomado, aprehendido, y transferidosele,
y en el interin se constituye su inquilino, tenedor, y precario poseedor en
legal forma: y se obliga á que dicha casa será cierta, segura, y efectiva al
comprador, y nadie le inquietará, ni moverá pleyto sobre su propiedad,
posesion, goce, y disfrute, ni contra ella aparecerá gravamen alguno; y si se
le inquietare, moviere, ó apareciere, luego que el otorgante, y sus herederos,
y sucesores sean requeridos conforme á derecho, saldrán á su defensa,
y lo seguirán á sus expensas en todas instancias, y Tribunales, hasta
egecutoriarlo, y dejar al comprador, y á los suyos en su libre uso, quieta, y
pacifica posesion; y no pudiendo conseguirlo, le darán otra igual en valor,
fabrica, sitio, renta, y comodidades, y en su defecto le restituirán la cantidad
que ha desembolsado, las mejoras utiles, precisas, y voluntarias, que á la
sazon tenga, el mayor valor, y estimacion que con el tiempo adquiera, y
todas las costas, gastos, daños, intereses, ó menoscabos que se le siguieren,
é irrogaren, por todo lo qual se les ha de poder executar solo en virtud de
esta Escritura, y juramento del que la posea, ó de quien le represente, en
quien defiere su importe, y le releva de otra prueba.（365語）

② 『司法書式集』
この公証人マニュアルの正式タイトルは、『地区判事および諸事務官が執行し
うる司法手続の書式集、法務局の下級判事および雇用者を対象とした報酬規定の
一覧を巻末に添付（Formulario de Las Dilijencias Judiciales que pueden practicar los
jueces de paz, i cualesquiera funcionarios, i va añadido al fin el arancel de los derechos
designados a los jueces inferiores i a los empleados subalternos del poder judicial：以

6章　植民地都市ラパスにおける公証人の文書作成術と公証人マニュアルの影響　171

下、「司法書式集」と略称する）』である。同書の初版は1854年にラパスから出されている。したがって、スペイン植民地期ではなく、ボリビア共和国成立以後のラパスで出版されたマニュアル本ということになる[7]。上掲のタイトルから推測できるように、同書は、おもに軽犯罪の裁判を担当する地区判事（Juez de Paz）や下級審の裁判所で執務に携わる司法関係者（判事、弁護士、公証人など）の利用を念頭において作成された公証人マニュアルだと考えられる。内容的には、起訴状や宣誓書、判決文・契約書など、下級審裁判所の司法手続に関わるさまざまな書類の書式見本を掲載した前半部と、各種手続に伴い、司法関係者に支払われる手数料の金額などを定めた報酬規定（Arancel）を掲載した後半部の2部構成となっている。同書は、表紙や目次、本文など、すべてのページをあわせても、全体で30ページ程度の簡易的な書物であり、先述のフェブレーロのマニュアルなどと比べると、かなり利便性、実用性を重視して作られた作品であることがわかる。

　筆者がこれまで把握している限り、同書は1854年に出された初版のほか、1856年に再版が出されている。出版年により、それぞれの表紙デザインや細かな装飾等の違いはみられるものの、全体の内容構成や本文の記述、ページ総数などはすべて共通している。両版の出版地は、それぞれ「Paz」および「Paz de Ayacucho」と記載されているが、同書内の記述にボリビアの地名が登場することから、いずれもボリビアのラパス市を指しているものと考えられる[8]。同書の出版元は「オピニオン印刷（Imprenta de Opinión）」となっているが、いずれの版にも著者名は記載されていない。このような特徴をあわせて考えると、同書はおそらく、ボリビア国内で活動する司法関係者、それもとくにラパス市近辺の地方裁判所などに出入りする地方判事や弁護士、あるいはその周りに事務所を構える地元公証人などをおもな対象にして作られた、かなりローカル色の強い公証人マニュアルだったのではないかと推察される。

　本論では、この『司法書式集』の15頁に掲載されている売買契約証書の書式のうち、やはり、先述の表1の条項2-4から2-6-5までに該当する部分のテキストを対象として抽出している。それが事例2である。なお本論ではこの書式を、そのタイトルの略号からとって「FDJ型書式」と呼ぶことにする。

事例2　FDJ型書式

En su consecuencia se desiste, quita i aparta del derecho, dominio i propiedad que habia i tenia en la referida casa, y la cede, renuncia i traspasa en el comprador, sus herederos i sucesores para que la hayan, tengan,

172 第Ⅱ部 文書の物質的諸相

posean, gocen i disfruten como cosa suya, habida i adquirida con su dinero i buena fé de compra como esta lo es, dándole ademas facultad para que judicial o extrajudicialmente o como mejor le convenga tome i aprenda su posesion, para cuyo efecto se la tiene entregada, confesando que esta venta le será cierta, segura i permanente sin que por persona alguna le sea puesto embarazo, que si tal sucediere saldrá a la voz i defensa a sus espensas i costas hasta dejar al comprador en quieta i pacífica posesion de la citada casa, i si así no lo hiciere por no querer o poder le dará devolverá su dinero con mas las costas, daños i perjuicios que le ocasionare, i con mas lo avalorado por mejoras que pusiere, aunque no sean útiles ni necesarias, sino voluntarias, para lo que se obliga a la evicion i saneamiento conforme a las leyes del caso.（192語）

　ここまで、本論で取り上げる二つの公証人マニュアルの概要について説明してきた。が、じつは本論でとりあげる書式はこの二つだけでなく、もう一つある。それが表2に掲載されている三つの書式のうちの、「CLLP 型書式」に該当するタイプである[9]。この書式は、ラパス市の公証人アントニオ・バスケス（Antonio Vasquez）が1746年に作成した売買契約証書のテキストから抽出したものである。したがって既述の二つの書式とは異なり、印刷・出版された公証人マニュアルに掲載されていたものではない。じつは今回、2節で述べた予備調査を進めるなかで、とくに18世紀のラパスの売買契約証書に広く影響を及ぼしていた可能性のあるタイプとして、ひとつの書式が浮上していた。それが「CLLP 型書式」である。ところが、この「CLLP 型書式」については、その由来となる公証人マニュアルがどのようなものなのか、その後の本調査を通しても特定することができなかった。そこで今回の分析では、「CLLP 型書式」の特徴を最も標準的に備えていると考えられるテキストを実際にラパスの公証人が作成した売買契約証書のなかから選び出し、それを比較分析のサンプルとして設定することにした。そのようにして選んだものが、1746年にアントニオ・バスケスの作成した売買契約証書のテキストである（事例3）。したがって本論では、この「CLLP 型書式」が、当時のラパスの売買契約証書にどのような影響を与えていたのかという問題だけでなく、「CLLP 型書式」と呼ばれるタイプの書式がそもそもどのような経緯を経て生みだされてきたのか、その来歴自体も考察の対象となっている。その詳細については4節以降で触れるつもりである。

6 章 植民地都市ラパスにおける公証人の文書作成術と公証人マニュアルの影響　173

事例3　CLLP 型書式

Con lo qual desde aora y para en todo tiempo se desiste quita y aparta de la tenencia propiedad posesion señorio titulo voz y recurzo y de otras acciones reales y personales que havian y tenian a dhas casas, mediante la referida compra, y todo ello con los dros de evicion seguridad y saneamiento que le pertenesen contra qualesquier personas y sus bienes los sede renuncia traspasa en el dho comprador y sus herederos y subsesores para que en todos subsedan y los aian pidan gosen tengan y posean como cosa suia propia avida y comprada con sus propios dineros, y adquiridas con justo y lexitimo título y buena fee de compra como esta lo es y le da poder y facultad p^a. que de su propia autoridad o judicialm^{te}. Como mejor le paresiere thome aprehenda y continue la tenencia y posecion de dhas casas, que el otorg^{te}. desde luego se la da y consiente por esta escriptura a su traslado que en señal de ella y verdadera tradicion le otorga en el registro de mi el presente esc^{no}. Como verdadero trasumpto de esta dha venta para que por uno y otro sea visto haverse transferido el dominio directo que tenia a ellas para se la dar y acudir cada que se las pida y en el inter que lo hase se constituie por su ynquilino tenedor y precario poseedor y como real vendedor y como mas aia lugar se obliga a la evicion seguridad y saneam^{to}. en tal manera que aora y en todo tpo le seran siertas y seguras y a ellas ní parte de ellas no puesto pleito demanda deuate ni contradiccion por ninguna persona causa ni rrason que sea, y si lo tal subsediere pleito o demanda se le pusiere saldra a la vos y defenza de ellas y tomandolos en si en qualquier punto y estado que esten aunque sea despues de la public^{on}. de prouanzas los seguira fenesera y acauara a su propia costa y micion, hasta poner al dho comp^r. y a sus subsesores en quieta y pasifica pos^{on}. Y si así no lo hisiere no pudiere o no quisiere le voluera y restituira los dhos ochocientos y sinq^{ta}. p^s. con mas lo que ymportaren las mejoras edificios y lauores que ympendiere aunque no sean utiles ni nesesarias sino voluntarias cuia liquidasion y prueba dexa y difiere en el simple juram^{to}. del comp^r. o del que assi la hisiere, sin que sea nesesaria otra, aunque de dro se requiera porque de ella le releua.（421語）

174　第Ⅱ部　文書の物質的諸相

表2　売買契約証書と公証人マニュアルの比較分析の結果[10]

時代区分	証書No.	公証人氏名	在職期間（推定）	証書の作成年	FDJ型書式との比較				
					評価	一致率（%）	総語数	一致数	相違数
植民地期	1	Joseph Bernardo de Solueta	1731-1736	1735	×	23.9%	322	77	245
	2	Antonio Vasquez	1739-1748	1739	×	21.6%	393	85	308
	3	Antonio Vasquez	1739-1749	1746	×	20.4%	421	86	335
	4	Antonio Vasquez	1739-1748	1747	×	14.6%	521	76	445
	5	Juan de Uria Yllanes	1752-1762	1756	×	25.9%	344	89	255
	6	Juan de Uria Yllanes	1752-1763	1759	×	21.2%	472	100	372
	7	Estevan de Losa	1757-1770	1760	×	25.7%	323	83	240
	8	Antonio Gabriel Quiñones	1773-1798	1773	×	28.7%	366	105	261
	9	Pedro de Mariaca	1774-1799	1774	×	22.8%	399	91	308
	10	Manuel Antonio Rodriguez	1788-1798	1789	×	23.3%	403	94	309
	11	Hipolito Quinteros	1777-1797	1791	△	32.0%	294	94	200
	12	Juan Manuel de Cázeres	1793-1801	1794	×	25.9%	406	105	301
	13	Cayetano Vega	1798-1824	1799	△	30.5%	305	93	212
	14	Cayetano Vega	1798-1824	1801	×	23.5%	307	72	235
	15	Mariano del Prado	1802-1827	1802	×	15.9%	345	55	290
	16	Mariano del Prado	1802-1827	1802	×	20.2%	317	64	253
	17	Juan Chrisostomo Vargas	1802-1816	1803	×	15.7%	178	28	150
	18	José Genaro Chávez de Peñaloza	1803-1825	1803					
	19	José Genaro Chávez de Peñaloza	1803-1825	1803					
	20	José Genaro Chávez de Peñaloza	1803-1825	1804	×	14.3%	356	51	305
	21	Juan Chrisostomo Vargas	1802-1816	1806	×	29.0%	155	45	110
	22	Juan Chrisostomo Vargas	1802-1817	1816	×	28.3%	106	30	76
	23	José Genaro Chávez de Peñaloza	1803-1825	1817	×	25.5%	157	40	117
	24	Cayetano Vega	1798-1824	1823	×	29.7%	303	90	213
	25	José Genaro Chávez de Peñaloza	1803-1825	1824	×	13.6%	412	56	356
	26	Mariano de Tapia	1821-1846	1824	△	52.0%	256	133	123
	27	Mariano de Tapia	1821-1846	1824	△	38.8%	322	125	197
共和国期	28	Juan del Prado	1809-1832	1826	×	28.7%	244	70	174
	29	Joaquin Mariano Prieto	1825-1832	1832	△	56.2%	242	136	106
	30	José Miguel de Velasco	1834-1841	1838	△	51.5%	264	136	128
	31	Domingo Viscarra	1847-1851	1843	△	48.4%	126	61	65
	32	Francísco Sandoval de Bravo	1848-1857	1848	△	32.5%	203	66	137
	33	Patricio Barrera	1855-1879	1857	×	22.8%	246	56	190
	34	Patricio Barrera	1855-1879	1857	×	13.5%	289	39	250
	35	Patricio Barrera	1855-1879	1857	×	22.6%	248	56	192
	36	José María Garcia de Rosas	1848-1866	1858	○	67.8%	146	99	47
	37	Francisco Luis Ballon	1859-1887	1862	△	31.4%	207	65	142
	38	Aniceto Rodas	1865-1899	1865	◎	94.7%	189	179	10
	39	Aniceto Rodas	1865-1899	1865	○	70.9%	158	112	46
	40	Aniceto Rodas	1865-1899	1865	◎	84.3%	198	167	33
	41	Calixto Jauregui	1875-1890	1879	×	26.4%	91	24	67
	42	Calixto Jauregui	1875-1890	1879	×	13.6%	257	35	222
	43	Francisco Luis Ballón	1859-1887	1881	△	31.3%	198	62	136
	44	Calixto Jauregui	1875-1890	1883	△	39.2%	51	20	31

CLLP型書式との比較					FEB型書式との比較				
評価	一致率(%)	総語数	一致数	相違数	評価	一致率(%)	総語数	一致数	相違数
◎	87.6%	322	282	40	×	18.9%	322	61	261
○	71.5%	393	281	112	×	19.1%	393	75	318
◎	100.0%	421	421	0	×	15.4%	421	65	355
△	54.2%	521	282	239	×	13.2%	521	69	452
○	77.6%	344	267	77	×	19.5%	344	67	277
○	71.4%	472	337	135	×	14.8%	472	70	402
○	60.4%	323	195	128	×	22.3%	323	72	250
○	73.4%	366	270	96	×	16.1%	366	59	317
○	61.4%	399	245	154	×	11.8%	399	47	352
○	72.5%	403	292	111	×	17.4%	403	70	333
○	74.8%	294	220	74	×	22.4%	294	66	228
○	76.6%	406	311	95	×	18.0%	406	73	333
○	76.1%	305	232	73	×	18.0%	305	55	250
△	56.0%	307	172	135	×	13.7%	307	42	265
△	46.1%	345	159	186	×	26.7%	345	92	253
△	41.6%	317	132	283	×	24.3%	317	77	240
△	34.8%	178	62	116	×	8.4%	178	15	163
					○	70.9%	299	212	87
					○	68.3%	271	185	86
×	29.5%	356	105	252	○	77.2%	356	275	81
△	50.3%	155	78	77	×	20.6%	155	32	123
△	30.2%	106	32	74	×	22.6%	106	24	82
×	29.9%	157	47	110	×	10.2%	157	16	141
○	61.7%	303	187	116	×	16.2%	303	49	254
×	27.4%	412	113	299	○	71.4%	412	294	118
△	47.3%	256	121	135	×	23.4%	256	60	196
△	32.6%	322	105	217	×	17.4%	322	56	266
△	48.0%	244	117	127	△	39.3%	244	96	148
△	42.1%	242	102	140	×	22.7%	242	55	192
△	38.6%	264	102	142	×	20.5%	264	54	210
△	37.3%	126	47	79	×	16.7%	126	21	105
×	21.7%	203	44	159	×	16.7%	203	34	169
△	29.3%	246	72	174	○	74.8%	246	184	62
×	24.9%	289	72	217	○	84.1%	289	243	46
△	32.3%	248	80	168	○	75.0%	248	186	62
△	45.9%	146	67	79	×	25.3%	146	37	109
×	26.1%	207	54	153	×	20.3%	207	42	166
△	48.8%	189	92	97	×	21.2%	189	40	149
△	38.6%	158	61	97	×	16.5%	158	26	132
△	40.9%	198	81	117	×	21.7%	198	43	157
×	20.9%	91	19	72	×	17.6%	91	16	75
×	12.5%	257	32	225	×	5.8%	257	15	242
×	27.8%	198	55	143	×	19.2%	198	38	160
×	15.7%	51	8	43	×	15.7%	51	8	43

最後に、今回の調査で実施した公証人マニュアルの書式と売買契約証書のテキストとの比較分析法について具体的に説明する。今回の調査では、先述の売買契約証書44点から抽出したテキストを対象に、FEB型書式、FDJ型書式、CLLP型書式という三つの書式と語彙レベルで比較照合を行ない、それぞれの書式と一致する語彙の総数を割り出す、という方法を用いた。その上で、売買契約証書の対象テキストを構成する語彙総数のうち、三つの書式（FEB型、FDJ型、CLLP型）と一致する語彙が占める割合をそれぞれ算出し、その結果を「一致率」という指標にして、パーセンテージで示すことにした。例えば表1の証書No.1

176　第Ⅱ部　文書の物質的諸相

でいうと、この売買契約証書のテキストを構成する語彙総数は322語だが、その
なかでFDJ型書式と一致する語彙数は77語なので、一致率としては「77÷322」
で23.9％となる。単純にいえば、この「一致率」の割合が上がれば上がるほど、
対象となる売買契約証書のテキストは、特定の公証人マニュアルを参照して作
成された可能性が高いと推察できることになる。さらに、両者の関係性を質的
に評価する目安として、「一致率」が80％を超える証書については◎、60％以上
80％未満のものには○、30％以上60％未満には△、30％未満には×という印を
つけ、表2中に記載することにした。このあたりは、筆者の主観的な判断も入っ
てきてしまうのだが、一致率が80％を超えるようなテキストは、ほぼ逐語的レ
ベルで引き写した、いわゆる「瓜二つ」と言われるようなレベルで酷似している
テキストである。それに対し、一致率30％未満というのは、当該のテキスト同
士の直接的な参照関係をほぼ想定しなくてもよいレベルの数値だと筆者は考えて
いる。というのも、売買契約証書というのは、基本的に法律の規定にそくして考
案された文章であるから、いずれの証書にも共有される最低限の語彙や表現とい
うものが存在する。一致率30％未満という数値は、そうした、どの証書にも共
通する語彙や表現が一致しているレベルの値だと考えてよい。したがって、特定
のマニュアル本との直接的な参照関係は想定しにくいレベルの一致率だというこ
とになる。
　以上のような手順で出された分析結果の全体像をリスト化したものが表2であ
る。次節以降では、この表2の分析結果にもとづいて、18・19世紀ラパスにお
ける売買契約証書と公証人マニュアルの史的関係性について、どのようなことが
いえるのかを具体的に考察していきたい。

3　19世紀ラパスにおけるFDJ型書式の位置づけ

　表2の分析結果について考察を始めるにあたり、本節ではまず、19世紀におけ
るFDJ型書式の影響から取り上げてみたい。それぞれのマニュアルの出版年代
から考えると、FDJ型書式を最初に取り上げるのは時代的に逆行することになる
が、18世紀以降のラパスにおける公証人マニュアルの影響を包括的に理解する
にはそのような手順で考察を進めるのが最適だと考える。
　さて、表2に取り上げた44点の証書のなかで、まず最初に取り上げるのは、証
書No.38の売買契約証書についてである。このNo.38のテキストは、1865年か
ら1899年にかけて公証人として活動したアニセト・ロダス（Aniceto Rodas）によっ

て、1865年に作成された売買契約証書から抽出したものである。表2に掲載した FEB 型、CLLP 型、FDJ 型という三つの書式との比較結果をみてもわかるように、No.38のテキストの最大の特徴は、FDJ 型書式との一致率が94.7％という、きわめて高い値を示している点にある。この一致率94.7％という数値は今回分析したすべてのデータのなかで最も高い値を示すものとなっている。事例4は、No.38のテキストを FDJ 型書式（事例2）と照合した結果を示している。事例4のテキスト中、グレーで上塗りをしている部分が、FDJ 型書式と一致する箇所である。

事例4　No.38のテキストと FDJ 型書式の比較結果

En su consecuencia se desiste quita y aparta del derecho, dominio y propiedad que habia y tenia en la referida finca, y la cede renuncia y traspasa en el comprador, sus herederos y sucesores para que la posean, gocen y disfruten como cosa adquirida con su propio dinero y buena fé de compra como esta lo es, dandole ademas facultad para que judicial ó estrajudicialmente ó como mejor le convenga tome y aprenda su posecion para cuyo fin se la tiene entregada confesando que esta venta le será justa y verdadera sin que por persona alguna le sea puesto embarazo, que si tal sucediese saldrá á la voz y defenza á sus espensas y costas hasta dejar al comprador en quieta y pasifica posecion de la tercera accion vendida, y si asi no lo hisiese por no querer ó poder, le dará y debolverá su dinero con mas las costas daños y perjuicios que le ocasionare, y con mas lo avalorado por mejoras que pusiese aunque no sean útiles ni nesesarias, sino voluntarias: para lo que se obliga a la evicion y saneamiento conformes á las leyes del caso.（179/189語）

　ここで事例4を一瞥しただけでも、No.38のテキストが FDJ 型書式とかなりよく似たテキストで構成されているとの印象を受けるのではないだろうか。実際に、語彙レベルで両者の異同を照合してみると、No.38のテキストを構成する語彙総数189語のうち、じつに179語は FDJ 型書式を構成する語彙と重なり合っている。逆にいえば、両者のテキストを構成する語彙のあいだで相違がみられるのは、残りの10語（五ヶ所）のみということになる。さらに、そのうちの半数にあたる5語（二ヶ所）については、No.38の売買契約案件において取引対象となっ

178　第Ⅱ部　文書の物質的諸相

ている売却物件の名称など、いわゆる固有名詞に相当する語彙で占められている（具体的には、2行目の「finca（農園）」と10行目の「la tercera accion vendida（売却された三番目の株）」）。これらの語彙は、もともと個々の契約内容にあわせて案件ごとに書き換えるのが前提となっている箇所であり、もし仮にこの証書が特定のマニュアル（『司法書式集』）を参照して書かれたものだったとしても、当然、実際に記載される語彙は異なってくる。

　そのようにみていくと、No.38のテキストを構成する語彙のなかで、FDJ型書式のそれと明らかに異なる（変えられている）といえるのは、残りの5語（三ヶ所）のみということになる。具体的には4行目の「con su propio dinero（彼自身の金銭をもって）」の「propio（自身）」の部分（1語）、6行目の「para cuyo fin（その目的のために）」の「fin（目的）」の部分（1語）、7行目の「esta venta le será justa y verdadera（本売却が正当かつ真正であらん）」の「justa y verdadera（正当かつ真正）」の部分（3語）、の三ヶ所である。それぞれについて、事例2を参考にFDJ型書式と具体的にどのように異なっているのかを検証してみると、事例4の4行目の「con su propio dinero（彼自身の金銭をもって）」は、FDJ型書式では「propio（自身）」の1語がなくなっており、「彼の金銭をもって（con su dinero）」という表現になっている。ただ、この文脈において「propio（自身）」の1語が付け足されたことによる文意への影響はほとんどみられないのも事実である。したがって両者の違いは、もともとの表現（FDJ型書式）に修飾語を1語付け足しただけの（ある意味、単純な）形式上の変更とみることも可能である。また6行目の「para cuyo fin（その目的で）」については、FDJ型書式では「fin（目的）」の代わりに「efecto（目的）」の語が用いられ、「para cuyo efecto（その目的のために）」という表現になっている。つまり、この場合には、「fin」と「efecto」という二つの語のあいだで置換が行なわれていることになる。ただ、置き換えられた語同士（efectoとfin）はもともと同義語といってよく、両者のあいだにやはり意味上の差異は生じていない。最後に7行目の「本売却が正当かつ真正であらん（esta venta le será justa y verdadera）」については、「justa y verdadera（正当かつ真正に）」の部分が、FDJ型書式では「cierta（確実に）」の1語で表されており、全体としては「本売却が確実であらん（esta venta le será cierta）」という表現になっている。この場合には、No.38のテキストでは語数が1語から3語に増やされ、形容詞もまったく別の語に置き換えられている。したがって、表現が微妙に異なっているようにもみえるが、「当該売却の効力を保証する」という条項文全体の基本趣旨は両者に通底しており、定型句的な文の構成もそのまま維持されている。

6章　植民地都市ラパスにおける公証人の文書作成術と公証人マニュアルの影響　179

　こうしてみると語彙レベルで看取できる No.38 のテキストと FDJ 型書式の違いは、いずれも条項文の文意に大きく影響しないような、微細なレベルの形式的操作に留まるものであることがわかる。そのことは裏を返してみれば、No.38 の作成者が、もともと FDJ 型書式の表現を大きく変えようという意図をもっていなかったことの証左として捉えることができるのではないだろうか。いずれにしても、No.38 のテキストと FDJ 型書式とのきわめて高い類似性は、こうした分析結果からもじゅうぶんに裏付けられる。

　そこで次に問題となってくるのが、No.38 の作者であるアニセト・ロダスが、1865年にこの証書を作成するにあたって、実際に FDJ 型書式（『司法書式集』）を参照していたのかどうかという点である。この点については、事実関係を明確に立証するだけの直接的な証拠や資料（例えば、アニセト・ロダスが『司法書式集』を所有していたことを証明する文書記録など）は残念ながらみつかっていない。したがって、ここで筆者にできるのは、あくまで当時の状況証拠を積み重ねることによって、より蓋然性の高い推論を引き出すことだけである。しかしながら、ここであえて結論を先取りしていわせてもらうならば、筆者自身は No.38 のテキストの作者であるアニセト・ロダスが、1865年にこの証書を作成するまでのどこかの段階で『司法書式集』に掲載されていた FDJ 型書式を直接参照していた可能性はかなり高いのではないかと考えている。そこで、No.38 の証書が作成された当時の状況について、時系列にそくして少し整理して考えてみたい。

　すでにみてきたように No.38 の作成者であるアニセト・ロダスが、この売買契約証書を作成したのは1865年のことである。この1865年という年は、彼の公証人人生にとって特別な意味をもつ年だったと考えられる。なぜならロダスがラパス市の一級公証人（notario de primera clase）として正式に執務を開始したのがこの年だからである。ちなみにロダスの公証人としての在職期間は、1865年から1899年までの約35年間である[11]。一方、FDJ 型書式を掲載した『司法書式集』がラパスで出版されたのは、既述の通り、1854年と1856年である。ロダスが公証人としてラパスで執務を開始した1865年から換算すると、10年ほど時代を遡ることになる。既存研究によれば、ラテンアメリカの公証人制度において、公証人見習いが正規の資格を得て事務所を構えるまでには、通常、10年程度の修行期間を要したとされている（ロペス 2010: 162）。その間、師となる公証人の事務所で徒弟奉公をし、公証人になるために必要な知識や技術を段階的に身につけていくのが通常のプロセスだった（Burns 2010: 68-71）。そこで、もし仮にアニセト・ロダスが同程度の修行期間を経て1865年に正規の公証人としての執務を開始し

たと考えるならば、『司法書式集』が出版された1854年～56年は、彼が公証人を志していずれかの師のもとで徒弟修行を始めた時期にちょうど重なることになる。その後、公証人資格の取得をめざして「公証術（ars notarial）」[12]の習得に励んだであろう10年余りの見習い期間中に、彼にとってもっとも身近な環境であるラパス市内の出版社から出されていた公証人マニュアルの存在に彼がまったく知見を得なかったとするのは、少々不自然な見方であるように思われる。むしろ、お膝元のラパスで流通し始めていた当時最新の公証人マニュアル、それもフェブレーロのマニュアルのように格式張った大作でもなく、値段的にもおそらくは手の届きそうな価格であったはずのマニュアル本を、彼が実際に手に入れていた（あるいは、彼の勤める公証人事務所に備えられていた）と考える方が、より自然な見方だといえるのではないだろうか。そして、そこに掲載されている書式を手本にして証書作成の修練に励んだり、さらには、1865年に彼自身が晴れて公証人として独立した際に、自らが作成する公正証書にその書式をいち早く取り入れたという可能性は、状況証拠から考えれば、少なからずあったのではないかと思われる。そう考えれば、その産物が本節で分析したような No.38のテキストとFDJ 型書式との類似という形になって表れた、という推論も十分成り立つ余地のあるものなのではないだろうか。

　この事例から確認できるのは、少なくとも19世紀以降におけるラパスの公証人の文書作成において、印刷・出版された公証人マニュアルに掲載されている書式がもたらす影響はかなり直接的かつ大きなものがあったのではないか、という可能性である。その意味では、冒頭で紹介した「（公証人マニュアルという）鋳型から真実を成型する錬金術師」というバーンズの言葉は、植民地期のスペイン領アメリカのみならず、独立期以降のラテンアメリカの公証人についても十分当てはまる言葉だといってよいのかも知れない。

4　18世紀を中心とした CLLP 型書式の影響力

　さて、前節では FDJ 型書式に焦点をあてて分析を行なったが、本節では CLLP型書式の影響について考察してみたい。

　そこでもう一度、表2をみていただきたい。表2の分析結果を改めて見直した上で、1730年代から1880年代までの150年間にラパスで作成された売買契約証書にもっとも大きな影響を与えた書式はどれかと問われたならば、最初に挙がるのはおそらく、前節でみた FDJ 型よりもむしろ、CLLP 型書式のほうではないだ

6章　植民地都市ラパスにおける公証人の文書作成術と公証人マニュアルの影響　181

ろうか。実際、表2に挙げた44点の証書のうち、CLLP型書式との一致率が30%
を上回るものは31点に及んでいる。じつに全体の7割以上を占めることになる。
同じく、30%以上という基準で考えると、前節で取り上げたFDJ型で該当する
のは15点、FEB型では8点であるから、CLLP型の占める割合の高さは際立って
いる。また年代分布でみても、CLLP型との一致率が30%を上回る証書は、No.1
（87.6%）の1735年からNo.40（40.9%）の1865年に至るまで、およそ130年間
にわたって幅広く分布している。こうしたデータからも、18世紀以降にラパス
で作成された売買契約証書に最も大きな影響を及ぼした書式はCLLP型である、
ということが裏付けられるだろう。

　そうしたなかでも、18世紀中におけるCLLP型書式の存在感はとくに際立っ
ている。例えば、表2に挙げている証書44点のうち、18世紀中に作成されたも
のはNo.1（1735年）からNo.13（1798年）まで13点あるが、CLLP型書式と
の一致率という点では、それらのすべてが一つの例外もなく、50%以上の値を
示している。そのうちの10点は、70%を超える高い一致率である。いっぽうで
CLLP型以外のFDJ型書式やFEB型書式の一致率はいずれも30%を下回ってお
り（No.11とNo.13の2点のみが30%をかろうじて超える）、18世紀中における両者
の影響はほとんど読みとることができない。つまり、18世紀におけるCLLP型
の影響力は、他の書式の介入をほとんど許さないほどに圧倒的なものだったので
ある。いうなればCLLP型書式は、18世紀ラパスの売買契約証書において「標
準テンプレート」と呼びうるような中心的位置づけにあったということになるだ
ろう。

　一方、19世紀に入ると、そうした状況に変化が現れる。具体的にはCLLP型
書式の相対的な影響力の低下である。表2のデータからその点を検証してみよ
う。まず確認しておきたいのは、CLLP型書式の影響そのものは19世紀に入って
からもなお続いている、ということである。例えば、1800年以降に作成された
証書31点のうち、CLLP型書式との一致率が30%を上回るものは18点あり、依
然として全体の6割以上を占めている。しかしながら、個々の証書の一致率をみ
ると、その影響力の度合いは18世紀よりも相対的に落ちている。例えば、先ほ
ど挙げた18点の証書のうち、15点の一致率はいずれも50%を下回っている。13
点すべてが50%以上の一致率を示していた18世紀の状況に比べると、その影響
力の下落傾向は明らかだろう。また上限値でみると、1800年以降、CLLP型書
式との一致率が最も高いのはNo.24（1823年）の61.7%であるが、18世紀中に
は10点あった70%を超える一致率の証書は1点もみられない。これらの点を踏

182 第Ⅱ部　文書の物質的諸相

まえて考えると、CLLP型書式は19世紀以降も依然としてラパスの売買契約証書に影響を及ぼし続けているものの、その影響力の大きさという点では18世紀よりも明らかに落ちているということがいえるだろう。このような変化の背景に何があったのかについては、次節でもう少し詳しく検討してみたい。

　さて、これまでみてきたように、CLLP型書式は19世紀以降、多少影響力が落ちるとはいえ、18世紀から通してみれば、ラパスの売買契約証書にもっとも大きな影響を与えた書式だったと考えて間違いない。いっぽう、2節で述べたように、これほどまでに大きな影響を及ぼした書式でありながら、CLLP型についてはその元になったと考えられる書式を掲載した公証人マニュアルの存在がこれまでのところ確認できていない。それではこれまでみてきたようなCLLP型書式の影響力は、いったいどのような背景のもとに支えられていたのだろうか。

　この点について一つの可能性として考えられるのは、CLLP型書式にはもともと典拠となるような特定の公証人マニュアルが存在していなかったのではないか、という見方である。つまりこれまでみてきたようなラパスにおけるCLLP型書式の影響力は、あくまで公証人同士の実地修練の積み重ねによって支えられたものであり、共通の「鋳型」となるような公証人マニュアルはそもそもなかったのではないか、という可能性である。しかしながら、このような見方については、今回のデータに照らしてみる限り、可能性はあまり高くないのではないかと筆者はみている。そのように考える根拠の一つが、例えば表2に示したNo.1のケースである。No.1のテキストはベルナルド・デ・ソルエタという公証人が1835年に作成したものだが、表2からもわかるように、CLLP型書式との一致率が87.6％という非常に高い値を示している点が特徴である。この87.6％という一致率は、前節で分析したNo.38に次いで、今回の調査で二番目に相当する高い値である。実際、事例5に示した比較結果をみても、No.1は、CLLP型書式ときわめて類似性の高いテキストだということがわかる。

　事例5　No.1のテキストとCLLP型書式の照合結果
con lo qual desde aora para en todo tiempo se desiste quita y aparta de la tenensia propiedad y posesion titulo voz y rrecurso y de otras acsiones Reales y personales que hauia y tenia a la dha tersia parte de casas y todo ello con los dros de heuision seguridad y saneamiento que le pertenese contra quales quier personas y sus vienes lo cede rrenuncia y traspasa en el dho comprador su hermano para que en el subseda y los aya pida y

6章　植民地都市ラパスにおける公証人の文書作成術と公証人マニュアルの影響　183

gose como cosa suia propia hauida y comprada con sus propios dineros y
adquirida con justo y legitimo titulo y buena fee de compra como esta lo
es y le da poder y facultad para que de su autoridad o judisialmente como
mejor le paresiere tome aprehenda y continue la possesion de la tersia
parte de cassas que el otorgante desde luego se lo da y consiente por esta
escriptura o su traslado que en señal de ella le otorga en el rregistro de mi
el presente escriuano como verdadero trasumpto de esta venta y en el inter
que la toma se constituie por su ynquilino tenedor y precario poseedor
para se la dar y acudir con ella cada que se la pida y como rreal vendedor
y como mas aya lugar de dro se obliga a la heuision seguridad y saneam^{to}
de esta venta a que en todo tiempo le sera sierta y segura y a ella ni parte
della no puesto pleito embargo ni contradicsion por ninguna persona causa
ni rrazon que sea y si lo tal subsediere o pleito se le pusiere saldra a la voz
y defensa de dhos pleitos y lo sseguira fenesera y acauara a su propia costa
y mision y si asi no lo hisiere no pudiere o no quiciere voluera y rrestituira
los dhos siento sesenta y seis p^s y sinco rrs que tiene rreseuido con mas las
mexoras que tuuiere.　（282/322語）

　事例5の分析結果を見てもわかるように、No.1のテキストは、「家屋の3分の1
（tersia parte de casas）」や「彼のキョウダイ（su hermano）」といった固有名詞
の部分を除けば、ほぼ逐語的といってよいようなレベルで正確にCLLP型書式を
引き写したテキストである。これほどまでの精度をもって書き写されているテ
キストが、共通の「鋳型（＝公証人マニュアル）」を媒介することなく作成されて
いたとするのは、前節のNo.38の事例と比較してみても、あまり可能性の高くな
い見方であるように筆者には思われる。さらに表2のNo.11、12、13の証書は
1790年代にそれぞれ別々の公証人によって作成されたものだが、CLLP型書式
との一致率はいずれも80％近くを示している。これらの証書が作成された年代
は、CLLP型書式の作成年（1746年）から換算すると50年近くを経ており、公証
人の世代で考えると、おそらく2世代近い開きがあることになる。そのような世
代の開きを経てもなお、80％近い一致率を示すテキストが作られ続けていた状
況を踏まえると、これらの証書の背後に互いを結びつける共通の文書（＝公証人
マニュアル）が存在していたとしてもそれほど不思議はないだろう。
　そこでもう一つの見方として浮上するのが、CLLP型書式には確かにその由来

184　第Ⅱ部　文書の物質的諸相

となるような公証人マニュアルが存在し、当時のラパスの公証人のあいだで共有
されていたのだが、それはこれまで前提としてきたようなスペイン本国で出版さ
れ、スペイン領アメリカに「輸入」された比較的知名度の高い作品（例えばフェ
ブレーロの『公証人の書棚』のような）だったのではなく、むしろ、限られた地域
の公証人のあいだでのみ知られる、ローカル色の強いマニュアル、それも後述
のように手書きで筆写され、師から弟子へと直接継承されていったような手稿本
のマニュアルだったのではないか、という可能性である。じつはこうしたローカ
ルな公証人マニュアルが、スペイン領アメリカの諸都市に流通していた可能性
については、すでに一つの実例が存在している。それは18世紀後半にケレタロ
（Querétaro）市（ヌエバ・エスパーニャ）のある公証人が所有していた『メキシコ
宮様式にあわせて作成された公証人指南（La instrucción de escribanos hecha según
el estilo de la corte de México.: 以下、「公証人指南」と略）』というタイトルの公証人
マニュアルである。そこでこの事例を検討することにより、CLLP 型書式の由来
について考える手がかりとしてみたい。
　この『公証人指南』というマニュアルは、具体的には1758年から1786年まで
ケレタロ市の定席公証人（escribano de número）を務めたフアン・クリソストモ・
デ・サラテ（Juan Crisóstomo de Zárate）という人物が所有していたものである。
現在その実物は、ケレタロ自治大学の中央文書館に重要資料として保管されてい
る（Jiménez Gómez 2005: 11）。同書は、内容的には契約証書の作成や遺言書の手続
などの民事案件を中心に扱った、全体で335葉からなる手書きの公証人マニュア
ルである（Jiménez Gómez 2005: 52-54）。『公証人指南』の事例がとくに注目される
理由は、同書がもともと個人所有の手稿本でありながら、後に公的機関によって
所有・管理されたことから、その来歴が比較的明らかにされているからである。
例えば、同書の内容を詳細に研究し、内容解説を加えた復刻版を2005年にメキ
シコ市で出版したヒメネス・ゴメスによれば、現在ケレタロ自治大学に保管され
ている『公証人指南』の手稿本には、じつはそのオリジナルといえる原本が別に
存在しており、サラテが所有していたものはその原本から書き写された複製であ
る可能性が高いという（Jiménez Gómez 2005: 60）。サラテの所有していた『公証人
指南』の原本となる手稿本を執筆したのは、1753年から1764年にかけてメキシ
コ市の国王公証人（escribano real）を務めたフアン・エリアス・オルティス・デ・
ログローニョ（Juan Elías Ortiz de Logroño）という人物である。エリアス・オルティ
スが執筆したとされる原本は現在残っていないが、彼が『公証人指南』の原作者
であるという証拠は、サラテ版の表紙に作者名として「フアン・エリアス・オル

ティス殿による（Por don Juan Elías Ortiz）」と記載されていることや[13]、同書内に作者自身（つまり、エリアス・オルティス）による言及箇所がみられることなどから確認できるという（Jiménez Gómez 2005: 60）。サラテが『公証人指南』の写しを入手した経緯について、ヒメネス・ゴメスは、サラテがエリアス・オルティスの公証人事務所で筆耕などをしているあいだに自身で『公証人指南』の原本を書き写したか、もしくはその複製本をエリアス・オルティスから直接賦与された可能性が考えられるのではないかと推察している（Jiménez Gómez 2005: 59-61）。

　では、『公証人指南』の原作者とされるエリアス・オルティスは、そもそもどのようにして同書を執筆したのだろうか？　ヒメネス・ゴメスによれば、『公証人指南』の内容からは、同書を執筆するにあたってエリアス・オルティスがいくつか著名な公証人マニュアルを参照していた痕跡を読み取ることができるという。例えば、同書の遺言書の項目では、フアン・デ・ラ・リピア（Juan de la Ripia）の『遺言書の実務と相続の方式（Practica de testamentos y modos de subceder、1676）』やペドロ・メルガレーホ・マンリケ（Pedro Melgarejo Manrique）の『公的契約の要諦（Compendio de contratos públicos 1652）』といった、スペイン本国で17世紀に出版された公証人マニュアルの影響を見てとることができるとしている（Jiménez Gómez 2005: 55-58）。いっぽうで、証書作成の手本となる具体的な書式・文例については、ヌエバ・エスパーニャの地名や地元機関の名称が盛り込まれるなど、「メキシコ宮の様式」にあわせた実用的な改訂も随所に施されている。その際には、エリアス・オルティス自身が実際に使っていた公正証書の書式・文例も取り入れたのではないか、というのが同書を分析したヒメネス・ゴメスの推察である（Jiménez Gómez 2005: 59-60）。つまり、エリアス・オルティスは、基本的にはスペイン本国で出版された公証人マニュアルをベースとして参照しながらも、彼自身の活動拠点であるヌエバ・エスパーニャで同時代に使われていた文書の様式を積極的に取り入れるなどして、より地元の需要にあわせた、実用性の高い公証人マニュアルを独自に執筆していったということになるだろう。

　さて、以上のような『公証人指南』の事例を通し、CLLP型書式の由来を考える上で参考となる点をまとめると次のようになる。

　①　少なくとも18世紀以降のスペイン領アメリカにおいては、スペイン本国で出版された公証人マニュアルをベースとして、地域の公証人が独自に執筆し、地元の公証人のあいだでのみ用いられたような、ローカル色の強い手稿本マニュアルというものが流通していた可能性がある。

② そうしたローカルな公証人マニュアルは、基本的にその地の公証人が自らの経験を踏まえて執筆し、それを執筆者本人（師匠）から弟子へと受け継いだり、あるいは地元の公証人のあいだで共有・継承されていた可能性がある。ただ、基本的に内輪で継承されていく一点ものの作品であり、印刷本のように大量生産に附されたわけではない。そのため、ある地域の枠を超えて、広く公にその存在が知られるような作品ではなかった可能性が高い。

③ いっぽうで、そのようなローカルな公証人マニュアルは、スペイン本国で出版されたマニュアルをベースにしながらも、その地域の行政・司法機関で共有される独自の文書慣行や文書様式もある程度内容に反映させて作られており、地元の公証人にとっては、かなり利便性・実用性の高い作品であった可能性もある。

以上が『公証人指南』の事例から読み取れる、ローカルな手稿本マニュアルの特徴である。ただ残念ながら、こうしたローカルな公証人マニュアルが、スペイン領アメリカにおいていつ頃から、どの程度作成されるようになっていたのか、また、それが地域の公証人の文書管理実務に実際にどのような影響を及ぼしていたのかといった詳しい実態については、これまでほとんどわかっていない。②で指摘したように、こうしたローカルな公証人マニュアルは、地域の公証人同士のあいだで共有された、比較的流通範囲の狭い手稿本の作品であった可能性が高く、その存在自体、もともと世に知られる機会は少なかったのではないかと考えられる。さらに、所有者の死後、紛失したり、不要物として破棄されるなどして、現物が残されるケースもほとんどなかったからである。じっさい、『公証人指南』のオリジナルとされる、エリアス・オルティスの原本もこれまで実物はみつかっていない。サラテ版の場合には、彼の死後、遺産相続をめぐる司法訴訟事案が発生し、その証拠品として同書を裁判所が差し押さえるという僥倖に出くわしたため、偶然その存在が世に知られる結果となったのだが、そのようなケースは歴史上かなり稀な出来事だったのではないかと考えられる（Jiménez Gómez 2005: 74-77）。

したがって、『公証人指南』のようなローカルな公証人マニュアルが、ケレタロ以外の街にも存在していたことを前提として議論を展開するのは、あくまで仮説の上の仮説を重ねた実証性の薄い議論でしかないのだが、もしも18世紀ラパスにも同様な手書き公証人マニュアルが存在し、それがベルナルド・デ・ソルエタやアントニオ・バスケスといった当時のラパスの公証人たちによって共有されていたのだとするならば、これまでみてきたようなCLLP型書式が18世紀以降

のラパスにおいてあれほどまでに大きな影響力を持ちながら、その出典となる公証人マニュアルの存在を特定できない理由もある程度説明がつくのではないだろうか。

　さらにこうした手書きの公証人マニュアルが、ケレタロ以外のスペイン領アメリカの街にまだ他にも存在していたとするならば、公証人マニュアルというもの自体の歴史的な位置づけや、それが果たした役割についての解釈の在り方、さらにはスペイン領アメリカの公証人の文書作成術の仕組みについての理解なども大きく変わってくる可能性がある。また、スペインで印刷・出版され、スペイン領アメリカの書籍市場に数多く出回っていた公証人マニュアルにしても、『公証人指南』のように地元の公証人のあいだで使われていた手書きマニュアルをベースにして作られていたのだとするならば、そのようなマニュアルを媒介として築かれたスペイン領アメリカの公証人との歴史的関係の内実についても、当然、解釈の仕方が変わってくる可能性はある。ただ現時点でそうした可能性を具体的に検討するだけの資料は十分に揃っていない。したがって、ここではそれらの可能性について、今後さらに解明をすすめるべき課題として提示するのみに留めておきたい。

5　FDJ型書式とCLLP型書式をつなぐミッシング・リンク

　本節では、これまでみてきたFDJ型書式とCLLP型書式の歴史的関係に焦点を当てて考察を進める。その手がかりとなるのは、表2のNo.26、No.29、およびNo.30の証書である。それぞれの証書の作者名と作成年を記すと、No.26の作者がマリアーノ・デ・タピアで1824年作、No.29がホアキン・マリアーノ・プリエトで1832年作、No.30がホセ・ミゲル・デ・ベラスコで1838年作となっている。表2の分析結果からわかるように、これら3点の証書には以下のような共通点が認められる。

　① FDJ型書式との一致率がいずれも50％以上の値を示している。
　② CLLP型書式との一致率がいずれも40％前後の値を示している。
　③ 証書の作成年代がいずれも1820〜30年代に分布している。

　以下では、これらの共通点の意味するところを読み解きながら、FDJ型書式とCLLP型書式の歴史的関係について考察を進めていきたい。だがその前にまず、これら3点の証書について、もう一つ別の観点から共通点を指摘しておきたい。その共通点とは、この3点の証書のテキストを相互に比較しあった場合に、お互

188　第Ⅱ部　文書の物質的諸相

いの書式の一致率がいずれも高い値を示すという事実である。実際にこの3点の
証書のテキストを相互に比較した結果を表3に示す。

表3　No.26、No.29、および No.30のテキストの相互比較

証書番号	作成者	作成年	一致率（％）		
			No.26	No.29	No.30
No.26	マリアーノ・デ・タピア	1824		77.3%	80.4%
No.29	ホアキン・マリアーノ・プリエト	1832	84.8%		90.1%
No.30	ホセ・ミゲル・デ・ベラスコ	1838	78.5%	90.9%	

　このように三つのテキストを相互に比較した場合、その一致率は、いずれ
も70％代後半から90％台という、かなり高い値を示す結果となっている。こ
の70％代後半から90％台という一致率は、前節までにみてきた FDJ 型書式や
CLLP 型書式のケースと比べてもほとんど遜色のない値である。これはいった
い何を意味するのだろうか。その点を理解するために、具体例として No.30と
No.29のテキストを照合した結果を事例6に示す。

　事例6　No.30を No.29のテキストと照合した結果（一致率90.9％）
En esta conformidad, desistiendose como se desiste del derecho propiedad
dominio, y señorio que havia y tenia en la indicada finca, la sede renuncia
y traspasa en el comprador y sus sucessores, con todas sus incidencias y
dependencias, entradas, salidas, usos, costumbres, derechos, acciones y
servidumbres, cuantas ha y le pertenece así de hecho como de derecho,
libre de toda pecunia como se ha espresada arriba, para que la haya, tenga,
gose y posea, como cosa suya, propia, havida y adquirida, con justo y,
lejitimo titulo, en buena fé, de compra como esta lo es dando le facultad,
para que judicial, ó estrajudicialmente, ó del modo que le paresca tome
y aprenda su posecion, pues á su efecto se la tiene entregada justamente
que los títulos, y demas documentos de su propiedad, confesando que esta
venta le será cierta, segura y permanente desde ahora para en todo tiempo,
sin que por ninguna persona, le sea puesto embaraso ni pleito alguno; que
si asi susediere, saldrá á la vos y defensa á su espensa, y costa hasta dejar
al comprador en quieta y pasifica posecion de la predicha finca, y si así no
lo hiciere por no querer ó no poder le dará y bolverá todo él numerario

que tiene recivido, y reciviere, juntamente que las costas, y gastos que se le ocacionare, y lo abalorado de mejoras, y edificios que puciere é hiciere, aun que no sea útiles, ni nesesarios, sino boluntarios arreglado á simple juramento, por mas que por derecho otra cosa se requiera; obligandose á la evicion, seguridad y saneamiento, en legal forma.　（241/265語、90.9％）

　事例6をみてわかるように、No.30とNo.29のテキストは、固有名詞や接続詞など、単語の入れ替え箇所を除けば、ほぼ全体にわたって逐語的な同一性が保たれたテキストになっている。このような特徴は、4節で分析したNo.38とFDJ型書式の関係を彷彿とさせるものである。そこから推論できるのは、No.30とNo.29は、じつは同じ書式をベースにして作られた、ほぼ同一といってよい系統に属するテキスト同士なのではないか、ということである。もう一つのNo.26の証書についても、表3の一致率では若干数値が下がっているものの、テキスト照合の結果では同様な傾向を認めることができる。これらの点を総合して考えると、No.26を含めた、これら3点の証書は、事実上、同じ書式を基にして作られた「キョウダイ種」のような関係にあるテキストだということである。そこで本節では、これら3点の証書タイプを一つにまとめて扱うことにし、その書式を仮に「No.26型書式」と呼ぶことにする。

　このような手順を経て考え直してみると、冒頭に挙げた三つの共通点は、以下のように言い換えることができる。
　（1）　No.26型書式はFDJ型書式と50％以上の一致率を示す。
　（2）　No.26型書式はCLLP型書式と40％前後の一致率を示す。
　（3）　No.26型書式の証書は1820～30年代に作成されている。
　そこで改めてこれらの三つの共通点が含意している歴史的な意味合いについて、FDJ型書式、CLLP型書式、No.26型書式の関係性に焦点を当てながら考察を進めてみたい。

　最初に取り上げるのは、（1）の「FDJ型書式との一致率」についてである。そこで考察の手がかりとして表6-2を参考に、No.26型書式とFDJ型書式との一致率を検分してみると、No.26が52.0％、No.29が56.2％、No.30が51.5％となっている。確かに、いずれも50％をいくぶん上回る数値という点で共通点がみられる。ところで、この「50％を上回る」一致率というのは、前節までにみたFDJ型書式やCLLP型書式のケースと比べると、相対的に低い値であるように感じられるかもしれない。しかし視点を変えてみれば、No.26型書式に属す各

190　第Ⅱ部　文書の物質的諸相

証書は、いずれもその語彙の半数以上を FDJ 型書式と共有しているということでもある。その意味では、No.26型書式は、FDJ 型書式と証書としての「基本骨格」を共有しているといってもよいだろう。そこで、この「基本骨格の共有」が意味するところをもう少し掘り下げて考えるため、No.26型書式と FDJ 型書式のテキストを実際に照合し、その異同の詳細を具体的に検討してみたい。その際、No.26型書式については、作成年代が最も早い表2中の No.26のテキストを具体的なサンプルとして取り上げ、表1の書式構成図に照らして双方のテキストをあらかじめ条項別に分節化したうえで、それぞれの条項ごとに比較照合を行なった。その結果を示したものが事例7である。左列が No.26のテキストをベースにした分析、右列が FDJ 型書式をベースにした分析の結果を示している。

事例7　No.26と FDJ 型書式のテキストの相互比較（下線部が一致する箇所）

構成番号	No.26 のテキストを FDJ 型書式と比較した結果（133/256 語、52.0%）	FDJ 型書式を No.26 のテキストと比較した結果（133/192 語、69.2%）
2-4	Con esta conformidad, desistiendose como <u>se desiste, del dro, propiedad, dominio, y señorio, qe. havia, y tenia en la citada casa, la cede, renuncia, y traspasa</u> en el enunciado D. Cayetano Salazar, y sus representantes, (1) <u>con todas sus entradas, salidas, usos, costumbres, dros, acciones, y servidumbres, quantas hai y le pertenecen, asi de hecho, como derecho, pa. qe. la haya, tenga, gose, y posea, como cosa suya,</u> propia, <u>havida, y adquirida</u> con justo y lgmo. titulo en <u>buena fé de compra como esta lo es,</u>	En su consecuencia <u>se desiste,</u> quita i aparta <u>del derecho, dominio i propiedad que habia i tenia en la referida casa, y la cede, renuncia i traspasa</u> en el comprador, sus herederos i sucesores <u>para que la hayan, tengan, posean, gocen</u> i disfruten <u>como cosa suya, habida i adquirida</u> con su dinero i <u>buena fé de compra como esta lo es,</u>
2-5	<u>dandole facultad, pa. qe. judicial, o extrajudicialmte.</u> o del modo qe. le paresca, <u>tome,</u> y aprehenda su posecion, (2) <u>pues entretanto la verifica, se constituye su inquilina tenedora, y precarea posehedora, pa. se la dar, cada, y quando se la pida,</u>	<u>dándole</u> ademas <u>facultad para que judicial o extrajudicialmente</u> o como mejor le convenga <u>tome</u> i aprenda su posesion, para cuyo efecto se la tiene entregada,
2-6-1	y <u>confiesa qe. esta venta le será cierta, segura,</u> y <u>permanete,</u> en todo tpo, <u>sin qe. pr.</u> ninguna <u>persona le sea puesto, embarazo,</u> ni pleyto alguno, <u>qe. si asi susediere, saldrá a la vos,</u> y <u>defensa, a sus expensas,</u> y <u>costa, hasta dejarlo,</u> o dejarlos <u>en quieta,</u> y <u>pasifica posesion de la casa,</u>	<u>confesando que esta venta le será cierta, segura</u> i <u>permanente sin que</u> por <u>persona</u> alguna <u>le sea puesto embarazo, que si tal sucediere saldrá a la voz</u> i <u>defensa a sus espensas</u> i <u>costas</u> hasta dejar al comprador <u>en quieta</u> i <u>pacífica posesion de la</u> citada <u>casa,</u>
2-6-2		
2-6-3		
2-6-4		
2-6-5	<u>y si asi no lo hiciere, pr. no querer,</u> o <u>no poder, le dará,</u> volverá, y restituirá los trescientos treinta ps. qe. tiene resividos, juntamte. qe. <u>las costas,</u> y gastos <u>qe. se le ocacionar, con mas lo avalorado de mejoras,</u> y edificios <u>qe. pusiere, é hiciere, aunque no sean utiles, ni nesesarios, sino voluntarios,</u> arreglada en todo a su simple juramto. aunque pr. dro. otra cosa se requiera, <u>obligandose a la evicion,</u> seguridad, y <u>saneamiento</u> en legal forma.	<u>i si así no lo hiciere por no querer</u> o <u>poder le dará</u> devolverá su dinero con mas <u>las costas,</u> daños i perjuicios <u>que le ocasionare,</u> i <u>con mas lo avalorado por mejoras</u> que pusiere, <u>aunque no sean útiles ni necesarias, sino voluntarias,</u> para lo que <u>se obliga a la evicion</u> i <u>saneamiento</u> conforme a las leyes del caso.

事例7に示した左右のテキストを全体的に比較して、まず第一印象としていえるのは、左列（No.26ベース）と右列（FDJ 型書式ベース）を比べた場合、語彙総数がかなり異なっている、ということであろう。具体的には、左列の No.26の語

彙総数 が256語なのに対し、右列の FDJ 型書式は192語と、後者の方が前者よりも2割ほど少なくなっている。つまり、FDJ 型書式の方が全体的により短縮されたテキストになっているのである。いっぽう、お互いのテキストを相互に比較した際の一致率でみると、左列の No.26が52.0% なのに対し、右列の FDJ 型書式は69.2％と、後者の方が17％以上高くなっている。つまり、一致率からみると、右列に示した FDJ 型書式の方が No.26のテキストにより近似した形になっていると考えられる。

　つぎに事例7の構成番号に照らして全体構造をみた場合、基本的にはどちらも同じ基準で組み立てられたテキストだということがわかる。構成番号でいうと、両者はいずれも2-4から始まって2-5、2-6-1へと続き、2-6-2から2-6-4を省略して、2-6-5で終わる形になっている。ここまでは両者の共通点である。ところがそれぞれの項目を構成している文に目を移すと、両者の対比が浮き彫りとなる。具体的にいうと、左列の No.26のテキストには、右列の FDJ 型書式に記載されていない文がいくつか存在するのである。例えば、構成番号2-4の3行目以降の一文や、同2-5の2行目以降の一文がそれに該当する（事例7の二重下線（1）と(2)）。それに対し、右列の FDJ 型書式の場合、No.26に記載されていない文というのは存在しない。FDJ 型書式が No.26と異なるのは、固有名詞や接続詞の入れ替えなど、単語の変更によるものが主である。こうした比較から見えてくるのは、FDJ 型書式というのは基本的に No.26のテキストをベースにした上で、そこからいくつかの（余分な）文を削除して作られた「派生型」、もしくは全体をより短く、コンパクトにまとめた「圧縮型」に相当するような書式なのではないかという可能性である。

　となると次に注目されるのは、共通点（3）で挙げた「No.26型書式の作成年代」である。表2からわかるように、No.26型書式の証書はいずれも1820年代から30年代にかけて作成されている。いっぽう、FDJ 型書式がラパスで最初に出版されたのは1854年である。そこから換算すると No.26型書式の証書の作成年は FDJ 型書式の出版より20年から30年余り遡ることになる。つまり FDJ 型書式がラパスで出版される30年前には、すでにその「祖型」となる基本骨格を備えた証書（つまり No.26型書式）が、ラパスの公証人たちによって使用されていたということになる。というよりも、時系列的にみてより整合性の高い考え方として言い直せば、『司法書式集』に掲載された FDJ 型書式のほうが、30年ほど前からラパスの公証人のあいだで使われていた、実在する証書書式をモデルに作られた可能性が高いということになるだろう。

192　第Ⅱ部　文書の物質的諸相

　さて、ここまでの分析では、FDJ 型書式と No.26型書式の関係に焦点を当て、議論を進めてきた。そこでつぎに、共通点（2）に挙げた「No.26型書式は CLLP 型書式と40％前後の一致率を示す」という特徴の意味するところについて考えてみたい。まず表2を参考に、No.26型書式を構成する3点の証書と CLLP 型書式との具体的な一致率を確認すると、No.26が47.3％、No.29が42.1％、No.30が38.6％となっており、やはり、いずれも共通して40％前後の値を示していることが確認できる。先ほどの FDJ 型書式との比較結果に比べると、数値的には総じて10％程度低くなっている。だが、それでも3点そろって40％前後の一致率を示すという分析結果からは、その背後に何らかの（歴史的）因果関係を窺わせるもの、との見方も十分成り立つのではないだろうか。そこで No.26型書式と CLLP 型書式についても、テキスト同士の相互比較を行い、その構成の異同を具体的に照合してみた。その際、No.26型書式については、先ほどと同様、表2中の No.26の証書テキストを具体的なサンプルとして取り上げ、あらかじめ条項ごとに分節化した上でテキストの比較を行っている。その結果を示したものが事例8である。

　事例8を一瞥してわかるように、No.26と CLLP 型書式では、まずテキスト全体の長さがかなり異なっている。その違いを具体的な語彙総数でみると、左列（No.26）のテキストが256語なのに対し、右列（CLLP 型書式）は421語と、前者のほうが後者に比べて4割近くも少なくなっている。それに対し、双方のテキストを比較した際の一致率では、右列の CLLP 型書式をベースにした場合では28.7％なのに対し、左列の No.26をベースにした場合だと47.3％と、後者のほうが18％以上高い数値を示す結果となっている。これらの点をあわせて考えると、左列の No.26のテキストは、全体の長さでは CLLP 型書式よりかなり短縮されていることになる。いっぽうで、一致率の点では CLLP 型書式により近似した特徴をもつテキストで構成されているのが No.26ということになる。

　つぎに各条項を構成するテキスト同士を比較した結果について考えてみる。そこでまずいえるのは、No.26の2-5および2-6-1を構成するテキストについては、いずれも CLLP 型書式の同条項のなかに対応するテキストを見いだすことができるということである。言い換えれば、No.26の条項2-5および2-6-1のテキストについては、基本的に CLLP 型書式を「祖型」にして作られた可能性が考えられるということである。ただし全体のテキストの長さについては、条項2-5および2-6-1のどちらについても、3分の1程度に短縮されている。そのことから、No.26のテキストの当該部分については、CLLP 型書式のテキストから語彙など

事例8　No.26のテキストとCLLP型書式を相互に照合した結果（下線部が一致箇所）

構成番号	No.26のテキストをCLLP型書式と比較した結果（121/256語、47.3%）	CLLP型書式をNo.26のテキストと比較した結果（121/421、28.7%）
2-4	Con esta conformidad, desistiendose como se desiste, del dro, propiedad, dominio, y señorio, qe. havia, y tenia en la citada casa, la cede, renuncia, y traspasa en el enunciado D. Cayetano Salazar, y sus representantes, (1) con todas sus entradas, salidas, usos, costumbres, dros. acciones, y servidumbres, quantas hai y le pertenecen, asi de hecho, como derecho, pa. qe. la haya, tenga, gose, y posea, como cosa suya, propia, havida, y adquirida con justo y lgmo. titulo en buena fé de compra como esta lo es,	Con lo qual desde aora y para en todo tiempo se desiste quita y aparta de la tenencia propiedad posesion señorio titulo voz y recurzo y de otras acciones reales y personales que havian y tenian a dhas casas, mediante la referida compra, y todo ello con los dros de evicion seguridad y saneamiento que le pertenesen contra qualesquier personas y sus bienes los sede renuncia traspasa en el dho comprador y sus herederos y subsesores para que en todos subsedan y los aian pidan gosen tengan y posean como cosa suia propia avida y comprada con sus propios dineros, y adquiridas con justo y lexitimo titulo y buena fee de compra como esta lo es
2-5	dandole facultad, pa. qe. judicial, o extrajudicialmte. o del modo qe. le paresca, tome, y aprehenda su posecion, pues entretanto la verifica, se constituie su inquilina tenedora, y precaria posehedora, pa. se la dar, cada, y quando se la pida,	y le da poder y facultad para que de su propia autoridad o judicialmte. Como mejor le paresiere thome aprehenda y continue la tenenciay posecion de dhas casas, que el otorgte desde luego se la da y consiente por esta escriptura o su traslado que en señal de ella y verdadera tradiccion le otorga en el registro de mi el presente escno. Como verdadero trasumpto de esta dha venta para que por uno y otro sea visto haverse transferido el dominio directo que tenia a ellas para se la dar y acudir cada que se las pida y en el inter que lo hase se constituie por su ynquilino tenedor y precario poseedor
2-6-1	y confiesa qe. esta venta le será cierta, segura, y permanente, en todo tpo, sin qe. pr. ninguna persona le sea puesto, embarazo, ni pleyto alguno, qe. si asi susediere, saldrá a la vos, y defensa, a sus expensas, y costa, hasta dejarlo, o dejarlos en quieta, y pasifica posesion de la casa,	y como real vendedor y como mas aia lugar se obliga a la evicion segridad y saneamto. en tal manera que aora y en todo tpo los seran siertas y seguras y a ellas ní parte de ellas no puesto pleito demanda deuate ni contradiccion por ninguna persona causa ni rrason que sea, y si lo tal subsediere pleito o demanda se le pusiere saldra a la vos y defenza de ellas y tomandolos en sí en qualquier punto y estado que esten aunque sea despues de la publica de prouanzas los seguira fenesera y acauara a su propia costa y micion, hasta poner al dho compr. y a sus subsesores en quieta y pasifica poson.
2-6-2		
2-6-3		
2-6-4		
2-6-5	y si asi no lo hiciere, pr. no querer, o no poder, le dará, volverá, y restituirá los trescientos treinta ps. qe. tiene resívidos, juntamte. qe. las costas, y gastos qe. se le ocacionaren, con mas lo avalorado de mejoras, y edificios qe. pusiere, é hiciere, aunque no sean utiles, ni nesesarios, sino voluntarios, arreglada en todo a su simple juramto. (2) aunque pr. dro. otra cosa se requiera, obligandose a la evicion, seguridad, y saneamiento en legal forma.	Y si así no lo hisiere no pudiere o no quisiere le voluera y restituira los dhos ochocientos y sinqta ps. con mas lo que ymportaren las mejoras edificios y lavores que ympendiere aunque no sean utiles ni nesesarias sino voluntarias cuia liquidasion y prueba dexa y difiere en el simple juramto. del compr. o del que assi la hisiere, sin que sea nesesaria otra, aunque de dro se requiera porque de ella le releua;

を大幅に削って作られているのではないかと推測できる。いっぽう、条項2-4と2-6-5については、No.26のテキスト中にもCLLP型書式に記載されていないテキストがいくつか存在していることがわかる（事例8の二重下線（1）と（2））。以上の点を踏まえると、おそらくNo.26のテキストは、ベースとなる基本構成については、CLLP型書式を受け継いでいると考えてよいのだろう。その上で、条項によっては、語彙などを多少削って全体をより短いテキストにしたり（2-5および2-6-1）、あるいは、もとの書式にはないテキストをいくつか書き足す（2-4と2-6-

5）ことにより、CLLP型書式とは多少異なる特徴を備えた「変異型」の書式になっているといえるのではないか。先ほど、FDJ型書式との関係においては、No.26型書式が「祖型」のような位置づけにあると述べておいた。それとの対比でいうならば、No.26型書式は、CLLP型書式を「祖型」としながらも、そこに新たな要素を付け加えることによって分岐していった「亜種」のような位置づけにある書式だったといえるだろう。

　以上、ここまでの分析で明らかになった点を総合的に踏まえた上で、改めてFDJ型書式、CLLP型書式、No.26型書式の三つの書式の関係を整理しなおし、全体的な見取り図がどのようなものになるのかをまとめてみたい。

　まず18・19世紀にラパスで作成された売買契約証書の書式の変遷を全体的に俯瞰してみた場合、そこに登場する書式は大きく三つのタイプに分けられることがわかる。その三つのタイプとは、CLLP型書式、No.26型書式、FDJ型書式である。そのうち、18世紀以降のラパスの公証人のあいだでもっとも大きな影響を及ぼした書式は、総体的な一致率の高さという点からみても、年代的な分布幅という点からみても、CLLP型書式であったといって間違いない。ただし、年代幅という点についていえば、19世紀以降、CLLP型書式の影響力は相対的に下落する傾向にある。そして、その主要因として考えられるのが、1820年代以降におけるNo.26型書式の台頭である。No.26型書式は、もともとCLLP型書式から分岐した「派生種」であり、CLLP型書式を祖型として、そこにいくつかの新規要素を加えて生みだされた「亜種」のようなタイプの書式であった。そのような「亜種」タイプの書式が、「祖型」となるCLLP書式に部分的に取って代わることによって、19世紀以降におけるCLLP型書式の影響力は相対的に下がっていったのではないかと考えられる。いっぽう、さらに時代を下って1850年代になると、今度はNo.26型書式の系譜を受け継ぐ、もう一つ別の書式が登場する。それがFDJ型書式である。FDJ型書式は、No.26型書式のテキストをより短く、コンパクトにまとめた「圧縮型」として位置づけられる書式である。この書式は、1854年にラパスで出版された『司法書式集』という公証人マニュアルに証書見本として掲載されることにより、19世紀半ば以降、おそらくはラパス近辺で活動する公証人たちのあいだで影響力を増していったと考えられる。その結果として生みだされたのが、3節で分析したアニセト・ロダスの事例のような、ほぼ逐語的といってよいレベルで書き写された証書テキストの出現であったといえるだろう。

　こうして改めて18・19世紀ラパスにおける証書書式の変遷プロセスを振り返っ

てみると、1730年代以降のおよそ150年のあいだにラパスの公証人たちが用いた三つのタイプの書式は、結局のところ、どれもひとつの共通祖先に出自を辿ることのできる、同一系統の書式だったことがわかる。その共通祖先となった書式こそ、18世紀ラパスの公証人のあいだで「標準テンプレート」として用いられていた CLLP 型書式であったのである。そして、その共通祖先から100年余りの時を経て、ある意味、書式として改良・進化を遂げた上で、1850年代にラパスで出版された『司法書式集』に証書見本として掲載されたのが FDJ 型書式だったということになる。さらに両者のあいだをつなぐ「ミッシング・リンク」として、双方の橋渡し的な役割を果たしたのが、二つの書式の中間的な特徴を備えた No.26型書式だった、というのが全体的な構図になるのではないだろうか。

6　FEB 型書式の影響について

　最後になったが、本節では FEB 型書式の影響を取り上げる。表2をみてわかるように、今回の分析では FEB 型書式と60％以上の一致率を示す証書が7点みつかっている。それらの証書の作者名と作成年を順に挙げると、ホセ・ヘナロ・チャベス・デ・ペニャロサが1803年および1804年に作成した3点（No.18、19、20）、同じくヘナロ・チャベスが1824年に作成した1点（No.25）、さらにパトリシオ・バレーラが1857年に作成した3点（No.33、34、35）の計7点である。そのうちヘナロ・チャベスが1804年に作成した No.19を除く5点は、いずれも70％を超える一致率を示しており、全体的にかなり高い値だといえる。そのうち最も一致率の高い（84.1％）、No.34のテキストと FEB 型書式を照合した結果を事例9に示す。

　　事例9　No.34のテキストを FEB 型書式と照合した結果
　　Y desde hoi en adelante para siempre, se desapodera, desiste y aparta, como tambien á sus herederos y succesores del dominio propiedad, posecion, titulo, voz, recurso y otro cualquier derecho que le competa á la referida finca parcial, lo cede, renuncia y trasfiere con las acciones reales y personales, utiles, mistas, directas y ejecutivas en el comprador y en quien la suya represente, para que la posea, goce, cambie, enajene, use y disponga de ella á su eleccion como de cosa suya adquirida con lejítimo y justo título. Y le confiere poder irrevocable con franca y jeneral administracion para que

196 第Ⅱ部　文書の物質的諸相

de su autoridad ó judicialmente entre y se apodere de la mencionada finca, y de ella tome la real tenencia y posecion que por derecho le compete, y entre tanto se constituye su inquilino tenedor y precario poseedor en legal forma. obligandose á que dicha finca será segura y efectiva al comprador sin que nadie le inquiete ni mueva pleito sobre su propiedad, posecion y disfrute, y si asi sucediere, luego que el otorgante, sus herederos y sucesores sean requeridos conforme á derecho saldran á su defensa y lo seguiran á sus espensas en todas instancias y tribunales hasta ejecutoriarlo, y dejar al comprador y a los suyos en su libre uso, quieta y pacifica posecion. mas no pudiendo conseguirlo le darán otra igual en valor de fábrica, sitio, renta y comodidades y en su defecto le restituiran la cantidad que ha desembolzado con el interes del dos por ciento mensual abonable desde esta fecha, las majoras precisas y voluntarias que á la sazon tenga, el mayor valor y estimacion que con el tiempo adquiera y todas las costas gastos, daños ó menoscabo que se le siguiesen á causaren.（243/289語）

　事例9からわかるように、No.34のテキストは、固有名詞や接続詞など、一部の語彙の入れ替えを除いて、基本的にはFEB型書式を踏襲して作られている。したがって、No.34の作者であるパトリシオ・バレーラが、FEB型書式の出典元である『公証人の書棚』を参照していた可能性は高いのではないかと考えられる。2節でも述べたように、『公証人の書棚』というマニュアルは、18世紀後半にスペイン王室の宮廷公証人を務めたホセフ・フェブレーロという有力者が執筆し、スペイン帝国の中枢であるマドリードから出版された作品である。そのような作品に掲載されていた書式が、スペイン領アメリカの周辺都市ラパスの公証人の証書作成に取り入れられていたという事実からは、スペイン帝国の中枢と植民地末端を繋ぐ文書を媒介とした拘束力の強さがどの程度のものであったのかを物語る具体例として位置づけることもできよう。さらにいえば、No.34が作成された1857年は、ボリビア共和国が独立してから30年以上を経た時代であることから、植民地期のみならず、独立期以降にまで波及効果を及ぼし続ける、文書を媒介とした植民地主義の影響の根強さを伺わせる事例として解釈することもできるかもしれない。

　いっぽうで、表2の分析結果をさらに詳しく検証すると、それとは別の面も垣間見えてくる。例えば、先ほど挙げた7点の証書の作者名を改めて見返すと、い

6章　植民地都市ラパスにおける公証人の文書作成術と公証人マニュアルの影響　197

ずれもヘナロ・チャベスとバレーラという二人の公証人によって作成されている
ことがわかる。いいかえれば、表2に挙げた25人の公証人なかで、FEB 型書式の
証書を作成したのは、この二人以外には存在していなかったということになる。
1769年に『公証人の書棚』が出版されてから、バレーラが1857年に FEB 型書
式の証書を作成するまでのあいだに90年近いタイムスパンがあったことを踏ま
えると、その間に FEB 型書式を取り入れた公証人が「二人」だけだったという
数字は、かなり少ない値だといえるだろう。そこからは、ラパスにおける FEB
型書式の影響が、きわめて限定的なものであった可能性が見えてくるのである。

　つづいて上述の7点の証書の作成年代をみると、1800年代が3点、1820年が
1点、1850年代が3点という分布になっている。それぞれの作成年代のあいだに
はいずれも20年から30年の開きがみられ、かなり散発的かつ断片的な年代分布
となっている。裏を返していえば、FEB 型書式の証書は、ラパスにおいて恒常
的・継続的には作成されていなかったということになる。いっぽう、表2を参照
して、ヘナロ・チャベスとバレーラの在職期間を確認すると、前者が1803年か
ら1825年、後者が1855年から1879年となっている。両者の在職期間のあいだ
には、ちょうど30年のスパンが空いている。つまり、先述の証書の作成年代の
開きは、二人の在職期間の開きをある程度反映したものだともいえる。また、
この二人が FEB 型書式の証書を作成したのが、いずれも在職期間の最初の2、3
年に集中している点も共通する。いっぽう、ヘナロ・チャベスが1817年に作成
した No.23の証書をみると、明らかに FEB 型書式とは異なる特徴をもっており
（FEB 型書式との一致率10.2%）、彼自身、恒常的には FEB 型書式を用いていなかっ
たのではないか、という痕跡も窺える。こうした点から考える限り、おそらくヘ
ナロ・チャベスとバレーラのあいだには公証人としての直接の接点はなく、それ
ぞれが別の時代に異なる経緯で『公証人の書棚』を手に入れたうえで、公証人業
務を開始した初期の頃に、（あるいは試用期間的な意味合いを含めて）限定的に FEB
型書式を用いた、というが当時の状況だったのではないかと考えられる。さらに
既述の通り、この二人の後を継承して FEB 型書式を採用する公証人も、他には
現れなかったようである。

　以上の点を総合的に勘案すると、18世紀後半から19世紀にかけてのこの時代
に FEB 型書式がラパスの公証人のあいだで「定番」の書式として根付くことは
なかったとみてよいのではないだろうか。もともとスペイン帝国の中枢（マド
リード）で考案され、植民地周辺都市ラパスに「輸入」された外来種である FEB
型書式の影響は、今回のデータをみる限り、あくまで散発的なままに終焉を迎え

198　第Ⅱ部　文書の物質的諸相

たといえそうである。

6　植民地社会における公証人の文書作成術と公証人マニュアルの影響

　本節では、これまでみてきた18・19世紀ラパスの売買契約証書と公証人マニュアルの比較分析を通して明らかになった点についてまとめてみたい。

　まず、冒頭で述べた問題設定のうち、18世紀以降のラパスの公証人の文書作成術に公証人マニュアルがどのような影響を与えていたのかという点について考察する。そのためにまず、3節で取り上げたFDJ型書式の分析結果を振り返ることからはじめたい。すでに述べたようにFDJ型書式は、もともと1854年にラパスで出版された『司法書式集』に掲載されていた書式であり、その意味では、バーンズのいう、公証人が拠り所とした「鋳型」のひとつでもある。今回の分析では、アニセト・ロダスの事例に代表されるように、同書式を逐語的レベルで書き写すようにして証書を作成した例を、1860年代以降のラパスにおいて確認することができた。さらに5節でも、『公証人の書棚』に由来するFED型書式をモデルにして証書を作成したと考えられる事例を、1800年代以降、複数確認することができた。こうした事実からみる限り、少なくとも18世紀以降のラパスでは、公証人マニュアルの書式を、文字通り「鋳型」として利用して証書作成にあたる公

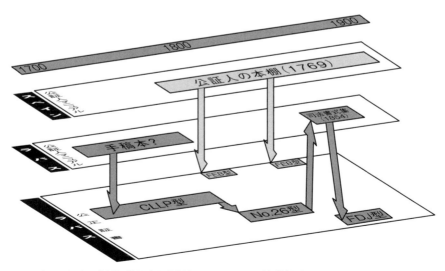

図2　ラパスにおける売買契約証書と公証人マニュアルの歴史的相関図

証人が、一定割合で存在したのではないかと推測できる。その意味では、冒頭でバーンズが形容したような「鋳型から真実を成型する錬金術師」というのは、実在の公証人の姿をそのまま映した表現だといえるのかもしれない。従来の公証人研究では、文書作成術の習得プロセスに関し、徒弟制度的な方法にもとづく実地修練・継承という側面が強調される傾向があったが、今回の分析をとおして、公証人マニュアルの果たす役割が想像以上に大きなものであった可能性を浮き彫りにできたことは、ひとつの成果といえるだろう。

　次に、公証人マニュアルを媒介とするスペイン本国と植民地社会の関係について考えてみたい。その手がかりとして、まずは18世紀以降のラパスにおいて、公証人たちが用いていた証書書式が具体的にどのようなものだったのかを振り返りたい。さきほど挙げた FDJ 型書式については、独立期以降の1854年に出版された公証人マニュアルに掲載されていた書式なので、植民地期の状況を直接反映するものとはいえない。ただ問題は、その歴史的な由来にある。すでにみてきたように、FDJ 型書式という「鋳型」は、もともと1820年代（つまり植民地期末期）にラパスの公証人たちのあいだで使用されていた売買契約証書（No.26 型書式）に由来する書式であり、時間軸を遡れば、No.26 型書式も18世紀にラパスで用いられていた売買契約証書（CLLP 型書式）から派生した型であったと考えられる。さらに CLLP 型書式については手書きの公証人マニュアルが18 世紀ラパスの公証人のあいだで共有されていた可能性があることも示唆しておいた。こうしてみると、FDJ 型書式というのは、18 世紀の CLLP 型書式（売買契約証書・公証人マニュアル）を起点として、No.26 型書式（売買契約証書）から FDJ 型書式（公証人マニュアル・売買契約証書）へと継承される発展プロセスのなかで生みだされた最終形態の書式であったということになるだろう（図2 ）。ここでとくに重要なのは、こうした書式パターンの通時的な変遷プロセスが、ラパスという植民地都市の内部において相対的な自律性をもって展開されていたという事実である。つまりこれらの書式は、「ラパス・モデル」とでもいいうるような、植民地都市内部の自生的な発展パターンのなかで創造された固有の型である可能性が高いということになる。

　いっぽう、スペイン本国で出版された公証人マニュアルの影響はどうだったのであろうか。まず一ついえるのは、スペイン本国の公証人マニュアルのラパスにおける影響は着実に認められたということである。その意味でスペイン本国の公証人マニュアルが及ぼした植民地社会への影響力を過小評価することはできない。だが、そうしたスペイン本国の公証人マニュアルのラパスにおける影響力

が、かなり限られたものであったことも事実である。少なくともスペイン本国で作られた書式がそのままラパスで「定番」化するような状況は看取できなかった。つまり、植民地期後期にあたる18世紀の段階において、植民地社会の公証人たちの文書作成を長期的・持続的に支えうるような強い影響力をスペイン本国の公証人マニュアルはもちえていなかったということになる。むしろ、18・19世紀ラパスの公証人の文書作成を支える原動力になっていたのは、これまでにみてきたような、CLLP型書式→No.26型書式→FDJ型書式へと変異していく自生的なプロセスを生みだした植民地社会の公証人たちの文書実践力にあったといえるだろう。そして、そのような植民地社会で生みだされる文書実践の力こそが、スペイン帝国の文書ネットワークを下支えする力の源泉になっていたと考えるのは、筆者の穿ちすぎた見方であろうか。

謝辞
本研究は JSPS 科研費 JP21401038の助成を受けたものです。

註
1） 公証人マニュアルの概要については、吉江（2010）、およびロペス（2010）を参照のこと。
2） 司法実務者向けのマニュアル書を指す名称としては、"formulario" という用語とならんで、"la literatura notarial（公証文学）" という名称もしばしば用いられる（Bono 1979a: 24）。
3） これらの売買契約証書は、ラパス文書館（Archivo de La Paz）、およびラパス市立歴史文書館（Archivo Histórico Municipal de La Paz）に保管されている公証人帳簿（protocolo）から採ったものである。
4） 公証人が作成を担う各種の公正証書のなかでも、遺言書（testamento）については表1に示したような構成とはかなり異なっている。表1に示したのは、基本的に二人以上の契約者のあいだで交わされる取引について認証する公正証書の構成例だが、遺言書の場合には、遺言者本人の口述を筆記する単独行為についての認証であるため、記載される内容や条項の構成にも違いが現れる。
5） 1780年代までに出版された増補・改訂版は、フェブレーロ自身が考案・執筆したマニュアルだと考えられるが、それ以降に出版されたものについては、フェブレーロ版をベースにしながらも、他の執筆者による増補、改訂、注釈などの手がかなり入っている。
6） 事例1に示した売買契約証書の書式は、直接には1990年にマドリードで出版された復刻ファクシミリ版に掲載されているものを用いている。この1990年復刻版の原本となったのは、1789年にマドリードで再版された『公証人の書棚』である。売買契

6章　植民地都市ラパスにおける公証人の文書作成術と公証人マニュアルの影響　201

約証書の書式については、1769年の初版、1789年の再版、1990年の復刻版のいずれについても同じものが掲載されている。

7）　ラパスにおいて、最初に印刷機が導入されたのはボリビア共和国の独立直前にあたる、1823年だとされている（Barnadas 2002: 1061）。

8）　ラパス市の正式名称は「Nuestra Señora de la Paz de Ayacucho」。

9）　「CLLP」は「Colonial-La Paz（植民地期 - ラパス）」の略号。このタイプの書式が植民地期後期の18世紀に多くみられることから、分析開始当初に筆者がつけた名称。もともとは、この書式の由来となるマニュアル本が見つかるまでの仮称として用いたのだが、後述のとおり、現時点でもそのようなマニュアル本の候補を特定できていないため、引き続き、「CLLP」の名称を用いることにした。

10）　表2に示した証書のうち、No.18と19については、FDJ型書式との比較結果だけを掲載している。その理由は、FDJ型書式については全体的にサンプル数が少なかったのだが、その影響の在り方をより明確に把握したいと考え、No.18と19についてのみ、例外的に「奴隷売買（venta de esclavos）」の証書を分析対象に加えたからである。

11）　ラパス文書館に保管されているアニセト・ロダス名義の公証人帳簿の年代から推定した。

12）　公証術（ars notarial）とは、公証人に求められる法学の知識や修辞術、文書作成の技術などを総称する名称として、中世以来用いられている用語である。

13）　同時に、サラテ版の表紙には、「フアン・クリソストモ・アントニオ・デ・サラテ・アランダ・ゴメス所有（Pertenece a Juan Crisóstomo Antonio de Zárate Aranda Gómez）」という記載があり、同書がサラテの蔵書であったことを確認できる。

7章　テンプル／聖ヨハネ騎士団カルチュレールと文書管理
生成・機能分化・時間

足立 孝

1　問題の所在

　わが国ではとりわけ岡崎敦の尽力により、中世文書の主要な伝来メディアの一つである、カルチュレール（cartulaire, cartulario）という史料カテゴリをめぐる研究史はつとに紹介されており、あらためて多言を要するものではないかもしれない[1]。カルチュレールとは定義上、個人ないし法人によって編纂されたそれらに固有の文書のコピーの集成であるが、オリジナルではなくコピーの集成である以上、古くはその法的挙証能力の有無に議論が集中したのも無理からぬことであろう[2]。もっとも、ことにフランス学界では、1991年パリで開催された通称「カルチュレール国際研究集会」を嚆矢とし[3]、1990年代後半にはマイケル・T・クランチィの仕事のフランス語版の出版を契機にイギリス学界のリテラシー論が批判的に受容されたことにより[4]、書くという実践そのものが歴史研究の対象となると同時に、そこではカルチュレール研究こそが特権的な地位を恣にするにいたっている。こうして近年では、カルチュレールの構成・配列とオリジナルの裏面情報を照合してアーカイヴズ管理のあり方そのものを復元、カルチュレールと他のテクストとの間テクスト的研究から編纂主体の権威がいかに組織化・永続化されたか、さらにまさしく過去の再定義の所産であるカルチュレールを介して過去意識そのものさえもが研究の対象となってきているのである[5]。

　カルチュレールと一口にいうものの、そもそもカルトゥラリウム（cartularium）という呼称は同時代にはあまりみられず、もっぱら「書」を意味するリーベル（liber）と呼ばれるのが通例である。となれば、いかなる編纂物がカルチュレールに分類されるかが問題となってくるが、実際には、時間的・空間的にも、形式的にも、編纂主体の種別という点でもきわめて多様というほかない。さしあたり次のように整理されるであろう。すなわち、時間的には、1通の羊皮紙に複数の証書が転写されるパンカルタ（pancarta）から冊子体のいわゆるカルチュレール

204　第Ⅱ部　文書の物質的諸相

へ（11〜13世紀）、カルチュレールから中世後期の財産目録とみまごうばかりの
「カルチュレール＝財産目録」や特定の紛争案件にかかわる一件書類をまとめた
「カルチュレール＝一件書類」へという形式的な変化が想定されている。空間的
には、法行為の内容が三人称・過去時制で叙述されるノティティア（notitia）や
前述のパンカルタが早期に出現するライン＝ロワール両河川間がどちらかといえ
ば先行し、証書の伝統が強固な地中海諸地域はやや後発という地理的な分布がみ
られるとされる。質的には、前述の時間的な発展系列にそくして、編纂主体によ
る過去の再定義を旨とする理念的な編纂物から、もっぱら内部管理にかかわるよ
うな実務的な編纂物への移行がみこまれている。他方、編纂主体別では、一般に
修道院が先行し、司教座聖堂教会、騎士団、君主、俗人貴族、さらに中世後期に
は都市がそれらに連なるといった具合である[6]。

　ここから2000年代には、11〜13世紀ラングドックの13のカルチュレールを
とりあげたピエール・シャスタンの学位論文（2001年）[7] ならびに南フランス・
カルチュレール研究集会（2002年）[8] で典型的に表現されているように、一定の
時間的・空間的枠組みのなかで複数のカルチュレールを比較・対照する類型論的
な方法が模索されるようになっている。これに対してスペイン学界では、1990
年代をつうじてもっぱらカルチュレールならぬ「史料集」の刊行に意が注がれ
てきたが、アルカラ大学のカルロス・サエスを旗頭に2001年以降、文字文化や
リテラシーそのものへの問題関心が高まると同時に[9]、その核心にカルチュレー
ルをおいた国際研究集会がごく最近になってようやく開催されるにいたっている
（2009年ウエルバ、2011年マドリード）[10]。

　以上をふまえて、ここでは、この方面の研究ではおよそ扱われることのな
かったテンプルおよび聖ヨハネ騎士団のカルチュレールに注目しよう。ことに
12世紀末にイスラーム統治下のバレンシアを眼前に望むアラゴン王国最南部に
進出した両騎士団には、支部・管区どころか、その末端のバイリア（bailía）の
レヴェルでそれぞれ編纂された一連のカルチュレールが例外的に伝来してい
る。王国の行政管区に倣ってバイリア、一般にはエンコミエンダないしコマン
ドリィ（encomienda, commanderie）とは、コメンダドール（分団長 comendador,
commandeur）により差配された、主要城塞を核とする管区最末端の領域支配ユ
ニットのことである。すなわち、聖ヨハネ騎士団のアリアーガ（1220年頃）[11]、
テンプル騎士団のカステリョーテ（1278〜1283年）[12]、テンプル騎士団解体後、
1317年に聖ヨハネ騎士団アンポスタ管区に統合されたビジェル（1349年）[13] お
よびカンタビエハ（14世紀末）[14] のカルチュレールがそれである（すべて現テル

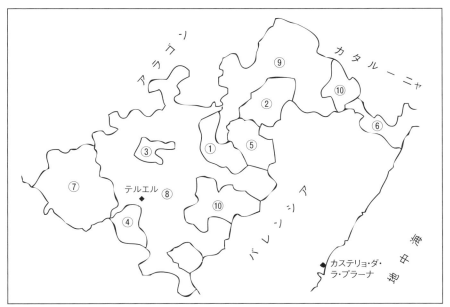

図1　テンプル／聖ヨハネ騎士団バイリア分布
　①アリアーガのバイリア②カステリョーテのバイリア③アルファンブラのバイリア
　④ビジェルのバイリア⑤カンタビエハのバイリア⑥アンポスタ＝ウルデコーナのバイリア
　⑦アルバラシン領主領⑧テルエル属域⑨カラトラーバ騎士団領アルカニス⑩サラゴーサ司教領

エル県）[15]。

　作業の方法としては、各カルチュレールを、体裁、構成、配列、ルブリック（題辞）、文書のナンバリング、コンテンツにそくしてテクスト生成論的に検討するが、これを各バイリアに伝来する単葉文書とその裏面情報や、ビジェルのもの以外伝来しないものの、同時代の公証人登記簿[16]などと書式レヴェルで照合し、個々の文書管理のあり方を可能なかぎり復元してみたい。ただし、ここでは作業が膨大になるので、問題の切り口を次の点に絞ることにしよう。すなわち、第1は、時間の問題である。前述のように、編纂主体による過去の再定義を旨とする理念的な編纂物から内部管理にかかわる実務的編纂物へという、カルチュレールの性格の変化をめぐる理屈はちょうど、過去の再定義による現在の脱時間化・永続化（過去＝理念的）／点的な現在認識による情報の更新・時間化（現在＝実務的）という二項対立にねざしている。けれども、われわれのまなざしで過去と現在を分かつ時点をア・プリオリに措定してよいであろうか。ここではあえて、現在そのものの幅を層位学的に把握する必要があるように思われる。第2

206　第Ⅱ部　文書の物質的諸相

に、この問題を検討するうえで注目したいのが、土地貸借証書群の扱われ方である。そもそも所領収入に直結するそれらの証書群はもとより実務的に扱われて然るべきものであろう。ことに14世紀に編纂されたビジェルおよびカンタビエハのカルチュレールの巻末には貢租帳らしきものが付されており、一見すると理念的編纂物から実務的編纂物へという理屈を補強するかのようである。だが、筆写された／されなかった土地貸借証書群と、コピストにより作成されたそれら貢租帳との照合はおそらく、前述の時間の問題を含めてそれとは異なる理解、すなわち類型論ならぬ機能分化論的な理解を強いることになるはずである。

　2　アリアーガのカルチュレール

　1220年頃に編纂されたアリアーガのカルチュレールは、聖ヨハネ騎士団アンポスタ管区最古のバイリア・カルチュレールである。体裁は200×215ミリの羊皮紙製で、近代に付されたアラビア数字のナンバリングにしたがえば28頁からなる。全体は13世紀初頭のフランス書体で書かれていて、各文書のイニシアルは赤で彩色されており、それぞれローマ数字がふられた45点の文書（最も古いものが1118年、最も新しいものが1220年）が筆写されている。ルブリックは付されておらず、各文書の間に1行の間隔が設けられるほかは、とくにセクション区分を可視化する措置は施されていない。各文書の横余白には、おそらく15世紀の書体で各内容の要旨が付加されている。

　表1にあるとおり、時間的な配列はおよそ考慮されていない。バイリア創設の起点をなす表1中の2番と7番を除くと、事実上1180〜1220年の文書からなる小カルチュレールというべきものである。とくに冒頭と中盤にバイリアの領域的形成にかかわる文書群が配置されているようであるが、厳密な地理的区分に準じているようにもみえない。形式的かつ発給主体別では、前半に国王文書、中盤にごくわずかな土地貸借文書、末尾に年代の省略された騎士団への托身を旨とする文書がおぼろげながらいちおうのまとまりをもって配置されているようである。それぞれバイリアの創設神話、在地経営実務、さらに年代が省略されていることから永続化が期待されたか、社会的結合の根拠をなす文書群が未分化なまま渾然一体となっているといえばよいであろうか。

　なお、筆写された国王および司教文書には、一覧備考に示したとおり、オリジナル、同時代のコピー、さらにカルチュレール編纂後に公証人が作成した写し（translatum, traslado）といった具合に、単葉文書が伝来する（45点中8点）。逆

7章　テンプル／聖ヨハネ騎士団カルチュレールと文書管理　207

表1　アリアーガのカルチュレール集成文書一覧

	年代／期日	種別	所領	備考
1	1211/11/22	国王寄進	Envidia	
2	1163	寄進	Aliaga	Carp. 617, no. 2 (trasl. s. XIV)
3	1195/11	国王特権		
4	1196/06/6	国王特権		Trasl.
5	1220/08	抵当	Miravete de la Sierra	
6	1214/06/29	貸借	Pitarque	
7	1118/12/18	国王寄進	Aliaga	Carp. 617, no. 1 (copia f. s. XII)
8	1195/08	国王特権	Belchite	Carp. 617, no. 6 (original)
9	1208/10/01	国王命令		
10	1206/06	売却	Huesa del Común	
11	1177	寄進	Godos, Foces, Belchite	
12	1163/09/08	寄進		
13	1204/05	交換	Belchite	
14	1188/02	寄進	Godos, Foces, Belchite	
15	1220/04/24	売却	G. Alcoz	
16	1189/11/30	分割	Belchite, Godos, Luesia	
17	1197/04	分割	Belchite	
18	1181/09/03	司教寄進	Aliaga, Las Cuevas del Rocín	Trasl. Carp. 617, no. 3 (trasl. 1292)
19	1202/06	国王寄進	Fortanete	Carp. 617, no. 9 (copia coetan.)
20	1190/12	国王寄進	Villarroya de los Pinares	Carp. 617, no. 4 (trasl. s. XIV)
21	1170/01	国王特権	Jaca	
22	1196/03/21	国王特権	Aliaga	Carp. 617, no. 7 (original)
23	1198?/07/01	国王命令	Aliaga	Carp. 617, no. 8 (original)
24	c. 1220	寄進	La Mezquita de Jarque	
25	c. 1220	寄進	La Mezquita de Jarque	
26	1196-1213	国王命令	Pitarque, La Cañada	
27	1211	托身	Aliaga	
28	1214/03	托身		
29	1208/08/23	寄進		
30	1210	貸借	Aliaga	
31	1211/09/30	托身	Santiella	
32	1213/02	貸借	Molinos	
33	1205/12	抵当		
34	1200/05	貸借		
35	1202/10/27	寄進	Campos	
36	1217/05/31	紛争	Miravete de la Sierra	
37	1211/01	貸借		
38	c. 1220	貸借	Belchite	
39	1214-1220	托身		
40	1209/02	托身		
41	c. 1206	托身		
42	1183/07	托身	Huesa del Común	
43	1214-1220	托身		
44	1214-1220	托身		
45	1214-1220	托身		

に4番と18番は公証人作成の写しからの筆写となっている。このような手段があ
りえたとなれば、少なくともアーカイヴズの維持・管理という点では、カルチュ
レールの編纂そのものに積極的な意味があったようには思われない。また、編纂
に続く1220年から1334年までの約100年間にも、カルチュレールが編纂された
バイリアとしてはやや例外的に、オリジナルを中心に73点の単葉文書が伝来し
ている。そのうち20点が土地貸借文書であるが、14世紀に付されたとおぼしい
それらの裏面情報はじつに興味深いものである。

「アリアーガ。18デナリウス」（Sensal de Aliaga d'hun campo / que se tiene con el
molino suiano / Aliaga } XVIII d.）[17]
「騎士団がカステリョーテにもつロウ3リブラ負担の土地貸借証書」（Carta de
tributa/rio de tres li/uras de cera que la / Orden ha en Castelleto）[18]

これらの事例では、貸借財産、所在地、貢租内容が表示されている。これは、
後述のカステリョーテのカルチュレールでは、各文書に付されたルブリックに相
当するものである。また、とくに前者の事例は、保有者名がないことを除けば、
後述のビジェルやカンタビエハのカルチュレール末尾の貢租帳とほぼ同一といっ
てよい表記方法である[19]。それゆえ、アリアーガの場合、いち早く小カルチュ
レールが編まれたのち、あるいはだからこそ、さらなるカルチュレールの編纂に
およばずに、もっぱら裏面の文書内容の要旨を指標に単葉文書の管理が重視され
たものと思われる。あるいは逆に、もしこのカルチュレールが純粋に理念的編纂
物であったとすれば、それは、単葉文書を軸とする実務的管理がそれを下支えし
たからであると考えたくなるところである。いずれにせよ、カルチュレールを含
むアーカイヴズ全体で理念的であると同時に実務的でもあったというべきであろ
う。

3　カステリョーテのカルチュレール

カステリョーテのカルチュレールは、当該地域で唯一知られるテンプル騎士
団のバイリア・カルチュレールである[20]。体裁は、200×158ミリの羊皮紙で52
葉、近代に付された頁ナンバリングでは1〜104頁、各頁は33行、13世紀後半の
書体で書かれていて、少なくとも6人のコピストの手になるものと考えられる。
筆写・集成された文書は1184〜1283年の112点で、各文書には一部を除き、ほ

ぼ同時期の書体でローマ数字とルブリックが付されている（近代に付されたアラビア数字ナンバリングにしたがえば1〜111番であるが、36番が2点含まれるので全体としては112点である）。冒頭に付された紙片にあるカルチュレールの概要説明では、全体が1278年に編纂され、1283年に幾つかの文書が追加されたとされている[21]。最近当該カルチュレールを刊行したサンドラ・デ・ラ・トーレ・ゴンサロは、このように全体として2段階に分かたれる当該カルチュレールの編纂動機をおおよそ次のように説明している。すなわち、第1段階を画する1278年はちょうど隣接する王領地オロカウ・デル・レイとの境界紛争が激化した時期であり、ついで第2段階に相当する1283年には就任直後のコメンダドールの暗殺未遂事件が起きるなど、バイリア住人との緊張関係が極度に高まった時期にあたることから、いずれの場合にも内外の政治的危機に直面した騎士団が自らのバイリア支配の法的正当性を担保するものとして編纂事業におよんだというのである[22]。

　表2は、各文書に付されたローマ数字とルブリックを一覧に示したものである。ここでもやはり文書の時間的な順序は考慮されておらず、地理的区分もみられない。筆写された文書のオリジナルまたは同時代のコピーはまったく伝来していない（そもそも単葉文書は1187〜1373年でわずか11点を数えるのみである）。基本的に文書の種別で区分されているようであり、余白を用いて各セクションがいちおう可視化されている。冒頭から13番までが国王文書であり、この点で一般的なカルチュレールの形式を踏襲したものといえるが、じつは全体の半数以上を占める112点中60点が土地貸借文書であり、14〜37番および64〜98番がそれらをまとめたセクションとなっている。各文書の直上（厳密には直前の文書の末尾の余白）にはカタルーニャ語のルブリックが付されているが、たとえば、28番のルブリックは、直前の27番の本文と同一の書体でありながら、当の28番本文と異なる書体となっているので、文書の筆写と同時に続けて記入されたものと考えられる。また、同時期の書体でローマ数字が各文書にふられているが、とくに1283年の追加分である109〜111番では続き番号ながら近代のローマ数字となっている。

　冒頭の一連の国王文書、わけてもバイリア創設にかかわる重要な寄進文書や特権文書はもっぱら公証人による写しからの筆写となっており、ルブリックにもその旨が明記されている（すなわち、「写しの写し」［traslat de traslat］）。国王文書はそれゆえ、公証人による写しの作成と、カルチュレールにおけるそのさらなる写しという形で保管されたことになる。

　他方、第1の土地貸借文書セクションである14〜37番のうち25〜37番には一

210　第Ⅱ部　文書の物質的諸相

表2　カステリョーテのカルチュレール集成文書一覧

		年代／期日	各文書ルブリック
1	i	1218/05/15	—
2	ii	1244/01/02	Carta de composicion entre els omes de Castellot et de les Coues et los fraires
3	iii	1268/03/19	Traslat de treslat de la carta del senyor rey da torgament del mercat
4	iiii	1233/07/09	Traslat de treslat de carta del senyor rey de franquezas
5	v	1209/02/20	Traslat de traslat treit de la carta del rey don Pedro de franquezas（1256/05/04）
6	vi	1197	Carta de conuinenzas entre els omes de Castellot et los feyos
7	vii	1245/05/11	Carta de los omes de Castellot com deuen fer ost per los fratres
8	viii	1262/10/25	Carta de composicio entre el Temple e Calatrava
9	ix	1218/05/16	Traslat de treslat tret de la carta del senyor don Jayme rey del avocats com los deuen auer los omes de Castellot（1266/04/13）
10	x	1268/08/19	Carta de donacio de la primicia de Castellot
11	xi	1250/05/22	Carta de composicio de Sancio Martinez d'Ovlites e dels frares
12	xii	1204/09/14	Carta de composicio entre el bisbe, el capitol de Saragoza el frares
13	xiii	1243/01/19	Carta d'Infante don Pedro
14	xiiii	[1210]/10	Carta de senz I livra cere en le Coues ＜de San Michel＞
15	xv	1262/11/26	Carta de senz de II carns de conils en les Coues a Nadal
16	xvi	1261/12/28	Carta de sanz de LX solidos a Sant Michel ＜del establiment de Sant Toleya＞
17	xvii	1267/12/03	Carta de cens lo quint et III livras cera et II fanecas trigo a Nadal ＜la foyal Marge＞
18	xviii	1247/06/23	Carta d'encens de II kafices trigo ＜a Sancta Maria d'agosto＞
19	xix	1268/12/22	Carta de cens I livra de cera a Nadal
20	xx	1255/02	Carta de cens de II galinas a Nadal
21	xxi	1246/09	Carta de cens I livra de cera a Sant Michel
22	xxii	1255/02/01	Carta de sens de XXX solidos e primiciam a Carnestoltes ＜la Freisneta＞
23	xxiii	1255/03	Carta de cens II livras de cera a Nadal
24	xxiiii	1255/02	Carta de X solidos a Carnestoltes
25		1274/01/05	Carta de XI solidos a Carnestoltes de Cuaresma
26		1274/05/24	Carta de Fenolosa de medio kafiz de trigo e medio kafiz de ordi a Sant Marti
27		1274/04/20	—（上部余白なし？）
28		1274/07/25	Carta de C e X solidos a Sant Michel（27と同書、28本文と異なる）
29		13世紀中葉	—（memoria de cens、同頁以下余白）
30		1277/11/08	—（上部切断？）
31		1277/08/24	Carta de I dinero a Sant Michel
32		1278/08/10	Carta de LX solidos a Nadal
33		1277/08/26	Carta de I oquia de pebre a Sant Michel
34		1278/08/25	Carta de II solidos d'encens a Nadal
35		1243/04/19	—（trasl. 1276, II, 26）
36		1278/01/22	Carta de II galinas a Nadal
36		1277/05/08	Carta de los cauadors（memoria de soldados）
37		1283/06/13	—（上部切断？最新文書。同頁以下余白）
38	xxv	1218/04/30	Carta de camio del Espital de Sen Bertolomeu con los frares
39	xxvi	[1208]/08	Carta de compra
40	xxvii	1209/02	Carta de Zaadel de la casa que donaren al Temple
41	xxviii	1205/01	Carta de compra
42	xxviiii	1205/01	Carta de compra
43	xxx	1186/02	Carta de compra
44	xxxi	1184	Carta de compra que feeren los frares de l'Espital de Sen Bertolomeu, que los frares tenen en camio
45	xxxii	1184	Azo es carta de donacio que deron an P. La Torra
46	xxxii	1209/02	Carta de donacio que donaron als frares en Zaadell
47	xxxiii	1221/04	Carta de donacio que donaron a Sancta Maria del castel de Castellot a la luminaria
48	xxxiiii	1209/02	Carta de compra
49	xxxv	1211/02	Carta de camio en Les Coves
50	xxxvi	1196/10	Carta de compra
51	xxxvii	1221/01	Carta de donacio per a la luminaria de Sancta Maria de Castel
52	xxxviii	1255/12	Carta de donacio a la luminari de Sancta Maria de Castel
53	xxxix	1246/08	Carta de donacio
54	xl	1217/12	Carta de compra

55	xli	1199/09	Carta de compra
56	xlii	1218/03	Carta de compra
57	xliii	1211/05	Carta de compra
58	xliiii	1220/02	Carta de compra
59	xlv	1253/04	Carta de compra
60	xlvi	1205/08	Carta de camio
61	xlvii	1256/09/28	Carta de donacio a la luminaria de Sancta maria del Castel de Castellot
62	xlviii	1253/01	Carta de compra
63	xlix	1244/12	Carta de compra（同頁以下余白）
64	l	1261/06/23	Carta de la Torra de les Arcas de IX solidos de senz <despuis ya feita carta que fan XXX solidos
65	li	1255/02	Carta de XV solidos de senz a Nadal
66	lii	1267/05/21	Carta de senz de II galinas a giner
67	liii	1255/02	Carta de senz de IIII solidos a Sant Michel
68	liiii	1268/06/10	Carta de senz de I livra de cera a Nadal
69	lv	1262/12/22	Carta de I kafiz de trigo a Nadal
70	lvi	1262/11/21	Carta de cenz de III solidos a Nadal
71	lvii	1268/12/03	Carta de cens I livra de cera e el quint e formatge a Nadal
72	lviii	1255/02	Carta de senz de XXX.VIII solidos a Sant Michel
73	lix	1255/12/17	Carta de cens de XXX solidos a Nadal <de Rovinyan>
74	lx	1252/09	Carta de cens e III arouas trigo e X solidos a giner
75	lxi	1257/12/03	Carta de cens [dan] la meitat
76	lxii	1255/05	Carta de cens IIII solidos <a Sant Michel>
77	lxxiii	1264	Carta d'encens III solidos e VI dineros a Carnestoltes
78	lxiiii	1260/02/27	Carta del concello de Castellot e de les Coves, que rennciante que metessen los seyors quiscun an justicia e aportellats
79	lxv	1256/01	Carta de senz de IIII livres d'oli <a giner>
80	lxvi	1244/07/16	Carta de senz de II livras de cera <a Pascha>
81	lxvii	1246-7/03	Carta de senz I livra de cera <a Sant Michel>
82	lxviii	1260/04/12	Carta de senz de IIII solidos <a Nadal>
83	lxix	1271/09/28	Carta de senz de II galinas <a Nadal>
84	lxx	1249/09	Carta de senz I livra de cera <a Sant Michel>
85	lxxi	1240/05/13	Carta de senz de I livra de cera <a Sant Michel>
86	lxxii	1201/05	Carta de senz de III solidos <a Sant Michel>
87	lxxiii	1219/02	Carta de senz de II livras de cere a Nadal
88	lxxiiii	1269/03/24	Carta de cenz II livras e miya de cera <a Pascha>
89	lxxv	1218	Carta de cens I livra de cera <a Sant Michel>
90	lxxvi	1247/03	Carta de cens de XV e V solidos <en giner>/ <Valipont con fadiga>
91	lxxvii	1233/06/16	Carta de cens de II livras cere <a Sent Michel>
92	lxxviii	1269/02/17	Carta de cens II livras de cera e la primicia <a giner>
93	lxxix	1269/03/03	Carta de cens III oquias de cera <a Nadal>
94	lxxx	1272/08/22	Carta de cens de V solidos <a Nadal>
95	lxxxi	1242/05/29	Carta de cens miya livra de cera <a Sant Michel>
96	lxxxii	1230/02	Carta de cens II galinas <a Nadal>
97		1283/03/26	— （ナンバリングなし、書体異、同頁以下余白、1283 年に付加）
98	lxxxiii	1238/09	Carta de sens I liura cera <a Nadal>
99	lxxx[ ]	1204/07	Carta de la donacio de Roviyan que donaren al Temple
100	lxxxv	1267/07	Carta de camio
101	lxxxvi	1237/05	Carta de camio
102	lxxxvii	1211/09	Carta de camio
103	lxxxviii	1240/05/24	Carta de senz de II liura de cera <a Nadal>
104	lxxxix	1262/06/25	Carta de compra
105	xc	1253/02	Carta de camio en les Coues
106	xci	1237/03	Carta de donacio
107	xcii	13 世紀後半	Carta de particion de les agues de Castellot el Viello et de Seno
108	xciii	1221	Composicio entre les ommes de les Coues et Xulbe per los terminos
109	XCIIII	1278/09/11	Carta de II oquias de cera a Sant Michel（本文書体異・数字後代）
110	XCV	1280/07/14	— （ローマ数字後代・本文俗語）
111	XCVI	1281/10/15	— （ローマ数字後代・本文俗語）

212 第Ⅱ部 文書の物質的諸相

連のローマ数字が付されていない。それゆえ、ローマ数字 xxv 以下は一気に飛んで38番以下につけられている。これら25〜37番は本体の編纂時期に最も近い1270年代の土地貸借文書で占められており、直前の羊皮紙表裏面を共有していないことから、ローマ数字が付されたのちに折丁ごと綴じ込まれたものと考えられる。ただし、37番は巻末の3文書と同じく最新の1283年6月の文書であり、異なる書体で装飾イニシアルもなく、直前の文書の裏面を利用していることから、こちらは空白頁を利用して1283年に追加されたものであろう。全体としては1278年編纂・1283年追加とはいうものの、本体編纂直後にも情報の更新が図られていたわけである。

　ついで、64番から頁をあらためて第2の土地貸借文書セクションが98番まで続いている。直前からローマ数字ばかりか書体そのものも継続していることから、こちらが本来の土地貸借文書セクションであったと考えられる。各文書には、貢租内容と納付期日を明記したルブリックが付されており、80番以下には、記入漏れがあったか、14または15世紀の書体で納付期日がたびたび追記されている（一覧中の＜ ＞）。後述のビジェルおよびカンタビエハのカルチュレールに付された貢租帳も納付期日ごとに貸借地を分類しており、前述のように最新情報への更新がそのつど図られたことを勘案すると、ここでは所領管理にカルチュレールそのものが利用されたと考えることができよう。以上から、バイリア創設という過去を正当化しようとする理念的な布置と、実務的な所領管理ツールともいうべき性格が、カルチュレールそのものに並存あるいは分出しているのが理解されるはずである。

4　ビジェルのカルチュレール

　『ビジェル緑書』（Libro verde de Villel）と呼ばれる当該カルチュレールは、イベリア半島のプレ人文主義者として知られるフアン・フェルナンデス・デ・エレディア（1338年ビジェル＝アルファンブラのコメンダドール、1345年アンポスタ管区長、1377年総長）がアンポスタ管区長および総長代理を歴任した1349年1月、公証人ドミンゴ・カルカセスに編纂委託した、全6書の『アンポスタ管区大カルチュレール』（Cartulario magno de la Castellanía de Amposta）の第1書に位置づけられるものである[23]。体裁は、415×300ミリの紙製、253葉（近代の頁ナンバリングで476頁）、全体が筆写された文書だけで496点にのぼる（1187〜1349年）。

　その編纂動機は冒頭の前文に次のように表明されている。すなわち、「聖ヨハ

ネ騎士団とアンポスタ管区の宝物庫には、自らの実利・実益に必要な多数の特権状や公・私文書があるが、団員の知らぬところとなっていて、その膨大さや古さゆえに破壊されるがまま、読むことも調べることもできなくなっている……必要なときに上記の特権状や証書をみつけられるようにするべく」編纂するよう命じたというのである[24]。ここから透けてみえるのは、権利保全のための文書管理、アーカイヴズそのものの「カルチュレール化」の意志であろう。

　表3のとおり、全体は16ほどのセクションに分かたれていて、それぞれ冒頭に掲げられた題辞と末尾の空白頁を利用してセクション区分が明確に可視化されている。一部の空白頁には、編纂時に集成の対象から漏れたとおぼしい文書の要録が、本体とは明らかに異なる共通の書体でのちに追加されている（200〜202、414、451、473頁）。

　冒頭では前文に続いて、国王文書（1〜19番〔1〜21頁〕）、教皇文書のセクション（20〜32番〔22〜32頁〕）が順次連なっている。以下のセクションは原則として地理的区分にそくして編成されている。すなわち、ビジェルの土地貸借・売却・交換文書からなる最も大部のセクション（170〜408番〔203〜348頁〕）を中心に配し、その前後にバイリア域内村落（ビジャスタル、リブロス、リオデバ、エル・カブロンシーリョ）関連セクションがあたかも同心円状に広がるかのように配置されているのである。これは11・12世紀の古典的カルチュレールでよくみられる構成であり、それ自体が、本拠地ビジェルを中心に各所に展開する所領群の空間配置を理念的に表現するものと理解されるであろう。例によって文書の時間的順序はまったく考慮されていないが、とくにビジェルのセクションでは、同一年代の文書群があたかも束をなすかのように連ねて筆写されており、これは本来の文書保管の様態を反映したものと考えられる。なお、単葉文書との重複はおよそみられない（1188〜1346年で23点のみで、そもそもビジェル本体にかかわる単葉文書は伝来していない）。

　ビジェルのセクションでは、全体の半数以上が土地貸借文書である（239点中141点）。それらの年代幅はいちおう1190〜1345年であるが、ペドロ・サンチェス・デ・ファンロのコメンダドール在任期（1320〜1337年）までの文書群がもっぱらである。となれば、1338〜1349年の文書はなぜ筆写されなかったか、あるいはどこにあるかが問題となる。この点を考えるためには、少々迂回する必要があろう。

　このカルチュレールがアーカイヴズ全体を網羅しようとする意志に貫かれていることを示すのは、冒頭の前文ばかりではない。表3のとおり、439〜449頁に

214　第Ⅱ部　文書の物質的諸相

表3　ビジェル・カルチュレールのセクション題辞一覧

頁	セクション題辞
1	Estos son los priuilegios cartas et escrituras publicas et priuadas atrobadas en el trasoro del castiello de Villel y fueron comentadas atenconyocer y registrar en el mes janero del sobredicto annyo.
1	Titulo de los priuilegios atorgados a la baylia de Villel por los senyores reyes de Aragon.（1 頁空白）
22	Priuilegios de los Santos Padres.（1 頁空白）
33	Titulo de donaciones et leras en testamentos a la Orden. Poblacion de Villestar et peticiones de terminos.（1 頁空白）
56	Titulo de cartas diuersos negocios.（1 頁空白）
153	Titulo de las cartas de Libros.（1 頁空白）
168	Titulo de las cartas de Alhanbra et de su baylia.
200	Titulo de las cartas que foren atrobadas por fray Johan Duray comendador de Villel au lo trasor de Monson e au lo trasor de Mirauet e au lo trasor de Saragoçe por la comiende de Villel.（空白頁に付加。3 頁空白）
203	Titulo de los censales et de las conpras et de los camios.
349	Titulo de las cartas de Sant Redentor atrobadas en el trasoro de Villel.（2 頁空白）
385	Titulo de las cartas de Rio de Eua.（3 頁空白）
406	Titulo del negocio de las cartas de Gonçaluo Royz.（1 頁空白）
414	Cartas del cabron titullo las quales son au lo trasor de Mirauet de las quales so laurent na famancio.（空白頁に付加。1 頁空白）
415	Titulo de las cartas del Cabronciello.
439	Titulo de las cartas que son en el trasoro de Villel las quales no son registrados perfectament en el presente libro porque quasi no han neccesarias mas es fecha de aquella conmemoracion contiene siguiente.
450	Titulo de las censes de Villel de vinas, de pieças, de casas, asi de censos de dineros, de panes, cera, gallina por tenientes al castiello de Villel.（全体取消）
451	―（空白頁に付加）
452	Titulo de las censes Villel de dineros y de pan, cera, gallinas al castiello de Villel pertenencientes.
473	―（空白頁に付加）

は、「およそ必要性がないために本書には完全に登録されていないビジェルの宝
物庫にある文書の章。その記録を以下に」記すと銘打って、一つのセクションが
設けられている。すなわち、必要性を念頭に文書の取捨選択こそ行われている
が、筆写・集成の対象から漏れた文書についても、完全に筆写しないまでもその
内容を登録しておくというのである。そこでは、次のような書式をもって一連の
文書の要旨が列挙されている。

　「同じくビジェルのコメンダドールはアリー・デ・マホマット・デ・モリーナに、
5ソリドゥスの貢租とともにエル・サロブラールにおける耕地片を与える。ヒス
パニア暦1311年5月1日作成ならびに切断」（Item como el comendador de Villel
do a Ali de Mahomat de Molina una pieça en el Salobrar con çens de V solidos. Facta el
primero dia de mayo, Era M. CCC. XI. et es taiada）[25]

　この種の書式は、ビジェルのセクションを中心に、同時代の筆跡で各文書の余
白にも付されている。

「グリマルトは騎士団に対して、バラクローチェの耕地1地片およびセリエー
リャの耕地1地片を、100ソリドゥスと小麦10ファネーガの借財の担保に設定す
る」（Como don Grimalt enpe/nyo a la Orden una pie[ça] / en la uega de Vallacrox / e
otra en Serriella per [C] / solidos et X fanegas trigo）[26]

　とくに土地貸借文書では、きわめて簡素な文言で、貢租内容と納付期日、その
契約がルイスモ（luismo）ないしファディーガ（fadiga）（貸借地売却の際に領主優
先買い戻し、または「譲渡税」支払い義務を帯びた契約。13世紀にアラゴン連合王国
全体で普及した永代貸借契約［enfiteusis］の典型的条項）付きかが明記されている。

　「ビジェルにおいて聖ミカエルの祝日に貢租として雌鶏2羽。ファディーガ付
き」（[Una] par de gallinas sansals / [in] Villel a sant Miguel] fadiga）[27]

　およそ単葉文書が伝来しないビジェルについては不明ながら、単葉文書の裏書
きがこれらと地続きである可能性はすでに指摘したとおりである。このように
長短さまざまながら文書の要点を抽出する方法がどこからきているかは、『1277
年から1302年までのビジェル（テルエル）の公証人マニュアル』（El manual de la
escribanía pública de Villel（Teruel）de 1277-1302）と呼ばれる、公証人登記簿の
なかから[28]、次のような記述を挙げれば容易に理解されるであろう。

　「わたし（コメンダドールの）フアン・ペレスは汝ペロ・ビリャロージャと（妻）
サンチャに永代で家屋を与える。貢租は聖ミカエルの祝日に12デナリウス。証
人はサンチョ・フアン、エステバン、ドミンゴ・パスクアル」（Como yo frere
Johan Pereç do a vos Pero Villaroya e Sancha casas por todo tiempo XII denarios de
sense a sant Miguel. Testigos son Sancho Johan e don Estevan e Domingo Pascual）[29]

　それはまさしく年代ごとに個別に列記された文書要録であり、ここでの情報は
当事者（コメンダドールと借地人）、土地物件、隣接地、貢租内容、納付期日、証
人で構成されている。それゆえ、公証人による委託編纂の産物である当該カル
チュレールは文書の単純な筆写にとどまるものではなく、つねづね公証人が行
なっていた情報の処理方法にそくして、文書の分析・解釈と要件の抽出を経て生
成したものというべきであろう。

　以上をふまえて、巻末に付された貢租帳らしきセクションが理解されなくて
はならない（表4）。これは、ビジェルおよびビジャスタルのみの目録となってい
て、納付期日（聖ミカエル、主の生誕、謝肉祭、花の復活祭）、所在地、貢租内容
（貨幣、穀物、ロウ、雌鶏）、ルイスモ＝ファディーガの有無によって分類されて
おり、分類項目ごとに保有者名、貸借地、貢租内容がそれぞれ列挙されている。
また、各頁末尾の合計（suma de pagina）、分類項目ごとの合計、さらに最終頁に

216　第Ⅱ部　文書の物質的諸相

表4　ビジェルおよびビジャスタル貢租帳セクション区分一覧

頁	貢租帳セクション区分（貢租種別・納付期日・保有地所在地・fadiga/luismo 有無）
452	Titulo de los censes de Villel de dineros y de pan, cera, gallinas al castiello de Villel
452-455	Acensales de Chertera que fueron dados por fray Pero Sanz de Fanlo comendador que ya fue en Villel a loysmo y a fadiga que montan y fazen C solidos jaccenses los quales pagan los hommes que se siguen por la fiesta de Sant Miguel
456	Acensales de Sant Miguel del pago de Mellida y del Fosino que son a fadiga
457-459	Acensales de Sant Miguel de Serriella y del Torrejon
460	Acensales de Sant Miguel del Plano Johan Camarra <no an loysmo>
461	Acensales de pan de Sant Miguel
462	Acensales de cera y de gallinas de Sant Miguel
463-463bis.	Acensales de dineros de Sant Miguel que pagan de las casas censales de la villa que no an loysmo
464-465	Acensales de nadal del Val de Garcia que son a loysmo y a fadiga
465	Acensales de Sant Christueual de nadal y no han loysmo
466-469	Acensales de nadal de casas y de huertos que no an loysmo
470	Acensales de nadal de gallinas y de cera
471	Acensales de carnestultas / Acensales de pascua florida
472	(Summa general / Declaracion perpetuarment de la cena del senyor rey)

品目別の全体合計が記されていて、その最末尾には、国王および総督への宿泊税（cena）の負担額が、ここだけビジェルとその域内村落の分担分とともに明記されるといった具合に、会計記録のような雰囲気さえ漂わせている。全体としては2人の手で書かれていて、少なくとも1人は前述の「およそ必要性のない」文書の要録セクションと同一の手だから、本体と同時期に作成されたことは疑いない。

　冒頭の452〜455頁は、前任コメンダドールのペドロ・サンチェス・デ・ファンロが貸与したビジェル北西のラ・チャルテーラなる葡萄畑開発地の地片保有者とその貢租額のリストである（49件）。前述のように、同コメンダドールの在任期の土地貸借文書群は本体に筆写されているが、同区域にかかわるものにかぎってはわずか1点を数えるのみである[30]。もっとも、カルチュレール本体の土地貸借文書群と当該目録とを、人名を指標に綿密に突き合わせてみると、全体としてみれば、後者の大半はどうやら前者の当事者の妻ないし寡婦、子、さらには次なる保有者の世代にかかわる情報のようである。たとえば、「ペロ・モラットの妻テレーサ」（Teresa de Pero Morat）、「アントン・クララスバジェスの子たち」（fijos de Anton de Clarasvalles）、「パスクアル・フロレントのものであった葡萄畑」（vinya que fue de Pascual Florent）といった具合である。

　また、次のように文書要録に近い記述もときおりみられる（7年の短期保有で1356年まで。したがって1349年の契約）。

　「同じくフアン・モラットはセリエーリャ地区の家屋により、これより1356

年までのきたる7年間、毎年雌鶏2羽を支払う。これは、菅区長の恩恵により、9年間で毎年雌鶏1羽に減ぜられた」(Item Juan Morat por sus casas del varrio del Serriella a dar por VII anyos primeros uinientes d'agora que se cunenta anyo domini Millo CCC. L. VI. cadaun anyo - II galinas. / Esto es por gracia que el senyor castellan fizo que lexo la huna gallina por IX anyos) [31]

　それゆえ、この貢租帳はある時点または年度の実地調査の産物ではなく、前任コメンダドール在任時の一部の土地貸借文書から編纂時にいたるまでの土地貸借文書、すなわち、先におよそみあたらないとした1338～1349年の土地貸借文書群の事実上の要録となっているのである。ここでもやはり、文書群そのものの分析・解釈という公証人による情報処理がおおいに展開されている。しかも典型的な実務的管理の所産とおぼしき記録が、本体と同じく一定の時間的層位を内包している、あるいはむしろ過去ならぬ「現在」が一定の時間幅で捉えられているのである。

5　カンタビエハのカルチュレール

　カンタビエハのバイリアでは、内容的にほぼ重複するが、重要な点で異なる部分のみられる二つのカルチュレールがほぼ同時期に編纂されている。それぞれの体裁については、まず660B番が紙製、300×220ミリ、1～131の頁ナンバリングが施されていて、1194～1350年の文書に加えて、巻末に14世紀末作成の財産・貢租目録が付されている。他方、661B番は同じく紙製、285×222ミリ、やはり1～131の頁ナンバリングがみられる一方、各文書に近代のローマ数字でI～XXV がふられており、1197～1388年の文書で構成されている。前者との大きな相違点は、表5に示したとおり、冒頭の国王文書2点（テンプル騎士団時代のカンタビエハの国王寄進確認文書とビジャルエンゴの寄進文書）がない、末尾の財産・貢租目録の代わりに、領主と共同体住人との義務・権利関係を設定した XXII 番、1388年発給の国王フアン1世の特権文書（XXIII～XXV 番）が加わっていることである。

　両者の共通部分は、カンタビエハと、そのバイリア域内村落のミランベル、トロンチョン、ビジャルエンゴ、カニャーダ、イグレスエラ、ラ・クバのセクションに区分されていて、各セクションはいずれも、①テンプル騎士団支配下で発給された入植許可状、②ゲラウ・サタリャーダがコメンダドール在任時（1334～1360年頃）に各共同体と取り結んだ権利・義務協定（1349年）、③各共同体から

218 第Ⅱ部　文書の物質的諸相

表5　カンタビエハのカルチュレール集成文書一覧

660 (頁)	661 (No.)	筆写・集成文書	Carp./ No.
1	—	(Confirmación real de la donación de Cantavieja [1212/11/29])	651/1
2	—	(Donación de Villarluengo [1194/02])	
3-6	I	Poblacion de Cantaviella. (carta puebla [1225/04])	651/3
7-15	II	Capitoles y conditiones que son entre l'Horden del Spital y los hombres del lugar de Cantaviella. (1349/08/18)	651/16
16-18	III	Homenages que fizieron los hombres de la baylia de Cantaviella al Horden del Spital quando el Spital entro en posession de la dita baylia las quales son en su prima figura en forma publica en el trasoro de Mirauet. (1317/12/30)	
18-20	IIII	Como deuen seis puestso los iurados en Cantauiella es el contracto en su prima figura en el trasoro de Cantauiella. Et como deuen pagar fornage. (1255/09/11)	
21, 22, 〔32〕	V	Poblacion de Miranbel (carta puebla [1243/04])	
〔31〕, 23-29	VI	Capitoles y condiziones que son entre el Horden de Spital y los hombres del lugar de Miranbel. (1349/08/17)	665/4
33-34	VII	Poblacion del lugar de Tronchon (carta puebla [1272/06/22])	
35-42	VIII	Capitoles y condiziones que son entre el Horden del Spital y los hombres del lugar de Tronchon. (1349/08/19)	
43-46	IX	Homenages fechos al Horden del Espital por los homes del lugar de Tronchon (1350/03/02)	
47-48	X	Poblacion de Villarluengo (carta puebla [1197/08])	
49-57	XI	Capitoles y conditiones que son entre el Horden del Spital y los homes del lugar de Villarluengo. (1349/08/19)	693/6
57-63	XII	Homenages al Horden del Spital por los homes del lugar de Villarluengo (1350/03/07)	693/7
65-68	XIII	Poblacion de la Canyada (carta puebla [c. 1198])	
69-74	XIV	Capitoles y condiciones que son entre el Horden del Spital y los homes del lugar de la Canyada (1349/08/18)	693/5
75-80	XV	Homenages fechos al Orden del Spital por los homes del lugar de la Canyada (1350/03/13)	693/8
81-83	XVI	Poblacion de la Eglesihuela (carta puebla [1241/01])	
84-90	XVII	Capitoles y condixiones que son entre el Horden del Spital et los homes del lugar de la Eglesihuella (1349/08/17)	651/17
91-94	XIX	Homenages fechos al Horden del Spital por los homes del lugar de la Eglesihuella (1350/02/04)	651/19
95-96	XX	Poblacion de la Cuba (carta puebla [1241/01])	
97-105	XXI	Capitoles y condiciones que son entre el Horden del Spital y los homes del lugar de la Cuba (1349/08/28)	665/5
107-145	—	(Estos son las heredades y furnos que la Orden tiene a su mano en el termino de Miranbel...)	
—	XXII	Estos capitoles fueron dados por consello de sauios a los de la baylia de Cantauiella (s. f.)	
—	XXIII	(Privilegio real del rey Juan I [1388/06/16])	
—	XXIV	(Privilegio real del rey Juan I [1388/06/16])	
—	XXV	(Privilegio real del rey Juan I [1388/05/08])	

上記〔31〕〔32〕については、アラビア数字の頁ナンバリング時に31・32がふられたフォリオが、現状
では内容にそくして22・23のあいだに記列しなおされている。

7章　テンプル／聖ヨハネ騎士団カルチュレールと文書管理　219

聖ヨハネ騎士団への臣従礼（カンタビエハはアンポスタ管区統合直後の1317年、ミランベルはなしで、そのほかは1350年）で構成されている。これらのうち②および③にはいずれもオリジナルが伝来する。いずれにせよ、ここにはアーカイヴズを網羅しようとする意識は皆目みられない。いわば証書の形態をとどめた規範文書の集成というべきものであり、その意味では、どちらかといえば、661B番の方に一貫性があるといえるかもしれない。

　表6は、660B番巻末の財産・貢租目録のセクション構成をルブリックにそくして表示したものである。コピストの筆の特定はきわめてむずかしいが、少なくとも目録本文は、1390年代の公証人の手になるものと考えられる[32]。どうしたことかカンタビエハ本体は欠落していて、バイリア域内村落ごとの財産内容、貢租内容・納付期日がそれぞれ項目化されている。もっとも、ややおかしな配列になっており、構成と記述内容から判断して、本来ならば133〜134頁は125頁の直前、末尾の143〜145頁は116頁の直後にそれぞれ配置されるべきものであ

表6　カンタビエハ・カルチュレール財産・貢租帳項目一覧

頁	項目区分
107-8	Estos son las heredades y fornos que la Orden tiene a su mano en el termino de **Miranbel**.
109-10	**Miranbel** / Sensales de galinas que se pagan a pascua de nadal.
111	**Tronchon** / Sensales de trigo que se pagan a Sant Miguel.
112-3	**Tronchon** / Sensales de gallinas que se pagan a nadal.
114-5	Esto es lo que la Orden tiene a su mano en **Tronchon**
116	Sensales de dineros de **la Cuba** los quales tienen hombres de la Mata en la Punta y pagan la meytat del sens al rey y la meytat al comendador es aquesta la meytat del comendador y pagan a todos santos.
117-8	白紙
119-21	**Villarluengo** / Sensales de trigo que se pagan a Sant Miguel.
122-4	**Villarluengo** / Sensales de dineros que se pagan a nadal.
125	（133-4 頁の続き）
126	Sensales de pebre en **Villarluengo**.
127-8	Estas son las casas que fueron derroquadas en **Villarluengo** en el tiempo de la guerra y a present no son de pagares.
129-30	Estas son las heredes que tiene la Orden a su mano en termino de **Villarluengo**.
131-2	白紙
133-4	**Villarluengo** / Sensales de gallinas que se pagan a nadal. （125 頁の直前に）
135	La Canyada / Sensales de trigo que se pagan a Sant Miguel.
136	La Canyada /Sensales de dineros que se pagan a nadal.
137	Estas son las heredes que tienen la Orden a su mano en el termino de **la Canyada**.
138-40	**Eglisuella** / Sensales de trigo que se pagan a Sant Miguel.
140-1	Sensales de dineros de **la Eglisuella**.
141-2	Sensales de gallinas que se pagan a nadal en **la Eglisuella**.
143	Sensales de trigo de **la Cuba** que se pagan a Sant Miguel. （同頁直前に貢租負担者 2 件）
144	Sensales de gallinas de **la Cuba** las quales uagan que no son de paga nada que son derocadas.
145	Sensales de cera que se pagan en **la Cuba**.

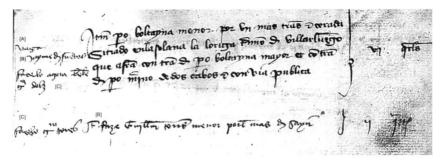

写真1　ビジャルエンゴ・セクションの本文および余白情報
España. Ministerio de Educación, Cultura y Deporte. Archivo Histórico Nacional, CODICES, L.660, p. 121.

る。ひとたび解体され、誤って綴じ直されたと考えるほかない。目録本文には、唯一明確に言及される年代情報として、1389年10月の土地貸借契約の要旨が記録されている（「本日より〔13〕94年10月30日まで5年間貸与……」）[33]。なお、127〜128頁のルブリックは「戦時に破壊され、現在貢租を納付していないビジャルエンゴの家屋」となっており、また、各貸借地にも「空き」（vagat）の表示が多数みられる。となると、そうした中世後期の政治的・経済的危機こそが、いわゆる合理的な内部管理を強いたという意味で当該目録の作成動機であったと考えるべきであろうか。

　個々の記述に注目してみよう。たとえば、116頁第1項にみられる、「保有者（Bernat Villanova）、貸借地（las possessiones que tiene en la Cuba）、隣接地（que afruentan con el rio et con carrera publica et con vinya et tierra d'En Polo）│貢租内容（3 ss. 6 ds.）」からなる書式は、前述のとおり単葉文書裏書きや土地貸借文書の要旨書式に通ずるものである[34]。左余白には新たな保有者らしき人名（Ramon Villanova）が付されており、人名系統からみておそらく本文の保有者の子であろう。また、111頁第3項では、左余白に本文と同一の書体で「空き」とあり、この場合はむしろ、土地貸借文書の内容に由来する過去の事実と余白の情報が併せて現状を表現していることになる[35]。

　他方、とくにビジャルエンゴ・セクションでは、3〜4人におよぶ手で余白に複数の更新情報が書き込まれている。たとえば、121頁第4項（写真1）には[36]、左余白にそれぞれA（vaga）、B（Jayme de Fuentes）、C（Facelo agora Belenguer Diaz）の三人の手がみられる。ところが、これらのうちBは、直後の本文第5項を追加しており[37]、これにCが同名の子とおぼしき新たな保有者名を左余白に

付記している[38]。しかも同じくCは、124〜125頁で本文を追加した手と同じものと判断される。それゆえ、当該目録を利用して最新の情報にそのつど更新されているのはいうまでもないとして、更新のたびに従来の情報が過去に追いやられるわけではなく、それら全体があたかも「現在」を構成しているかのように記録されているのである。

　ついで119〜120頁の長大な第2項では、ペロ・メルカード保有の耕地に賦課された貢租が曲折をみながら最終的に本来の貢租である小麦4カイースに落ち着いた経緯が、いずれも宝物庫に保管されているという複数の公正証書の内容にそくして説明されている[39]。最終的な処断はアンポスタ管区長代理マルティン・デ・リオリによって下されているが、同人は1379年に管区長となるので、全体は少なくとも同年以前の情報ということになろう。ここでは、ゲラウ・サタリャーダがコメンダドール在任期に貢租量を2カイースに減じたという公証人ハイメ・キレス[40]の証書、ついでアンポスタ管区長が貢租を小麦に代えて去勢鶏2羽のみに減じたとする証書、これらを根拠にペロ・メルカードが管区長代理マルティン・デ・リオリに自らの負担を申告したものの、いずれも戦争によって逸失していたため[41]、同管区長代理と評議会がそれらに先行する当初の証書の写しにそくして、古い慣習どおり小麦4カイースを貢租とする新たな証書を作成したとある。もっとも、この記述は、以上4通の証書をあらためて検分した結果ではない。なにしろ一部は戦争で失われたとあるのである。じつは、保有者の交代（死亡、保有地売却、貢租納付忌避による没収と再貸与）や貢租額・量の変更に際して作成された同時期の個別証書には、同様に先行する契約の中身が証書の要旨ばかりか公証人の名前や作成期日を含めて組み込まれるのが通例である[42]。同項の記述はそれゆえ、先行する一連の証書要旨が組み込まれた証書そのものの要旨にほかならないのである。となれば、財産・貢租目録が巻末に付された660B番は、公証人による情報処理の方法と接合しながらも、事実上規範文書のみの集成である661B番よりもはるかにバイリア・カルチュレールの伝統にそくしているというべきであり、特定の政治的・経済的危機に対する合理的な内部管理の所産というように、時間的に限定されるべきものではないように思われる。

　最後に、前述のようにカンタビエハ本体のセクションは含まれていないが、これはもともと作成されなかったか、それとも解体・綴じ直しに際して単に脱落したのか、この点にも少々触れておこう。同バイリアの1400年までの単葉文書44点中18点が土地貸借文書である（1319〜1395年）。そのうち10点は1349〜1356年に集中しているが、大半はカンタビエハにかかわるものである。ここで

222　第Ⅱ部　文書の物質的諸相

もカルチュレール収録文書と単葉文書の伝来状況が反比例しているといえるかも
しれないが、いずれにしろ両者を照合できるはずもない。

　むしろ興味深いのは、1349～1356年の10点の文書がすべて14世紀末にアン
ポスタ管区長の公証人ハイメ・ナダルのもとで作成された再発給証書であること
である。証書本文はいずれも異なる1～2人の手で書かれていて、すべてハイメ・
ナダルの手になる共通の書体でシグヌム（signum, signo）が施されている。そこ
にはつねに、かつてのカンタビエハの公証人フアン・デ・マリェンの原簿（los
libros et notas）から作成・再発給されたと明記されている[43]。このように公証人
登記簿を介して証書の再発給が可能であったとすれば、カンタビエハ本体のそれ
が実際に作成されなかったとしても不思議ではないし、全体が事実上の規範文書
の集成に「現在」とみなされる財産・貢租の目録を付しておけば事足りるかのよ
うな体裁をとっているのも頷けるというものであろう。こうして本来渾然一体と
なっていた「現在」の管理にかかわる部分が全面的に可視化されるかたちで分出
したのである。これが、基本的に文書の要旨によって構成される財産目録、すな
わちカブレオ（cabreo, capbreu）の成立につながっていることは疑いない[44]。

6　結　論

　「カルチュレール化」は、アーカイヴズ全体の管理実践のなかではじめて理解
される現象である。カルチュレールとその集成文書を従来のようにわれわれのま
なざしからみてつねに過去に位置づけるかぎりでは、つねに受益者作成・保管を
前提とする理念的編纂物とみなされるほかない。それゆえ、本来アーカイヴズ全
体からみればいかに実務的に管理されたとしても、それは、実務的なカルチュ
レールの生成と併せて、結局のところ質的な変化の所産とみなされてしまうので
ある。

　あくまでもコピーの集成であるカルチュレールについてまわる法的挙証能力を
めぐる議論についても同じことがいえる。理念的編纂物という表現はそれ自体、
カルチュレールそのものに法的挙証能力はないと言外に認めているようなもので
ある。けれども、オリジナルであれコピーであれ、文書一般は、口承性・同時性・
一対一性についてまわる情報の不確定性を排除することでむしろコンフリクトの
潜在的可能性を飛躍的に増大させるのであり、あくまでも紛争の「解決」が重視
される社会では、政治的・社会的諸関係の介入する余地が大きい、あるいは未分
化であるというだけのことである。だから、そもそも法システムが未分化なのに

7章　テンプル／聖ヨハネ騎士団カルチュレールと文書管理　223

　われわれの基準で法的挙証能力がないといったところで無意味であるし、むしろポジティヴであれネガティヴであれ、それらを含めて「法的」挙証能力をもつというべきである。その意味で、アーカイヴズ全体で理念的かつ実務的、カルチュレールそのものが理念的かつ実務的といった具合に、一見未分化、つまりはどれも本来多機能的なのである。

　それゆえ、カルチュレールにおける実務性の増大とみられる現象は、公証人の情報処理や文書操作技術と合流することによって、アーカイヴズ全体またはカルチュレールそのものに本来備わっていた機能が分出したことによるものであり、中世後期の政治的・経済的危機に対する合理的な内部管理努力にもっぱら収斂するわけでもなければ、逆に従来の理念性を含む多機能性が即座に一掃されてしまうわけでもない。もしそこに重要な画期を見出そうとするならば、その核心はむしろ、もはや記憶や政治的・社会的諸関係を介入させることなく、書かれたもの自体が書かれたものをなかば自動的に産出するようになったことにこそあると考えられるのである。

　註
　1）　岡崎敦「フランスにおける中世古文書学の現在―カルチュレール研究集会（1991年12月5-7日、於パリ）に出席して―」『史学雑誌』第102編第1号、1993年、89〜110頁。同「記憶の管理とカルチュレール―モレルとシャスタンの仕事をめぐって―」『西欧比較史料論研究平成19年度年次活動報告書』2008年、100〜118頁。また、同「西欧中世における記憶の管理とアーカイヴズ―パリ司教座教会のあるカルチュレールをめぐって（Liber Niger）―」『史淵』第146輯、2009年、57〜89頁。
　2）　とはいえ、最近でも、こうした古典的な問いをめぐって、カルチュレールの「信用」のありかをあらためて検討したローラン・モレルの次の論考がある。L. Morelle, Comment inspirer confiance? Quelques remarques sur l'autorité des cartulaires, *Chartes et cartulaires comme instruments de pouvoir. Espagne et Occident chrétien* (*VIIIe-XIIe siècles*), Toulouse, 2013, pp. 153-163.
　3）　O. Guyotjeannin, M. Parisse et L. Morelle, *Les cartulaires, actes de la table ronde organisé par l'Ecole nationale des cartes et le G.D.R. 121 du C.N.R.S.* (Paris 5-7 decembre 1991), Paris, 1993.
　4）　M. T. Clanchy, *From Memory to Written Record. England 1066-1307*, London, 1979. よく知られるように、ここでクランチィが展開した、12世紀以降の書かれたものの爆発的な増加と多様化を記憶から記録への移行の所産とみなす理解をめぐっては、それを作成の次元ではなく、あくまでも保管の次元の「革命」とみなすべきとする、ポール・ベルトランの批判的論考が挙げられる。P. Bertrand, À propos de

224　第Ⅱ部　文書の物質的諸相

　　　la révolution de l'écrit（Xᵉ-XIIIᵉ siècle）. Considérations inactuelles, *Médiévales*, 56, 2009, pp. 76-79.

5 ）　P. Chastang, Cartulaires, cartularisation et scripturalité médiévale: la structuration d'un nouveau champ de recherche, *Cahiers de civilisation médiévale*, 49, 2006, pp. 21-31.

6 ）　P. Bertrand, C. Bourlet et X. Hélary, Ver une typlogie des cartulaires médiévaux, *Les cartulaires méridionaux*, Paris, 2006, pp. 7-20; M. Bourin, Conclusion, *ibid*., pp. 253-268.

7 ）　P. Chastang, *Lire, écrire, transcrire. Le travail des rédacteurs de cartulaires en Bas-Languedoc（XIᵉ-XIIIᵉ siècles）*, Paris, 2001.

8 ）　D. Le Blévec（éd.）, *Les cartulaires méridionaux*, Paris, 2006.

9 ）　その契機となったのが、同年アルカラ大学で開催された第6回文字文化史国際研究集会である。報告集として、*VI Congreso Internacional de Historia de la Cultura Escrita*, Alcalá de Henares, 2002. また、カルロス・サエス主幹の専門誌『シグノ。文字文化史雑誌』が創刊されている。ここでは掲載論文のなかから、とくに証書保管という観点からカルチュレールをとりあげた下記の論考を挙げておこう。C. Mendo Carmona, El cartulario como instrument archivístico, *Signo*, 15, 2005, pp. 119-137.

10）　それぞれ以下の報告集が刊行されている。E. Rodríguez Díaz et A. C. García Martínez（ed.）, *La escritura de memoria: los cartularios*, Huelva, 2011; J. Escalona et Hélène Sirantoine（dir.）, *Chartes et cartulaires comme instruments de pouvoir. Espagne et Occident chrétien（VIIIᵉ-XIIᵉ siècles）*, Toulouse, 2013.

11）　Archivo Histórico Nacional（AHN）, Cód. L.664B. 単葉文書については、AHN, Órdenes militares（OOMM）, Carp. 617-622. 当該カルチュレールはすでに、単葉文書を加えつつ全体を年代順に配列しなおしたうえで、「カルチュレール」と銘打ち刊行されている。L. Esteban Mateo（ed.）, *Cartulario de la encomienda de Aliaga*, Zaragoza, 1979.

12）　AHN, Cód. L.594B. 単葉文書は、AHN, OOMM, Carp. 653. カルチュレールそのものは、最近本来の証書群の配列そのままに刊行された。S. de la Torre Gonzalo（ed.）, *El cartulario de la encomienda templaria de Castellote（Teruel）, 1183-1283*, Zaragoza, 2009.

13）　AHN, Cód. L.648B.『ビジェル緑書』(Libro verde de Villel)と称せられる当該カルチュレールは、全6書からなる『アンポスタ管区大カルチュレール』(Cartulario magno de la Castellanía de Amposta) の第1書に位置づけられるものである。これらのうち、現段階では国王および教皇文書を集成した第2書のみがごく最近刊行されている。A. Madrid Medina（ed.）, *El maestre Juan Fernández de Heredia y el Cartulario Magno de la Castellanía de Amposta（tomo II）*, 3 vols., Zaragoza, 2012-2017. なお当該バイリアの単葉文書はごくわずかながら、AHN, OOMM, Carp. 694.

7章　テンプル／聖ヨハネ騎士団カルチュレールと文書管理　225

14）　当該バイリアでは、内容的にほぼ重複するが、重要な点で異なる部分のみられる2
　　　点のカルチュレールがほぼ同時期に編纂されている。AHN, Cód. L.660B et L.661B.
　　　単葉文書については、国立歴史文書館では、バイリア内の主要村落ごとに分類され
　　　て所蔵されている。 AHN, OOMM, Carp. 651-652（Cantavieja），665（Mirambel）et
　　　693（Villarluengo）.

15）　イベリア半島では、カステリョーテのそれとほぼ同時期の1273年頃に編纂された
　　　ウエスカのテンプル騎士団バイリア・カルチュレールが挙げられるばかりである。
　　　AHN, Cód. L.663B. これは、1985年にすでに刊行されている。A. Gargallo Moya,
　　　M. T. Iranzo Munio et M. J. Sánchez Usón（ed.），*Cartulario del Temple de Huesca*,
　　　Zaragoza, 1985. また、フランスに目を転じても、プロヴァンスはローヌ川下流
　　　域のサン・ジルを筆頭とする一連のコマンドリィ・カルチュレール（リシュラン
　　　シュ、サン・ジル、トランクタイユ、ロエ、アヴィニィン）が知られるのみである。
　　　D. Le Blévec et A. Venturini（éd.），*Cartulaire du Prieuré de Saint-Gilles de l'Hôpital
　　　de Saint-Jean de Jérusalem（1129-1210）*, Paris, 1997; cfr.: D. Carraz, Le cartulaire
　　　du Temple de Saint-Gilles, outil de gestion et instrument de pouvoir, *Les cartulaires
　　　méridionaux*, Paris, 2006, pp. 145-162.

16）　Archivo de la Corona de Aragón（ACA），Real Cancillería, Varia de Cancillería, no. 5:
　　　El manual de la escribanía pública de Villel（Teruel）de 1277-1302.

17）　AHN, OOMM, carp. 618, no. 23（1280, VIII, 6）.

18）　AHN, OOMM, carp. 618, no. 32（1299, III, 5）.

19）　ポール・ベルトランは、フランス北部やベルギーで13世紀後半に成立するサンシエ
　　　（貢租帳）の書冊化の前段階として、同世紀に単葉文書の裏面に要旨を記入する行為
　　　が一般化したとしている。それは、文書の分類だけでなく、実践的な収入管理の必
　　　要性にねざしており、文書と収入を地理的に分類するべく同世紀末には不可欠な行
　　　為となったという。P. Bertrand, Jeux d'écriture: censiers, comptabilités, quittances
　　　…（France du Nord, XIIIᵉ-XIVᵉ siècles），*Décrire, inventorier, enregistrer entre Seine
　　　et Rhin au Moyen Âge*, Paris, 2013, pp. 165-195.

20）　前註15で示したように、アラゴン王国におけるテンプル騎士団のバイリア・カル
　　　チュレールとしてはほかに、ほぼ同時期の1273年頃に編纂されたウエスカのそれを
　　　数えるのみである。AHN, Cód. L.663B. 体裁は285×210ミリ、近代のナンバリング
　　　にしたがえば1〜217番まで、ただし180番が2点あるので全体として1148〜1273
　　　年の218点の文書が集成されている。アントニオ・ガルガーリョ・モヤらによっ
　　　て刊行されているが、そこには同じく国立歴史文書館に収蔵される単葉文書7点が
　　　付加されている。すなわち、AHN, OOMM, Carp. 681, no. 1, 2, 3, 4, 5, 6, 7（1103-
　　　1252）.

21）　AHN, Cód. L.594B: « El presente cartulario se escribió por los años de 1278, siendo
　　　comendador de Castellot Don fray Raymundo de Zabastida, de la Milicia del Temple.
　　　Aumentaronsele despues algunas escrituras que llegan al año de 1283 ».

226　第Ⅱ部　文書の物質的諸相

22）S. de la Torre Gonzalo（ed.）, *El cartulario de la encomienda templaria de Castellote (Teruel), 1183-1283*, Zaragoza, 2009, pp. 18-20. そこでは、カルチュレールには集成されていない、オロカウ・デル・レイとの境界紛争にかかわる数点の文書が付録としてともに刊行されている。また、Ead., La encomienda templaria de Castellote en el espejo de su cartulario（1196-1308）, *Baylías. Año 2010. Miscelánea del Centro de Estudios del Maestrazgo Turolense*, Teruel, 2011, pp. 47-68.

23）残る5書は以下のとおりである。AHN, Cód., L. 649（t. 2: *Privilegios reales y pontíficos*）, 650（t. 3, lib. 1: *Diversorum [Zaragoza]*）, 651（t. 4, lib. 2: *Diversorum [Zaragoza]*）；652（t. 5: *Donaciones y tributaciones de Boquiñeni, Pradilla y Tauste*）; 653（t. 6: *Libro del tesoro de Monzón / Libro verde*）.

24）«Et porque en los trasoros de la Sancta Casa del Espital de Sant Johan de Jhersalen y la Castellania Damposta ay muytos priuilegios cartas et escripturas publicas et priuadas necessarias utilite et prouechos a la dicha Orden et de grant partida de aquellas los frayres qui agora son en la dicha Orden iguaros et insciento porque minusque aquellas uieron ni oyeron ni reconyocieron. Encara algunas de las dichas cartas et priuilegios exi et son assi destroydos por lur grant uegedat et antiguidat que buenament non se podiaron leyer ni examiner... Por aquesto encara et por ouiar los piglos et examples [　] se podrian esdeuenir d'aqui adelant por las razones sobredichas et por tal que mas desenbargadament sin assi [　] se puedan trobar quando necessarias seran».

25）AHN, Cód. L.648B, p. 442.

26）AHN, Cód. L.648B, no. 171, p. 203.

27）AHN, Cód. L.648B, no. 197, p. 216.

28）ACA, Real Cancillería, Varia de Cancillería, no. 5: *El manual de la escribanía pública de Villel (Teruel) de 1277-1302.* 現在は、アラゴン連合王国文書館、国王文書庫の雑分類5番の分類記号をもって所蔵されている。1311年のテンプル騎士団解体後、1317年に聖ヨハネ騎士団アンポスタ管区に統合されるまで、国王ハイメ2世が一時的にその財産を没収したおりに国王文書庫に移管されたままとめおかれたものと考えられる。同文書館所蔵史料の目録にとどまらず、1973年のアラン・ジョン・フォリィの著書巻末の史料リストに加えられていることから、その存在は古くから知られるところとなっていたはずであるが、これまで当該史料がとりあげられることはまずなかった。A. J. Forey, *The Templars in the Corona de Aragón*, London, 1973, p. 457. だが、表題にも掲げられているとおり、当該史料は1277年から1302年までと、公証人登記簿としては比較的早期のものであるうえに、ローマ数字のフォリオ番号にそくして106葉のうち第60葉までが欠落しているので、場合によっては1277年からさらにさかのぼる可能性もある。それゆえ、本来ならば、アラゴン王国における公証人登記簿の歴史という観点からみてもきわめて重要度の高い史料といってよい。体裁はおおよそ310×234ミリの紙製、保存状態は良好とはいいがた

く、綴じられていた痕跡はかすかにみとめられるものの、現状ではばらばらになった状態のものを、紙テープを用いて補修してあるため、本来の折丁そのままに補修されたかはやや判断に苦しむところである。原則として紙面の冒頭または中途にヒスパニア暦（一部で主の受肉年が併記）で年代が記され、それを大分類として、各紙面最大で15点、平均でおおよそ10点、全体を合計すると831点にのぼる証書の要旨が、上下に引かれた罫線で互いに区別されつつ、おおむね作成期日順に列記されている。大半の証書にはそれぞれ全体を抹消するかのように波線が引かれており、証書原本の発給など、何らかの措置がとられた痕跡を示している。

29）　ACA, Real Cancillería, Varia de Cancillería, no. 5, fol. 8.（1290, XI, 27-28）.

30）　AHN, Cód. L.648B, no. 321, pp. 290-291（1332, XII, 6）.

31）　AHN, Cód. L.648B, p. 470.

32）　1390年代前半のトロンチョンの国王公証人ロレンソ・プッチブリアウや、同じく同後半のフアン・フロレントの手に非常に近しいように思われるが、いずれにせよ、同時期の公証人の典型的な書体で書かれていることは疑うべくもない。前者が作成した証書は、AHN, OOMM, Carp. 652, no. 29（1391, XII, 12); Archivo Municipal de Tronchón, pergamino, no. 56（1394, XII, 16), 57 et 58（1395, IV, 5）. 後者は、Archivo Municipal de Tronchón, pergamino, no. 61（1398, VIII, 1）. なお、本来アラゴン王国の公証人の任命権者は王権であり、その職権は王国全土におよんだが（notarios generales）、13世紀末から領主、コンセホ、さらにはユダヤやムデハル共同体に任命権が委ねられたため、それぞれ王権、都市、教会、領主の公証人が各地に並存することとなった。A. Blasco Martínez, El notariado en Aragón, *Actas del I Congrés d'Historia del Notariat Català*, Barcelona, 1994, pp. 189-273.

33）　AHN, Cód. L.660B, p. 135: « Item Martin Arnaldo por una pieza en la Ombria de la Canyada que afruenta con tierra de Johan Polo y con tierra de Marco el Puerto y con el pinar y con la carrera que va de la Canyada a la Aiguisuella faze de trehudo por spacio de V anyos de oy a XXX de octubre del anyo XC quarto medio kafiz de trigo y de alli adelant un kafiz ».

34）　AHN, Cód. L.660B, p. 116: « Primerament Bernat Villa Noua por las possesiones / que tienen en la Cuba que afruentan con el rio et con / carrera publica et con vinya et tierra d'En Polo } III ss. VI ［ds.］».

35）　AHN, Cód. L.660B, p. 111: « Item tenia Bernat de la Torre una pieza en Pa/lomita que afruenta con stanys de concello et con / la penya de la Bacariza facia de sens trigo } III fanegas trigo ».

36）　AHN, Cód. L.660B, p. 121: « Item Pero Boltanya menor por un mas tierras et cerada / sitiado en la Solana la Loriga termino de Villarluengo / que afruenta con tierra de Pero Boltanya mayor et con tierra / de Pero Merino de dos cabos et con via publica } VI quartales ».

37）　AHN, Cód. L.660B, p. 121: « Item faze Guillem Torres menor por el mas de Sayon }

228　第Ⅱ部　文書の物質的諸相

II quartales ».

38）　AHN, Cód. L.660B, p. 121: « Facelo Guillem Torres ».

39）　AHN, Cód. L.660B, pp. 119-120.

40）　ハイメ・キレスは、130頁のビジャルエンゴの財産目録で、公証人職を30ソリドゥ
　　　スで貸与されたとされている。AHN, Cód. L.660B, p. 130: « Item la scriuanya de
　　　la villa dio la el senyor maestro a Jayme Quiliz con XXX sueldos de trehudo pero
　　　recibende peruidicion el comendador ».

41）　AHN, Cód. L.660B, p. 120: « con la fortuna de las guerras le auian perdido las cartas
　　　del titol de las ditas heredades ».

42）　ここでは、カンタビエハとその域内村落ビジャルエンゴにかかわる土地貸借文書を
　　　挙げておこう。AHN, OOMM, Carp. 651, no. 7（1319, VIII, 19）, 12（1335, XI, 15）,
　　　13（1336, XII, 23）, 14（1341, VII, 25）, 15（1349, ?, 2）, 18（c. 1349）; Carp. 652,
　　　no. 20（1353, II, 22）, 21（1353, III, 16）, 22, 23 et 24（1355, III, 1）, 25（1355,
　　　III, 12）, 26（1356, II, 14）, 27（1356, VII, 17）, 29（1391, XII, 12）, 30（1395, VIII,
　　　25）; Carp. 693, 1（1319, XI, 1）, 2 et 3（1321, V, 7）, 4（1332, I, 2）.

43）　AHN, OOMM, Carp. 651, 15（1349, ?, 2）, 18（c. 1349）; Carp. 652, no. 20（1353,
　　　II, 22）, 21（1353, III, 16）, 22, 23 et 24（1355, III, 1）, 25（1355, III, 12）, 26
　　　（1356, II, 14）, 27（1356, VII, 17）. たとえば、« Signo de Jayme Nadalias vecino de
　　　Cantauiella que por actoridat del senyor lugar tenient de castellan notario publico
　　　por toda la castellania de Anposta que por actoridat del don Matheu Albarllis
　　　justicia de Cantauiella de los libros et notas de don Johan de Mallen notario publico
　　　que fue de Cantauiella por el recebida et testificada sacar et scriuir fuy et çerer ». フ
　　　アン・デ・マリェンは、1349年のコメンダドールと各共同体との義務・権利協定
　　　証書を作成した公証人である。AHN, OOMM, Carp. 651, no. 16（1349, VIII, 18）, 17
　　　（1349, VIII, 17）; Carp. 665, no. 4（1349, VIII, 7）, 5（1349, VIII, 28）; Carp. 693, no.
　　　5（1349, VIII, 18）, 6（1349, VIII, 19）.

44）　C. Sáez, Origen y función de los cartularios hispanos, *Anuario del Centro de Estudios
　　　Históricos "Prof. Carlos S. A. Segreti"*, no. 10, 2010, p. 39. この点で、カステリョー
　　　テのカルチュレールが、前述のとおり貢租帳をともなわないにもかかわらず、1572
　　　年にアンポスタ管区の文書庫の目録に登録された際に、「カステリョーテのバイリ
　　　アの貢租の古いカブレオ」と呼称されていることは意味深長である。AHN, Cód.
　　　L.594B: « siendo uno de ellos este Cartulario, tenia por titulo: Cabreo antiguo de
　　　las rentas de la Baylia de Castellot, y este mismo sele puso en el Indice del Archivo
　　　hecho en el año 1572 ».

第Ⅲ部　帝国周辺社会における文書ダイナミズムの実相

8章　有力入植者と王権をつないだ文書
初期メキシコ植民地の事例から

横山和加子

1　はじめに

　本稿は、誕生したばかりのヌエバ・エスパーニャ（現在のメキシコにほぼ相当する地域）の植民地で大規模なエンコミエンダ（encomienda）を拝領し、それを足がかりに大アシエンダ(hacienda)をつくりあげたインファンテ家(los Infante)が、三代100年にわたり大西洋をまたいでインディアス諸問会議との間でやりとりした文書の検討を通じて、植民地時代初期の新大陸の有力入植者たちが文書を介して王権に何を求めたのかを示すことを目的としている[1]。

　エンコミエンダ（スペイン語で「委託」の意）は、スペイン国王が征服・植民に功のあったスペイン人入植者に一定地域の先住民を「委託」し、そこから得られる貢租と労役を与える恩典（merced）を指し、「委託」された先住民集団そのものもエンコミエンダと称された。しかし中世カスティーリャの領主権とは異なり、この恩典には土地も臣下も裁判権も含まれておらず、範囲は通常先住民の村を単位に定められた。エンコミエンダ制は新大陸のスペイン領植民地で最初の社会経済的基盤を準備したとされる。国王からこの特権を与えられた個人はエンコメンデーロと呼ばれ、征服直後の植民地で唯一の富裕層として大きな力を持った。インファンテ家の初代もこの恩典を巧みに利用して、自分のエンコミエンダの周辺につぎつぎと私有地を取得して広大なアシエンダをつくりあげ、さらに、その富を背景とした政略結婚によって、ヌエバ・エスパーニャ植民地で有数の家系を築きあげた。

　本論では、まずインファンテ家がインディアス諸問会議との間でやりとりした文書の内容を概観したのち、当時、王権が新大陸からの文書にどのような姿勢で臨んだのかを、16世紀を通じた植民地統治方針の変遷とともに確認する。つぎに、大西洋間の文書流通の実際を時間と経費の面から概観し、王権との文書のやり取りが、当時の植民地有力者にとって、目的達成のための現実的な手段だっ

たのかどうかを検討する。その後、インファンテ家年表にそくして、インファンテ家がどのような経緯でそれらの文書を作成したかを記述し、一家が王権とどのような交渉をもったかを明らかにする。インディアス諮問会議（Consejo Real y Supremo de las Indias 通称 Consejo de Indias）は、インディアス（アメリカ大陸ならびにフィリピンのスペイン領植民地）に関する司法、行政、立法のすべてにおいて国王を諮問し、実務に当たる機関で、係争金額が大きな民事裁判においては上級審の役割を担っていた。また、王権が重要とみなしたいくつかの事柄については、植民地で審議することなく、すべてインディアス諮問会議に諮るよう命じられていた。したがって、インディアス諮問会議に残されたインファンテ家に関する文書は、王権の裁定を必要とする、一家にとって極めて重要なできごとの記録といえる。それを踏まえて、最後に一家の文書の作成と流通にみられる特徴を指摘し、そこから初期植民地の有力入植者と王権の間で文書を通じ交わされた交渉について考察を加えたい。だだし、ここに挙げた課題の中には、史料や先行研究の不足のために、本稿では十分に検討できないものも含まれている。それらについては、今後の研究課題としたい。

2　インディアス総合文書館所蔵インファンテ家関連文書

　以下は、インファンテ家がインディアス諮問会議との間に交わした文書のうち、さまざまな検索ツールを使って確認できた文書のリストである[2]。これらは、インディアス諮問会議に保管された後に、インディアス総合文書館（Archivo General de Indias、文書参照時の略号 AGI）に移され、現在この文書館で閲覧可能である。便宜上、案件ごとに I~IX の番号をふり、一つの案件に複数の文書が残された場合は①、②のように番号をつけている。VIII は、オリジナルの文書はインディアス総合文書館の検索ツールでは見つからないものの、その他の文献中での言及から存在したことが確認できる。なお、ここでの文書参照の方法は、インディアス総合文書館所蔵文書の現行の分類表記に従い、所蔵施設名 AGI のつぎに分類部門（Sección）の名称、分類ファイル[3]（legajo）番号、その中の文書番号と場合によってはその下位分類番号（Patronato Real の分類部門では número と ramo の順、Audiencia de México では逆の順番になっている）、作成年の順にしている。その後に、文書の同定に必要な場合のみ、文書のタイトルの冒頭を記載した。

8章　有力入植者と王権をつないだ文書　233

文書リスト

I. スペイン国王よりインファンテ家初代当主フアン・インファンテ（Juan Infante）へ紋章の授与（1538年）

　AGI, Patronato Real, 169, núm. 1, ramo 13, año 1538

II. 初代フアン・インファンテのエンコミエンダ所有権の正当性にかかわる一連の訴訟（1520~1554年）

　　① 　AGI, Justicia, 129, núm. 3, año 1539

　　② 　AGI, Justicia, 130, año 1540

　　③ 　AGI, Justicia, 138, núm. 3, año 1541

　　④ 　AGI, Justicia, 188, núm. 3, año 1535

　　⑤ 　AGI, Justicia, 203, núm. 2, año 1554

III. 三男ルイス（Luis Infante Samaniego）による、母方の従兄ガスパル・サマニエゴ・バルデラーマ（Gaspar Samaniego Valderrama）のメキシコへの招聘（1575年）

　AGI, Indiferente General, 2057, núm. 102, año 1576

IV. 三男ルイスに下された、殺人の罪による死刑（muerte natural）判決への国王恩赦（1578~1582年）

　　① 　AGI, Indiferente General, 739, núm. 399, año 1581

　　② 　AGI, Indiferente General, 740, núm. 3, año 1582

V. 二男エルナンド（Hernando Infante Samaniego）の遺産をめぐる訴訟（1578~1585年）

　　① 　AGI, Escribanía de Cámara, 271 A, pieza 1, año 1584. Visita de la Audiencia de México（2 piezas）

　　③ 　AGI, Escribanía de Cámara, 163 A, años 1585-1586. Juan Infante Samaniego, vecino de México con Pedro Farfán....（2 piezas）

VI. エンコメンデーロの子孫としての恩典請願（1576~1584年 , 1617年）

　　① 　AGI, Patronato Real, 74, núm. 2, ramo 5, año 1576

　　② 　AGI, Patronato Real, 78 A, núm. 1, ramo 8, año 1584

　　③ 　AGI, Audiencia de México, 172, núm. 25, año 1583

　　④ 　AGI, Audiencia de México, 73, ramo 9, núm. 78, año 1617 / AGI, Audiencia de México, 233, núm. 10, año 1618

VII. 初代フアン・インファンテの孫娘でインファンテ家財産の三代目相続人フランシスカ・インファンテ・サマニエゴ（Francisca Infante Samaniego）の

結婚とマヨラスゴ（限子相続財産）の設立をめぐる訴訟（1587）

AGI, Escribanía de Cámara, 163 B, año 1582. Francisca de Estrada, vecina de México con Pedro Farfán.... (1 pieza) [4]

VIII. 次女マリアナ（Mariana Infante Samaniego）が自身の婚資の支払をめぐり、兄でインファンテ家財産二代目相続人のフアン（Juan Infante Samaniego）との間に起こした訴訟に対する勝訴判決（1590）

この文書は AGI ではなく、メキシコ市の Archivo General de la Nación（略号 AGN）に所蔵されている。

AGN, Tierras, vol. 2972, exp. 137, año 1596; vol. 2980, exp. 154, año 1619

IX. 三代目相続人フランシスカ・インファンテ・サマニエゴへの、パナマの聴訴院長官未亡人としての寡婦給金支給の決定（1621）

AGI, Audiencia de Panamá, 1, núm. 326, año 1621

以上を内容別にまとめてみると、訴訟（II, V, VII, VIII）、国王からの恩典・恩赦授与の勅状（I, IV, IX）、エンコメンデーロの子孫としての恩典を求める二代目インファンテ家メンバーからの請願（VI）となる。一家はこのほかに、マヨラスゴ設立のための国王の許可（1575）や、ローマ教皇の勅書（bula）も得ている（1585）。この二つの恩典はいずれも、インディアス諮問会議の審議を経て授与されたはずだが[5]、VIII 同様、オリジナルの文書は見つかっておらず、VII に全文の写しがある。III はフアン・インファンテの妻カタリーナ（Catalina de Samaniego）の甥が、インディアス諮問会議に直属するインディアス通商院（Casa de Contratación de las Indias）にメキシコへの渡航許可を求めた文書である。この渡航がインファンテ家三男ルイスの招聘に応じたものであることから、インファンテ家関連文書に加えた。結果、インファンテ家についてインディアス諮問会議で審議された個別の案件は、筆者が確認できただけで19件となった。これらは、一家三代100年のスパンで、文書作成の具体的な経緯がわかり、その大半において作成した文書の有効性（意図した結果が得られたか否か）までをも明らかにする史料として非常に興味深い。

3　植民地からの文書に対する王権の姿勢

スペインがアメリカ大陸に植民地を築く第一歩を踏み出した1492年から、本

国と植民地との間の情報交換は、地理的距離に加えて、両者の状況がまったく異なるという二重の隔たり故に、大きな困難を伴う中で開始された。王権の側では適切な統治をするのに必要な現地の情報をいかに入手するかに心をくだき、さまざまな命令を植民地官僚に送った。一方、植民地の住人たちは、いかに自分の利益に沿った情報「に限って」国王に届けるかに腐心した。いうまでもなく、その連絡の大半は文書を通じて行なわれた。近年の研究では、この距離にともなう困難が王権と植民地の間で交わされる文書の性質を決定づけた点に注目している（Brendecke 2012: 268-269）。要約するとそれは以下のようなものであった。

　国王の諮問機関としてインディアス統治の実権を担ったインディアス諮問会議は、現地官僚に繰り返し「書簡（cartas）」の提出を要求するとともに、そこに彼らの「見解（pareceres）」を付記することを求めた。同時に、個人が国王への直訴、告訴、見解などをしたためた書簡を送る自由を法によって保証し、現地の統治機関やエリート層の不正、逸脱、王権の侵害行為を察知することに努めた[6]。「インディアス法」[7] の条文からも、王権がことのほか親書の自由を重視していたことがわかる。王権にとって、書簡は、直接ひとを送って調査する巡察（visita）や、本人を召喚して行なう査問（residencia）と並んで、遠隔地にある植民地統治機構の円滑な運営に欠かせないツールであった。いいかえれば、現地の実情の把握が困難なことを自ら認めた王権が、書簡を、統治の安全弁、あるいは現地住人とのコンセンサスを得るために必要不可欠な情報入手の手段と考えていたことを示している（Brendecke 2012: 261-263, 489）。

　個人からの告発や意見を受理する一方で、王権は文書に法的効力を持たせる上での形式には厳格さを求め、公証人の介入を義務付けるとともに、公証制度の整備に力をいれた[8]。それでもなお、事実の立証を、証人による宣誓下での証言に全面的に負う司法制度の下、公証人が作成する文書も完全な公正さを保証するものでないことは王権も心得ていた。いいかえれば、必ず何らかの党派性や利害の対立を内包する植民地からの文書を受理し、現地住民のコンセンサスを醸成しつつ、諸グループや個人同士の利害を調整する機能と権限にこそ、植民地を遠隔操作するため王権が行使できる力があると考えていた。

　その最たる例が、エンコミエンダをめぐる王権のにえきらない態度であった。国王は、エンコミエンダの相続禁止とエンコミエンダの規模の適正化を謳った「インディアス新法」（1542年）に対する植民地住人の抗議を受け入れて、1545年のマリナス法[9] で相続の可能性を残す一方で、永代化は認めず、ケース・バイ・ケースで個別に相続を許可、あるいは代替の年金や恩典を供与することで、エ

ンコメンデーロたちの王権への忠誠を繋ぎとめようとした（Brendecke 2012: 248-249, 275, 286, 486）。エンコミエンダの所有権をめぐる裁判も王権（インディアス諮問会議）に託された[10]。インファンテ家の場合には、ミチョアカン司教バスコ・デ・キロガ（Vasco de Quiroga）から、「インディアス新法」が禁じる過度に大きなエンコミエンダ所有を告発されて、1554年、その一部返上を命じられた。他に、植民地での官職や市参事会役職などへの任用権も王権が握り、植民地住人を掌握するために活用された[11]。

　そのようなわけで、植民地住人から王権に向けた文書には、植民地の内情を報告する党派性の強い書簡や、エンコミエンダ特権や植民地のさまざまな官職といった恩典を求める請願、インディアス諮問会議の先決事項であるさまざまな審議や裁判の上告が多くを占めることとなった。上述のインファンテ家文書の内容もそれを示している。

　王権が受け取る植民地からの文書のこのような性格は、急速に拡大する植民地の実態に対応しようと、王権が植民地の統治方針を転換していく中で変化しつつ形づくられた。なかでも、その契機となったのが、1542年と1569-75の二回、インディアス諮問会議自体に対して行なわれた巡察である。カルロス1世（神聖ローマ皇帝としてのスペインでの呼称はカルロス5世）が命じた1542年の巡察では、それを契機として、インディアス諮問会議メンバーの不正、恩顧主義、贈収賄に対して厳しい制約をかける初めての「インディアス諮問会議に関する規定（ordenanzas）」が制定されると同時に、エンコミエンダ制の縮小と先住民保護を謳った「インディアス新法」が制定された。この法は上述のように、インファンテ家をはじめとする植民地のエンコメンデーロの将来に決定的な影響を及ぼしただけでなく、文書を用いた植民地から王権への働きかけに対して、それまでないがしろにされがちであった「順法性」を、改めて強く求めることとなった。

　フェリペ2世により行なわれた二回目の巡察では、巡察官に任命されたフアン・デ・オバンドにより、「インディアス諮問会議に関する新規定（Nuevas ordenanzas del Consejo de Indias）」が作成され、1571年国王により承認された（Shäfer 2003, I: 139-141; Manzano 1991, I: 186-189, 205）。オバンドはこの時ほかにいくつかの改革を試みた。一つは、それまで必要に応じて各植民地政府に対して出され、施行されてきた法的効力のある文書、法令（ley）、国王命（pragmática）、王勅（real provisión）、勅令（real cédula）、王の書状（carta real）、規定（ored0nanzas）、国王通達（real decreto）の内容の重複や矛盾を整理統合して、「インディアス法」を集大成し、植民地全般で法の適切な運用を促す試みである。

もう一つは、植民地の実情を記す文書を網羅的に収集し、統治に役立てるためのシステム作りの試みである（Brendecke 2012: 348-349, 414-415）。

　前者の成果として特筆すべきは、「インディアスの発見・植民・平定に関する規定」がまとめられ、1573年フェリペ2世の承認の下、施行されたことであろう[12]。植民地統治の実際を、現実にそくして細かく規定したこの法令の重要性は極めて大きかった。例えば、入植者の権利と義務が改めて明確化された（横山2005: 115-119）。この「規定」はすぐに印刷されることはなく流布は限定的であったが（Manzano 1991, I: 259）、1681年になって「インディアス法」の集大成がようやく完成、出版された際に、その第四書「発見・平定・植民とスペイン人都市に関する諸規定」の中核部分を成した（横山 2005: 115）。

　後者の成果としては、植民地でそれまでに制作されたクロニカや地誌、そのほか雑多な文書が大量に収集され、本国に送られたことが挙げられる（Brendecke 2012: 426-427）。なかでも特筆すべきは、1577年、植民地各地に50に及ぶ質問事項のリストを印刷して送り、各行政区がそれに答える形で報告書を作成することを求めたことであった。その結果が『地誌報告（Relaciones Geográficas）』として残されたことは周知のとおりである。この二回目の巡察は、植民地の統治を自前の官僚機構によって効率的に行おうとする王権の意図の表れで、一回目同様、植民地統治の大きな転換点となった。結果として、これら16世紀に実施された二回の査察は、大西洋間の文書ネットワークシステムの構築に極めて大きな影響を及ぼしたといえよう。

4　文書の往来に要する手続・時間・経費

書簡の輸送にかかわる大西洋間の連絡と所要時間

　個人による大西洋間の文書のやり取りには、どのくらいの手間と時間と経費がかかったのだろうか。文書のやり取りにかかる輸送手段と所要時間については、大西洋間の連絡の大枠を示す古典的研究や貿易に関するモノグラフ、文書の行き来の実際を追う最近の研究などから、ある程度推測可能である。それらを手掛かりに、ここでは、インファンテ家の時代に利用可能であった「社会インフラ」と、見込まれる所要時間についてごく簡単に記述したい。

　個人が王権に対して書簡を送る方法は大きく分けて二つあった。一つは聴訴院など植民地の役所を通じて、公文書の輸送ルートに乗せて送る方法、もう一つは、個人の渡航者に託して送る方法である。インディアスの市民や居住者からの

238　第Ⅲ部　帝国周辺社会における文書ダイナミズムの実相

　国王への書簡は、すべて副王、聴訴院の聴訴官、総督、もしくはそれに代わる有資格者を経てインディアス諮問会議に提出するのが原則であったが、このルートが阻止されたり不可能な場合は、上述のように、王権は個人が国王に対して直接書簡を送ったり、本国で直訴する道を保証した[13]。その場合、書簡の輸送は、代理人やそのほかの渡航者に書簡を託す第二の方法によることになるが、この方法では、書簡の到着は極めて不確かなものだったという（Sellers-García 2013: 81, 207）。

　公文書の輸送ルートにのせる場合、大西洋間の往来はフロタ船団（las flotas de Indias）と通信船（navíos de aviso）の運航によったので、所要時間はその運航状況に規定されたといえる。

　スペイン艦隊アルマダに所属する戦艦に護衛された商船団であるフロタ船団は、1543年から1554年の間はインディアスに向けて年一回出航し、カリブ海で二手に分かれ、ティエラ・フィルメ[14]とヌエバ・エスパーニャに向かった。1555年からは、ヌエバ・エスパーニャ行きとティエラ・フィルメ行きが毎年各一回、計二回のフロタ船団が組織され、それぞれ3月（〜5月）と8月にインディアスへ向けて出航した。1561年からは、商船はフロタ船団以外で航海することが原則禁じられ、このシステムは1740年、フロタの運航が中止になるまで続いた。1564年からは、帰路航海の出航は、ハリケーンシーズンを避けるため4月と定められ、両方のフロタ船団がハバナで合流して一緒に出発するよう定められた[15]。

　フロタ船団が大西洋横断にかかる日数は平均して2〜2.5ヶ月であった（Sanz 1979, II: 281）。本国との連絡をヌエバ・エスパーニャ経由のフロタによっていたグアテマラの聴訴院では、1559年から1573年の間、管轄の各地からの書簡が王の手元に届くには5〜17ヶ月かかり、1599年、グアテマラの聴訴院が送った公文書がスペイン到着までにかかる平均的な所要時間は1年であったという（Sellers-García 2013: 81）。

　他方、通信船は情報伝達のために王権が派遣した小型の船舶で、原則出航は不定期であったが、通常、フロタ船団の情報を送るため、その到着や出航の前後に出された。法令では、船足の速さを保証するため、商品、宝物（銀）、旅客、その他いかなるものの運搬も禁じられていたが、この規定は遵守されず、実際には銀や商品も運搬した。1628年初頭からは、貿易商人らの負担で年四回の通信船の運航（ヌエバ・エスパーニャへ二回、ティエラ・フィルメへ二回）が、1674年からは、同じく年四回、新大陸からセビーリャの商館（Consulado de Sevilla）へむ

けての運航が決まる。これは1718年に年八回の運航となる。通信船の運航は、1765年、王庫負担による船舶郵便（毎月一回ラ・コルーニャからハバナに向けて、2ヶ月に一回、モンテビデオ経由でペルーに向けて出航）が設立されるまで続いた。通信船の片道の所要日数は早くて50日前後とされる。1581年ティエラ・フィルメと本国の往復で102日という記録もあるが、所要日数には大きなばらつきがあり、1571〜1583年の間にヌエバ・エスパーニャからセビーリャに送られた通信船の所要日数には35日〜111日の幅があった（Sanz 1979, II: 311-312, 315-316, 321）。

　特に急を要する場合には、国王や商人の負担で特別通信船（navíos de aviso extraordinarios）が準備され、商人らの郵便も便乗することができた。港湾を管轄する総督（gobernadores）も、敵の来襲を告げるために、この特別通信船を出すことが許されていた。それ以外に、王権の必要性や商人組合（Universidad de Mercaderes）の要請で、国王は例外的にフロタ外でインディアスへの商品や水銀、黒人奴隷を積んだ個別の船舶の出航を許可した（Sanz 1979, II: 282-283, 312-313）。

　個人の渡航者に託す場合には、上記のさまざまな船舶を利用する以外に、沿岸航海の船の乗り継ぎや、密貿易船、さまざまな港に寄港する外国船も利用されたであろう。書簡到着の不確実性は否めないものの、こうした船便をあわせれば、個人がインディアスと本国の間で書簡や文書をやり取りするためのインフラとしての船便には、一定頻度を見込めたと考えてよかろう。

　王権は、文書の発送と受信の方法、新旧両大陸の陸路と航路の郵便事情の改善、インディアス諮問会議と通商院内での手続きなどについて「インディアス法」で細かな規定を設けて、文書の作成と流通にかかわる社会インフラの整備・管理に努めた[16]。

　陸路については、「王の道（camino real）」と呼ばれる主要街道が設けられた。ヌエバ・エスパーニャの首都メキシコ市から主要な地方都市や鉱山への街道には、16世紀末までに、替え馬を備えた駅が設置された王の道が整備された。しかし、17世紀にはいっても、インディオの郵便配達人が悪路を徒歩で輸送する制度は植民地各地で一般的で、18世紀末においても変わらなかったという（Sellers-García 2013: 105）。

　書簡の返答を得るまでの所要時間という意味では、スペインでの審議に要する時間も重要な要素となろう。新大陸の市民の訴訟や請願がインディアス諮問会議で審議され結果がでるまでどのくらいの時間を要したかについて、インファンテ

家の事例でみると以下のようになる。フアン・インファンテに下賜されたエンコミエンダの正当性についての訴訟（文書Ⅱ－①〜④）は、1528年にエンコミエンダを拝領した当初から始まったとして、1554年にインディアス諮問会議で一部敗訴（湖畔の村々返上）が決まるまで26年。この判決への不服申し立て（文書Ⅱ－⑤）は、1555年に提出されてから、1575年に前の判決が確定するまで20年。二男エルナンド・インファンテ・サマニエゴの遺産の所有権に関する訴訟は、エルナンドが没した1578年から、1585年にインディアス諮問会議で結審するまでの7年（文書Ⅴ－①②）を要した。結審したのは、訴訟当事者である長男死亡の直後であった。三男ルイス・インファンテ・サマニエゴが殺人罪で受けた死刑判決（1578年）への恩赦請願（Ⅲ）は、1582年に恩赦が出るまで4年。二女マリアナ・インファンテ・サマニエゴの婚資に関する訴訟は、1984年以前に始まり、インディアス諮問会議で結審したのが1590年なので、決着までに6年〜8年かかった（Yokoyama 2014: 163）。

　こうしてみると、エンコミエンダの所有にかかわる訴訟は、なるべく現状維持で引き延し、早々に決着をつけるべきものでないと考えられていたのであろう、いずれの場合も20年以上を要しているのに対して、個人の死刑への恩赦に4年、個人同士の財産争いに関する場合は6年〜8年の間に決着している点が興味深い。

費　用

　個人によるインディアス諮問会議との間の文書のやり取りにかかる費用についての情報はわずかである。費用の中には、書類作成に必要な経費（公証人への支払い、訴訟費用など）に加えて、輸送料が含まれるであろう。特に前者について言及する研究はほとんど入手できなかった。ただし、「インディアス法」は印紙代や諸機関における手続きの各種料金表（arancel）を明示することを義務付けており[17]、実際、そのような料金表の記録はかなり残っているようである。例えば筆者は、1570年代にメキシコ大司教区管轄の裁判所で用いられた裁判諸経費の料金表をみつけたが、それによれば、例えば、訴訟当事者からの書類の受理に12マラベディ、訴訟当事者からの期限延期申請に12マラベディ、訴訟当事者からの最初の証人の提示に2分の1トミンなどと、事細かに85項目の手続きとそれに対応する料金が記されている（García Icazbalceta 1904: 49-55）[18]。

　インファンテ家文書の中でも、経費の具体的な数字への言及は非常に少ない。わずかに、フアン・インファンテが1537年メキシコ市からスペインへ赴き、インディアス諮問会議に上告するための経費として、訴訟費用8,000ペソ、旅費

8 章　有力入植者と王権をつないだ文書　241

1,000~2,000ペソを見込むとする記録がある。他方、膨大な裁判費用のために経済的困窮に陥ったという言及はいくつかの文書にみられた（Yokoyama 2014: 115-119）。

　最盛期のインファンテ家は、インディアス諮問会議で同時に複数の訴訟を進めることもあった。決して容易とは言えない大西洋間の文書の往来を介して、訴訟や請願を敢行した背景に何があったのだろうか。

5　インファンテ家の家族史とインディアス諮問会議にかけられた文書

　インファンテ家は、初代フアン・インファンテ（1506頃～1574年）が征服直後のメキシコに渡ってエンコミエンダを拝受してから三代100年の間、王権の植民地統治の方針転換に翻弄されつつも、大アシエンダ経営者としての財力を築き、有力エンコメンデーロの地位も保持した。一家の歴史はそれ自体が非常に興味深く、エンコミエンダ、アシエンダ研究にとって示唆的であるが、ここでは、インディアス諮問会議との文書のやり取りに関連した部分について、簡潔な経緯を記したい。一家の社会的地位や世代の変化に対応して、便宜的に4期に分けている。

第1期（草創期）
　初代フアン・インファンテの出自には不明な点が多いが、キューバ島で9年間過ごした後、1522年もしくは23年に、弱冠16歳で征服直後のメキシコ市に居を定めた。間もなく、コルテス（Hernán Cortés、メキシコの征服者）不在中のヌエバ・エスパーニャで1527年から翌28年まで総督を務めたアロンソ・デ・エストラーダ（Alonso de Estrada）の家臣となり、エストラーダから、メキシコ中西部ミチョアカン地方に大きなエンコミエンダを拝領する（1528年）。ところが、エストラーダの死後（1531年）、彼がインファンテに与えた勅状の真偽が問題となり、エンコミエンダの所有権をめぐる訴訟を起こされて、メキシコ市の聴訴院で敗訴する（1537年）。

第2期（発展期）
　1538年、上告のために本国のセビーリャに赴く。そこで、インディアス諮問会議国王秘書官フアン・デ・サマノ（Juan de Sámano）に見出され、その力添えで、先の聴訴院の判決を覆す逆転勝利を得たばかりでなく、国王から「征服の功

として」紋章を授かる（文書Ⅰ）。さらに、サマノの従姉妹カタリーナ・デ・サマニエゴと結婚し、インディアス諮問会議の有力者と固いきずなを結ぶことに成功する。これ以降、インファンテが訴訟のために自らスペインへ赴くことはなく、サマノならびに、妻のスペイン側親族が本国で動くことになる。その死（1558年）まで、サマノはインファンテ家の命綱となり、この太いパイプを利用して、インファンテは先の逆転勝訴への反撃をことごとくかわすことができたばかりでなく（文書Ⅱ－①～④）、以後、インファンテ家のエンコミエンダ所有権に疑義が呈されることはなかった。このエンコミエンダを足掛かりに、インファンテは1540年代から1560年代にかけてミチョアカン地方北部に広大なアシエンダを形成し財をなす。

　しかし、インファンテを目の敵とするミチョアカン司教バスコ・デ・キロガの圧力で1554年、「インディアス新法」を根拠としてエンコミエンダの一部返上を命ずるインディアス諮問会議の判決がだされると、サマノの力をもってしても覆すことはできず、エンコミエンダの中核をなす「湖水の村々」が王権に返還された。これに対するインファンテ側の控訴は、先述のパイプを通じてインディアス諮問会議に受理されたものの（文書Ⅱ－⑤）、20年にわたり放置された。

第3期（二代目活動期）

　妻カタリーナとの間に7男3女を設けた初代が1574年に没すると、二代目の時代にはいる。その幕開けは、1571年、長女ヘロニマ（Jerónima Infante Samaniego）とペドロ・ファルファン（Pedro Farfán）との結婚であった。婿となったファルファンは、1568年にメキシコ市に赴任してきた聴訴院の聴訴官で、サマノ亡きあとのインファンテ家の強力な後ろ盾となった。これにつづき、1570年代、インファンテ家の二代目たちは、ヌエバ・エスパーニャの有力エンコメンデーロの家々と婚姻を結び、堅固な姻戚ネットワークを築いた。なかでも、長男フアン・インファンテ・サマニエゴと二女マリアナ・インファンテ・サマニエゴが、高名な征服者で大エンコメンデーロでもあったアロンソ・デ・アバロス（Alonso de Ávalos）の長女と長男とそれぞれ結婚し、両家で二重の婚姻を結んだことは特筆に値する。両家は1575年国王よりマヨラスゴ設立の許可も得ている（写しは文書Ⅶ中にファイルされている）。

　1578年、インファンテ家財産の中核部分を相続した次男エルナンドが没すると、長男フアンと長女の夫で聴訴官のファルファンの間でその財産相続をめぐる訴訟がおきる（文書Ⅴ－①②）。このときは、次男エルナンドが最後に作成した

遺言付随書（codicilo）に加えられていた書き込みの真偽が訴訟の焦点となった。
すなわち、再び文書の偽造問題が一族の財産の行方を左右することとなった。一
族の財産をめぐる争いは、インファンテ家長男の一人娘で三代目相続人となるフ
ランシスカ・インファンテ・サマニエゴの結婚問題へと発展する（1587年）が、
その中心人物となったのが、自分の長男とフランシスカを娶せようと画策する
ファルファンであった（横山 2010: 393-424）。この間に残された訴訟の記録が文
書 VII と VIII である。文書 VII にはこの結婚を許可する教皇勅書（1585年）の写
しも含まれている。この頃三男ルイスが犯した殺人事件が国王恩赦の形で解決さ
れるが（1578~1582年）（文書 IV）、ファルファンの力添えによるところが大きかっ
た。

　他方、この時期、成年に達したインファンテ家二代目の男子たちは、王権に植
民地官吏の職や、一族が本拠地としたミチョアカン地方の主都バリャドリード
（1577年まではグアヤンガレオと呼ばれた）の市参事会での役職を求める請願を提
出している（文書 VI －① ~ ③）。

　聴訴官ファルファンがメキシコ市の聴訴院への巡察で訴追され、申開きのため
スペインへ帰国すると（1587年）、インファンテ家の財産をめぐる裁判は、形を
変えて、三代目相続人フランシスカとその叔母で初代インファンテの三女マリア
ナの間で続けられた。その間、アシエンダの家畜を主体としたインファンテ家
財産は急速に減少し、1590年、上記訴訟にマリアナが勝訴すると（文書 VIII）、
1995年には競売に付されて細分化した。

第4期（衰退期）

　インファンテ家のエンコミエンダは初代インファンテから長男フアンを経てそ
の一人娘フランシスカ・インファンテ・サマニエゴへと受け継がれたが、フラン
シスカの死（1628）によって王権に返還された。フランシスカは1621年、パナ
マ総督の夫を亡くし、王権より寡婦給金を授けられている（文書 IX）。ほかに二
男フランシスコが息子のために1616年エンコメンデーロの子孫としての年金を
請求する文書も残されている（文書 VI －④）。初代インファンテが築き上げたか
つての大アシエンダも、1630年代から1650年代に一族の三代目所有者が没する
と、全て人手に渡る。

6　インファンテ家の文書の特徴

人　脈

　このように、インファンテ家は、エンコミエンダ所有権そのものをめぐる訴訟にはじまり、常にインディアス諮問会議で何らかの審議中あるいは塩漬けとなった訴訟を抱えていた。1570年代から1580年代には、同時に複数の訴訟を維持していた。ここまでの「訴訟好き」は奇異にみえるが、訴訟の数が多い時期に着目するとその理由の一端が見えてくる。それが、有力な後ろ盾、サマノとファルファンの力が大きかった時期と一致しているからである。距離的困難と重い訴訟費用の負担にもかかわらず、一族がそれらの訴訟に踏み切ったのには、背後に彼らが属した「党派」の利害が大きくのしかかっていたからだと推測される。

　フアン・インファンテが最初に属したのはアロンソ・デ・エストラーダの党派であった。ここで詳しく述べる紙幅はないが、エストラーダとインファンテは先住民の荷役を使った違法すれすれの鉱山への物資輸送の事業に手を染めた運命共同体であった。インファンテがエンコミエンダを持つことが、二人の事業に必要だと判断したエストラーダは、その恩典に値するさしたる功績もない、いわば若輩者にエンコミエンダ特権を与えたと考えられる。

　つぎに保護者となったサマノは、インディアス諮問会議の中枢にあって、植民地での有望な事業をいち早く嗅ぎつけられる立場にあった。ところが、第一回のインディアス諮問会議への巡察で、諮問会議メンバーには厳しい倫理規定が定められため、自身や身うちには利権を与えられなくなるなか、遠縁のものにそれを与えて現地での利益代表者とすることで、インディアスでの実入りの良い事業の分け前を得ることは、サマノにとって巧妙な抜け道であった。サマノがインファンテに有用性を見出した理由は、インファンテのエンコミエンダが、豊かな北部銀鉱脈の後背地という有望な立地条件を備えていたからだと思われる（Yokoyama 2014: 114-120）。サマノを通じて、インファンテ家はメキシコ市にも重要な人脈を築いた[19]。

　一家の三人目の後ろ盾となった聴訴官ファルファンの狙いは、インファンテ家が築き上げた大アシエンダという財産であった。自身も妻の実家を隠れ蓑に、聴訴官に禁じられていたアシエンダ経営に携わったファルファンは、副王につぐ植民地の最高権力者として、インファンテ家に少なからぬ恩恵をもたらしたが、同時に、その財産を自分の自由にできるものと考えていた節がある。その野心を阻

止すべく、インファンテ家二代目当主フアン・インファンテの姑フランシスカ・デ・エストラーダ（Francisca de Estrada、インファンテの最初の保護者エストラーダの娘で、その実家はヌエバ・エスパーニャ屈指のクリオーリョ有力家系を築いていた）が立ちはだかると、インファンテ家の財産争いは一時この二人の代理戦争の観を呈した（横山2010: 400-409）。

　先述のように、ファルファンの聴訴官在任中、インディアス諮問会議では二度目の巡察が実施された。それらを契機として、植民地高官への順法の締め付けは格段に厳しくなった[20]。しかしファルファンはその変化に身を処すことができなかった。そのため、1583-1586年に行なわれたメキシコ市の聴訴院への巡察でいくつもの大きな違法行為を告発され、本国へ帰還することになる。その後、インファンテ家に再び強い後ろ盾がつくことはなかった。

　つまるところ、「インファンテ家文書」は、インファンテ家が得た三人の保護者、なかでもサマノとファルファンの太いパイプによって集中的にインディアス諮問会議＝王権の懐に届けられた。ここからは、王権への文書の上奏には、公式な手続き以上に、人脈という、いわばハイウエーのようなルートが重要で、かつ保護者の利益と合致した案件であることが肝要だったことがうかがえる。

法との距離

　インファンテ家文書からは、一家が、転換してゆく王権の植民地統治方針の中で、法との距離を慎重に測っていたこともうかがえる。第1期のエンコミエンダの帰属をめぐる訴訟では、混乱した植民地政府の司法と公証制度を逆手にとって、当初有利な立場を維持した。中世末期のスペインで、文書が個人の法的保護を保証する手段とされる文化が醸成されていたこと、カトリック両王が公証人制度を厳格化したことなどは、既存の研究で周知の事実となっている（Burns 2010: 23-29）。公証制度に精通することは、現行法制を巧みに利用する上で、極めて有利であったことは想像に難くない。先述のように、初代インファンテはキューバ島で9年を過ごすが、この間、公証人バエサの下に身を寄せ、若くして公証制度の活用手段を知ることとなった。そればかりでなく、メキシコに渡ってからもバエサとの協力関係を続けた。

　その経験と人脈が生きたのが、エンコミエンダをめぐる訴訟であった。インファンテはエストラーダから与えられたエンコミエンダ拝受の勅状が、充分な法的効力を備える文書の形式をとっていないことに気付き、バエサほか一名の公証人に依頼して「正式な写し」を作成した。そして、以後の訴訟では、オリジナル

を紛失したとして、代わりにこの写しを証拠として提出して、萌芽的司法制度の中にあった第一次聴訴院（1529-30年）の保護を勝ち取った。当時の司法官（聴訴院のメンバーや地方長官）のほとんどは、無資格かつ不適任な荒くれ者が、恩顧主義と党派の力でその地位にあったため、インファンテは巧みな処世術で彼らと利害を共にすることで、先の勅状の真偽を問われることなく、エンコミエンダの権利の保護令（amparo）や所有権保護の執行令（mandamiento）など、つぎつぎと有利な裁定を得ることができ、それを記す証文を手に入れたのであった。

　ところが1531年、第一次聴訴院の人選の失敗に気づいた王権が、メンバーを一新して、第二次聴訴院が発足する。有資格の法務官の下で、ようやく司法制度が機能し始めても、インファンテは、すでに得ていた証文の法的効力と司法制度の効率の悪さを逆手にとり、つぎつぎと敵対者を提訴したり、自分に不利な判決に対して控訴することで、聴訴院内でいくつもの審議を同時並行的に抱えさせ、「司法官に混乱をきたさせる」という巧妙な方法によって、しばらくの間はエンコミエンダ所有権を守り続けることができた。

　ところが、司法や公証制度が整うにつれて、「写し」しか提出できないというインファンテの弱みは致命的となり、1537年、ついに第二次聴訴院は先の勅状を偽物と断定して、インファンテからエンコミエンダを剥奪する判決を下す。しかし、これに対してインファンテが上告したインディアス諮問会議においては、国王秘書官という大きな後ろ盾が依然、文書の不備を不問に付すのに十分な力を有していたことは前述の通りである。1542年のカルロス１世によるインディアス諮問会議メンバーへの大規模な巡察以降、恩顧主義や汚職への取り締まりが厳格さを増したのは事実であった。しかし、一度インディアス諮問会議が認めた文書の真正さに対して、その後にあえて疑義が挟まれることはなかった。1554年になってインファンテがエンコミエンダの一部を王庫へ返還させられた理由は、文書に対する疑義ではなく、それが「インディアス新法」が禁じる大きすぎるエンコミエンダだったからである。しかも、ミチョアカン司教バスコ・デ・キロガの王権への強い働きかけの結果であった。

　第3期で特筆すべきは、1578年時点で作成されたインファンテ家財産目録に、「当地で施行された王令と勅令の印刷本（Un libro de molde de las provisiones y cédulas reales que se han despachado para estas partes）」と「新法と新規定（Leyes y Ordenanzas Nuevas）」なるものがそれぞれ一冊ずつ含まれていたことである。これらは、インファンテ家メンバーが現行の法体系を踏まえ身を処そうと務めていたことを示している。時期的にみて、後者は1542年の「インディアス新法」

と1573年の「インディアスの発見・植民・平定に関する規定」であった可能性
もある。

　第3期のインファンテ家文書は、植民地有力家系としての地位確立を主たる目
的に作成された。そこには、第1期のような荒っぽい手法は姿を消し、手続きと
法を順守する基本姿勢がうかがえる。インファンテ家二代目男子は、大学などの
高等教育を受けなかったものの、基本的に家業のアシエンダ経営に従事し、市参
事会の役職を務め、地方長官職を申請するのに必要な教育レベル、すなわち、読
み書き、算術、法律知識などにおいて植民地の上流白人階層に必要な素養を備え
ていた。とはいうものの、三男ルイスが起こした殺人事件は、この一家が依然と
して初代の行動様式を脱却していなかったことを示しているのかもしれない。

　また、第3期のインファンテ家文書は、遺言状や結婚契約書などの法的効力を
めぐって親族間で激しい訴訟の応酬が繰り広げられた結果として残されたものを
数多く含んでいる。親族間の財産をめぐる争いは、アシエンダの衰退とあいまっ
て、インファンテ家の没落を決定づけた。

　聴訴官ファルファンが帰国した後の第4期には、一族の経済的衰退と社会的影
響力の低下により、インディアス諮問会議にまであげられる案件はほとんど無く
なる。この後インファンテ家の記録は、メキシコ市の聴訴院と地方長官レベルで
保存されたものが中心になる。

7　結　び

　インディアス総合文書館に残されたインファンテ家文書の分析を通じて、初期
メキシコ植民地の有力入植者が文書を通じて王権といかなる繋がりをもったかを
検討した。

　インファンテ家の例は、植民地の有力入植者が文書をつうじて王権にもとめた
ものが、恩典、特権、恩赦、有利な裁定につきたことを示唆している。植民地に
対する法制が整備されるなかでも、法令の条文にたびたび付加された「王による
特別の指示が無い限り」という但し書きにより、国王は植民地の入植者に対する
超法規的な裁定やさまざまな恩典の授与の最終決定権を留保したからである。

　また、インファンテ家から王権への請願の内容が、当初はエンコミエンダに関
するものに限られていたのが、一家の二代目の時代になると、官職、マヨラス
ゴ、内輪の財産争いの裁定へと変化したところに、インファンテ家の家族構成の
変化と、植民地社会の変化が反映されているといえよう。

インファンテ家の例は、王権へ繋ぎをつける上でものをいったのが、個人的パイプとしての保護者と、それを核とした党派のネットワークであったことも示している。有力植民地入植者の中にできあがったネットワーク同士の利害の調整を行うのもまた、王権であった。

王権が進める植民地統治方針の変化は、新たな法の施行という形で、植民地官僚のみならず、有力入植者にも身の処し方の適応を迫った。ゴンサロ・ピサロの反乱（1545）やマルティン・コルテスの反乱未遂事件（1565）などの抵抗が一段落し、インディアスにおける王権の統治が確立した後は、植民地住人の間

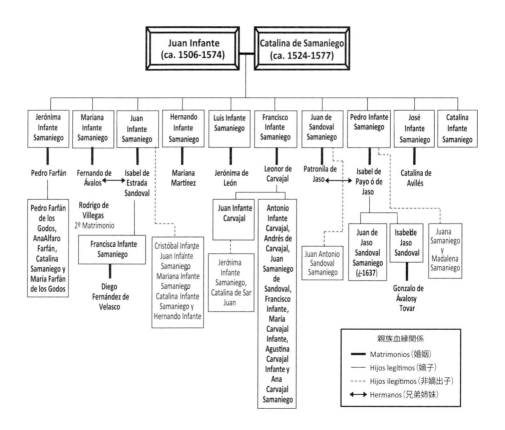

図1　インファンテ家メンバーと結婚相手

8章　有力入植者と王権をつないだ文書　249

に「法令順守」の "姿勢" をとることの必要性が痛感されるようになったと考えられる。王権が出す「法令」という文書もまた、大西洋間の文書ネットワークの中で、極めて大きな意味を有したことは、改めて指摘するまでもなかろう。ヌエバ・エスパーニャの一地方ミチョアカンのアシエンダにインファンテ家が大切な財産として保管していた品々の中に、法令集が含まれていたことが、そのことを雄弁に語っている。

　他方で目を引いたのは、インファンテ家におきた二度の「偽造文書」事件である。最初は1520~1530年代という植民地の草創期、二度目は1570~1580年代という植民地社会の確立期であった。このことは、植民地で入植者に及ぼした証書としての文書の力が、草創期以来変わることなく絶大であったことを物語ると同時に、二度のインディアス諮問会議への巡察や、半世紀にわたる王権の様々な努力にもかかわらず、インディアスでの文書慣行と公証制度のからくりが、依然としてそのような問題の発生を許すものであったことを示している。

註

1）　インファンテ家文書の情報は Yokoyama 2014による。

2）　現在では、本稿で使用したインディアス総合文書館のインファンテ家関連文書の基本情報はすべてデジタル化されて、PARES（Portal de Archivos Españoles）のサイトでインターネット検索できる。そのうち Patronato や Indiferente に分類されている文書については、本文もインターネット上で読めるようになっている。しかし、筆者が AGI でこれらの文書探索を行った1999年において使用できた検索ツールは、主として既刊のカタログならびに館内備え付けの未刊行のカタログ類であった。AGIの館内におけるコンピュータでのデジタル検索もある程度可能になっていたが、まだ入力情報は十分ではなかった。筆者が使用した主な既刊カタログは以下のとおり。
Joaquín F. Pacheco, Francisco de Cárdenas, Luis Torres de Mendoza（dirección）, *Colección de documentos inéditos relativos al descubrimiento, conquista, organización de las posesiones españolas en América y Oceanía*, Tomo 1（1868）-Tomo 42（1884）, Madrid.
Colección de documentos inéditos relativos al descubrimiento, conquista, organización de las antiguas posesiones españolas en el Ultramar, Segunda Serie, Tomo 1（1885）-Tomo 25（1932）, Madrid.
Francisco del Paso y Troncoso（recopilador）, *Epistolario de Nueva España 1505-1818*, Tomo 1（1939）-Tomo 16（1942）, México.

3）　インファンテのエンコミエンダ所有権の正当性をめぐる訴訟記録としては AGI, Justicia, lejagos número 129, 130, 138, 188, 203（本稿でⅡの①～⑤）の5件が確認されている。そのうち、129, 130, 138（①～③）の内容は、本書の文献目録中の

250 第Ⅲ部 帝国周辺社会における文書ダイナミズムの実相

Warren の3著作に依拠。188と203は筆者が独自に全文書を解読した。

4）同じ文書が Archivo General de Simancas, Guerra Antigua, legajo 137, fol. 24に所蔵されている。

5）1504年のトロ法でマヨラスゴ（限子相続財産）設立には王の許可が必要と定められた。インディアスにおける教皇勅書の扱いは、「インディアス法」の Libro I, Título 9, De las bulas y breves apostólicos, Leyes i~iii で「インディアス諮問会議は教会保護権を侵害しない範囲で教皇の大勅書（bulas）と小勅書（breves）を遵守すること。インディアスの聴訴院はインディアス諮問会議を経ない教皇の大勅書、小勅書の正本を回収してインディアス諮問会議に送り、その見解をもって、実行に移すべき場合のみこれを行なうこと」と定めている。

6）個人が国王へ送る書簡については、「インディアス法」Libro III, Título 16, De las cartas, correos y indios chasquis に、親書の自由と秘密が保持されること、大西洋間の書簡の往来は誰にも自由で（Ley vi）、何人も親書の秘密を侵してはならないこと（Ley vii）などが規定されている。また、インディアスの市民や居住者からの国王への書簡（王権や植民地のよき統治に関する重要事項、インディオへの虐待、臣民への不当な行為などに関して、市民や居住者が王に書き送る場合）はすべて副王（virrey）・聴訴院聴訴官（oidor）・総督（gobernador）、もしくはそれに代わる有資格者を経て国王＝インディアス諮問会議に提出すること、副王・聴訴院聴訴官・総督らは国王の代理としてその内容に対して必要な処置を講ずるか、さもなくば、より慎重に対処するため書面の正本をインディアス諮問会議に送ること、その際、自分の見解を示す書面を付すこと、インディアス諮問会議は副王・聴訴院・総督の見解を待たずして処置を講じてはならないことも規定されている（Ley iii）。さらに、上記の通常のルートが阻止されたり不可能な場合は、個人が国王に対して直接書簡を送ったり、本国で直訴することを妨げてはならないこと（Ley iv）、国王からの書簡の植民地政府での開封が適正に行われるよう、メンバー全員の立ち会いの下でおこない、聴訴院長官（presidente）が一人で開封してはならないこと（Ley xv）なども定められていた。

7）植民地統治の初めからインディアスに対して出された法令「インディアス法」（Las Leyes de Indias）は、1680年に『インディアス諸王国の法集成』（Recopilación de Leyes de los Reinos de las Indias）にまとめられ、カルロス2世に承認されて翌年出版された。本稿では、このファクシミリ版 Recopilación de Leyes de los Reinos de las Indias 1681, Miguel Ángel Porrúa, México, 1987を参照する。

8）インディアスの公証制度については、有資格者の適性、配置数の適性化、任命権者、証書作成上の王国公証人（Escribanos públicos y reales）の役割などが「インディアス法」で規定されている。その中で任命権についてみると、特に重要な役割を果たした聴訴院の公証人については、Libro II, Título 23, De los Escribanos de Cámara de las Audiencias Reales de las Indias, Ley i に、聴訴院の公証人は、王命で（任命権の）恩典を与える場合を除き、国王が任命するとある。それ以外の公証人

の場合は、Libro V, Título 8, De los Escribanos de Gobernación, Cabildo, y Número, Públicos, y Reales, y Notarios Eclesiásticos, Ley i で、公証人の任命は国王か国王の許可状（licencia）を得たもののみが行え、それ以外には副王、聴訴院長官、聴訴院、総督ほかいかなるものも公証人を任命することはできない。違反に対しては罰金、追放のほか巡察、査問での訴追ありとされた。ただし、新たな発見地や入植地で有資格の公証人がいない、もしくは全員が死亡したときに限って、王の任命があるまでの間、副王、聴訴院長官、総督がこれを任命できるとしている。扱う文書についてみると、判決、公的文書、遺言、布告などはすべて、国王かインディアス諸問会議が発行した任命書（título）を有する王国公証人の前で作成すること。これに反して作成された文書はすべて無効としている。同じく Libro V, Título 8, Ley ix には、副王、聴訴院長官、総督が聴聞（audiencia）を行う際は、裁判公証人（Escribanos de Cámara）は司法（justicia）、行政公証人（Escribanos de Gobernación）は行政（gobierno）に関する請願（peticiones）を処理することとある。

　公証人の地位は売官の対象とされた。「インディアス法」Libro VIII, Título 20, De la venta de oficios, Ley ii では、インディアスの公証人職（escribanías）は能力のある者で、官職を禁じられていない者に売ること。できればスペイン人の都市や町、聴訴院管轄領やゴベルナシオン（聴訴院不在の総督領）が必要とする適正数にまで増やすこと。インディアス諸問会議が公証人を配置していない都市や町では、その職を売却して与えることなどが定められている。売官については本稿註11を参照。

9）　Ley de Malinas, 20 de octubre de 1545. ペルーでのゴンサロ・ピサロの内乱の後、カルロス１世が「インディアス新法」のうちの、受益者死亡のエンコミエンダの相続を禁じ王庫に返納を命じた条項を破棄し、「インディアス新法での規定にかかわらず、功績あるものにインディオのエンコミエンダを与えること」と定めた法で、これにより、副王、総督はエンコミエンダを下賜する権限を再び与えられた。マリナス法の、「インディアス新法の規定にかかわらず、功績あるものにインディオのエンコミエンダを与えること」という上記条文は「インディアス法」の Libro VI, Título 8, De los repartimientos, encomiendas, y pensiones de indios, y calidades de los títulos, Ley iiii に収録された。また、Libro II, Título 15, De las Audiencias y Chancillerías Reales de las Indias, Ley cxxiii は、「エンコミエンダの受益権を争う訴訟はマリナス法に従い聴訴院で書類と証言を整えて訴訟を開始し、インディアス諸問会議に送ること」と定めている。

10）　本稿註9参照。

11）　官職や恩典の授与についての「インディアス法」の規定としては、Libro III, Título 2, De la provisión de oficios, gratificación y mercedes に以下のような条項がある。「インディアスにおける職務（cargos）や官職（oficios）の授与は国王が行う。法に則して、それらを副王、聴訴院長官、総督が付与することができる。副王、聴訴院長官、聴訴官とそれと同等の職は要職なので、空席を補充する場合（por vacante）も暫定的な代理（en interín）の場合も、国王のみが付与する。それほど重要でない

職、すなわち各地の総督（gobernadores de provincias）、地方長官（corregidores と alcaldes mayores）、王庫役人（oficiales de hacienda real）の任命も本来国王に帰されるが、迅速なよき統治のため、空席が出た場合、国王の任命の知らせが届くまでの期間、副王、聴訴院長官、総督が適任者を暫定的に任命できる」（Ley i）。「副王、聴訴院長官、総督は、国王がインディアスで授与した官職が空いた場合、その職の所有者の死によって代わりにその職を務めている人物の名とその職を継ぐべき人物の名を、その人物の能力と業績（méritos y servicios）の記録と、自分の見解を添えて速やかにインディアス諮問会議に送ること。インディアス諮問会議は最良の決定を行うであろう。空いた職が王庫（real hacienda）の会計官（contador）、財務官（tesorero）、出納官（factor）の場合は、空いた職一つに対して自分の担当地域の信頼のおける市民6人を推薦すること」（Ley iii）。官職や恩典の授与を禁止するケースとしては、「副王、聴訴院長官、聴訴院は、副王、聴訴院長官、聴訴官、会計官、総督、地方長官、王室官吏（oficiales reales）やその他の上級官僚（ministros）の4親等内の親族（兄弟姉妹とその配偶者を含む）に地方長官領（corregimiento）やその他の司法官職、委託任務（comisiones, negocios particulares）、エンコミエンダ、レパルティミエント（repartimiento、労役のためのインディオの配分）、年金（pensiones）、地位（situaciones）を与えてはならない。また、副王や上級官僚は官職や土地利用の分配（＝土地の下賜 distribución de los aprovechamientos de la tierra）を現在や過去に自分の家臣（criados）や近親者（allegados）であったものに与えてはならない。これに反して与えられたものは無効とする」（Ley xxvii）とされた。

　　また売官については、Libro VIII, Título 20, De la venta de oficios に以下のような条項がある。「公正な統治を保証するため売官を認めない第一種（primera especie）に属さない第二種（segunda especie）に分類される公職（oficios públicos）は王庫収入を保証するために売官される」（Ley i）。この場合、売官の対象となる職の大半は聴訴院やスペイン人都市（ciudades y villas）などの各種公証人職であった。

12）Ordenanzas de descubrimiento, nueva población y pacificación de las Indias, dadas por Felipe II, el 13 de julio de 1573 en el Bosque de Segovia.

13）本稿註6参照。

14）カリブ海に面した中米南部から南米大陸北部の沿岸部。

15）実際には二つのフロタが帰途で合流するのは難しかった。Sanz, Tomo II, pp. 276-281.

16）郵便については「インディアス法」Libro III, Título 16, De las cartas, correos y indios chasquis に、国王からの書簡の到着を速やかにするためのルート設定や担当官の迅速な処置に関する諸命令（Leyes ix-xiii）、副王や聴訴院長官の所在首都では郵便長官（Correos Mayores）とその副官（tenientes）が書簡の郵送を管轄、郵便の出発は必ず副王の秘書官（Secretario）に報告の後におこなうこと（ley xvii）、インディオの飛脚（chasqui）への報酬や扱いは正当におこなうこと（Leyes xxi, xxii）などを規定。セビーリャの通商院郵便長官（Correo mayor de la Casa de Contratación）の役目、装備、送料については Libro IX, Título 7, Del Correo Mayor de la Casa de Contratación, Leyes i-xxvii に規定がある。

17) 例えば「インディアス法」Libro II, Título 15, De las Audiencias y Chancillerías Reales de las Indias, Ley clxxix で、聴訴院での裁判費用について「公聴の間（Sala de audiencia pública）には印紙（sello）、登録（registro）、公証人やその他の聴訴院官僚（oficiales）に支払うべきそれぞれの料金（derechos）を示した料金表（tabla de arancel）を設置すること。聴訴院公証人は別に、各家の仕事机に同様の料金表（tabla y memoria）を公表すること」と定めている。また、Libro II, Título 23, De los Escribanos de Cámara de las Audiencias Reales de las Indias, Ley xxxxviii では、「裁判公証人（Escribanos de Cámara）は貧者の訴訟においては料金を徴収してはならないが、後に財産を得た場合は料金を徴収しなければならない」とも規定している。

18) 1トミン（tomín）＝1 レアル（real）＝34マラベディ（maravedíes）。

19) 例えば、メキシコの聴訴院の秘書官（Secretario）でメキシコ市の市公証人（Escribano de número de la Ciudad de México）を務めた Antonio de Turcios は、1539年頃サマノからヌエバ・エスパーニャの首席行政公証人（Escribano mayor de la gobernación）を移譲されていた。この地位には、当該地域における行政公証人職の売官の特権が付随していた。

20) 親族・家臣への恩典授与の禁止については本稿註11参照。任地での婚姻、土地取引、農場経営、商取引の禁止については「インディアス法」Libro II, Título 16, De los Presidentes y Oidores de las Audiencias y Chancillerías Reales de las Indias, Leyes xxxxix, liiii, lxxxii など。

255

9章　植民地時代メキシコ中央部の先住民村落における「権原証書」（títulos primordiales）の作成と使用

井上幸孝

1　本章の目的

　本章では、メキシコにおける植民地時代（1521〜1821年）半ば以降に作成された先住民村落の土地文書群について論じる。その目的は、植民地時代中・後期の文書の作成及び使用の実態を把握するだけでなく、スペイン側から求められた課題に対して当時のメキシコ先住民がいかに対応したのかを理解することにある。

　これらの土地文書群は「権原証書」（títulos primordiales）と呼ばれる。本章が研究対象とするのは、メキシコ盆地とその周辺地域の事例である。以下では、まず権原証書がどのようなものであるかを概観した上で、具体的な文書の考察を通じて権原証書作成の歴史的経緯を見る。その後、権原証書の一種とされる「テチアロヤン絵文書群」（códices Techialoyan）の分析を提示し、さらには、現代に関わる事例も考慮してこれら文書群をどう捉え直すべきかについても問題点を指摘することとしたい。

2　権原証書とは

　権原証書とは、一般に植民地時代中期から後期のメキシコの先住民村落や共同体で作成され、村や共同体の成り立ち、ならびにその領域について記した文書のことをいう。これらの文書は植民地当局から与えられたものではなく、先住民側が独自に作成したものであるため、文書群全体として特に様式が決まっているわけではない。とはいえ、多くの文書に共通する特徴として、アルファベット表記で文章が書かれていること、しばしば線画や地図を伴うことが指摘できる。また、記載内容にもばらつきがあるが、村の始まりについての記述（先スペイン期の起源もしくは征服後の集住化の経緯）と植民地時代初期に定められた土地領域（ク

アショチトリ [1]）についての記述を含むものが多い。後述するように、17世紀末から18世紀にかけて作成されたテチアロヤン絵文書群も広義の権原証書に含まれるとされる（Harvey 1986; Wood 1998: 172）。

　本章の研究対象地域はメキシコ盆地とその周辺（現在のメキシコ市とそれに隣接するメキシコ州の一部）で、主にアルファベット表記のナワトル語で文書が作成された地域である。一般に、権原証書のナワトル語文は、植民地時代前半の先住民クロニカ [2] とは異なり、正書法に一貫性が見られず、表現そのものも洗練されていない場合が多い。ただし、権原証書の中にはスペイン語のみで残されているものもある [3]。

　権原証書の研究は1990年代から2000年代初頭に本格化した。その当時から特に注目されたのがメキシコ盆地とその周辺のものであり、2003年にはスペイン語訳のみでナワトル語文は収録されていないものの『メキシコ中央部の権原証書』という史料集が刊行されている（López Caballero 2003）。

　とはいえ、権原証書の存在はそれ以前から知られていた。1940年代以降、バーロウら何人かの研究者が複数の権原証書を研究誌『トラロカン』などで公刊していた。また、1964年の『スペイン支配下のアステカ人』において米国の研究者ギブソンはこの文書群についてまとまった見解を示した。彼によれば、権原証書はスペイン人の侵入に対して先住民が土地を守るための非公式文書であったものの、結局はスペイン人の侵入を抑えることはできなかった（Gibson 1964:271,287-288）。また、先住民の土地が危機に晒された状況下で作成され、彼らの訴えを裏づけるための歴史的事実の歪曲が含まれているともギブソンは指摘した（Gibson 1975: 321）。

　1990年代末から2000年代初頭にかけて、メキシコの著名な歴史家フロレスカーノらが進んで取り上げた影響もあり、今世紀に入る頃には権原証書に一気に研究者の注目が集まった（Florescano（1999; 2002））。その背景には、1980年代末から1990年代初頭にかけて、フランスのグリュジンスキや米国のロックハートが植民地時代の先住民の歴史研究に新たな視点をもたらし、その経緯でこれら文書に着目していたことが挙げられる（Gruzinski 1991 ; Lockhart（1991; 1992））。20世紀前半までの研究において「先住民史料」といった場合、先スペイン期社会の解明に寄与する史料という意味合いが強かった。しかしながら、20世紀半ばにレオン＝ポルティージャが「敗者の視点」を提示してメキシコ征服史の見直しを唱えて以降、征服以降の先住民を主体に据えた歴史研究が明確に意識されるようになった。グリュジンスキとロックハートは、こうした流れの中で植民地時代先

9章　植民地時代メキシコ中央部の先住民村落における「権原証書」の作成と使用　257

住民を主体とした歴史研究の基盤を築き、その研究のための史料としての権原証書の意義をいち早く提示したといえる。

　21世紀初頭に権原証書の研究がメキシコの歴史学界でブームとなったことにより、それまで一般に知られていなかった権原証書が多く公刊された。さらには、メキシコ中央部以外の権原証書も注目されるようになった。この間の研究状況で注目に値するのは、メキシコ中央部に関してウッドやハスケットの研究にみられるように、グリュジンスキやロックハートが先鞭をつけた先住民側による歴史の再解釈という観点からの分析が進んだことが挙げられる（Haskett 2005; Wood（1991; 1997; 1998））。また、ロスカンプやオウダイクの研究により、ミチョアカンやオアハカなどメキシコ中央部以外の権原証書についても論じられるようになった（Roskamp 1998; Oudijk（2000; 2003））。さらに、まだ数は多くないものの、独立後に作成された権原証書の研究や現代の先住民共同体の土地問題との関連で権原証書が論じられるようになってきた点も注目に値する（Ruiz Medrano, Barrera Gutiérrez y Barrera Gutiérrez 2012; Ruiz Medrano 2010）。

3　権原証書作成の歴史的背景

　権原証書が作られるに至った経緯は十分に明らかになってはいない。だが、それらが作成された背景として、スペイン王室が植民地において実施した政策の影響が考えられる。具体的には、集住化（コングレガシオン congregación）と土地権利正常化（コンポシシオン composición）という二つの政策の影響が指摘されている（Ruiz Medrano 2010: 91-103; Wood 1997: 206-209）。コングレガシオンは、1521年のメキシコ征服後、16世紀半ばに開始され、大規模に実施されたのは17世紀初頭のことであった。先住民を集住化させるこの政策は、先スペイン期の町や村を再編し、主邑（カベセーラ）とそれに付随する属邑（スヘート）に整備するものであった。メキシコ中央部の場合、トラトアニ[4]のいるアルテペトル（町や村）がそのまま主邑に再編され、トラシラカリ（地区）が属邑になることもあった。しかし、その一方で人口密度が低い地域では新たな集落が形成されたり、場合によっては居住地そのものが山や丘の麓に移されることもあった。また、先住民人口が回復する植民地時代中期以降は、属邑が独立し、新たに主邑となることもあった。

　他方、土地権利の正常化を意図した政策であるコンポシシオンをメキシコ人研究者メネグス・ボルネマンはとりわけ重視している（Menegus Bornemann 1999:

258　第Ⅲ部　帝国周辺社会における文書ダイナミズムの実相

142-143)。その起源はフェリペ2世の1591年の勅令にあり、1570年代からすで
に問題として浮上していたスペイン人入植者の土地権利を整備しようとするもの
であった。実際にこの政策が本格的に進められたのは1620年代末以降のことで
あった（Ruiz Medrano 2010: 101)。これにより土地権利を文書によって証明できな
い者は一定額を国庫に納めることでその権利の正常化することができた。つまる
ところ、この政策の直接的な対象は先住民共同体の土地ではなかった。しかしな
がら、先住民共同体がその土地に対する正当な権利を証明する文書を必要に応じ
て示さねばならない事態を生んだと考えられる。当然ながら、スペイン王室は
植民地の経済基盤を成す先住民共同体を守る必要性も認識していたため、先住民
共同体が一律にスペイン人と同様に文書提出を求められることはなかった。しか
し、ひとたび土地領域の争いや訴訟が起きた場合には、そうした文書がなければ
村に不利に働くという状況になったと推察される。

　実際、訴訟などを有利に進めるために証拠となる文書を当局に提出する必要に
迫られて、権原証書が作り出されたと思われる事例が知られている。サン・ニコ
ラス・テテルツィンコ（San Nicolás Teteltzinco, 現メキシコ市トラワク区サン・ニコラ
ス・テテルコ San Nicolás Tetelco）はその典型的な例である。メキシコの国立総合
文書館（以下、AGN）に保存されている『テテルツィンコ権原証書』は、近隣の
村のミシュキク（Míxquic）との土地係争の際に提出されたものである[5]。しかし、
1699年7月初頭に係争が始まった時点ではこの文書の存在は知られていなかった
ようである。係争開始から1ヶ月半以上が経過した同年8月末の段階で、ナワ
トル語の文書が見つかったとして提出されたのがこの権原証書であった。結局、
この文書が「真正なものである」との判断が当局によって示され、テテルツィン
コに有利に働いた。

　こうして作成された文書はしばしばスペイン人が求める様式を反映していた。
テテルツィンコの場合、文書の末尾に「デオピシュキ・フラツィカノ（deopixqui
fratzicano)」すなわち、標準的なナワトル語形に直すと「テオピシュキ・フラン
シスカノ（teopixqui franciscano)」（「フランシスコ会士」の意）と読める署名があ
る（写真1)。文書の記述内容によれば、このフランシスコ会士は1536年に村の土
地領域が確定された際に村を訪れた人物とされる。署名の筆跡は本文と同じもの
であり、実名ではなく「フランシスコ会士」というのはスペイン人にとってはあ
まり意味を成さない署名である。

　サン・マティアス・クイシンコ（San Matías Cuixinco, 現メキシコ州サン・マティ
アス・クイヒンゴ San Matías Cuijingo）の文書にも奇妙な署名が残されている。「セ

9章　植民地時代メキシコ中央部の先住民村落における「権原証書」の作成と使用　259

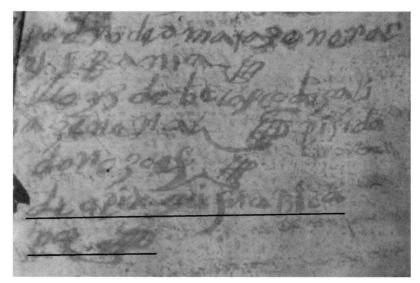

写真1　『サン・ニコラス・テテルツィンコ権原証書』の「デオピシュキ・フラツィカノ」の署名と花押らしきもの（下線部）。出典：AGN, Ramo de Tierras, vol. 1671, exp.10, f.16r.

ニョール・トン・ロイス・デ・ベラスコ（So ton loys de belasco）」（副王ルイス・デ・ベラスコ）、「マルケ・デル・バレ（Marque del Vale）」（バジェ侯爵エルナン・コルテス）、「イ・コルテス・テ・サリナソ（y cortes te Salinaso）」[6]（コルテスの姓とベラスコの爵位であるサリーナスを組み合わせたもの）らの署名に混じって「フィルマ・クイシコ（firma Cuixico）」（クイシンコ署名）という署名がみられる[7]。いずれも同じ筆跡によると思われるが、何よりも村の名称の署名を記すという行為自体が、いかに署名という習慣が先住民の間に根付いておらず、スペイン人の求める文書の体裁に合わせようとしたのかを映し出しているといえる。

　さらに、いくつかの権原証書には、「マパ（mapa）」という表現がみられる[8]。この語はもともとスペイン語で「地図」を意味するが、権原証書では文書そのものを指す語として用いられているようである。前述のクイシンコおよび近隣のサン・アントニオ・ソヤツィンコの文書では、表紙に当たるページの中央下部に「マパ」もしくは「マバン（Maban）」と記されている[9]。クイシンコの文書の場合、中央部には「1554年（año 155 y 4）」と書かれ、周囲には「権威者」である副王ベラスコの名と肩書（"Señor D. Luis De Velasco Sor ViRey y marques De Salinas / Lugarteniente Del Rey nuestro Señor / Gouernafor y Capita general De la nueva

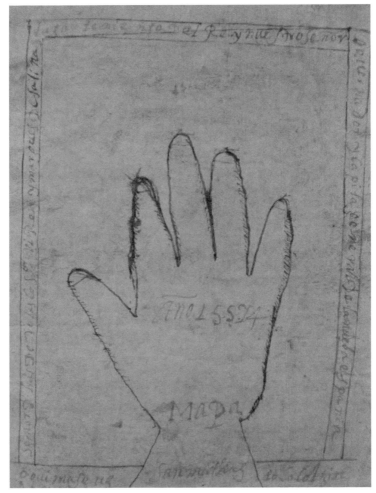

写真2 『サン・マティアス・クイシンコ権原証書』の最初のページ。中央下部
(手の形の手首の部分) に「マパ」と記されている。
出典：AGN, Tierras, vol. 2819, exp. 9, f. 55r.

espania")が記されている(写真2)。このような「マパ」という語の使用は、おそらくはスペイン人が文書の提出を促す際、地図を意味する「マパ」という語を使用し、結果的にこの語が文書自体を指すものとしてナワトル語に取り入れられた結果と推察される。

　以上の署名およびマパという用語の例から見てとれるのは、先住民共同体が

スペイン側から文書を要求された際、文書の作成者たちがさまざまな対応と工夫を試みたことである。征服以前のメソアメリカ社会では、現代の研究者が絵文書（códices）と総称する文書が用いられていたが、スペイン人がアルファベット文字で書かれた文書について持ち合わせていた「常識」と、メソアメリカの伝統に属する絵文書の用法には様々な相違点があった。無論、植民地中期から後期にかけての先住民が征服時の文化要素をそのまま保持していたわけではない。しかし、権原証書に見てとられるこれらの事例は、スペイン人が持ち込んだ文書の作成・使用の概念がスペイン人の抱いていたものとは明らかに異なっていたことを示している。

　上述の二例のうち、署名については、そのような習慣がメソアメリカ先住民の間には存在しなかったどころか、村としての合意事項に「個人名」で同意するという発想すらなかったと考えられる。クイシンコやサン・ミゲル・アトラウトラ（San Miguel Atlauhtla, 現メキシコ州アトラウトラ・デ・ビクトリア Atlautla de Victoria）の文書には、村の境界が画定した後、共同体外部の者を招待して食事が振る舞われ、皆が満足して帰っていくという記述が見られる（Silva Cruz 2002a: 45-57）[10]。この行為こそがスペイン人にとっては「代表者となる個人名の署名での合意」に等しいものだった。ロックハートがいうように、そこで異議がなければその取り決めは不可逆なものとなるのだった（Lockhart 1999: 111）。

　同じように、地図という用語および概念そのものに関しても、スペイン人と先住民の間に認識の相違があった。スペイン人は「地図」を要求したと思われるが、メソアメリカの先住民の間では「地図」と「文書」の明確な線引きはなかった。現在、いわゆる絵文書の中には「絵文書」（例えば『ショロトル絵文書（*Códice Xólotl*）』）の名がついているものもあれば、「地図（絵図）」（例えば『キナツィン絵図（*Mapa Quinatzin*）』）と呼ばれているものもある。これらの呼称は後世の収集家や研究者の命名によってそう呼ばれるようになったにすぎない。つまり、一部の権原証書の文中で「マパ」が「文書」の意味で用いられているのは、単に先住民側が誤解したというよりも、ヨーロッパとメソアメリカとの間で地図や文書をめぐるカテゴリーに相違があったことに由来するといえる。

　実際、メソアメリカ由来の地図形式の絵文書はスペイン人が想像するよりも大きな面積の文書で、そこには歴史的経緯や支配者家系の情報なども含まれた。「地図」といった場合、西洋的感覚では壁などの垂直な面に据えて見ることをイメージするが、メソアメリカのものは水平面において四方八方から見ることができるようなものであった（Brito Guadarrama 2006: 25）。実際、アトラウトラやサン・

262　第Ⅲ部　帝国周辺社会における文書ダイナミズムの実相

グレゴリオ・アカプルコ（San Gregorio Acapulco, 現メキシコ市トラワク区サン・グ
レゴリオ・アトラプルコ San Gregorio Atlapulco）の文書には、地図形式の絵文書を
見ながらの語りを書き留めたと思しき文面が含まれている（Pérez Zevallos y Reyes
García 2003: 30; Silva Cruz 2002a: 19-21）

　このように、メソアメリカ先住民が征服以前に有していた概念や思考様式を考
慮すれば、権原証書の疑問点は少しずつではあるが明らかにすることができる。
権原証書の記述には歴史的事実に反する内容や実際にはあり得ない出来事が記載
されており、かつてはこのことが理由で歴史的事実を知るには適さない史料と見
なされた。具体例を挙げると、アカプルコ、クイシンコ、テテルツィンコなどの
文書には、「大司教」ペドロ・デ・アウマダ（Pedro de Ahumada）[11]という権威
者が登場する（Pérez Zevallos y Reyes García 2003: 28）[12]。また、サン・フアン・テ
ナンゴ（San Juan Tenango, 現メキシコ州テナンゴ・デル・アイレ Tenango del Aire）
の文書には神聖ローマ皇帝カール5世（スペイン王カルロス1世）が村を訪れたと
いう記述がみられたり、アトラウトラの文書では村に来たカール5世自身の姿が
描かれたりしている（López Caballero 2003: 327; Silva Cruz 2002a: 66）。このように歴
史的事実に背く記述がみられる一方で、権原証書に登場する歴史上の先住民の名
は意外なほど正確な場合も多い。この矛盾はどう説明できるのだろうか。

　実は「誤った」人物名や歴史的事実に反する記述が登場するのは、集住化に伴っ
て村の土地が付与され、境界が確定する場面である。その際、ナワトル語テキス
トでは「マセワ（macehua）」という動詞が頻繁に使用されている。この動詞は「値
する」という意味であるが、元来は神に対する働きかけに応じて報われることを
意味した。この場合の「神」とは先スペイン期の文脈では村の守護神などメソア
メリカの神々であったが、権原証書が作成された植民地時代の文脈では唯一神で
あるキリスト教の神であった。つまり、植民地時代初期に起きた「村の始まり」
の記憶を語る上で、その始まりを生じさせた権威はあくまでも神であって、副王
や役人あるいは聖職者などの人間はその神の権威の代理者に過ぎなかった。こう
した認識のもと、先住民の文書作成者たちにとっては、神の権威の代行者に過ぎ
ないスペイン人の名は曖昧でも問題なく、スペイン王とヌエバ・エスパーニャ副
王が混同されたりしてもさほどおかしな記述とは考えられなかったと思われる。

4　「テチアロヤン絵文書群」

　メキシコ盆地とその周辺の権原証書を論じる上で、避けて通ることのできない

9章　植民地時代メキシコ中央部の先住民村落における「権原証書」の作成と使用　263

写真3　『クアヒマルパのテチアロヤン絵文書』。出典 Silva（2002b）, pp. 38, 53.

テーマの一つが、テチアロヤン絵文書群である（写真3）。1933年に『サン・アントニオ・テチアロヤン絵文書（*Códice de San Antonio Techialoyan*）』が公刊された後、類似する様式の絵文書が多く存在することが注目され、1943年にはバーロウがテチアロヤン絵文書群の名を提唱した（Barlow 1994: 391-395; Béligand 1993）。1975年にはロバートソンによって「テチアロヤン様式」の史料一覧が作成されており、その数は48点に上る（Robertson 1975; Harvey 1986: 154）[13]。その多くはメキシコ盆地の西部からトルーカ方面にかけて分布している。権原証書の研究が進む中で、テチアロヤン様式の絵文書はその亜種であると位置づけられるようになった。しかし、他の一般的な権原証書との比較や検討を行った研究はほとんどなされていない。

　そこで、筆者は『クアヒマルパのテチアロヤン絵文書（*Códice Techialoyan de Cuajimalpa*）』（以下、『クアヒマルパ絵文書』）と『ウィスキルカンのテチアロヤン絵文書（*Códice Techialoyan de Huixquilucan*）』（以下、『ウィスキルカン絵文書』）を取り上げて分析した（Harvey 1993; Silva Cruz 2002b）。その目的は特にテキスト部分に着目しつつ両者の内容を比較することと、これら文書に含まれる地名が実際にどの範囲に広がっているのかを検証することであった[14]。

　両文書は、他のテチアロヤン絵文書と同様、「絵」を中心としたページと文字（アルファベット）表記を中心としたページを含む。両者を照合したところ、「絵」

264　第Ⅲ部　帝国周辺社会における文書ダイナミズムの実相

部分は二つのセクションに分けることができ、文書全体で合計三つのセクションから成ることがわかった。

　一つめのセクションは、「村の起源」に関わる箇所である。ここでは、創設者の村への到来やキリスト教の村への到来が述べられている。実際の歴史的経緯としては、先スペイン期に村が創設され、それよりも後にスペイン人が到来してキリスト教をもたらしたわけであるが、「村の起こり」として一括りにして語られている。先スペイン期の村の創設と征服後の共同体再編による「第二の創設」が融合して述べられているのは、他の権原証書にもしばしばみられる現象である[15]。

　次に、「絵」を中心にして、共同体のクアショチトリについて述べているセクションが続く。一般にこの部分では地名がアルファベットで記され、対応する場所が「絵」で示されているものの、先スペイン期の絵文書のような地名絵符が使用されているわけではない。山や川、家々や教会などの絵のほか、クアショチトリを歩いたと思われる人物像が記されているページもある。第三のセクションはアルファベット表記のみのナワトル語文で、二つめのセクションに相当する内容が文章で綴られている。

　筆者は、乗り合いバスなどを利用してメキシコ市西部および南西部（クアヒマルパ区に加え、アルバロ・オブレゴン区、ラ・マグダレナ・コントレラス区）とその西側に当たるメキシコ州（主にウィスキルカン行政区）でフィールド調査を実施した[16]。クアヒマルパ（現メキシコ市クアヒマルパ Cuajimalpa 区の中心部）とウィスキルカン（現メキシコ州ウィスキルカン・デ・デゴジャード Huixquilucan de Degollado 行政区の中心部）のみならず、その近隣の地区や村をめぐり、両絵文書の第二・第三のセクションからリストアップした地名と突き合わせて同定可能なものを探った。

　『ウィスキルカン絵文書』に関しては、ハーヴェイが地名の同定をかなり行っていたため、基本的にそれを確認した。しかし、この文書に登場するチマルパという場所は、ハーヴェイの説ではウィスキルカンの北に位置するサン・フランシスコ・チマルパとされていたものの、ウィスキルカンの東側に位置するサン・パブロ・チマルパであることがわかった。『クアヒマルパ絵文書』に関しては現存する地区名（コロニア、プエブロ[17]）から地図上で確認作業を進めながら実際に現地へ赴いた。

　その結果、両絵文書は驚くほどわかりやすく近隣の地名を挙げており、しかもそれらは意外なほど重なり合わないことが分かった。『ウィスキルカン絵文書』はウィスキルカンから主に北西方向に広がる範囲の地名をクアショチトリとして

9章　植民地時代メキシコ中央部の先住民村落における「権原証書」の作成と使用　265

写真4　ウィスキルカンとクアヒマルパの間の山あいに位置するサン・パブロ・チマルパの教会（上）と墓地（下）。筆者撮影（2013年8月）。

266　第Ⅲ部　帝国周辺社会における文書ダイナミズムの実相

挙げている。他方、『クアヒマルパ絵文書』はこの村から主に南側に広がる地域の地名をクアショチトリとして言及している。明瞭に重なり合うことが確認できたのは、サン・パブロ・チマルパのみであった。ウィスキルカンとクアヒマルパの間に位置するこの集落は、両者が自村への帰属を主張していたものと思われる。実際、『ウィスキルカン絵文書』には、「チマルパンの村、同地区の人々が、境界がどこにあるのかを知るように［…］我々は境界を定めた［…］彼らはクアウシマルパン［クアヒマルパ］の人びとの境界がどこなのかを知っている」（Harvey 1993: 95）という文面がみられる。

表1　『クアヒマルパ絵文書』に登場する地名の例

原文の表記	正確な名称	現在の名称［区名］
Xamateo Tlaltenamco	San Mateo Tlaltenanco	San Mateo Tlaltenango ［Cuajimalpa］
Xanoleso Acopilco	San Lorenzo Acopilco	San Lorenzo Acopilco ［Cuajimalpa］
Xapaltolome / Xanpaltolome Apipihuazco	San Bartolomé Apipihuazco	San Bartolo Ameyalco ［Álvaro Obregón］
Xapelnape Yczotitlan Atzoyatla	San Bernabé Iczotitlan Atzoyatlan	San Bernabé Ocotepec ［La Magdalena Contreras］
Xantamalia Mateltzin / Maliamataltzin	Santa María Madretzin	La Magdalena Aticpac ［La Magdalena Contreras］
Xaxelonimotzin	San Jeronimotzin	San Jerónimo Aculco-Lídice ［La Magdalena Contreras］
Tetelpan / Atetelpan Axociotzin	Tetelpan / Atetelpan Asuncióntzin	Tetelpan ［Álvaro Obregón］
Xannicolas / Xamicolaz	San Nicolás	San Nicolás Totolapan ［La Magdalena Contreras］
Xpapolochimalpan	San Pablo Chimalpan	San Pablo Chimalpa ［Cuajimalpa］
Atzayapa Zoquiac	Atzoyapan Xochiac	Santa Rosa Xochiac ［Álvaro Obregón］

出典：Silva Cruz 2002b を元に筆者作成

　『クアヒマルパ絵文書』については、この文書に登場する地名の同定を進めた結果、現在のクアヒマルパ区内の地名のほか、アルバロ・オブレゴン区西部とラ・マグダレナ・コントレラス区の地名が多くみられることがわかった（表1）。さらに、この文書には次のような文がみられる。

　　「ここに私たちのテクパン［宮殿］に属する平原がある。クアヒマルパの統治者が灌漑をしている土地である。すべてはそこにある。灌漑地が。境界がどこを通っているのかが見える。」（Silva Cruz 2002b: 18-19, 49-51）

9章　植民地時代メキシコ中央部の先住民村落における「権原証書」の作成と使用　267

写真5　サン・ニコラス・トトラパン（現メキシコ市、ラ・マグダレナ・コントレラス区）。共同利用地やエヒードのうち市内に近い東側（上）は住宅地が広がるが、市外に向いた西側（下）には森林が残る。筆者撮影（2013年8月）。

この文面は多くの家々が描かれ、コヨアカンという地名が記されたページに続く2ページにわたって書かれているものである。クアヒマルパから南東方向になだらかな山道（2013年に開通した都市高速道路「スペルビア・ポニエンテ」のルートにおおむね該当する）を10kmほど下っていくとコヨアカン方面に出る。つまり、『クアヒマルパ絵文書』は隣接するウィスキルカン側とは反対の、しかも真東のタクバとは競合しない方面について、コヨアカンの手前までがその領域であるという極めて現実的な地理的範囲の主張をしていることがみてとれる。

以上のように、『ウィスキルカン絵文書』と『クアヒマルパ絵文書』を突き合わせて比較した限りにおいては、それぞれの文書が荒唐無稽の主張をしているのではないことが確認される。両文書を読み比べた時、中間地点に位置するチマルパの帰属はともかくとして、全体としては整合性のあるクアショチトリの主張がなされている。換言すれば、これら二つのテチアロヤン絵文書を見る限りでは、現実を見定めた上で土地領域を描写しているということがいえる。

テチアロヤン絵文書群については、その作成経緯について未だ不明な点が多い。16世紀風を装った「偽絵文書」を制作する「工房」の存在や村を巡ってそうした文書を作成する「絵師集団」の存在の可能性も示唆されてきた（Wood 1989）。『クアヒマルパ絵文書』には、クアヒマルパの地名の綴りを誤って記載している箇所があるため、共同体内部の人物がこれを書いたとは考え難い[18]。他方、『ウィスキルカン絵文書』の筆跡と『クアヒマルパ絵文書』のそれは明らかに別人のものである。確かに同じ絵文書作成者集団に属する別の人物が作成した可能性はある。しかし、同一人物が書いたのではないにもかかわらず、これだけの内容の整合性があるのは驚くべきであろう。植民地時代の特定時点の状況のみならず、両文書の主張する領域にはより歴史的に長いスパンでの経緯が反映されている可能性も考えられる。

5 現代の村落と権原証書

ここまで見てきたように、権原証書はスペイン人の目にはしばしば「偽造文書」や「欠陥品」に映るものである。しかしながら、権原証書の分析からは、これらの文書が植民地時代先住民の創意工夫の結果であることが明らかになった。必要に応じて、当時の人びとはスペイン人が要求したり期待する形式に適合させた文書を作り出そうと努力した。一見して不可解に思われる記述内容は、先スペイン

9章　植民地時代メキシコ中央部の先住民村落における「権原証書」の作成と使用　269

期からの思考に由来する部分があり、彼ら独自の一定の「論理性」に基づいたものであった。

とはいえ、植民地時代の状況への対応としての各共同体の創意工夫が権原証書を作り出したのだとすれば、当然ながらその定式はないということになる。歴史研究者は形式や内容から権原証書を定義し説明しようとしてきたが、もはやその試み自体の意義を問い直さねばならなくなる。

実際、「偽造」と判断される文書は、メキシコが独立した後の事例でも確認されている。例えば、バレラ兄弟は20世紀初頭に植民地時代のものを模した偽造文書が作成された事例を研究している（Barrera y Barrera 2009; Ruiz Medrano, Barrera Gutiérrez y Barrera Gutiérrez 2012: 90-118）。彼らは、偽の文書を当時の先住民共同体が手に入れて使用した理由を、次のように説明する。

> 「文書の存在は共同体の土地に対する権利を守る上で決定的であった。というのも、法廷の場で文書による支持があることになるからだった。おそらくはそれゆえに、メキシコ中央部の多くの村落は、所有地を守るべく、土地の証書、絵布、地図を取得したのである。すなわち、20世紀初頭の村落の土地の所有を保障してくれる文書を持つことである。なぜなら、それは文書中で示されている境界の内側の所有権を確約する物的基盤だったのだから。」
> （Barrera y Barrera 2009: 63）

それから約1世紀が経過した現在においても権原証書は法的な効力を認められている。しかし、土地係争などの際に先住民共同体が提出する文書は実際には多種多様である。筆者がフィールドワークで知ることとなった20世紀後半の事例は次のようなものだった。

今から15年以上前、メキシコ市内のかつての先住民村落の一つ、ラ・マグダレナ・アトリティク（La Magdalena Atlític, 現メキシコ市、ラ・マグダレナ・コントレラス区の中心部）で現地調査をしていたところ、その村のある住人が「証書」の存在について語ってくれた[19]。この人物によると、村の土地関係の役員が金庫に入れて保管しているとのことだった。到底、そのような大事な文書の現物を見せてもらうことはできなかった。しかし、後日、メキシコ国立総合文書館（AGN）で調査をしたところ、問題の「証書」を見つけることができた。それは筆者が期待していたような古い文書ではなかった。1975年にAGNの職員がタイプライターで作成したもので、AGNにはカーボン印字によるその写しが残されていた。その

内容は、同文書館所蔵の植民地時代の訴訟文書の抜粋であった[20]。さらに、同文書館で元になった訴訟文書も確認したところ、18世紀のもので、隣接するサン・ニコラス・トトラパン村とこの村の住民が、個人（イスラバもしくはエスラバ兄弟）およびカルメル修道会の学院による不当な土地占拠を訴え、最終的には両村と外部の境界についての裁定が下されたという内容のものであることがわかった[21]。

　上記の住民の話に戻ろう。彼によれば、ある企業が村の土地を侵害してきたことから係争となったが、その「証書」のおかげで村の共同利用地が守られたとのことであった。実際、上述の AGN の写しには当時の文書請求に係る書類も含まれており、村の代表者名義で農地改革省に提出する目的であったことも記されていた。

　土地に関わる係争のために権原証書の写しを求めて村の代表者が文書館を訪れるのは、AGN に通ったことのある者にとってはある種、見慣れた光景である。上の事例はメキシコ市内に位置する旧先住民村落であったため、公共交通機関を使っても2時間ほどで文書館にたどり着けるが、明らかに遠方の先住民村落から来たと思しきソンブレロをかぶった「農民」風のいで立ちの人物を見かけることもある。彼らは地方の村から何時間もかけて首都にやって来て、村の土地を守るための文書の請求をしに文書館を訪れている人たちなのである。当然ながら、文書館で村に関する文書の探索を依頼しても、適切な内容のものが見つからないケースは多い。ラ・マグダレナ・アトリティクのように土地領域に関連する訴訟文書が見つかるだけでも恵まれた方であろう。しかし、ひとたび AGN の「お墨付き」を得た写しは、村の土地を守ってくれる大事な文書となって村人の間で後々まで重宝される。

　こうした現代の事例を考え合わせるならば、権原証書は植民地時代だけに閉じて議論できるものではないといえるだろう。研究の進展に伴い、歴史研究者は様式や内容上の特徴の共通項を探り説明しようとしてきた。その際には、本章の冒頭にも記したように、「村や共同体の成り立ち、ならびにその領域について記した文書」であり、「先住民側が独自に作成した」ものであるといった説明がなされる。しかし、その一方で、実際にそれを使用してきた過去および現在の人々にとって形式や内容は何ら問題ではない。結局のところ、村人にとってみれば、「村の土地を守るのに役立つ」ものこそが権原証書であり、共同体の土地を維持するための複雑な交渉の過程の一部を成すものなのである（Ruiz Medrano 2010: 289）。

　この事実を前にすると、権原証書とは機能的なものであるということもできる

だろう。17〜18世紀であれ、20〜21世紀であれ、共同体の土地が危機に晒されれば、住民は文書を提示し、当局にその正当性を認めてもらって土地を維持しようとしてきた。この目的に適う文書がどれほど古い、もしくは古くないものなのか、真の古文書か偽文書かは、当局が正当と認めてくれる限りにおいて何ら問題ではない。人びとにとっては、「自分たちの土地を守る」という目的を達成する助けとなればそれこそが「真正な文書」なのである。

　歴史学者が権原証書と呼ぶ文書群の特質を明らかにしようとする行為と、「役に立つならどんな文書でも構わない」という村人が抱いている現実の考えとのギャップをどのように埋めればよいのだろうか。その答えはまだ見つかっていない。数百年前の過去から現在に至るまで、同様の目的で当局に文書を提示して訴えかけるという行為が続いているがゆえに、現代の事例を知ることは、植民地時代の研究にも示唆を与えてくれる。おそらくは植民地時代の人びとも何とか「役に立つ文書」を提示できるようにしようと努力し、その結果、彼らが提示したのが我々の目にする権原証書であるという事実を歴史研究者は受け止める必要があるだろう。

6　結　論

　ここまで見たように、植民地時代メキシコの先住民村落における権原証書の作成と使用は、16世紀以降にスペイン王室が植民地に持ち込んだ文書主義に対応したものであった。コングレガシオンとコンポシシオンという政策がもたらした状況から、スペイン支配下で再編された先住民共同体は、新たな支配者となったスペイン人が要求する文書を有し、それを必要に応じて使うことを余儀なくされたといえるだろう。しかしながら、その文書の内容を詳しく考察すれば、強制の結果、先住民が「スペイン化」して単に文書を記したというわけではなかったことが明らかになる。

　スペイン人に向けて提示された権原証書からは、当時の人びとの努力の痕跡がみてとられる。その努力の痕跡とは、同時に先住民社会独自の思考様式の存続の痕でもある。クイシンコの文書にみられる共同体名の署名の例は、「署名」という外来の習慣に、個人名ではなく集合的な村としての決定権という根強いメソアメリカ的発想を折衷させた結果残されたものだったといえる。本章で考察した二つのテチアロヤン絵文書の内容は、決して絵空事ではなく、おそらくは先スペイン期からの領域を意識しながら18世紀の文脈で作成されたものであった。この

ように、権原証書は西洋的もしくはスペイン的な文書概念と従来の地元の人びとの思考様式の狭間で作成された文書であった。植民地時代メキシコの権原証書の作成と使用は、スペインによる植民地化の影響を如実に示すとともに、文書重視というスペイン人側の強制が必ずしも意図通りには機能しなかったことを示している。

その一方で、その後の先住民共同体がこうした文書をどのようにみなし、どう扱ってきたのかを再考する必要があることも本章では指摘した。とりわけ現代の土地係争の際の文書の扱いは、植民地時代の村落共同体における状況を間接的に想起させてくれる。植民地時代のみに閉じることなく権原証書の再定義を行い、植民地時代と独立以降現在までの長期的展望に基づいたこれら文書群の意義を問い直す作業は、これからの研究で進めていかねばならない課題である。

註

1） ナワトル語のクアショチトリ（cuaxochtli）は、一般に「境界線」と訳される。しかし、多くの権原証書ではスペイン語の境界や境界線を意味するスペイン語の借用語（lindero など）と並んで、このナワトル語の表現が繰り返し使用されている。クアショチトリの正確な意味は明らかになっていないが、「進ん」だり「回っ」たりするもので、「始まり」と「終わり」を持つものだった（井上 2007: 62）。おそらくは「境界線」というよりも「幅を持った境界」のような概念で、共同体の力が及ぶ領域の端を指していたものと思われる。

2） 16世紀後半から17世紀前半にかけて先住民もしくはその血を引く混血者による先スペイン期や征服期の歴史記述が多く残された。これらは先住民クロニカと総称される。ナワトル語で書かれたものとしては、エルナンド・デ・アルバラード・テソソモクの『クロニカ・メシカヨトル』、クリストバル・デル・カスティージョの『メシーカ人ならびに諸部族の到来の歴史』と『征服の歴史』、ドミンゴ・チマルパイン・クアウトレワニツィンの『歴史報告書集』などが知られる。これら著者の多くは先スペイン期の貴族層の子孫で、スペイン人の書物に精通するものも多かった。これら先住民クロニカとスペイン人のクロニカの関連性については、拙稿（Inoue Okubo 2007）を参照されたい。

3） スペイン語のみが残されていても、現存しないナワトル語原文があったとされる場合もある。植民地時代に係争で利用された際のトラスント（trasunto）と呼ばれる当時のスペイン語訳が添えられているものが多い。また、そもそもスペイン語のみで書かれているものや、複数のスペイン語訳が残されている場合もある。

4） トラトアニ（「王」）はアルテペトル（「都市国家」）の統治者を指すが、スペイン統治下では「首長」や「カシーケ」とも表現された。征服以前の当該地域では、多数のアルテペトルが存在し、三都市同盟を成すテノチティトランやテツココといった

9章　植民地時代メキシコ中央部の先住民村落における「権原証書」の作成と使用　273

大都市のみがアルテペトルだったわけではなく、これらの支配下にいくつものアルテペトルが含まれていた。

5）　Título primordial de San Nicolás Teteltzinco, AGN, Ramo de Tierras, vol. 1671, exp.10, fs. 8-16.

6）　この引用箇所のyはスペイン語の等位接続詞ではなく、ナワトル語の不変化詞yn（定冠詞のようにしばしば名詞に前置される）と思われる。

7）　Títulos primordiales de San Matías Cuixinco, AGN, Ramo de Tierras, vol. 2819, exp. 9, f. 343r.

8）　文書によって「マパ（mapa）」、「マパク（mapac）」、「マバ（maba）」、「マバン（maban）」といったバリエーションがある。

9）　Títulos primordiales de San Matías Cuixinco, AGN, Ramo de Tierras, vol. 2819, exp. 9, f. 55r; Títulos primordiales de San Antonio Zoyatzinco, AGN, Ramo de Tierras, vol. 1665, exp. 5, f. 170v.

10）　Título primordial de San Nicolás Teteltzinco, AGN, Ramo de Tierras, vol. 1671, exp.10, f. 15r.

11）　文書中では、ペロ・デ・オメマダー（Pero de Omemadad）、ペトロ・デ・オマダ（petro de omada）、ベレス・オメマダド（Berez omemadado）、ペドロ・デ・オンマタ（Pedro de onmata）など様々に表記されている。ウッドはこれらが大司教ではないがペドロ・デ・アウマダという実在の人物であったことを明らかにしている（Wood（1991: 181-182; 2003: 120））。

12）　Título primordial de San Nicolás Teteltzinco, AGN, Ramo de Tierras, vol. 1671, exp.10, fs. 13r, 14r; Títulos primordiales de San Matías Cuixinco, AGN, Ramo de Tierras, vol. 2819, exp. 9, f. 344v.

13）　ただしこのリストの中には壁画なども含まれているため、美術様式のみを根拠としない新たな分類方法を再考する必要がある。

14）　地名の検証については、拙稿（Inoue Okubo 2014）でより詳細に論じている。

15）　例えば、サンティアゴ・スラ（現メキシコ州サンティアゴ・スラ）の権原証書には、テノチカ=メシーカ人が村の土地を奪いにやって来たという記述があるが、この時のメシーカ人の名は「アナ・ガルシア」である（López Caballero 2003: 333）。

16）　メキシコ市内とその近郊の旧先住民村落のフィールド調査は2002年に開始した。以降、文化人類学者の禪野美帆氏（関西学院大学商学部教授）と共同で行った調査も多く含まれる。テチアロヤン絵文書の地名に関わる調査は、主に2010年〜2013年にかけて計6回の渡墨時に実施した。

17）　現在、メキシコ市内の「地区」は通常はコロニア（colonia）という名称であるが、都市化以前に村だった場所はスペイン語で「村」を意味するプエブロ（pueblo）という名称になっていることがある。

18）　問題の箇所では "cuauyimalpa" と表記されており、"x" ではなく "y" を用いているのは明らかな誤記である（Silva Cruz 2002b: 50）。

274　第Ⅲ部　帝国周辺社会における文書ダイナミズムの実相

19）　この際の調査（2002年9月）は禪野美帆氏と共同で行った。

20）　Copia certificada de documentos correspondientes al pueblo de la Magdalena Contreras, 1975, AGN, Archivo de Buscas y Traslado de Tierras, vol. 104-1ª parte, exp. 11, fs. 1-48.

21）　Los naturales de los pueblos de La Magdalena y San Nicolás, contra el abogado de la Audiencia de México, por tierras, 1742, AGN, Tierras, vol. 2025, exp. 1, fs. 1-28.

10章　先住民の文書利用

17世紀ペルー・ワマンガの公正証書の分析を通じて

溝田のぞみ

1　はじめに

　本論の目的は、17世紀ペルー・ワマンガ市において作成された公正証書のうち、先住民が依頼主となった証書（以下、先住民証書）の分析を通じて、当時、植民地に導入された文書システムが植民地経営の末端に位置する先住民社会に対しどのように適用され、運用されたのか、また彼らは公正証書という文書メディアをいかに利用したのか、その一端を明らかにすることである。

　スペイン帝国の支配下にあったインディアスでは膨大な文書が作成され、スペイン由来の文書システムは植民地期の早い段階から各地に浸透していった。その証左として、現在、スペインのインディアス総合文書館や旧植民地諸国の文書館には、植民地時代、スペインと植民地を往来した文書や植民地内で使用された司法、行政、商業、教会等に関する豊かな文書群が保管されている。

　公正証書もその一つであり、数百から千葉を超す文書が、1年から数年単位で日付順に綴じられ、目次や革表紙が付された帳簿の状態で保管されている。公正証書は文書作成の専門家である公証人が依頼主からの要請を受けて作成する売買や債務、賃貸、遺言などじつに多岐にわたる案件を含む証書であり、当時の人びとの生活にとって欠かせない文書メディアの一つであった。公証人はさまざまな条件や試験をクリアした有資格者であり、スペイン王から証書の真正性を法的に保障する権限を与えられた文書作成のプロであった。

　公正証書の依頼主の大半はスペイン人であったが、先住民が依頼主となるケースも存在した。ひとことに先住民といっても、首長階層や一般納税者、職人、商人、農民など身分や職業は多種多様であるが、インディアスでは法的に庇護されるべき身分であった。こうした植民地経営の末端に位置する先住民の存在はスペイン帝国の文書システムに何らかの影響を与えたのだろうか。また、彼らは社会に導入された文書システムにどのように対応したのだろうか。

276　第Ⅲ部　帝国周辺社会における文書ダイナミズムの実相

　従来、公正証書は主としてその記載内容が歴史の再構成に用いられてきたが、近年、記録内容にのみ注目する従来の視点とは異なる研究も生まれている。アンデスにおいては、歴史家のバーンズが植民地時代のクスコの事例に基づき、公正証書が生産、管理、運用される背後のローカルな人間関係やその力学を論じている。一方、文化人類学者ラパポートと美術史家カミンズはスペインからもたらされた文字や文書文化が植民地時代の北部アンデスにおける先住民に与えた影響を多角的に論じた研究において、当地の先住民と公正証書の関係についても考察を行なっている（Rappaport and Cummins 2012）。しかしながら、こうした研究はいまだ局地的で数も少ないため、先住民の文書利用について地域差やアンデス全体の傾向について不明な点が多く、事例研究の積み上げが不可欠である。本論はこうした研究動向を踏まえつつ、ワマンガ市の先住民証書の特徴にできるかぎり迫ってみたい。まず始めに、ワマンガ市で17世紀に作成された公証人帳簿における先住民証書の概要と先住民証書が帳簿のファイリングシステムに与えた影響について述べる。つぎに、事例研究として1670年代、公証人フランシスコ・ブランコ・デ・カサスアによって作成された先住民証書を考察の対象とし、依頼主の特徴や案件、作成形式を分析する。

2　ワマンガの公証人帳簿

1) ワマンガの概略

　本論の調査対象となる文書群は、ペルー共和国アヤクチョ県の県都アヤクチョ市の「アヤクチョ地方文書館」（以下、ARAY）に保管される。アヤクチョ市は標高2,700メートルのアンデス山中にあり、人口約15万人の植民地時代から現代に至るまで先住民人口の割合が高い都市であり、現在もスペイン語とケチュア語のバイリンガルが少なくない。1660年の記録によると、ワマンガ市と周囲8レグワ[1]および管轄区内の飛び地二ヶ所に居住する18歳以上の総人口は25,821人であり、そのうちスペイン人は169名（男性93、女性76）に対し、先住民は20,373名（男性9,940、女性10,433）、メスティソを始めとする混血や黒人奴隷は計5,279名であり、先住民が圧倒的多数を占めていた（González Carré, Gutiérrez Gutiérrez, Urrutia Cerruti 1995: 61）。

　同市は1540年代に建設され、植民地時代は「サン・フアン・デ・ラ・フロンテーラ・デ・ワマンガ」（San Juan de la Frontera de Huamanga）が正式名称であったが、現在も市民の間で「ワマンガ」という略称が使用されることが多い。17世紀は

ワマンガ市を核とする7つの行政区であるコレヒミエント（corregimiento）（サンガロ管区、アンガラエス管区、チョコルボス管区、ビルカス管区、アンダワイラス管区、ルカナス管区、パリナコチャス管区）から成り、これら7つの行政区をまとめて「ワマンガ地方」（región de Huamanga）と呼んだ（図1）。ワマンガ地方はペルー副王領の首都リマ市とインカ時代の中核にして山岳地帯の重要拠点であるクスコ市、銀鉱山で栄えたポトシを結ぶ商業網の要衝として栄えたため、大都市への物資供給地として大農園や繊維産業が発達した。また、アンガラエス管区にあるワンカベリカ鉱山では1565年に水銀の採掘が開始されたが、ポトシ銀山のアマルガム法による銀抽出に不可欠な原料であったため、植民地経済における重要拠点となった。そのため、ワマンガ地方の先住民はワンカベリカ鉱山での輪番制労働（mita）を課され、劣悪な条件下で過酷な労働を強いられた。先住民に賦課された納税や労働の義務は過重な負担となり、村から逃亡する者が相次いだほか、スペインからもたらされた疫病の影響も相まって、アンデスの他地域と同様に、ワマンガ地方も大きな人口減少に晒された（Urrutia 1985）。

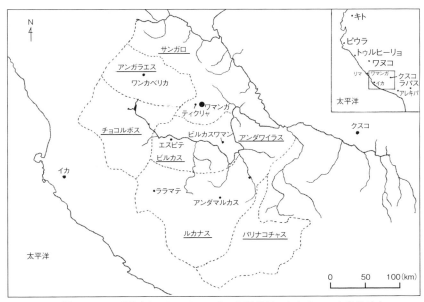

図1　17世紀のワマンガ地方とコレヒミエント。下線部はコレヒミエント名を示す。

2）ARAY の公証人帳簿

ARAY は16世紀から今世紀に至る裁判記録や市参事会（cabildo）の議事録、公

表1　ARAYに所蔵される植民地期の帳簿

世紀	公証人数	公証人帳簿数
16（1576～）	6	12
17	17	77
18	16	77
19（～1824）	3	14
合計	42	180

（溝田 2012:76）

証人帳簿など数々の貴重な史料群を所蔵する。公証人帳簿に関しては1576年から2005年頃までのものが保管され[2]、そのうち植民地期の帳簿は180冊にのぼる。

　16世紀と19世紀の帳簿数が極端に少ない理由は、前者については1576年以降の帳簿しか保管されておらず、後者のデータはペルーがスペインから独立する1824年までに作成が開始された帳簿に限定したためである。本論で対象とする17世紀の帳簿は計77冊であるが、18世紀と比較して公証人総数と帳簿数がほぼ同数であることから、両世紀において公正証書の作成に大きな影響を与える政治、社会、経済の要因は少なかった可能性が高い。

　帳簿の分析から、ワマンガ市には少なくとも1～4名の公証人が常駐していたことが分かる。一般に植民地の各都市で公証業務を行なったのは主として「定数内の公的公証人（escribano público y del número）、「市参事会の公的公証人（escribano público y de cabildo）、「王の公証人」（escribano real）の3者であり、一人の公証人がいくつかの役職を兼務することも珍しくなかった。

　王の公証人は植民地全土での活動が許可されており、それ以外の公証人の活動範囲は特定都市内に限られたため、都市に事務所を構え、顧客への応対や証書の作成・保管を行なった。また、事務所では助手や写字生を抱え、実務の補佐や下働きを担当させたほか、公証人や筆耕者の育成も行なった。

3）公正証書の作成・保管・参照方法

　つぎに、公正証書の作成や保管、参照の方法を確認しておこう。以下に、バーンズが再構成したクスコの事例を手がかりに、ワマンガのケースを推察してみる（Burns 2010; 溝田 2012: 73）。

写真1　ARAYに所蔵される1577年の帳簿[3]

10 章　先住民の文書利用　279

表2　ワマンガ市における17世紀の公証人

公証人	帳簿作成期間	作成帳簿数
Soria Gaspar	1601〜1606	3
Padilla	1601〜1613	2
Sánchez de la Palma	1604〜1627	22
Navarrete	1615〜1630	1
Mesagil	1624〜1644	4
Parexa	1629	1
Morales Bexarano	1629〜1630	1
Silvera	1637〜1658	7
Falcon del Valle	1642〜1645	1
Peñaranda	1642〜1648	5
Asurza	1650〜1671	8
Mansilla	1651〜1655	1
Cáceres Garrido	1656〜1665	3
Benegas de Toledo	1670〜1702	9
Blanco de Cassazua	1672〜1688	5
García Urteaga	1691〜1703	1
Benites Cortes Cavezas	1692〜1703	3

　まず、依頼主から証書作成依頼があると、「ミヌータ」（minuta）と呼ばれる備忘録に案件の要約を書き留めておく[4]。その要約をもとに、「綴込帳」（registro）というノートに依頼主、作成場所、年月日、案件内容等の必要事項を書式に従って詳細に清書する。その後、依頼主および証人の前で記載事項を読み上げ、依頼主はその内容に同意すれば公証人とともに証書末尾に署名を行なう。綴込帳は「折り紙」（pliego）と呼ばれる二つ折りの用紙を25枚前後重ね、糸綴じした50フォリオ前後のノート状の冊子である。綴込帳の最初のページは表紙代わりに用いられることも多く、作成年、公証人名および作成年の何冊目に当たるかが記されている。ワマンガでは綴込帳が年間8冊に及ぶケースもみられる。最終ページまで埋まった綴込帳は日付順に複数冊を重ねて縫い綴じ、目次やフォリオ毎の通し番号、革表紙を付して帳簿の体裁を整える。これが公証人帳簿（protocolo）であり、証書原簿として公証人事務所に保管される。ワマンガでは、帳簿は200フォリオ程度のものから1,000フォリオを超える分厚いものもある。なお、原簿の参照と利用の方法であるが、公証人は依頼があった場合、この原簿に一字一句違わぬ謄

本を作成し、署名と公証人の飾り書きを付したうえで依頼主に渡す。以上が、一連のプロセスであったと考えられる。

　公正証書を帳簿に綴じた上で保管、参照する原則には法的な裏付けが存在し、ペルーに限らずインディアス全域で共有されていた。1563年フェリペ2世が発布した法令は、帳簿は1年ごとの記録を縫い綴じ、公証人が署名を施したうえで保管することを定めている（Ediciones Cultura Hispánica 1973 t.1: 254r; t.2: 164v）。しかしながら、帳簿作成のための詳細な規定や統一基準は存在しないことから、その具体的な作成方法については、公証人たちが慣習やその時々の必要に応じて手探りで構築していった可能性が高い。換言すれば、帳簿作成に際して、植民地の末端で活動する公証人たちにはある程度の裁量の余地が与えられていたことになる。

　例えばワマンガのケースでは、帳簿は必ずしも1年単位で作成されず、複数年分の証書を一冊にまとめたケースが散見される。これには公正証書の年間作成数が関係していると考えられる。先述のように、ワマンガでは依頼主の大半を占めるスペイン人の数が少なく、各公証人のもとに集まる証書数もさほど多くはなかったため、必ずしも1年毎でなく、ある程度の分量に達してから製本することが慣習化していたのであろう。

　さらに、先住民証書の存在が公証人の帳簿作成方法に影響を与えたケースがある。先住民証書と非先住民が依頼主となった証書（以下、非先住民証書）の間にはとくに形式や記載内容の区別は見られないが、公証人帳簿のファイリング方法について、1640年以降に顕著な変化が生じている。これについては、筆者がすでに別の機会に発表済みであるが、本論で先住民証書の特徴を述べるにあたって必要不可欠なテーマであるため、概略を述べておきたい（溝田2012: 76-88）。

4) 先住民証書のファイリングシステムの変化

　1640年までは依頼主がスペイン人であれ先住民であれ、公正証書は日付順という原則に即して綴込帳に記入され、ファイリングされていた。しかし、1640年11月を境に先住民証書はしだいに弁別化されるようになり、それが公証人帳簿のファイリング方法に変化をもたらしている。

　その変化は1640年1月のインディアスへの印紙（papel sellado）の導入に即応している可能性がある。というのも、スペインが印紙導入を定めた法令の中で、先住民に対しては印紙の使用が免除され、普通紙（papel común）を用いてもよいことが明記されているからである。

あらゆる公務書簡および顕著に貧しい者や公人・私人を問わず先住民の文書は第四印紙に記入すべし。（もし、これらの者がこの減額された用紙を用いるとして）さらにその場合、先住民は印紙を用いずとも、文書は無効とはならない。というのも、我々の意図はこれまでも今も変わらず、先住民のあらゆる負担や重荷を軽減することにあるからだ（Peralta 2007: 218）[5]。

写真2　1676年の売買契約書。上は印紙を使用したスペイン人の証書で、下は無印の先住民証書[6]

282　第Ⅲ部　帝国周辺社会における文書ダイナミズムの実相

　ワマンガに実際に印紙が導入されたのは1640年11月であり、以後、先住民証書には無印の普通紙が用いられるようになっている。その結果、先住民と非先住民では異なる用紙を用いることになったが、証書を日付順に並べる原則を守れば両者の用紙を混在させながらファイリングする必要が生じ、それは技術上困難であったと考えられる。

　公証人帳簿のファイリング方法を考察した結果、先住民証書について徐々に以下の4つの弁別が行なわれるようになったことが分かる。

（1）個別証書タイプ

　先住民証書が弁別され始めた初期にみられるスタイルで、先住民証書が他の証書のなかに混在しているが、目印などの方法によりその他と区別されたものである。予め印紙を使用した綴込帳を作成したうえで、全証書が日付順に並ぶよう個々の先住民証書のみ後から挿入し縫い綴じたものや、それらの先頭ページ欄外に「先住民の」"de yndios"と明記されたものがある

（2）折り紙（pliego）タイプ

　先住民証書の集積方法は一般的な綴込帳ではなく、個々の証書が1～数枚の折り紙に作成された上で、日付順に重ねられ、平綴じされている。それらの証書群が帳簿の一ヶ所ないし数ヶ所に寄せ集められたもの。

（3）綴込帳（registro）タイプ

　先住民証書のみで構成される綴込帳が作成され、非先住民証書を含む帳簿の途中や後ろに組み込まれたもの。公証人たちは、「先住民証書の綴込帳」（registro

　写真3　欄外左上に"de yndios"と記された1641年の証書[7]

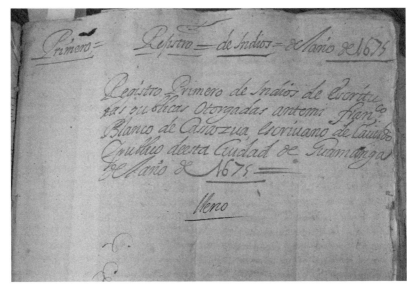

写真4　先住民の綴込帳の表紙例[8]

de indios）と呼び、その冒頭ページが表紙として使用され、タイトルが書きこまれるケースも多かった。先住民証書の綴込帳は一冊の帳簿につき複数冊が組み込まれることもあり、その際、帳簿全体ができる限り日付順となるよう帳簿の途中か、帳簿の最後に挿入された。

（4）帳簿タイプ

　先住民証書のみからなる独立帳簿であり、最初に登場するのはホセフ・ベニテス・コルテス・カベサス（Joseph Benites Cortes Cavezas）が作成した4冊のうち、1696から1703年の証書が集められた3冊目の帳簿である[9]。このタイプの帳簿は18世紀からペルー独立期にかけて確認できる。

　以上のようにワマンガでは1640年以降、公証人帳簿における先住民証書の弁別化とそれに伴うファイリング方法の変化が生じたが、これはペルー副王領における一様な現象ではなく、地域差が存在したようである。例えばバーンズはクスコにおける先住民証書の綴込帳の存在に言及しているが、筆者の調査ではリマでは確認できなかった。また、上記（1）～（4）のファイリングの変遷は必ずしも通時的かつ一律的な変化ではないことから、実務的要請に対する公証人らの試行錯

284 第Ⅲ部 帝国周辺社会における文書ダイナミズムの実相

誤の過程が見てとれる。スペインから移植された文書管理システムが、植民地の特殊な状況に適応を迫られ、変化を遂げた一例といえるだろう。

3 17世紀の先住民証書

1) 先住民証書の割合

先述した1660年の人口データを参考にすると、18歳以上の総人口（25,821）に占める先住民人口（20,373）の割合は78.9パーセントにのぼる。しかし、公証人帳簿における先住民証書の分量割合はその人口比からするときわめて低い。上述の（2）〜（4）タイプの帳簿について先住民証書の割合を調べたところ、総フォリオ数19,811に対し、先住民証書のフォリオ数は1,688であり、先住民証書の占める割合は11.7パーセントであった[10]。また、個々の帳簿の期間、フォリオ数、それぞれの帳簿と公証人を対象とする先住民証書の枚数割合を示したのが表3である。

これは証書の案件数ではなく、先住民証書に割かれたフォリオ数を示したものである。筆者が確認した限り、先住民証書もそれ以外の証書も案件ごとに割かれる枚数に目立った差はないことから、この分量比較により大まかな傾向を把握できる。

各帳簿に占める先住民証書の割合にはかなりの幅がみられるが、1冊の帳簿全体の年数と先住民証書の年数が不均衡なケースが多く、単純な比較は難しい。そこで、各公証人が手掛けた証書の総枚数に対する先住民証書の割合を算出したところ、4.3〜22.2％、平均12％であった。なお、最大値22％はベニテスの作成した先住民証書のみからなる独立帳簿の存在が影響した数値といえる。

いずれにせよ、公証人が扱った先住民証書の割合は、その人口に比して寡少であったのは明白である。もっとも、先住民の大半は被支配民として課された納税や労働の負担にあえぐ貧困農民であり、公正証書とは無縁の生活を送っていたことは想像に難くない。では、公正証書を利用したのはどのような先住民であったか。また、証書作成の目的や、作成手順等に何らかの特徴があったのだろうか。こうした問いに答えるため、ケース・スタディとしてフランシスコ・ブランコ・デ・カサスア（Francisco Blanco de Cassazua、以下「ブランコ」とする）の先住民証書を考察する。

2) 公証人ブランコの作成した公正証書

10章　先住民の文書利用　285

表3　先住民証書の占める割合[11]

ファイルタイプ	公証人名	帳簿全体			先住民証書			
		ARAYでの整理番号(PN)	期間	フォリオ数	期間	フォリオ数	帳簿に占める割合(%)	公証人ごとの割合(%)
折り紙	PEÑARANDA	53	1642/02 ～ 1644/08	583	1642/06 ～ 1641/12	31	5.3	7.3
		55	1644/04 ～ 1645/04	257	1644/04 ～ 1644/12	30	11.7	
	SILVERA	85	1642/03 ～ 1658/03	608	1653/04 ～ 1655/12	63	17.8	17.8
					1642/03 ～ 1658/03	35		
					1647/08 ～ 1658/03	10		
	ASURZA	15	1657/10 ～ 1660/03	980	1657/10 ～ 1659/12	102	10.4	4.3
		16	1650/12 ～ 1671/11	848	1650/12 ～ 1671/08	31	3.7	
		17	1650/07 ～ 1659/07	1059	1651/03 ～ 1652/01	19	1.8	
		21	1666/06 ～ 1669/09	552	1668/08 ～ 1669/09	17	3.1	
		22	1668/01 ～ 1669/10	636	1668/01 ～ 1668/02	5	0.8	
綴込帳	PEÑARANDA	53	1642/02 ～ 1644/08	583	1644/01 ～ 1644/04	13	2.2	5.8
		54	1642/03 ～ 1643/11	625	1643/01 ～ 1643/11	28	4.5	
		56	1645/03 ～ 1646/12	523	1646/01 ～ 1646/02	20	11.3	
					1645/03 ～ 1646/11	39		
	FALCON	43	1642/06 ～ 1646/12	465	1642/06 ～ 1646/12	76	16.3	16.3
	MANSILLA	45	1650/07 ～ 1655/05	973	1651/09 ～ 1653/06	50	10.6	18.4
					1654/05 ～ 1655/05	53		
	BENEGAS	23	1670/12 ～ 1683/12	347	1670/12 ～ 1683/12	161	46.4	8.1
		26	1680/02 ～ 1688/12	1112	1683/04 ～ 1688/01	44	4.7	
					1688/06 ～ 1688/12	8		
		28	1689/02 ～ 1690/07	472	1689/02 ～ 1689/12	64	13.6	
		29	1690/01 ～ 1694/12	948	1691/01 ～ 1693/11	34	3.6	
		30	1695/04 ～ 1699/12	1335	1695/02 ～ 1697/11	49	3.7	
		99/31	1698/02 ～ 1702/09	834	1698/02 ～ 1701 ～ 11	49	5.9	
帳簿	BLANCO	35	1672/03 ～ 1675/01	851	1672/05 ～ 1673/05	49	10.0	7.9
					1672/12 ～ 1675/01	36		
		36	1674/02 ～ 1677/12	1189	1675/03 ～ 1675/12	37	9.5	
					1676/02 ～ 1676/12	50		
					1677/02 ～ 1677/12	26		
		37	1678/01 ～ 1681/12	1045	1678/01 ～ 1679/11	49	8.4	
					1680/01 ～ 1681/10	39		
		38	1682/01 ～ 1685/12	1269	1682/01 ～ 1683/10	62	5.7	
					1684/4 ～ 1685/10	10		
		39	1686/01 ～ 1688/02	465	1686/03 ～ 1688/02	21	4.5	
	BENITES	32	1692/03 ～ 1695/12	1029	1694/05 ～ 1696/01	55	5.3	22.2
		34	1696/02 ～ 1703/10	223	1696/02 ～ 1703/10	223	100.0	

　ブランコは1672年3月から1688年2月にかけて5冊の帳簿を作成した。経歴は不明だが、ワマンガ市参事会の公的公証人であり、先住民証書のファイリングには綴込帳タイプを用いていた。ARAYにおいて唯一存在が確認される17世紀のミヌータ（備忘録）はブランコのものである。ブランコの帳簿を考察対象に選んだ理由は、帳簿記載が日付に即して比較的規則正しくなされており、1年ごとの証書の総量が多く、サンプルとして最も適切と判断したためである。本稿ではブ

表4　ブランコによる先住民証書の月間作成回数

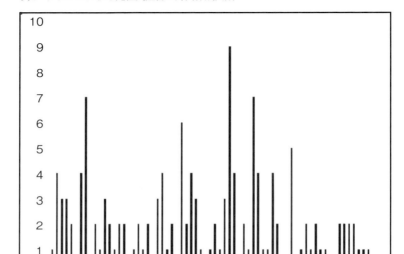

ランコが作成した1670年代、具体的には1672から1679年にかけての135件の先住民証書を考察対象とする[12]。本章では証書の発行頻度、先住民の属性や出身、案件、証書作成時の特徴など複数の角度から考察を行ない、先住民証書の具体像を浮き彫りにしたい。

　先住民証書の月間作成回数の平均値は1.9回であり、大半が1〜4回だが、調査対象とした68ヶ月のうち作成回数がゼロの場合も13ヶ月存在する（表4）。最も多い1676年の6月は9回であったが、特別な事情が存在したわけではなく、単に同一人物が関わる案件について作成依頼の機会が重なったという偶然によるものである。いずれにせよ、先住民が証書の作成を依頼する機会はかなり限られていたといえる。また、年間を通して作成依頼数の変動に規則性はみられない。

3）証書依頼主

　では公証人の元を訪れ、証書依頼を行なった先住民とはどのような人びとだったのか。公正証書には本文冒頭で依頼主の名前を明記するが、追加情報として先住民やメスティソ、黒人などの人種、出身や現在の居住地、職業や身分といった

10章　先住民の文書利用　287

属性を併記するのが一般的である[13]。また、女性の場合は既婚・未婚の別、既婚女性の場合はその夫、寡婦の場合は亡夫の名が併記される。

依頼主の大半はワマンガ市内に居住し、なかでも市内二つの教区、サンタ・アナ教区とサンタ・マリア・マグダレナ教区の構成員が目立つ。出身や居住地の情報が欠落している場合もあるが、依頼主が市内居住者と判別できた証書は80、そのうち両教区の住民のものは18ずつであった[14]。1570年代、ペルー第5代副王フランシスコ・デ・トレドが先住民のキリスト教化や租税徴収の効率化を図るためペルー全土で集住政策（reducción）を実施した際、両教区は市内先住民の集住区に指定され、多様な先住民が共存する場となった。1世紀後のデータになるが、1770年時サンタ・アナ教区には23の、サンタ・マリア・マグダレナ教区には29の地区や親族集団アイウの集落が存在し、それぞれ3,117名および2,831名の住民が居住していた（Huertas 1998: 22-24）。

ペルーの歴史家ウエルタスによれば、両教区には納税者の他、ヤナコナ（yanacona）と呼ばれる出身共同体との紐帯を断ち、納税および輪番制労働の義務を免れ、職人やスペイン人の経営する農園で耕作人として働く者、征服期にスペイン人に従軍してワマンガに入り、定住化した外来の民族集団、ルリンワンカス、ルリンチルケス、アンガラエス、ワナコンドレスなども含まれた（Huertas 1979: 138）。各教区は一般の集住村と同様に広場や教会、碁盤目状の区画といった様式を備え、司祭や先住民市参事会の判事（alcalde）、司政官（gobernador）などが任命された。

両教区の住人で証書依頼主となったのは、司政官や市参事会の判事、首長（cacique principal）といった集住区の統治者が中心である[15]。例えば、サンタ・マリア・マグダレナ教区の司政官にして首長のハシント・チリンガナは複数回登場する。彼の証書作成目的は教区を治める立場として教区民の保護や支援にあった。1672年に管轄下の先住民が事件を起こして投獄された際、保釈金を肩代わりするために作成された証書（fianza）が1672年と1675年に計3件確認できるほか[16]、1675年には管轄内のヤナコナが所有する土地問題でスペイン人と訴訟に発展した際、仲裁に入り合意書（convenio）を作成している[17]。

一方、同じくサンタ・マリア・マグダレナ教区の首長、ドン・フアン・フェルナンデス・チリンガナは、私的用途で証書を作成している。1672年に作成した私有耕作地の売買契約書（venta）と遺言書（testamento）である[18]。特筆すべきは、遺言書の中で所有財産の証明や土地売買のために作成した証書の存在を強調するとともに、それらを書類一式として保管していることをたびたび強調している点

288 第Ⅲ部　帝国周辺社会における文書ダイナミズムの実相

である。以下はその一例である。

　　　［…］前述のカシーケ［首長］は私にそれらの土地を800ペソで売ったが、
　　　すでに先方および相続人に対する支払は完了している。これは支払い書に
　　　明記されている通りであり、私が所有する書類と一緒に保管している[19]。

　調査対象の証書には遺言書が他にも3件存在するが、これほど文書の存在を
強調した文面は見られない。スペイン人と先住民社会の間を取り持つ首長階
級は、納税額査定記録を始めとする共同体の重要文書類を共同体金庫（caja de
comunidad）で管理した他、共同体の土地をめぐる訴訟や労働奉仕軽減のための
陳情を行なうなど日頃から文書に触れる機会も多く、高い文書作成能力を備える
者も存在した。とりわけ文書利用を重視したフェルナンデス・チリンガナもその
ような首長であったと推察される。
　一方、市外からの来訪者が作成を依頼した証書はわずかに14件で、全体の
10.4パーセントに留まる。ワマンガ地方内からの来訪者が大半で、近郊のキヌ
アやティクリャ、チアラ、ビンチョスといったワマンガ市と同じサンガロ管区の
村が中心であるが、ビルカスワマン、ララマテ、ソラス、アンダマルカスといっ
た遠方の村も含まれる。また、そのうちの10件は村の首長が依頼主であり、共
同体の代表として共有財産の保護や運用を目的とする案件が中心である。
　例として、1672年ティクリャ村の首長、ガブリエル・ウスコトマイージャが
「自分自身と当村の現在および将来の先住民の声と名のもとに」[20]作成依頼した
土地の終身賃貸借契約（venta a censo）の証書はそうした文書の典型といえる。
ティクリャはワマンガ地方のその他の地域と同様、過酷な税の支払いや強制労働
の重圧に晒され、住民の死亡や逃亡による深刻な人口減少に直面していた。その
ため農民が不足し、村のトウモロコシや小麦を栽培する共同耕地に多くの空き地
が生じていた。こうした状況のもと、租税の支払いに窮した共同体は現金収入を
得るべく、当初複数のスペイン人との間で空き地の賃貸借契約（arrendamiento）
を交わしたが、借地料を滞納したまま逃亡する借地人が後を絶たなかった。そこ
で、より確実かつ安定的に賃料を回収すべく空地を終身賃貸に出すことにし、ワ
マンガ在住のディエゴ・アギラル・モラレスというスペイン人と契約を取り交わ
すことにしたのだった[21]。同首長は翌年にも同様の理由により共同体の別の耕
作地についてスペイン人との間に終身賃貸借契約を結んでいる[22]。
　このほかにも、首長たちが共同体の土地を貸し出した際の賃貸料の受領証

（pago）、共同体の土地売買の契約書（venta）および合意書（consentimiento）といった共有財産の保護や運用にかかわる証書が集中する。

　同様に植民地社会における先住民特有の事情を映し出す証書も存在する。1673年、ワマンガ地方南部に位置するルカナス管区ララマテ村の首長、フアン・パウカル・アストはワマンガ市のサンタ・アナ教区の司政官イグナシオ・ムニョスに対して一通の権利委任状（poder）を作成し、自らの代理として先住民納税者に対する徴税やワンカベリカ鉱山への輪番制労働の遂行監視を委託した[23]。植民地時代、納税や労働の重圧に耐えかねた末、故郷を離れ各地を流転したり、新天地に移住した先住民の存在は社会現象となり、「フォラステロ」と呼ばれたが、ヤナコナとは異なり、出身村との紐帯を維持し続け、出身村の首長に納税を続けるフォラステロも存在した。おそらく、フアン・パウカル・アストがイグナシオ・ムニョスに託した先住民たちも、サンタ・アナ教区にフォラステロとして存在するララマテ出身者であった。例えば、1683年ビルカス管区エスピテ村で実施された租税再査定の記録には、村に住む31名のフォラステロが確認され、ワマンガ地方やクスコ、アレキパなどさまざまな出身者が含まれる。また反対に当村の出身者がワマンガ市を含む他所へ移住したケースもみられる。いずれの場合も、出身村の首長に租税を支払い続けているフォラステロは存在する（Huertas 1976; Mizota 2017: 371-378）。

　以上のように、首長層の証書作成の目的には先住民社会が置かれた状況が色濃く反映されている場合がある。しかし、首長階級以外の一般の先住民が依頼主となる証書も少なからず存在する。調査対象の証書では職業が明記されているケースが26件あった。そのうち、商人の証書は17件確認でき、市の中央広場の公設市場に店を構える者たちも含まれている。また、多様な分野の専門職人―靴職人、皮なめし職人、仕立て職人、ボタン職人、大工、パン職人、椅子職人、彫刻師―も登場する。居住地情報がないケースを除いて彼らはみなワマンガ市の住民であり、先述のサンタ・アナ教区およびサンタ・マリア・マグダレナ教区の居住者も含まれている。

　こうした人びとが作成したのはその大半が債務証書（obligación、10件）か保釈金支払証書（fianza、11件）であり、両者を合わせた証書（fianza y obligación）も1件ある。債務証書のうち9件は商人のものであり、その作成目的は商品の仕入れに伴う借入だった。市の公設市場でカスティーリャ製の衣服を販売するサンタ・アナ教区のフアン・デ・ラ・ロカは、単独または妻や同業者と共同で債務証書を3通、保釈金支払証を2通作成している。

290　第Ⅲ部　帝国周辺社会における文書ダイナミズムの実相

　以上、先住民が公正証書の依頼主となるケースを見てきたが、「先住民証書の綴込帳」にはスペイン人聖職者が作成依頼したケースが12件ほど存在する。これらの証書は形式上、先住民証書と同一に扱われている。つまり、無印の普通紙が使用され、その他の先住民証書と共に「先住民証書の綴込帳」にファイリングされている。このケースはワマンガ市内にあるサン・フアン・デ・ディオス修道会が運営する先住民の施療院に所属する修道院長などが、個人ではなく施療院の利益のために証書を作成した場合に限られる。そのほとんどが権利委任状（poder）であり、同修道会の他のメンバーに対して施療院が貸し出す所有地の賃料や貸付金の回収を目的として作成されている。

4）案件の傾向

　135件中、最も多い案件が、売買契約（venta）の33件であり、保釈金支払い（fianza、25件）、債務（obligación、24件）、権利委任（poder、14件）がそれに続くが、残りは1〜5件程度であり、訴訟取下げ（apartamiento、5件）、遺言（testamento、4件）、供述（declaración、4件）などである。

　売買契約は依頼主が所有する土地や家屋といった不動産が対象であり、先住民がスペイン人に売却する場合もあれば、先住民同士の売買も活発である。前述の共同体の土地売却に関するものもあるが、個人所有財の売却が中心である。

　売却者のなかに女性が含まれることもあり、これは独身女性か未亡人のケースである。というのも、既婚女性が自らの財を手放す場合は、夫が保証人となり夫婦で証書を作成するのが常だったからだ。

　つぎに多く作成されたのは保釈金支払い証である。これは何らかの罪を犯してワマンガ市の刑務所に収監された被告人が、市の判事の裁定により保釈対象となり、保釈金の支払いを第三者に依頼した場合、その依頼を承諾した保証人側が被告を受益者として作成する承諾書である。先述のように、首長が共同体の成員のために保釈金を支払うケースもあるが、多くは平民の先住民が作成した証書である。しかし、立て替え払いには現金が必要となるため、保証人となる一般の先住民は商人や専門職人が多く見られるが、現金収入のある経済的に余裕ある人びとが中心となるのは当然であろう。

5）先住民証書作成時の特徴

　以上、先住民証書を作成した人びとの属性、作成動機や理由を分析し、その傾向と背景を考察した。では、先住民証書の作成方法やプロセス自体には何らかの

特徴があったのだろうか。

　公正証書が作成される際、依頼主と公証人のほか、通常3名の証人が立ち会った。しかし、先住民が依頼主となる証書の場合、先住民保護官（protector de naturales）が介在するのが一般の証書と大きく異なる点である。

　先住民保護官は1575年第5代副王フランシスコ・デ・トレドが副王領全土に導入した官職である。約100年後の1680年に編纂された「インディアス法大全」（recopilaciones de leyes de las Indias）においても、トレドの施行した先住民保護官に関する法令が基盤となっている。先住民保護官は先住民をスペイン人のエンコメンデロや地方官吏らに不当に搾取されないよう、また首長による先住民の苛斂誅求や先住民同士の係争に関して常に監視を行なうとともに先住民の陳情を受ける窓口となったほか、彼らが訴訟を起こす際は弁護人の役割を果たした（Ruigómez Gómez 1988: 95-129）。

　副王トレドの法令では公正証書自体に関する言及はないが、保護官は先住民のあらゆる係争や取引において先住民をサポートする義務を課されていた（Toledo 1989: 289）[24]。1593年、チリのサンティアゴの司政官、マルティン・ガルシア・デ・オニェス・イ・ロヨラの発布した先住民保護官に関する手引きおよび法令には国王が1589年10月18日に策定した勅令を引き合いに保護官の具体的業務が挙げられ、次のように記されている。

　　　先住民のあらゆる財産に関して前任者から引き継いだ情報、先住民に属する
　　　証書や債務および賃貸契約を把握するとともに、それらの総目録を作成し、
　　　後に指示する帳簿にて管理すること（Ruigómez Gómez 1988: 198）[25]。

　つまり、先住民保護官は理念上、先住民が作成する公正証書の全てを把握しておく必要があったのである。

　実際に先住民保護官は先住民とともに公証人のもとを訪れ、証書が作成される際の証人となり、証書末尾に署名を行なった。証書は全てスペイン語で作成されたため、場合によっては通訳も兼ねていた。しかし、先住民保護官は訴訟の立ち合いや陳情の受付などその他の業務も抱え、先住民証書が作成されるたびに立ち会うのは困難であったのだろうか。ワマンガ市で作成された証書においては、正規の先住民保護官が一時的に不在のことがたびたびあり、その場合は代理が立てられている。

　そうした人物のひとり、フアン・バウティスタ・ビダルは、調査対象とした証

書のうち1675年10月～1679年の証書の大半において先住民保護官の代理を務めている。長期にわる正規の保護官不在の理由は不明であるが、この間、副王に任命された正規の先住民保護官アントニオ・グティエレスは、1679年に一度しか登場していない[26]。1678年12月5日の土地売買契約の証書には以下のような一節が含まれ、バウティスタ・ビダルが公正証書の内容を先住民の話すケチュア語に翻訳して伝え、公証人と先住民の間の重要な橋渡しを行なった様子が伺える。

> [...] 本証書の作成依頼に際して、フアン・バウティスタ・ビダルが立ち会っている。正規の保護官不在のため、彼は当ワマンガ市および管轄区の先住民保護官の代理を務めているが、インカの共通語［ケチュア語］を用いた通訳により本証書の効力を我々［依頼主］に説明し、我々一同はそれを聞いて理解した[27]。

　また、バウティスタ・ビダルが不在の場合、ワマンガ市のコレヒドール（corregidor）や判事であるアルカルデ・オルディナリオ（alcalde ordinario）がさらにその代理を務め、通訳を伴うケースもみられる。つまり、先住民保護官の代理を務めることができたのは、法的な知識を備えた市のスペイン人有力者であったことが分かるが、バウティスタ・ビダル自身の役職等は記されておらず、その人物像は不明である。いずれにせよ、先住民保護官が先住民の証書作成において重要な存在であったのは確かである。

　先住民証書は基本的に公証人事務所において依頼主と先住民保護官（またはその代理および通訳）、公証人、証人の四者の立ち合いのもと作成されたが、遺言書の場合は例外的な手続きを必要とする場合もある。調査対象とした135件の証書のうち、遺言書は4件のみであった。当時、全ての先住民が公証人のもとで遺言書を作成する義務を負っていたが、実際には公証人帳簿に現れる遺言書はごくわずかである。リマとクスコの遺言書比較を行なったラモスも公証人帳簿に含まれる先住民証書の少なさを指摘し、その理由として、財産に乏しい一般の先住民は公証人ではない、書字能力を有した適当な人物を介して非公式の遺言書、つまり簡略な財産目録の類を作成することが多かったのではないかとしている（Ramos 2010: 158）。またリマ近郊における先住民遺言書の事例研究を行なった網野は、遺言の伝達実践として、首長など書字能力を有した人物のもと覚書程度の遺言書が作成され、聖職者などが保管を担い、裁判の際など必要に応じて利用する慣例

が存在していたのではないかと推察している（網野2017: 170）。

　ワマンガでも遺言書の作成や管理に関して同様のローカル・ルールが存在した可能性があるが、筆者が確認した遺言書は以下の二つのタイプに分類できる。一つはオーソドックスな手順に即して作成された遺言書である。依頼主は公証人のもとに赴くか、または本人が病床に臥しているため、公証人またはその代理が依頼主の元に出向いて作成したが、それ以外の手順は一般の証書と同様である。帳簿には本人の死後、遺言執行人が遺言書の開封手続を行なったことまで記されている場合もある。もう一つは、正式な手順を踏まずに作成された遺言書に対し、後日、その「真正性」の証明を申請するケースであり、2件が相当する。

　前者の一例は先述のサンタ・マリア・マグダレナ教区の首長ドン・フアン・フェルナンデス・チリンガナの遺言書である。7フォリオ半からなる遺言書作成手順はおおよそ以下のような流れであり、ほぼ正式な法的手続きに即して行なわれた。彼は1672年10月6日、自宅の病床で遺言書を作成し自署した。本文には当時の遺言書に一般的な定型句と形式が用いられ、本文と署名の字体が異なることから、遺言書のフォーマットに精通した人物が担当したと考えられるが、筆記者の署名や情報はない。法的には遺言書は公証人が作成することになっていたが、おそらく、その助手などが病床の依頼人を訪問して作成したと推測される。翌日、チリンガナは聖職者と7名の証人を集め、12ヶ所の赤い封蠟で封緘した

写真5　ドン・フアン・フェルナンデス・チリンガナの遺言書封緘部分[29]

遺言書を公証人ブランコに手渡し、封書の表面にはその旨と全員の署名が記された。その後、チリンガナは死去し、同年12月27日に遺言執行人が市の通常判事（alcalde ordinario）の前で遺言書を開封することになった。その際、封書にサインした証人の一人一人に対し署名が本人のものであるか否かの確認が行なわれ、最後に判事が開封決定を下した[28]。

　もう一つは、サンタ・アナ教区の商人、フアン・イグナシオ・チュンビージャスの遺言書である。彼は商人として債務証書も2件作成しており、少なくとも証書作成を経験したことのある人物である。彼は1676年6月12日にわずか一フォリオからなる「遺言書のための覚書」を先住民施療院の病床で作成した。本人と証人5名の署名が記され、同業者の友人であるフアン・サパタを遺言執行人に指名している。しかし、その覚書はフェルナンデス・チリンガナの遺言書のように封蠟で封緘された形跡はなく、公証人も介在せず、一葉の紙に記された単なるメモ書きのような形態であった。その後、チュンビージャスが死去したため、フアン・サパタは先住民保護官代理バウティスタ・ビダルに遺言執行のための手続きを相談した。そこで同年6月23日、バウティスタ・ビダルはこの遺言書の真正性を確認するよう同市のコレヒドールに依頼すると同時に公証人に対して当該文書を帳簿に保管し、写しを作成してサパタに渡すよう要請した。その後、コレヒドールの指揮のもとフェルナンデス・チリンガナのケースと同様、証人確認手続きがとられた結果、この文書は遺言書相当として承認され、帳簿への保管と写しの作成が行なわれた[30]。

　この二つの事例は同じ遺言書の作成において、見事なまでに対照的である。先住民居住区の首長であるフェルナンデス・チリンガナは、日頃から文書利用に習熟し、遺言書作成の際は正式な作成方法と手順を遵守し、スペインから移植された文書文化に適応していた。一方、チュンビージャスは、商人として常日頃、文書の存在とその重要性を意識する環境下にあったと想像され、またいくらかの財を成した人物であったため、遺言書を残そうとしたことに不思議はない。彼は知りえた知識の範囲で遺言執行者や証人を確保し、遺言書を作成したものの、それは正式な体裁を備えぬ「遺言書もどき」でしかなかった。しかし、先住民保護官のサポートによりこの遺言書もどきは正式な法的効力を有する文書として認可されるに至ったのである。法的根拠のない遺言書の類が作成されていたという点で、先述のラモスや網野の指摘とも符合するが、そうした不完全な文書を正式な文書に転換させようとする働きかけを行なったという点で特筆に値する。植民地の文書文化に対する先住民側の適応を示す一例といえよう。

遺言書に限らず、こうした証書作成時の先住民に対するサポートは、署名においても日常的に行なわれた。すでに述べた通り、先住民は先住民保護官や通訳の口頭説明を通して証書の内容を理解したが、文書成立の証として署名を付す必要があった。署名は依頼主、先住民保護官（またはその代理）、3名の証人のうちの一人および公証人が行なった。売買契約の場合などは契約相手も立ち合い、その署名が付されることもある。証人はワマンガのスペイン人市民や聖職者が担当し、同じ人物が何度も登場するケースもある。それぞれの証書における証人選出方法は不明であるが、先述のバウティスタ・ビダルなどの先住民保護官代理を務める人物が、正規の保護官がいる場合、一般の証人として登場し、署名を行なうケースもみられる。

しかし、分析対象の証書のうち先住民依頼主自らが署名を行なった証書の割合は約47％であり、半数ほどは自ら署名を行なっていない[31]。自署できたのは、ほとんどが首長か商人であり、多くの職人たちは文字が書けなかった。おぼつかない筆致で記された署名が多いなか、花押を添えるなど署名慣れしたことをうかがわせるサインも見られる。

文字が書けない場合、次のような文言が必ず明記された。「（依頼主は）字が書けないと申告しているため、署名しなかった。そして、依頼主の要請により先住民保護官とともに証人の一人が代署した。」[32] 複数の共同依頼主が存在し、そのうち自署できない者が複数存在する場合でも代署は一名の証人が代表で担当するのが常であった。また、書字能力はあるものの、証書作成時、何らかの事情で署名できない場合も代署が行なわれた。例えば、病人の代署や遺言書において死期の迫った先住民が署名を行なう際、その途中で力尽きてしまい、急遽、証人が代署し直すケースなどである[33]。

4　おわりに

本稿では17世紀ペルー・ワマンガ市で作成された公正証書を事例に、スペイン帝国から植民地へと移植された文書メディアが、植民地社会の末端に位置する先住民に対していかに導入され、また彼ら自身はそれをいかに利用したのかを考察した。今回はケーススタディとして公証人ブランコの作成した一部期間の証書のみを考察対象としたため、ローカルレベルでの文書実践の一端をわずかに発掘したにすぎないが、さまざまな特徴や傾向が明らかとなった。

ワマンガにおける先住民人口の割合は高いが、先住民証書の割合はきわめて低

296　第Ⅲ部　帝国周辺社会における文書ダイナミズムの実相

い。これは証書の利用者が限られていることを意味している。証書を作成依頼した先住民は市内の先住民集住区などの住民で首長や商人、職人などが多く、日頃からスペイン人との接触が多いとみられる人びとが中心であり、それぞれの職業や立場によって証書の案件にある程度の特徴と傾向が見られた。例えば、首長層の証書は共同体の利益を守るためのものが多く、当時の先住民社会が抱える社会的、経済的問題が色濃く反映されており、商人の証書は債務契約など実利的なものが中心であった。また、同一人物が異なる機会に繰り返し証書を作成する例も散見され、限定された人びとのなかで証書利用が定着していった様子がうかがえる。

　一方で、当時の先住民の多くが難解なスペイン語の法的文書を理解できるほどスペイン語能力や法的知識を身につけていたとはいえず、証書作成を補助・支援する先住民保護官や代署者らの存在が不可欠であった。先住民はそうしたサポートを享受しつつ公正証書という文書メディアにアクセスすることができた反面、つねに支配層の監視下に置かれコントロールされる危うさとも隣り合わせだっただろう。

　今後は分析対象を広げ、他の公証人が作成した証書や先住民以外が依頼主となった証書との比較を通じて、先住民証書のさらなる特徴把握に努めるとともに、ワマンガ以外の地域における先住民証書の発掘と分析を進め、よりマクロな視点で先住民と文書の関わりを解明することを課題としたい。

註

1）　1レグワは5,572メートル。
2）　現在、それ以降の公証人帳簿は市内の公証人事務所に保管されている。
3）　ARAY, L1, PN2, GODOY, 1577. 一般的に帳簿のサイズは縦315×横215ミリ程度である。
4）　備忘録なので、一般的にほとんど残されていない。著者の確認したところ、ARAYに所蔵されるミヌータは17世紀は1冊のみで、1672〜1681年のメモが1冊に綴じられ、革表紙が付されている。
5）　"En el sello quarto, se han de escriuir todos los despachos de oficio, y de pobres de solemnidad, y de los Indios, públicos ó particulares:（si estos lo reduxeren a papel）y aun en tal caso, si faltaren los Indios en que sea sellado, no sea causa de nulidad, por quanto nuestra intencion y voluntad siempre ha sido, y es, aliviarles de qualquier carga, y gravamen."
6）　ARAY, L26, PN 36, BLANCO, 1674-77, ff. 380r-v. / 828r.
7）　ARAY, L38, PN48, MESAGIL, 1640-41, f. 18r.
8）　Registro primero de escrituras publicas otorgadas ante mi, Francisco Blanco de

10 章　先住民の文書利用　297

Cassazua, escribano de cauildo y publico de esta ciudad de Guamanga del año 1677, ARAY, L26, PN36, BLANCO, 1674-77".

9 ）　ARAY, L25, PN34, BENITES, 1696-1703.

10）　ファイルタイプ（1）に関しては、調査の時間的な制約により、先住民証書の詳細なデータをとることはできなかったため、統計から除外した。

11）　（溝田2012: 77）をもとに作成。

12）　ただし、1674年と1677年のデータは除く。前者はブランコが先住民、非先住民いずれの証書も残していないためデータそのものがなく、後者は史料の途中欠損が目立ったため、除外した。

13）　ただし、先住民の属性について記述の範囲にはばらつきがあり、出身地や居住区、職業に関する言及がない場合も散見される。

14）　同一人物が異なる証書を複数回作成依頼しているケースもあるため、この数値は人数ではなく、証書数である。

15）　司政官は植民地時代に創設された先住民市参事会の役職であるのに対し、首長は土着の世襲特権階級であったが、首長が司政官を兼任することも珍しくなかった。

16）　Fianza que otorgó Don Jacinto Chiringano, 22 de agosto de 1672, ARAY, L25, PN 35, BLANCO, ff. 377r-377v.; Fianza de cárcel segura que otorgó Don Jacinto Chiringano, 08 de noviembre de 1672, ARAY, L 25, PN 35, BLANCO, ff. 383r-383v.; Fianza que otorgó Don Jacinto Chilingano, Nicolas de Mendoza y Francisco de Roxas, ARAY, 6 de abril de 1675, L26, PN36, BLANCO, ff. 380r-v.

17）　Convenio sobre unas tierras de los Gauiles en Totora que hizo Don Jacinto Chilingano, Nicolas de Mendoza y Francisco de Roxas con lic. Don. Diego de Cuenca presbitero y Francisco Coronado, 6 de agosto de 1672, ARAY, L26, PN36, BLANCO, ff. 390r-392v.

18）　Venta de una chacra otorgada por Don Juan Fernandez Chilingana y Joana Casiana, su mujer, 22 de diciempre de 1672, ARAY, L25, PN35, BLANCO, ff. 384v-387v.; Testamento de Don Juan Fernandez Chilingana, 6 de octubre de 1672, L25, PN35, BLANCO, ff. 819r-829v. 司政官のハシント・チリンガノと同じ苗字であるが、両者の関係性は不明である。

19）　"…el dicho caçique ［…］ me vendio las dichas tierras en cantidad de ocho cientos pesos de a ocho rreales los quales tengo pagados y satisfechos al dicho caçique y sus herederos como constara por las cartas de pago que tengo entre mis papeles.", Testamento de Don Juan Fernandez Chilingana, 6 de octubre de 1672, L25, PN35, BLANCO, ff. 823r-v.

20）　"…por mi mismo y en voz y en nombre de los demas indios que al presente son y adelante fueren del dicho pueblo…", Venta a censo otorgada por Don Gabriel Uscotomailla, 21 de julio de 1672, ARAY, L25, PN35, BLANCO, f. 361r.

21）　Venta a censo otorgada por Don Gabriel Uscotomailla, 21 de julio de 1672, ARAY,

298 第Ⅲ部　帝国周辺社会における文書ダイナミズムの実相

L25, PN35, BLANCO, ff. 361r-371v.

22）Venta a censo otorgada por Don Gabriel Uscotomailla, Don Phelipe Guaman Ianapa, y los demas indios del comun del pueblo, 5 de mayo de 1673, ARAY, L25, PN35, BLANCO, ff. 833r-838v.

23）Poder general para cobrar el tributo otorgado por Don Juan Paucar Hasto, gobernador de la doctrina de Laramate, repartimiento de Lucanas, 28 de noviembre de 1673, ARAY, L25, PN35, BLANCO, ff. 830v-832v.

24）オリジナルの所在は以下の通りである。Titulo e instrucciones para el defensor de naturales de Huancavelica, Los Reyes, 28 de agosto de 1577, Biblioteca Nacional del Perú, Mss. B. 511, ff. 619-621.

25）"…reciban y entren en su poder todos los bienes y haciendas de los dichos indios que su predecesor le entregare y las escrituras y deudas y censos pertenecientes a los indios, haciendo de todo inventario y cargo de ello en el libro que de yuso se le ordena.", en Instrucción y ordenanza de lo que deben guardar los protectores de indios, dictada por el gobernador Martín García de Oñez y Loyola. Santiago, 4 de febrero de 1593.

26）Obligacion por 3 arrobas de zera y 9 libras, otorgado por Agustin Pisco, Doña Juana de Luna su muger, Doña Bernarda de Luna su cuñada, 8 de agosto de 1679, ARAY, L27, PN 37, BLANCO, ff. 472r-v.

27）"…estando asimismo presente al otorgamiento de esta escriptura Juan Baptista Vidal persona que hace ofiçio de protetor en esta dicha ciudad y su juridiçion a falta de propietario quien por su interpretaçion en la lengua general del inga nos dio a entender el efecto de esta escritura y aviendolo oydo y entendido todos juntos", en venta de unas tierras otorgada por Catalina Sisa y otros, 5 de diciembre de 1678, ARAY, L27, PN 37, BLANCO, f. 455r.

28）Testamento de Don Juan Fernandez Chilingana, 6 de octubre de 1672, ARAY, L25, PN 35, BLANCO, ff. 819r-829v.

29）Testamento de Don Juan Fernandez Chilingana, 6 de octubre de 1672, ARAY, L25, PN 35, BLANCO, f. 829v.

30）Testamento de Juan Ignacio Chumbillas, 23 de junio de 1676, L26, PN 36, BLANCO, ff. 842r-845v.

31）調査対象とした135件中、12件は先住民施療院のスペイン人聖職者のものであり、分母から除外した。

32）"…no firmo porque dixo no sauia escriuir firmolo por el y a su ruego un testigo con el dicho protector…". 代理署名を行う場合、どの証書も同様の紋切り型の文言が使用される。

33）Testamento otorgado por Don Gabriel Chilingana, 14 de noviembre de 1673, ARAY, L25, PN 35, BLANCO, f. 850r.

11章　スペイン領メキシコにおける簿記行為
シモン・バエスの帳簿を中心に

伏見岳志

1　はじめに

　グスマンは店先で、老商人に向かって声を荒げていた。8日前に預けた貨幣を引き取りに来たにもかかわらず、商人は預かっていないと言い張るのだ。押し問答するうちに、激昂したグスマンは、紙と筆を取り出して訴状を書こうとする。人だかりができ、警吏も駆けつける。告訴の前に、まず帳簿を確認することになった。「帳簿に真実を言わせよう。そこには受け取ったものが必ず書かれているのだから、どちらが真実を言っているのかわかるだろう。」商人は、出納係に帳簿（libro mayor）を取り出させる。いや、それではなく、手帳（manual de caja）だ。いや、それでもない、もっと細長い帳面だ。出納係は備忘録（memoria）だと推量する。グスマンは備忘録をめくり、自分の筆跡による預金の記載を発見した。ここを見なさい、確かに預かっているではないか。商人はうろたえ、そんな書き込みは誓って知らない、と力なく言うだけだった。驚いたことに、記載箇所には取り消し線が引かれ、余白には出納係の筆跡で「引き出し済み（llevólos）」と書かれている。これは、商人が自分を騙そうとしているに違いない。グスマンは実際に自分が預けた貨幣を確認することを要求する。貨幣には特別な目印がつけてあるのだ。果たして、商人の文机の引き出しからはグスマンの預金が入った袋が見つかった。強欲で知られる老商人はさらに評判を落とし、誰も彼の弁明を信用しない。数日後には判決が下り、全額を手にしたグスマンは、ほくそ笑む。実際には、自分が出納係と示し合わせて事前に帳簿を改変し、引き出しの貨幣に目印をつけておいたのだ（Alemán 2012[1604]: Parte II, Libro II Capítulo VI）。

　ピカレスク小説『グスマン・デ・アルファラチェ』は、1600年前後の商業世界の豊かな描写と洞察に満ちた作品である（Cavillac 1994: 230-251; Cavillac 2010: 93-107）。この挿話では、読者は帳簿の働きに思いを巡らすだろう。まず、帳簿には、少なくとも3つの種類があり、それぞれの役割は異なることが示唆されて

いる。挿話の舞台がミラノに設定されていることを思い出すならば、この3冊が15世紀末にパチョーリが定式化した複式簿記の3帳簿（元帳、仕訳帳、日記）に対応しているとの推測も成立する。しかし、帳簿の名称には混乱がありそうだ。主人公と老商人は、なぜすぐに参照すべき帳簿を特定できないのか。それは詐欺に必要な手順だったのか、それとも彼がスペイン人でイタリア商業の語彙に不案内なためなのか。

　帳簿が記憶に優る点も重要である。帳簿には、金銭の授受が細大漏らさずに、記載されているはずである。したがって、その記載内容は「真実」であり、移ろいやすい記憶に対して優位である。しかも、記載することは、個人的な備忘のためだけにあるわけではない。取引相手との口論を解決する証拠能力という、より公共的な機能も担っているのである。

　だが、帳簿は常に信頼できるわけではない。なぜなら、虚偽の記載によって、人をあざむくことも可能だからだ。もし、記載に疑義が生じれば、実際の金銭や商品を確認せざるを得ない。そういう文書と現実との乖離も、この挿話には書き込まれているのだ。

　著者であるマテオ・アレマン（1547〜1616?）は、帳簿の仕組みや、その有用性と陥穽について熟知していたはずである。そのことは、彼の経歴を一瞥すれば明らかである。セファルディム系ユダヤ人医師の息子としてセビーリャで生まれ、そこで修辞や医学を学びながら、多様な商取引にも関わって、借財のために投獄されてもいる。活況を呈す新大陸との貿易についての実践知は豊富であろう。しかも、宮廷で経理に携わり、新大陸での銀の精錬にもちいる水銀を採掘するアルマデン鉱山の巡察官も務めていたから、財政への理解もあった。いわば、『グスマン』は、新大陸の植民地化による商業的・行政的拡大という、スペインの帝国的体験のなかで誕生した小説だといえる。

　そういう帝国性は、あきらかに商業簿記にもその影響力を及ぼしている。カスティーリャは、ヨーロッパで最初に複式簿記の採用を商人に義務づけた国と評価される。国家行政の肥大化は、さまざまな文書のジャンルを興隆させた。布告や請願、報告書簡、公正証書などの多様なジャンルが、権力の要請と地域的な文脈のなかで独自の文体や書式を備えるに至っている（Real Díaz 1980; Seller-García 2013）。この文書群には、マテオ・アレマンが慣れ親しんだ財政文書だけでなく、行政機構とは無縁に思えるかもしれない民間の商業帳簿も含まれる。「君主に文無くば、帝国に光無し Monarca sin letras, Imperio sin luz」（Bravo de la Serna 1674:246）という文句が示唆するように、帝国の文書的磁場は、あらゆる書類

に作用を及ぼすのである。

　マテオ・アレマンが『グスマン』の出版後にメキシコに渡り、そこで大学経理官や印刷業者として晩年を過ごしたことはよく知られている。では、帝国の光は、どれほどメキシコに及んでいたのであろうか。以下では、こうした関心のもとに、同地での商業的な帳簿の作成と、その帝国行政との関係について考えていきたい。

2　帳簿の作成と保存

　取引を記録する行為（簿記行為）は、ハプスブルク期のイベリア世界では広範囲で実践されていた。行政機構についていえば、植民地の末端の村落レベルにまで帳簿の作成が浸透していたことは、第1章で小原が論じている。民間についても、その痕跡は遺産目録などに容易に見いだすことができる。メキシコに限ってみると、例えば、1619年にハラパ市近くのナランホ宿場で急死したニクラス・ブロンは公正証書や手紙の束に加えて、備忘録小冊子（librillo de memoria）や会計簿（libro de cuentas）、糸で縛った会計備忘録の束（legajuelo de memoria de cuentas）を携行していた。あるいは、1589年にケレタロで死亡したフアン・デ・パスの住居には、鍵のかかった樫の箱があり、そのなかには貨幣の袋とともに、さまざまな書類が収められていた。書類の大部分は取引記録に関わるものであり、そこには四つ切の白紙の冊子、装丁がなくバラバラになった四つ切の帳簿で黒人やインディオとの取引が記載されたもの、羊皮紙装丁で綴じられた帳簿でいくつか取引が記載されたもの、何枚もの頁が手で破りとられた帳簿で取引記録束が3つ挟まったもの、などがあった。彼はメキシコ市のある参事会員の財産管理人であったから、主人への報告のためにも帳簿を作成する必要があっただろう。しかし、そういう義務のない人、例えば大工のバルトロメ・ロドリゲスでも、文机のなかに羊皮紙の細長い冊子を保管し、夜になるとそれを取り出して、物品や金銭の取引を記録していたのである[1]。

　中世晩期から近世初頭は、活版印刷術の普及だけでなく、書くという行為が、専門的な書記の領分を超えて、さまざまな階層に広がりつつあった時期でもある。すなわち、筆記や筆写、あるいは手稿の収集や保存といった行為が活発化し、より多くの人びとによって実践されるようになった（Bouza 2001; Foisil 1993: 327-361）。手書きで生産されるジャンルも、メモ書きの類や書簡、受領証、さらにビラや張り紙、落書きなど多様である（Castillo Gómez 2006: 19-91; Rama 1998: 43-

302　第Ⅲ部　帝国周辺社会における文書ダイナミズムの実相

60）。そうしたジャンルのなかでも、帳簿はかなり早い時期に登場している。町の職人たちが手習いに関心を寄せたのは、なによりもまず物品や取引を記録するためであった。これは、自らの仕事を管理するという要請にもとづいていたとされる（Mandigora Llavata 1994: 57-80）。この理解からすれば、上述のような簿記行為の広がりは、とくに目新しい行為ではない。

　しかし、書記行為の拡大の背景には、日常の差し迫った必要性だけでなく、それを可能にした物質的条件、たとえば紙の流通量増大も考慮する必要があろう。この点では、スペイン帝国は恵まれた条件であったとはいえない。イベリア半島は、キリスト教ヨーロッパ圏では製紙法の導入が早い。さらに、13世紀以降は水車利用で生産量も拡大し、行政機構における文書生産でも先進的な位置にたった。しかし、その後はジェノヴァなどイタリア半島地域で発達した先進技術の進取に遅れ、新大陸での生産振興にも消極的であったため、16世紀になると印刷術の普及と帝国行政の拡大により急増する紙需要を満たすことができなくなった。この供給不足を補ったのは、まずイタリアやフランス各地からの輸入である。さらに、これらの地域から製紙業者を招致し、原料である古布の輸出禁止措置をとることで、半島内での生産拡充もはかられている（Hidalgo Brínguis 2006: 208-217; Valls i Subirà 1978, II: 51-55; Lenz 1990: 27-136）。おかげで、紙の供給には制約はありながらも、雑貨屋や行商などでも手帳や紙片が販売されるようになる。bula と呼ばれる傷みやすい低質紙が多いものの、以前より紙は確かに身近になったのである（Gómez Castillo 2006: 72-74）。

　さらに、簿記行為に限ってみるならば、数量化の傾向も考慮する必要があろう。クロスビーによれば、ルネサンス期の西ヨーロッパでは、事物を質的にではなく「数量的に把握するモデル」が重要になりはじめた。そのひとつのあらわれが、14世紀頃からイタリア半島で徐々に形が整えられ、15世紀末にルカ・パチョーリによって定式化される複式簿記のシステムである。これは日々の取引をデータとして網羅的に記録・収集・保存したうえで、配列し分析することを目指す。そうすることで、商人たちは複雑で変動し続ける経済事象を、紙の上で静止させ、コントロールできるようになった。この数量的把握の態度が、徐々に広い階層に共有されることで、簿記行為の裾野は広がっていったのである（クロスビー 2003: 153-183 ; Lemire 2005: 187-226）。

　先ほどの事例からは、日常的に行なわれていた体系化や保存方法の一端を伺うことができる。複数の冊子に取引を区別して記録する方法は、ひとつの体系化であろう。保存法としては、文机の引き出しや樫の木箱といった保管設備、手紙や

公正証書を別に分類する方法、糸で縛って束にしたり、羊皮紙で装丁するといっ
た書類のファイリング手法が読み取れる。

　しかし、民間で生産された帳簿の保持期間はそれほど長くはない。それは、帳
簿が経済的な要請にもとづいて、実践的な目的で作成されているからである。
民間の書類が世代を超えて保存されるためには、その記載内容が経済以外にお
よび、個人的省察や家族的記憶という再帰的な価値を持つことが欠かせない
（Mandingorras Llavata 2002: 131-152）。貸借関係だけの記録であれば、精算が済む
か、遅くとも遺産整理が終われば、参照の必要性は消失する。スペイン黄金世紀
の民衆的な書記実践について検討したアントニオ・ゴメス・カスティーリョは、
帳簿のほとんどは民間にとどまり失われてゆく文書、つまり帝国の文書行政とは
無縁の私的領域の生産物だとみなしていた（Gómez Castillo 2006: 70-80）。

　実際、民間の帳簿を公文書館で目にする機会は、それほど多くはない。本節冒
頭の事例は遺産送金手続きの記録から採集したものだが、これらの記録に収録さ
れているのは財産目録やその競売記録、財産引き渡し請願や行政的手続きにまつ
わる文書だけであり、物故者が作成した帳簿そのものは滅多に保持されない。民
間の帳簿実践を再構成する試みは、史料との希有な邂逅がない限りは、断片的な
記述の収集に依拠せざるを得ない。

　史料的困難は、帳簿の保管に関心を持つはずの専門的な商人についても当ては
まる。植民地時代の商家の帳簿類が体系的に現在まで伝わっている事例は希で、
メキシコでは管見の限りでは18世紀後半のものが2例報告されているだけである
（Torales Pacheco 1985; Yuste 2007）。その理由については推測の域を出ないが、各
商家が書類を「家族の書」として世代を超えて継承しようとする意思を強く持た
なかったのか、あるいは代々続く商家が少ないことに由来すると思われる。これ
は、第7章で横山が論じたエンコメンデーロのような領主的性格を持つ家族の文
書保管の態度とは明らかに異なる[2]。

　しかし、本稿の関心にとって重要なのは、商人自身の薄弱な保管意思とはう
らはらに、帝国行政は帳簿に強い関心を抱き、その保管を要請していたことで
ある。すでに、七部法典に商人の帳簿に関する記述があるように、イベリア諸
国の行政は遅くとも13世紀半ばには、商人が帳簿を作成することに関心を持つ
ようになっていた。1484年には、カトリック両王が商人に帳簿作成を義務づ
けている[3]。さらに、1549年12月4日および1552年3月11日の国王命令（real
pragmática）では、帳簿類（libros de caxa y manual）はカスティーリャ語で作成
することや、取引相手には、オリジナルではなくコピー（traslado）を渡すこと

も義務づけられた。違反した場合には、その回数や重要さに応じて、罰金や財産没収、国外追放の罰則も設けられた[4]。保管する期間については言及がないが、商人が帳簿のオリジナルを自分で保管する責務を負っていたことは明らかである。

　行政が帳簿に関心を持った理由は、ふたつある。ひとつは、財政的な関心である。1484年や1549年の勅令では、徴税担当者による、貴金属の国外持出しの確認や、アルカバラ alcabala などの税の徴収がその理由であった。これは、1591年のフェリペ2世の勅令でも明示的に繰り返されている[5]。もうひとつは、係争処理への関心である。商業的な係争はおもに、商事裁判所（consulado）が仲裁した。商事裁判所は中世の地中海世界で発達した制度であり、イベリア半島では最初にバレンシアで、13世紀半ばに設立されている。カスティーリャについては、まず1494年に羊毛取引で成長した北部の都市ブルゴスに裁判所が設置され、1511年にはカンタブリア湾の貿易港ビルバオ、1543年には大西洋貿易の拠点セビーリャがこれに続いた。大西洋の反対側でも、1592年にメキシコ市、1613年にはリマとカルタヘナ市に商事裁判所が誕生している（Smith 1978）。1538年に制定されたブルゴス商事裁判所の裁判所規則の24条によれば、商事裁判所は、商業的係争を仲裁するために、その関連資料として帳簿などを受領して検討することができた。インディアス法令集では、メキシコとリマの商事裁判所は、ブルゴスおよびセビーリャの規則に従って係争を処理することが定められている[6]。

　商事裁判所が参照した帳簿の多くは係争の仲裁後には返還されたと思われるが、なかには裁判所の書庫に保存される場合もあった。メキシコで現存する帳簿の多くは、この商事裁判所の仲裁記録に添付されていたものである。メキシコの場合、商事裁判所の史料は、国立公文書館に収蔵されるようになった。おかげで、現存する帳簿の閲覧は容易である。ただし、商事裁判所が所持していた帳簿は、商人が作成していた多様な書類のうち、仲裁の証拠として使われたものであり、一商人の簿記行為の総体ではないことは強調しておきたい。

　いずれにしても、一般的な民間の帳簿と比べた場合、商人が作成する帳簿は、帝国行政が眼差しを向ける対象であり、その文書管理の網の目にすくい取られる可能性を持っていたといえよう。

3　簿記行為とスペイン帝国行政

11章　スペイン領メキシコにおける簿記行為　305

　帝国行政は帳簿作成行為そのものだけでなく、作成の具体的方法についても関心を示している。1549年と1552年の勅令では、debe と ha de haber と呼ばれる方式（後述）で帳簿（libros de caxa y manual）を作成し、しかも日付、金額、取引相手を記載することが定められている。

　18世紀になるとさらに細かい作成規則が設けられるようになる。1738年に王室が公認したビルバオ商事裁判所の規則第9条では、卸売商人は最低4種の冊子の作成が義務づけられ、それぞれの冊子の記述形式も指示されている。また、小売の商店や屋台などの場合には、1種類の帳簿を作成し、そこに未精算の売買について、氏名や日付、期間や性質などを個別に記入し、インデックス（abecedario）をつけることが求められた。さらに、なんらかの商業行為にかかわる人々であれば簡単な帳簿（librillo menor）に、商品のやりとりや、支払いを書き込み、それを週ごとに信頼のおける人物に確認してもらうことも定められた[7]。

　裁判所が王室の公認のもとで帳簿の作成方法にまで介入した理由は、どのようなものであろうか。ビルバオ裁判所規則には「そうしなければ生じてしまう不都合や疑義、相違を避けるために[8]」という表現がある。つまり、論争の余地がない事実、いいかえれば「真実性」の担保に、行政は関心を寄せていたといえる。

　この目的で要求される作成規則は、かなり具体的である。1549年勅令では、debe と ha de haber の間に白紙を挿入しない、という一節がある。白紙がある場合には、あとから書き足して、内容を改変できるからである。1738年のビルバオ商事裁判所規則では、改変防止策は一層念入りになっている。例えば、手帳や元帳は綴じたうえで冊番号を書き、表紙をつけ、頁番号をふった（enquadernado, numerado, forrado y foliado）うえで、1頁も飛ばさず、空白も残さずに、連続的に記さなければならない。しかも、書き損じた場合には、該当部分のみを修正するのではなく、項目全体をもう一度書き直し、書き損じた旨を理由とともに記載することも定められた。頁が破り取られていれば、その帳簿の保持者は信頼性を失い、帳簿も証拠能力を喪失する。また、それぞれの項目が未精算か既清算かの記載も義務づけられた[9]。

　以上のように、帳簿の「真実性」は、帳簿自体の作成方法や記載の形式によって担保されていた。これは、中世の証拠能力の有無についての議論と比較してみると興味深い。例えば、バルセロナの海事商業裁判所の法典には、1260年頃に成立したとみられる、商船での冊子の携行についての条項が収録されている。この冊子は、半分が会計、残りの半分が公正証書から構成されるもので、その作成は専門の書記（escrivá）が担当した。彼は、船主や船員、旅客の前で宣誓し、本

306　第Ⅲ部　帝国周辺社会における文書ダイナミズムの実相

当に見聞きしたことだけを記録することを誓い、もし虚偽の記載があった場合には、右手は切断され、額に焼き印を押されるという罰を受けることになっていた。この場合は、現実を「見聞きしたままに」写し取る、という書記の宣誓が、帳簿の真実性を保証している。このように作成者の宣誓を重視する態度は、書記だけでなく、商人についても伺うことができる。バレンシア法の記述によれば、50スエルドまでの簡易裁判では、両替商や織物職人の作成する冊子は、その作成者が宣誓すれば、証拠として利用することが認められていた。金額に限定はあるものの、帳簿の証拠能力は、やはり作成者の宣誓によって担保されている（Hernández Esteve 2013: 114-115）。これに対して16世紀以降は、帳簿の信頼性はその形式に依存する傾向が強い。帝国行政が帳簿作成の形式に多大な関心を注いだのは、当然のことであった。

　けれども、帳簿の形式に対する行政のこだわりには、真実性の担保だけでは説明できない点もある。例えば、数種類の帳簿を作成する理由はいかなるものであろうか。1549-52年勅令では、libros de caxa および manual という2種類の帳簿を、debe と ha de haber という当時のカスティーリャ商人が実践していた方法で作成することが指定されている[10]。勅令には、2種類の帳簿の違いに関する説明は見当たらない。しかし、同世紀末にバルトロメ・サルバドル・デ・ソロルサノ（Bartolomé Salvador de Solórzano 以下バルトロメと略す）がカスティーリャ語で執筆した簿記行為に関する指南書では、違いは明確である。その説明によれば、manual は diario とも呼ばれ、取引をリアルタイムで順番に詳細に記載したものである。これに対して、libro de caxa はイタリアなどでは libro mayor と呼ばれ、manual の記載項目を営業終了後の夜になってから整理して略記したものである。整理の仕方は、見開き2頁の左側に debe の取引、右側に ha de haber の取引を区別して記載することであった。記載にあたっては、情報を簡略に記すことで、見開き2頁になるべく多くの項目を収録し、一覧性を高めるべきだ、というコメントも付加されている（Salvador de Solórzano 1980[1590]: cap.XI & XII）[11]。以上の点から、libro de caxa では情報の網羅性ではなく、縮約整理して閲覧性を高めようとする意図が見て取れる。

　debe と haber という整理法についても、この指南書には明確な記述がある。debe は相手側の債務を意味し、お金などを貸すか、売掛がある場合に使う。ha de haber は相手側の債権であり、相手からお金を受け取るか、未払い金がある場合に使う。具体例としては、ある人物に500ドゥカードを貸した場合に、libro de caxa には「某は caxa（金庫）に500ドゥカードを debe している」「caxa

は某に500ドゥカードを ha de haber している」と記載する例が挙げられている（Salvador de Solórzano 1980[1590]: cap.XI & XII）。

　この例でいまひとつ重要なのは、同一の取引を、取引相手である「某」側と、貨幣が出入りする自分の「金庫 caxa」側の両側面から記述していることである。スペイン会計史の泰斗であるエルナンデス・エステベは、このバルトロメの説明を念頭に置きながら、勅令が命じる manual の記載内容を debe と ha de haber の二面で libro de caxa に略記する方式は、パチョーリの3冊子方式よりも1冊少ないが、複式簿記の原理に則ったものだと結論づけている（Hernández Esteve 2013: 197-207）。この勅令は、商人や銀行家に対して複式簿記の採用を法律で義務づけた、ヨーロッパで最初の事例だという（Hernández Esteve 2013: 197; Donoso Anes 1996: 116-121; アートン 2014: 21-25）。実際に当時の北カスティーリャの商人が、複式簿記を採用していたことも確認されている。先述のとおり、この方式には、財産状況の全体像を把握したいという閲覧性への希求が読み取れる。そういう要請が王室と商人の双方に生じていたのである。

　18世紀のビルバオ商事裁判所の規則では、閲覧性への関心はより明白である。卸売商人（mercader por mayor）については、最低4種類の冊子、すなわち手帳（un libro borrador o manual），元帳（un libro mayor），商品とインボイスの記入帳（otro para el asiento de cargazones o facturas），手紙の複写帳（un copiador de cartas）の作成が要求された。さらに、最低3年に1回は収支決算書（balanza）や残債状況確認書（razón del estado de sus dependencias）の作成も義務づけられた。インボイスや手紙の保管については、証拠の保管や事実確認が目的であろう。

　borrador（manual）と libro mayor の区別は、次の通りである。borrador は毎日のすべての取引を発生順に連続的に記したものである。これに対して、libro mayor は取引相手ごとに各取引の概要を、debe と ha de haber に区分して略記したものである。各取引は borrador から転写したものであり、対応関係がわかるように borrador 側の日付と頁番号も記載することや、冊子には索引をつけることも定められている[12]。簡単に言えば、borrador では時間順に記載された情報を、libro では人名や取引方向で分類整理し、さらに索引で検索性を高めているのである。検索性に加えて、libro に依拠して収支決算書や残債状況確認書も作成されるので、16世紀の簿記法よりも、さらに閲覧性に工夫が凝らされている。

　ただし、4種類の冊子作成が義務づけられたのは卸売商のみである。彼らの取引は件数や規模が大きく、記憶だけでは対処できない。そのため、取引を整理

308 第Ⅲ部 帝国周辺社会における文書ダイナミズムの実相

し、その全体像を可視化することが要請されたのであろう。

　16世紀の勅令や18世紀のビルバオ商事裁判所の作成規則は、カスティーリャだけでなく、スペイン領アメリカにも適用されている。では、実際に新大陸で作成された帳簿は、どのようなものであろうか。先述のとおり、商人の帳簿はなかなか体系的に残りにくいが、その一部分が保存されるケースは多い。本来ならば、そういう断片を数多く参照する必要があるが、ここでは手始めとして、17世紀前半にメキシコ市で貿易商として活動していたシモン・バエス・デ・セビーリャ Simón Váez de Sevilla の帳簿の分析を試みたい。

4　シモン・バエス・デ・セビーリャの帳簿

　シモン・バエス・デ・セビーリャ（以下シモン・バエスと略記する）の経歴については他で論じたので、詳細はそちらに譲る（伏見 2017）。ここでは、彼が16世紀末に生まれ、スペインとの国境に近いポルトガルで育ったセファルディム系ユダヤ人の新キリスト教徒であること、リスボンとセビーリャにいる家族のもとで商業経験を積み、1619年に2度目の大西洋横断をおこないメキシコ市に定住したこと、1642年に異端審問による一連のポルトガル系セファルディム弾圧のなかで逮捕され、1649年に財産没収と悔悛衣着用、インディアスからの追放という判決をうけたことを確認しておけば十分であろう。つまり、スペインがポルトガルとの同君連合によって帝国的拡張をとげるなかで、大西洋を越えた商業活動で富を築き、ポルトガル分離という帝国的挫折のなかで、その富を失い排斥をうけた人物である。

　彼がどのように簿記行為を身につけたのか、それを判断できる材料はない。あるいは、出身地のカステロブランコ村で読み書きそろばんを学ぶなかで、基礎的な技法は習得していたかもしれない。しかし、より詳細に学ぶのは、10代後半にセビーリャで兄の商売を手伝い、実際にメキシコとの間を往復していた時期ではなかろうか。兄の代理として遠いメキシコで取引をしているのであれば、その取引を兄に報告をする義務がある。そのためには、何らかの帳簿を作成しておく必要が生じる。では、その作成法はどうやって修得したのだろうか。セビーリャといえば、16世紀末に先述のバルトロメ・サルバドルが会計理論書を出版した場所である。しかも、興味深いことに、この書物は1,500部印刷され、そのうちの180部がメキシコ方面に輸出されている（Hernández Esteve 1989: 94）。シモン・バエスが、どこかでこの書物と接点を持ち、帳簿の作成法を学んだという可能性

11章　スペイン領メキシコにおける簿記行為　309

は考えられないだろうか。後ほど、この点については、立ち戻って検討してみたい。

　彼が自分の帳簿を作成しはじめた時期については、もう少し手がかりがある。まず、現存する1629年記入開始の帳簿には、それ以前の失われた帳簿への言及がある。現存する帳簿には1冊で6年間の取引が記入されていることを考えれば、失われた帳簿は20年代半ばには書き始められていた可能性は高い。しかも、1640年代の史料には、1620年代初頭の帳簿が言及されている。こうしてみると、メキシコに来た当初、もしくはかなり早い時期から、現存する帳簿と同じ形式かどうかはわからないが、なんらかの帳簿をつけていたことは間違いない。

　そうした失われた帳簿は、現存する帳簿とともに、シモン・バエス家の書斎に保管されていた。この点は、1638年にこの帳簿類を検分した役人の証言から伺うことができる。この頃、彼はメキシコ第2の都市プエブラの司教の財産の管理運用をまかされていた。司教の死去にともなって、財産状況を把握する必要が生ずると、副王がシモン・バエスの帳簿の押収と、取り調べのための本人の身柄拘束を命じている。押収を実行したメキシコ聴訴院の調査官によれば、「14冊の帳簿冊子（libros y cuadernos de cajas manuales）と日記（borrador）やそのほかの綴じられていない紙類」が押収された[13]。これらの書類は、シモン・バエスが釈放されたあと、返却されている。釈放後、さらに最低でも1冊の新しい帳簿が作成されているが、数年後に異端審問に召喚された際には、この新しい帳簿を含めて、再び書類は押収されている。このうちの少なくとも1冊（1629－34年に作成されたもの）がメキシコの国立総合文書館に現存しており、もう1冊（最後に作成されたもの）の筆写版がスペインの国立歴史文書館に収蔵されている。そのほかに、書簡類の一部もメキシコの文書館に収められている。ここでは、オリジナルで現存するほうの帳簿、つまり29～34年作成の帳簿について検討したい[14]。

　まず表紙を観察してみよう。この1629年の帳簿は綴

写真1　左：見開き左側頁の左上隅の頁番号
　　　　右：見開き右側頁の右上隅の頁番号
（右の③は文書館で現代になって鉛筆で記入されたフォリオ番号）

じられており、革で装丁された表紙には、綴じ紐がついている。表紙の左上には、"Simon Baez de Sevilla" と書かれている。装丁を除いた中身は、226枚の紙から構成されている。中身の1枚目の表面には番号はふられていない。1枚目の裏面には左上の角に「1」というアラビア数字が書き込まれている。続く2枚目の表面の右上にも同様に「1」と記載されている（写真1）。つまり、見開きの2頁には同じ番号が書かれ、番号の記載位置は上方の外側の角部分ということになる。同様に次の見開き2頁には双方に「2」、その次には「3」と順番に番号が振られている。ビルバオ商事裁判所規則にある enquadernado, numerado, forrado y foliado と同じルールに依拠していることは明らかである。

　次に中身の1枚目の表側の記述を検討したい（写真2）。上方の真ん中には、「-1U629 años -」と書き込まれ、この冊子が1629年に作成が始まったことを示している（A）。「U」に似た記号はカルデロン calderón と呼ばれ、1,000の位を表現する記号である。そのすぐ下には、「Libro Manual de caxa de el capn / Simon Vaez Seuilla de este año de 1629 aos / que sea para onrra y gloria de dios nro sor（本年1629年の隊長シモン・バエス・セビーリャの Libro Manual de caxa、我らが神の名誉と栄光のために）」という書き込みがある（B）。その下には、5つの署名がある（C〜G）。そのうち1つはシモン・バエス本人の署名（F）で、残り4つはこの冊子の一度目の押収に立ち会った役人のものである（C,D,E,G）。この4人の署名

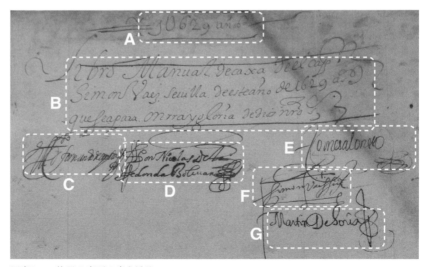

写真2　1枚目の表面の書き込み

11章　スペイン領メキシコにおける簿記行為　311

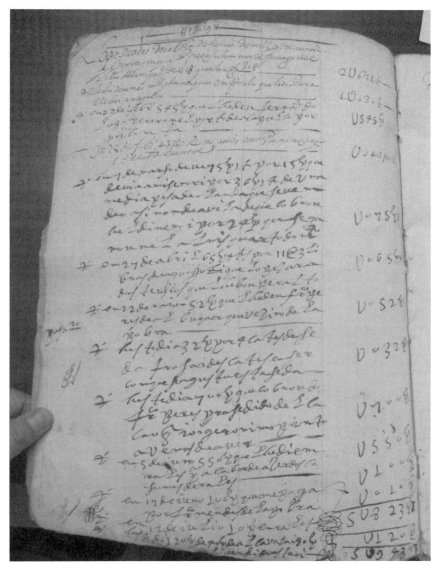

写真3　第1対の左頁、1・2・4番目の取引はシモン・バエスの記載、残りは別人がポルトガル訛りのカスティーリャ語で記入している。左端中央には、続きの取引が記された対番号 (30) が記載されている。

312 第Ⅲ部 帝国周辺社会における文書ダイナミズムの実相

には花押が添えられており、以降の各頁の下欄にはこの花押が記載されている。押収された時の内容確認のために記入したものであろう。

　解釈が難しいのは、「Libro Manual de caxa」という表現である。この表現は、当時の一般的な帳簿用語とは一致しない。すでに検討したとおり、16〜17世紀にスペイン語で出版された会計指南書や諸規則によれば、日々の取引を記した「日記」は diario, libro *manual*, borrador などと呼ばれる。これに対して、それらの取引を整理・転記した「元帳」は、libro mayor や libro de *caxa*（caja）と呼ばれる。ところが、シモン・バエスの帳簿名称には、いまイタリックで強調したmanual と caxa という両方の用語が含まれる。したがって、この表現のみでは帳簿の種類は判別できないので、実際の取引が記された頁を検討する必要がある。

　実際の取引の記入は、1枚目の裏側からはじまる。先述のとおり、右隣の2枚目表とあわせた見開き2頁が第「1」対である（以下、見開き2頁を「対」と呼び、第1対、第2対という対番号でそれぞれの対を指示する）。この第1対以降のおおむね全ての頁には、何らかの書き込みがなされている。そのほとんどは、取引の記録である。頁の上から下まで、複数の取引が隙間なく並んで記載されている場合もあれば、取引が1件ないしは数件にとどまり、頁の下方に空白がある場合もある。そういう空白には「／」もしくは「×」が記入されている。頁全体が空白の場合でも、同様の処理がなされる。見開き2頁で一組であることを考えれば、片方の頁に取引があり、もう片方には記載すべき取引がない場合は、後者が空白になることは説明できる。しかし、対番号4, 141, 175, 176については、見開きの両頁が空白で、大きく「×」と書きこまれている。この理由は定かではない。

　では、第1対の記載内容を検討してみよう。まず左側の頁（写真3）には、一番上の真ん中に「- 1U629 -」と記載されている。その下に取引が順番に記されている。最初の3つの取引を下に訳出する。

t[15]	ロペ・スアレスは1月2日に二千六百二十一ペソの債務 debe がある。これは、過年 [1]628年の冊子の304頁にある彼の負債の残高である	−2U621ps −
t	この日、一千三十ペソの債務がさらに生じた。これはアカプルコに持っていくために与えたレアル貨幣による	−1U030ps −
t	2月23日に545ペソをアカプルコ港でフェルナンド・ロペス・ペレラが彼に渡した。これは、私の勘定によるものである	− U545ps[16]

　この記述が、2名によって書かれたものであることは明らかである。最初の2件は、くっきりとした筆跡で明確なカスティーリャ語で書き込まれている。こ

11 章　スペイン領メキシコにおける簿記行為　313

れに対して、3件目はよりインクが太く滲んだ筆致であり、しかもポルトガル語
の影響を受けた綴りで記されている。前者は、シモン・バエス本人の筆跡であろ
う。後者は、当時シモン・バエスが抱えていた出納係のものだろうか。続く4件
目はシモン・バエスの筆跡で、5件目以降の全取引は、後者によって記入されて
いる。この左側頁に記載されるのは、同一の取引相手－この場合は、ロペ・スア
レス－の債務 debe のみである。

　記述方法についてみると、最初に前年度までの冊子にある取引情報が参照・継
承・記入されたうえで、当該年度の取引が追記されていく方式になっている。頁
が下部まで埋まると、次の取引が後続のいずれかの頁に記載されていることを示
すために、その頁の番号（写真3の場合は「30」）が左端に記される。

　各取引の記述は、縦線で区別された3つの欄から構成される[17]。いちばん左に
は幅の狭い欄があり、ここにはチェック済みであることを表す記号や、頁が埋
まった際に後続の取引が記入される対の番号などが書き込まれる。中央の幅の広
い欄には、取引の内容が文章として記されている。文章のあとに空白がある場合
には、横線を引いて追記できないようにしてある。右側の狭い欄には、取引の金
額のみが記される。

　金額については2種類の表記が用いられている。ひとつはアラビア数字であ
り、もうひとつはアルファベットでスペルアウトしたものである（訳文では漢数
字で表記）。中央欄では双方の表記が採用され、右欄ではアラビア数字のみが使
用されている。中央欄の併記措置は、アラビア数字のみだと生ずる誤記入や誤読
だけなく、改ざんを防止する工夫であろう。しかし、中央欄で数字が併記され
ているのは、最初の2件だけであり、その後はアラビア数字のみで記入されてい
る。「真実」を確保しようとする意思は持続していない。もうひとつ指摘したい
のは、アラビア数字の使用である。バルトロメの簿記指南書ではアラビア数字
（guarismo）が利用されている。しかし、17世紀前半の王室財政文書などでは、
ローマ数字が使用されるケースがまだまだ多かった。この点では、シモン・バエ
スの帳簿は、指南書と同じ先進的な立場にある。

　次に、対の右側の頁を検討しよう（写真4）。こちらも頁の上方中央には、
「-1U629-」という年号が書き込まれ、その下に取引項目が記入されている。左
頁と同様に、最初の3取引を訳出した。

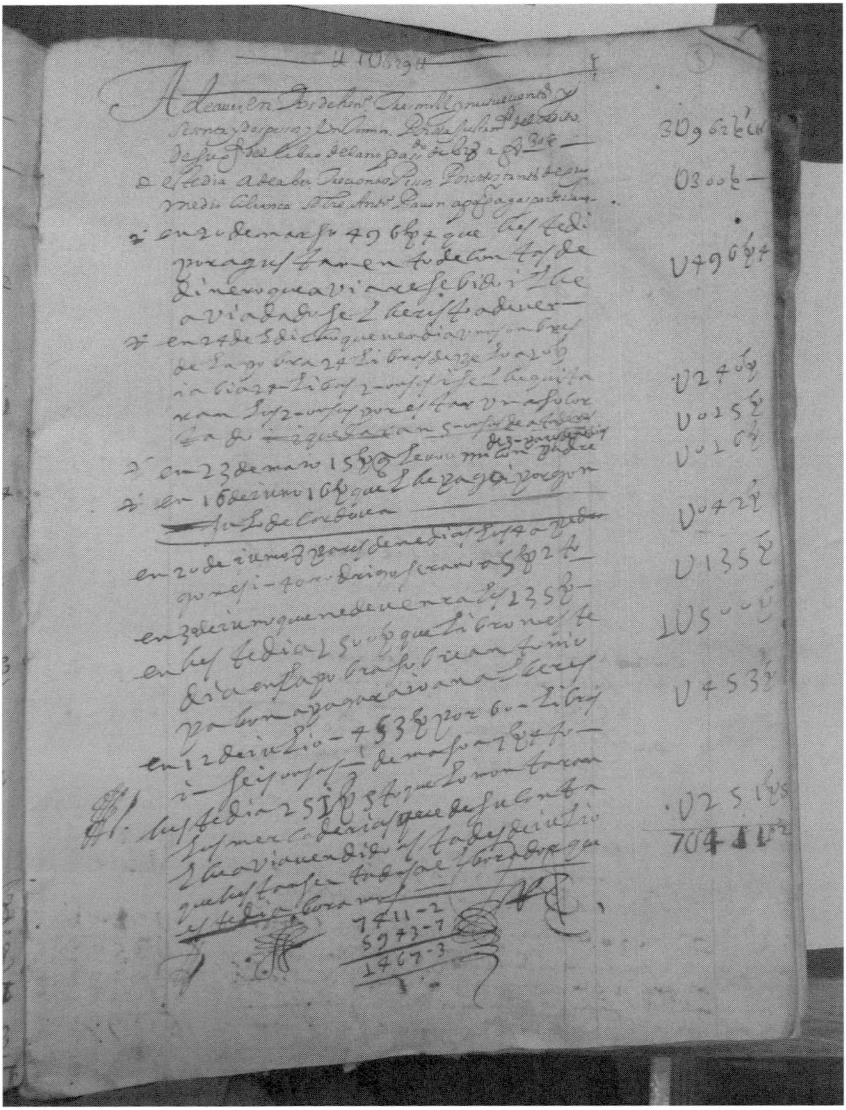

314 第Ⅲ部 帝国周辺社会における文書ダイナミズムの実相

写真4 第1対の右頁、最初の2つの取引はシモン・バエス、残りはもう1人が記している。下方には検分した役人の花押。右下の合計額は、明らかに上書き修正されている。記載項目を区別するために引かれた複数の縦線は、実際の項目とずれている。その理由は、判然としない。

t	1月2日には三千九百六十二ペソ一トミンの債権 ha de auer がある。これは、過年度 [1]628年の冊子の304頁にある彼の貸方勘定の残高である。	－3u962ps 1t
t	この日、三百ペソの債権が発生した。これは、アントニオ・パボンが、ガスパール・デ・チャベスへの支払いの命令書 libranza を、わたしに渡したのが理由である。	－ u300ps －
t	3月20日に496ペソ4の債権を与えた。これは彼との金銭の授受の調整額である。	－ u496p 4[18)

　訳出した範囲では人名が記載されていないが、やはりロペ・スアレスの取引が扱われている。最初に前年度の帳簿の情報が記入されている点は、左頁と同様である。ただし、記入されるのは債権 ha de haber の情報である。以上を総合すると、この対では、同一人物の取引のうち debe を左頁に ha de haber を右頁に別々に記述する、debe － ha de haber 方式が採用されている。したがって、この帳簿は16世紀勅令の libro de caxa、18世紀ビルバオ組合規則の libro mayor に相当する。

　このシモン・バエスの冊子は、16世紀末にバルトロメが解説した、複式簿記の元帳としての libro de caxa の特徴を備えていない。

5　シモン・バエスの帳簿とビルバオ商事裁判所規則

　シモン・バエスの帳簿は、16世紀の指南書とは異同が大きいものの、18世紀のビルバオ商事裁判所規則にある libro mayor の描写、すなわち「取引相手ごとに各取引の概要を、借方 debe と貸方 ha de haber に区分した記載」には合致するように思われる。ここで重要になるのは、「取引相手ごとに」という組合規則の文言である。取引相手ごとに取引を整理する方法は、会計史では人名勘定、もしくは債権債務勘定と呼ばれ、複式簿記の要件ではない（リトルトン 1978：46）。これは複式簿記の普及以前に地中海各地で用いられた方法で、自分の資産ではなく、取引相手別の債権債務の把握に適している。シモン・バエスの例に立ち戻ると、例示した対頁には、ロペ・スアレスとの間でおこなわれた取引が、debe と ha de haber に分けて順番に記入されている。記述が頁の最下部まで達すると、債務と債権のそれぞれの合計額（左5,943ペソ7トミン、右7,411ペソ2トミン）が記載される。そのうえで、右側の頁の下において、債務と債権の差額（1,467ペソ3トミン）の筆算がおこなわれている（写真5）。したがって、シモン・バエスのこ

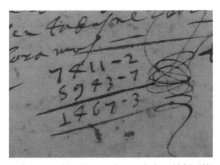

写真5　第1対の右頁下方で、左右の差額が算出されている。両頁の金額が対応するのは、ここだけである。

の帳簿は人名勘定だと判断でき、しかもビルバオ裁判所規則も同様ではないか、と推測される。

しかし、シモン・バエスの帳簿はビルバオ規則と比較して足りない点がある。まず、人名の索引がみあたらない。さらに、この帳簿には、libro mayor に要求される、参照元の manual（または borrador）の頁番号の記載がない。したがって、この帳簿と現存しない manual との対応関係は不明である。

2節で述べたとおり、1冊の帳簿が保存されているだけでは、その帳簿と他の冊子との関係、つまりは簿記体系の全体像を再構成するのは難しい。しかしながら、シモン・バエスの場合には、体系を推測する手がかりがないわけではない。彼の帳簿は2度押収されている。1度目は、先述した1638年の副王命令による。2度目は、ポルトガルのスペインからの分離独立運動にともなって、異端審問所がカトリック信仰に疑義のあるポルトガル系の新キリスト教徒を1642年から順次収監し、彼らの財産接収の手続きをおこなった際である。後者の手続きに伴う債権回収については、異端審問の管財部門（Real Fisco de la Inquisición）の役人が、シモン・バエスの帳簿に依拠しながら実施した[19]。この2度目の押収に際して、管財役人は、帳簿作成に関わったシモン・バエスとその息子のガスパール・バエスを呼び出して、内容に関する詳細な尋問をおこなっている。さらに、必要に応じて、他の商人も証言をした。これらの陳述には、バエス家の簿記システムに関する断片的な説明が含まれている。

まず、ガスパールの証言では、頻繁に borrador が参照されている。例えば、「borrador の4頁の記載ではペドロ・デル・カスティーリョとアントニオ・ロボにはカカオの代金100ペソの残金15ペソの債務がある」といった記述である[20]。libro de caxa に加えて、borrador が存在していたと考えられる。この borrador の役割については、次の記述が明示的である。「商人間で一般的なのは、現金売りの商品のすべては、borrador de bufete に書き記し、精算済であれば、manual にも libro de caxa にも転記することはない[21]。」borrador にはすべての取引（現金取引と掛売買）が書き込まれ、残りの2種類の冊子 libro de caxa と manual には、未精算の取引のみが転記される仕組みである。この証言は、libro de caxa が資産

全体の俯瞰ではなく、残債の把握を目的としていたとする先の観察を裏づける。ビルバオ裁判所規則は、卸売でない小規模の商人には、単一の帳簿に、未精算の売買のみ記載することを求めている。帳簿の冊数は異なるが、残債把握を目的とする点では、この規則とシモン・バエスの帳簿は類似している[22]。

　別の証言には、この簿記体系がある時期から採用されたという言及がある。異端審問所の尋問を受けた当時、ガスパールは17歳前後であり、帳簿の作成に関与しはじめてから日が浅かった。そのため、より古い取引の記述は解読できない。そのような過去の取引について語る際に、ガスパールは父親のシモン・バエスが現在のように libros grandes de caxa を持たず、小さい冊子 borradorcillo で取引を管理していたと述べている[23]。ここから推測されるのは、シモン・バエスが取引規模の拡大にともなって、borrador に加えて libro de caxa を作成して、取引を整理しはじめたことである。ビルバオ裁判所規則が、小規模の商人には1種類のみの帳簿作成を求めた点を想起させる。裁判所規則とシモン・バエスの帳簿の近似性は、さらに強まったのではなかろうか。

　いまひとつ興味深いのは、異端審問所に収監された頃のシモン・バエスが、大西洋を越えたカスティーリャとの貿易については別の冊子（libro de Castilla）を作成していた点である。本章で扱っている帳簿には、メキシコ域内とペルーとの取引のみが記載され、大西洋貿易は登場しない。対スペイン貿易は、スペイン領アメリカ内貿易と峻別して記載されるべき、異なる取引であったと考えられる。

　以上の検討からは、シモン・バエスの簿記行為の一端を垣間見ることができる。少なくとも彼の方法は、16世紀にスペイン帝国行政が要請し、バルトロメが指南書で定式化した複式簿記法には則っていない。前節では、セビーリャで出版され、メキシコでも流通したこの指南書から、シモン・バエスが簿記を学んだ可能性を指摘した。しかし、この蓋然性は低い。むしろ、libro de caxa の作成は、取引規模の拡大によって必要にかられて始められたものであり、理論よりも実践的な要請に基づいていた。しかも、シモン・バエスが簿記によって把握しようと一番関心を注いだのは、各取引相手との貸借関係であり、資産全体の把握ではなかった。18世紀のビルバオ裁判所規則の libro mayor との近似性を考慮すると、大西洋の反対側のカスティーリャの商人の多くも、複式記入だけではなく、この残債把握目的の人名勘定法を長らく利用していた可能性が高いのである。

318　第Ⅲ部　帝国周辺社会における文書ダイナミズムの実相

6　簿記が生み出す現実

　シモン・バエスの帳簿作成法は、帝国行政の要請ではなく、自らの商業上の必要性に由来していた。では、この商業文書の実際上の作成や利用のありかたと、行政の求める形式との乖離は、意図的に生み出されたものであろうか。シモン・バエスの帳簿で随所に観察できるのは、簿記行為のおおらかさである。対応する日記の頁番号が無記載である点や、数字をアルファベットでスペルアウトしていない点は、すでに指摘したとおりである。そのほかにも、各取引の記載項目を区別する縦線がずれている点（写真4）や、見開き2頁の双方がブランクのケースがある点も、このおおらかさに起因するのかもしれない。これまでに指摘しなかった点としては、誤記入の処理が挙げられる。1549年の勅令では、ある取引を書き損じた場合には、該当する箇所だけでなく、その取引全体を再度、場所を改めて記入し直すことが要請されている。しかし、シモン・バエスの帳簿では、書き損じた数字は上書き修正されている。このような逸脱は、意図的というよりも、記入規則を厳密に遵守することを怠っていたため、という印象をうける。

　この怠慢の背景には、なにが考えられるだろうか。答えうる材料はあまり多くないが、帳簿の形式を、記入者の記憶よりも優位とする序列が確立していない点が、ひとつの可能性として指摘できる。例えば、シモン・バエスがある取引相手に残金の支払いを要求したが、実際には精算済だった、という事例がある。相手側には精算済を示す記録もあったので、「シモン・バエスは当惑し、記憶をたどり、自分の帳簿を確認すると言った[24]」。これは、帳簿が最終的な根拠として、記憶に対して優位にあったことを示唆している。けれども、記憶のみで代金回収が実践され、帳簿は記憶に混乱が生じた際にのみ参照された、という解釈も成立する。後者であれば、帳簿は、記憶に対して補助的な役割を果たしていたのではなかろうか。

　別の事例では、帳簿の役割や信頼性そのものが問題になっている。シモン・バエスの資産を差し押さえた異端審問所に対し、ある人物がその財産に含まれる自分の預金の返還を求めた係争である。ここで、原告は帳簿の役割について、複数の証人に尋問をしている。具体的には「資金も信用もある商売人や貿易商は、自分の帳簿に実施した取引や契約を書き込む。書き込まれたものは、帳簿の主にとっては証明になる。なぜなら、そこには公正でなく自分の不利益になるようなことは、なにも書き込まれていない、と信頼しているし、それは確実だからであ

11 章　スペイン領メキシコにおける簿記行為　319

る[25]。」商人が、帳簿の正確性に信頼を寄せていたことがわかる。しかし、わざわざこのような尋問をするのは、異端審問の役人たちが、帳簿の証拠能力を高く評価していなかったからではなかろうか。実際、役人たちは帳簿を参照しつつも、頻繁にシモン・バエスやその息子のガスパールを召喚し、内容についての説明や確認を求めている。帳簿の内容は、作成者の注釈なしには理解が難しい。別の言い方をすれば、帳簿は作成者の記憶から独立して存在するものではなく、記憶によってはじめて有効化される。そうであれば、帳簿の証拠能力は不完全なものでしかない。

　作成者の優位性は、帳簿内容の改変を可能にする。書き損じた数字の上書き修正はすでに指摘したとおりである。ここには、作成者の悪意は認められないかもしれない。しかし、意図的に書き換えがおこなわれていたことを示す史料もある。1642年に異端審問所に捕まる前日、シモン・バエスは逮捕されることを密かに告げられていた。告知したのは、彼に7万7000ペソの資金を預けていたガルシア・デ・バルデス・オソリオである。異端審問所による財産押収で、この資産を失うことを怖れたガルシアは、

　「取引にこの7万7,000ペソが含まれないことを帳簿に記載するように望み、2人でシモン・バエスの帳簿 libro de caja y manual を取り繕う方法について考えた。ガルシアは室内を3・4度往復すると、この供述人（シモン・バエス）に対して、取引は誰の手で記載されているのか、とたずねた。供述人は、出納係である息子のガスパール・バエスであると答えた。そこで、ガスパールを呼び出すと、2人は7万7,000ペソが含まれないようにすることを命じた。そして、実際に、ガスパールは帳簿 libro de caja と manual の残債計算の最後の文言の後に、その旨を追記し、どこに書き加えたのかを見せた[26]。」

　帳簿が現実の忠実な似姿ではなく、改ざん可能であることを示す一例である。もちろん、そういう偽装が常におこなわれていたわけではなかろう。このシモン・バエスの陳述は、実際に改ざんがなされた13年後に、マドリードの異端審問評議会の召還に応じて行なわれたものである。1642年にメキシコの異端審問所に逮捕され、その後7年にわたって牢獄で過ごしたあげく、財産を没収され、悔悛衣の着用を義務づけられ、スペインに送還された。その後、おそらくはマドリードで収監されていたシモン・バエスは、齢60歳に近づき、視力も失い欠けていた。その彼が想起し、詳細に陳述できる強烈な事件、それがこの逮捕前日の改ざん作業だった。

　けれども、これが唯一の偽装だったわけでもなかろう。帳簿の改ざんを示す史

料は、これ以上はみあたらない。しかし、公正証書の偽装については、言及がある。1641年にシモン・バエスは、公証役場で2万2,000ペソの借用書を作成した。作成と現金授受に立ち会ったのは、貸主の使用人と最初に外を通りかかった人物の2名であった。しかし、立会人2人が退出したあと、貸主は2万2,000ペソのうち2,000ペソを自分のもとに取り置いたので、実際にシモン・バエスに渡されたのは2万ペソだった。書類上の額面と、実際の受渡金額が異なることが可能になるためには、証人の目をごまかす必要があったことが語られている[27]。

　貸主と公証人の理解では、この2,000ペソは利子であるという。この頃のスペイン領では、教会が徴利を公認していないため、利子を借用書に記載できない。その解決策が、証人の前での授受と証書作成、証人退出後の割引という手続きであった。公証人が面前での割引を黙認したことを考えれば、こうした行為はシモン・バエスだけでなく、より広く行なわれていた可能性は高い。帳簿を含めた取引記録は、実際の取引の写像ではなく、両者の間には加工の余地があること、そういう言葉と物とのずれを、当時の取引に携わる人びとは熟知していた。

7　終わりに

　いままで検討してきたとおり、17世紀にメキシコで作成された商業的な帳簿は、16世紀に国王が命じたような複式簿記の形式では、作成されていない。これを、メキシコとカスティーリャとの距離で説明することはできない。なぜなら、カスティーリャ北部のビルバオ裁判所の規則によれば、18世紀になっても、メキシコと同様の簿記法が用いられていた可能性が高いからである。では、この国王命令と実際の簿記行為との乖離を、どのように説明すればよいであろうか。

　国王の命令に、必ずしも商人が順応していなかった可能性が思い浮かぶ。しかし、16世紀の勅令が要求しているのは、当時のカスティーリャの人びとが用いていた debe と ha de haber の方式での帳簿作成である。したがって、商人が生み出した簿記法を王権が公式に採用した、とみるのが自然である。

　別の可能性としては、debe と ha de haber という表現が、必ずしも複式簿記を意味しないことが考えられる。会計史の議論では、debe と ha de haber という表現と複式簿記法は同義である。しかし、シモン・バエスの帳簿は、この表現を使いつつも、人名勘定法に依拠していた。そうすると、debe と ha de haber 方式は、北カスティーリャの事例のような複式記入だけに限定されず、よりゆる

やかに、債務と債権を区別した記入を指し示す表現だとも考えられる。このことは、スペインにおける複式簿記の普及過程の再検討を要請するが、本章の範囲を大きく越える課題である。

　語義解釈の再検討に加えて、シモン・バエスの帳簿からは、作成法に厳密さが欠ける点が観察できる。作成法が厳格に規定されているならば、人間の作為は介在する余地がなく、取引は、自動筆記のように記述され、データとして帳簿に集積されていく。しかし、実際の記入法は粗雑で、時には作成者が事後的に改変や加筆することもできた。このことは、帳簿が真実を写す透明な装置とは認められなかったことを意味する。会計史家のソールによると、パチョーリの著作はその後100年も等閑視された。その理由は、イタリアの商業共和国が没落し、金銭取引を蔑む貴族的精神が跋扈したからだという（ソール 2015: 第4章）。この説明は、いささか図式的であろう。いっぽう、マテオ・アレマンを研究するカヴィヤックは、経済的没落が顕著になる16世紀末のカスティーリャでは、商業への失望感が醸成され、『グスマン』のピカレスク的想像力が育まれたとする（Cavillac 1994: 414-467）。この失望感が、あるいは簿記行為への不信感や規則の不遵守へとつながったのかもしれない。そのような不信感の中で、文書は現実と乖離する。文書によって、帝国を照らし、全体を把握しようとする王室の欲望は、少なくとも商業の領域では挫折を余儀なくされるのである。

註

1 ）　Bienes de difuntos: Nicolás Brón, 1621. Archivo General de Indias（インディアス総合文書館、以下 AGI と略記）, Contratación（通商院部門）, 344, N2, R4; Bienes de difuntos: Juan de Paz, 1590. AGI, Contratación, 235, N1, R8; Bienes de Difuntos: Bartolomé Rodríguez, 1614. AGI, Contratación, 515, N1, R1.

2 ）　領主や地主、あるいは貴族たちが作成した土地の生産管理に関する帳簿は、比較的後代まで保存されるケースが多い。こうした史料については、例えば Jan Bazant. *Cinco haciendas mexicanas: Tres siglos de vida rural en San Luis Potosí, 1600-1910.* Colegio de México, 1980. を参照されたい。

3 ）　*Recopilación de leyes de los reinos de Indias*, Libro VIII. Título XXXXVI, Ley XXXXI.

4 ）　*Novísima recopilación de las leyes de España*, Libro IX. Ley XII.

5 ）　アルカバラは商品の販売に課せられる税。"Sean obligados a tener cuenta, y razon particular de lo que vendieren, y compraren en qualquiera forma, para satisfacer, y pagar la alcavala…" en *Recopilación de leyes de los reinos de Indias*, Libro VIII, Título XIII, Ley IIII.

6 ）　*Recopilación de leyes de los reinos de Indias*, Libro IX. Título XXXXVI. Ley XXVIII.

322　第Ⅲ部　帝国周辺社会における文書ダイナミズムの実相

7 ）　*Novísima recopilación de las leyes de España*, Libro IX. Título IV. Ley XIV.

8 ）　"evitar los inconvenientes, dudas y diferencias que de lo contrario se pudieran originar," *Ordenanza de la Universidad y Casa de Contratación de Bilbao*. Capítulo IX. Número VII.

9 ）　*Novísima recopilación de las leyes de España*, Libro IX. Título IV. Ley XIV.

10）　"sean obligados á tener y asentar la cuenta en lengua castellana en sus libros de caxa y manual, por *debe y ha de haber*, por la órden que los tienen los naturales de nuestros Reynos."（イタリックは1804年版の原文の表記）*Novísima recopilación de las leyes de España*, Libro IX. Título XII. Ley XIV.

11）　バルトロメ・サルバドルの代父は、バレンシア出身の商人でセビーリャの参事会員も務めたペドロ・ルイス・デ・トレグロサ Pedro Luis de Torregrosa である。彼は秀でた会計能力を持っていたため、財務諮問会議議長であったフアン・デ・オバンド Juan de Ovando は、彼を同会議の会計主任として登用している。これを、スペイン行政が財政改革に民間の商業的能力を活用していた証左だ、とする指摘がある。いっぽう、実際には改革はなかなか進展せず、財政破綻につながったという指摘もある。詳しくは、Stafford Poole. *Juan de Ovando. Governing the Spanish Empire in the Reign of Philip II*. Oklahoma University Press, 2004, pp.162-88を参照のこと。Arndt Brendecke の *Imperio e información. Funciones del saber en el dominio colonial español*. Iberoamericana, 2012. にも言及がある。

12）　"A este libro se deberán pasar todas las partidas del borrador ó manual con la debida puntualidad; formando con cada individuo sus cuentas particulares, abreviadas ó sumariamente, nombrando el sugeto ó sugetos su domicilio ó vecindad, con debe y ha de haber, y citando también la fecha y el folio del borrador ó manual de donde dimana" *Novísima recopilación de las leyes de España*, Libro IX. Título IV. Ley XIV.

13）　Proceso contra Simón Váez de Sevilla, 1643. Archivo General de la Nación de México（メキシコ国立総合文書館、以下 AGNM と略記）, Inquisición（異端審問部門）, Vol.398, Exp.1, fol.136.

14）　Libro Manual de Caja del Capitán Simón Váez de Sevilla, 1629-34. AGNM, Real Caja（国庫関連部門）, Caja 986, Exp.2.

15）　チェック済みであることを示す記号。

16）　Lope Suares deue en 2 de henero dos mill y seiscientos beynte y vn pesso por el ajustamiento de su cargo del libro del ano passado de 628 que esta a fecha 304 -2u621ps-

Este dia deue mas mill y treinta pessos en rreales que le di para llebar a acapulco- 1u030ps-

en 23 de febrero 545p que lhe deu fernando lopes perera nel porto de acapulco por mi comta – u545p

11 章　スペイン領メキシコにおける簿記行為　323

17）頁の上から下まで数本の縦線が引かれている。これは、欄を区別するための線だと
　　思われる。しかし、左頁の場合、左欄と中央欄を区別する縦線がなく、中央欄の途
　　中に2本の縦線が狭い間隔で引かれている。この意図は、判断がつかなかった。

18）A de auer dos de henero tres mill y nueuecientos y sesenta y dos pessos y un tomin
　　por el ajustamiento del credito de su quenta del libro del ano passado de 628 a
　　fecha 304- 3u962ps 1t-
　　este dia a de aber trescientos pessos por estos tantos de que me dio libranca sobre
　　Antonio Pauon a pagar gaspar de chaues—u300ps—
　　-en 20 de marso 496ps4 que heste di por agustamento de contas de dinero que
　　auia resebido i lhe auia dado se lhe uisto a deuer—u496p 4

19）現在その文書の多くは、メキシコ国立文書館の複数の部門（Real Fisco）に加えて、
　　土地係争関連部門（Tierras）や民事訴訟部門（Civil）にまたがって収蔵されている。
　　部門にまたがる理由は、検討の余地があろう。

20）Concurso a bienes de don Simón Báez Sevilla, 1642. AGNM, Tierras, vol.3146,
　　exp.1.

21）Concurso de acreedores a Simón Báez de Sevilla, 1643. AGNM, Tierras, vol.3152,
　　exp.1.

22）manual と libro de caxa の区別は、帳簿の名称と役割のさらなる解明につながる手
　　がかりと思われるが、現時点ではこれ以上の記述は見つけられていない。

23）Proceso contra Simón Váez de Sevilla, 1643. AGNM, Inquisición, vol.398, exp.1.

24）"el dicho Simón Váez quedó suspenso y recorrió su memoria y dijo que vería sus
　　libros" La declaración de Juan González de Cobas, 1643. AGNM, Tierras, vol.3146,
　　exp.1, cuadernos 49.

25）El juicio sucesorio por los bienes de Simón Báez Sevilla, 1655. AGNM, Real Fisco de
　　la Inquisición, vol.58, exp.4

26）El juicio sucesorio por los bienes de Simón Báez Sevilla, 1655. AGNM, Real Fisco de
　　la Inquisición, vol.58, exp.4

27）Concurso a bienes de don Simón Báez Sevilla, 1642. AGNM, Tierras, vol.3154,
　　exp.1, cuaderno 237.

第IV部　研究者の集合知

12章　近代ヒスパニック世界における文書ネットワーク・システムの成立と展開

共同研究の集合知の可視化の試み

中村雄祐

1　スペイン植民地帝国・文書ネットワークの共同研究における集合知とその可視化

　共同研究プロジェクト「近代ヒスパニック世界における文書ネットワーク・システムの成立と展開」では、15世紀末以降、スペイン植民地帝国における軍事・行政・司法・財政・宗教の諸領域に張り巡らされた文書ネットワークを共通主題に、多様な時期・地域・分野を専門とする日本人研究者が一堂に会し、2年間にわたって活発な議論が行なわれた。その成果が本論集に掲載された全12本（本論文を含む）の論文である。

　筆者は現代ラテンアメリカにおけるリテラシーや文書管理の研究者として本研究会に参加してきたが、今回、成果報告として「2年間の共同研究の結果、研究者間でどのような視点や問いが共有されたのか」という課題に取り組むこととした。言い換えれば「共同研究会を通じていかなる集合知が形成されたのか」という問いである。「集合知」という語については多様な解釈があるが、ここでは、問題意識、視点、アプローチ、解釈等の緩やかな共有という意味で使っている。というのも、今回の共同研究では、各研究者が取り組む固有の課題を経糸としつつも、スペイン植民地帝国に張り巡らされた文書ネットワークの動態が緯糸となって研究関心が交錯し、新たな問いが生まれ論じられる場に立ち会うことができたからである。

　共同研究に参集した研究者の専門領域は、中世ヨーロッパから19世紀ボリビアまで、また、軍事から宗教まできわめて幅広いが、主たる研究対象は紙文書という点で共通しており、しかもそれらの文書はスペイン植民地帝国を軸にして緩やかに関連しあっていた。植民地帝国において文書という道具はどのように各領域固有の展開をたどりつつ相互に関連しあっていたのだろうか。また、この課題

に関して、研究会に参加した歴史研究者の間ではどのような集合知が形成された
のだろうか。

　このような問いに対して、人文学においては読者が各論文を精読し、論じられ
る主題、資料、解釈などの相互の関連を考えるのが基本的なアプローチである。
その重要性はこの研究会の成果に関してもかわらないが、その一方で、近年の情
報技術の進展は、論文の精読を補完するアプローチも可能にしつつある。そのよ
うな動きを代表するのが人文情報学 Digital Humanities と総称される ICT を活用
する学際的な研究分野であり、手書き文書のパターン認識や資料のマークアップ
ガイドラインの提案や更新、データベースやデジタルアーカイブの構築と管理、
データマイニングや機械学習に基づく統計分析と可視化などさまざまなスコー
プとスケールの研究が世界規模で展開している（近年の展開については Schreibman,
Siemens and Unsworth 2015、筆者自身による研究としては Nakamura, Suzuki, Masuda and
Mima 2017を参照）。ただし、上に挙げたキーワードからもうかがわれるように、
人文情報学は極めて学際性が強い共同作業を特徴とする。研究プロジェクトでは
構想段階から情報工学の専門家も加わる緻密な連携体制が望ましく、またデータ
ベースの構築、サーバーの維持管理等のためには中長期的な財政的裏付けも必要
となる。

　それに対して、本研究会では当初よりそのような目標は立てておらず、その用
意もなかった。集まった研究者は基本的に紙文書を個人で精査するという意味で
伝統的な歴史研究者であり、他方、筆者は人文情報学的な学際研究にも関わって
いるとはいえ、自身は情報工学の専門家ではない。しかしながら、「この共同研
究は、将来、人文情報学的なアプローチを取り入れた研究プロジェクトを構想す
る際の基礎となる」というのが筆者の考えであった。というのも、第一に植民地
帝国の文書ネットワークという研究主題自体が人文情報学と接点が多い。また、
近年のインターネット環境では大規模プロジェクトが展開する一方で、無料で使
えるウェブサービスも充実しており、小規模なパイロット・プロジェクトを行な
いやすくなっている。中でも、ウェブ上のデジタル地図を使ったデータの可視化
は、スペイン植民地帝国のように世界規模で展開した文書ネットワークの共同研
究にふさわしい。

　とはいえ、研究会参加者の中には初顔合わせも少なくなく、また、参加者の大
半がこれまで ICT を積極的に活用していない状況で、その具体的な活用を議論す
るのは時期尚早であった。それゆえ、時々人文情報学に関する議論をはさみなが
ら研究会に参加し、まずは共同研究の展開を見守ることにした。そして、2017

年2月20日、最終研究会で行なわれた成果論集のための打ち合わせにおいて、翌2017年度内の完成を目標に、論集掲載論文で参照した歴史文書を分析対象としたデジタル地図上の集合知の可視化システムの構築を提案したところ、幸い、7人の歴史研究者（伏見、斎藤、清水、武田、横山、小原、吉江）の参加を、また、共同研究会外の工学サイドから地理情報可視化の研究者、真鍋陸太郎（東京大学大学院工学系研究科都市工学専攻）の協力を得ることができた。

　作業は、共同研究会の議論を出発点に、主にオンラインでデータ選択基準の確定、データ共有、構造化、可視化、修正を繰り返し、機能やデザインを段階的に詳細化しながら展開した。2017年秋以降は、オンラインでパイロット版を共有、さらなる修正を加えた後、2018年2月に以下のurlで可視化システムを公開した。

　　歴史研究者の集合知の可視化
　　https://sites.google.com/site/bunteku2013/home/others/09

　可視化の対象となったのは7本の論文で参照された歴史文書群から今回のシステム構築用に選ばれた合計134点の文書であり、システムの目標はそれらの文書の特徴を時間、場所、文書管理実践（詳細は後述）等の側面に沿って可視化することであった。ほぼコモディティ化した一般的な技術のみを使ったシステムであり、大規模なデータベース構築や新たな分析・可視化技術を試みる最先端のプロジェクトには比べるべくもない小規模、基礎的なシステムである。

　しかしながら、少なくとも最終研究会で提示したICTを活用した共同研究の集合知の可視化という基本構想は実現することができた。特に、いったん書き上げた論文原稿を出発点として可視化システム構想を段階的に詳細化しながら論文で参照した歴史文書を見返す過程は、共同研究会を通じて醸成された集合知を意識化し、新たに知見を積み重ねる過程でもあった。小さな実験的な試みであるゆえにこそ、大規模なプロジェクトではなかなか見えにくい、人文学がICTを活用する際に直面し対応すべき課題を微視的、実践的に考える貴重な機会となった。

　以下では、共同研究の集合知可視化の構想と展開、そして、現段階の成果と展望を述べる。

2　共同研究会で扱われた文書の特徴

330　第Ⅳ部　研究者の集合知

　まず、本研究会で扱われた文書群の特徴を確認する。

a）手書き文書
　　中世ヨーロッパから19世紀ボリビアまで、主に文書館所蔵文書。下書き、正本、複写などの単葉文書群が合本された形で文書館に所蔵されていることが一般的である。中世ヨーロッパには印刷文書は存在しておらず、この時期に関しては、もっぱら手書き文書による地域的な生成・流通システムが分析主題となる。

b）印刷文書
　　インディアス法、公証人マニュアルなど印刷された法令集やマニュアル。基本的な書誌情報は確定しているが、スペイン植民地帝国各地で印刷され、さまざまな地理的・時間的スケールで流通していることが多く、バージョンに注意する必要がある。
　　スペイン植民地帝国においてこれらの印刷文書は手書き文書の生産・流通の主たる参照枠となっており、マドリードで印刷された法令やマニュアルとメキシコ、ペルー、フィリピン等で主に手書きで作成された文書の関係が論点となる。宗主国から発信される文書群、その管理体制はすでに印刷技術を基礎とする機能分化・文書サイクルを前提としていたと考えられるが、植民地、特に地方部でどのように技術的・制度的な受容・変容が起こったか、またそれらの中長期的な累積効果は重要な論点である。

c）先行研究
　　論文中で参照される近現代の研究論文は一次資料と区別されるのが一般的だが、時代を遡ると先行研究／一次資料の境界は曖昧になる。そのような面も含めて、先行研究は研究史的な観点からは重要な分析対象だが、今回、そこまで手を広げる余裕はなく、分析対象としない。

　今回の可視化システムの対象となったのは a）と b）、一般に歴史文書、史料と呼ばれるものである。以下では、特に断らない限り、単に「文書」と呼ぶことにする。

3　可視化に向けたデータ収集

　先に述べたように、今回の可視化の主たる対象は、スペイン植民地帝国の文書

ネットワーク自体というよりも、むしろそれを主題とする7人の日本人研究者の間で共有された視点や課題である。データ収集の対象は論文で参照される文書群（先行研究を除く）に限定されており、植民地帝国の文書群の特徴を統計的に推測するための標本ではない。むしろ個々の研究者の関心が前面に出る文書群である。

　どのような関心に沿って文書が選ばれたかは各論文に示されるとおりだが、このような制約を踏まえた上で、可視化システム構築にあたっては研究会の共通主題である文書ネットワークに注目することにした。「文書に何が書かれているか」を核とする考察は各論文に任せ、むしろそれらの文書が「誰によってどのように使われていたのか」、つまり文書管理実践の側面に注目したのである。

　実際、共同研究会で繰り返し議論になったのは、スペイン植民地帝国の文書ネットワークの実態に関する次のような問いであった。

* 誰がどのような状況でだれに向けていかなる方法でどのような文書を作成したのか。
* 複製は作られたのか。作られた場合、正本の真正性や正統性はいかに保証されたのか。
* 作られた文書はその後、帝国内をどのように循環していったのか。循環の過程で、それらの文書にいかなる対応が取られたのか。対応の跡は文書に残されているか。残されているとしたら、それはどのようなものか。
* 循環の過程で、文書はスペイン植民地帝国の運営にいかなる役割を果たしたのか。また、いかなる問題を抱え、いかに解決されたのか。
* 役割を終えた文書はその後どうなったのか。研究者が文書館等で接する文書は、上記のネットワーク上にどのように位置づけられるのか。研究者がそれらの文書に接するまでにどのような経緯があったのか。現在、それらの文書はいかなる状態で管理されているのか。

　いずれも簡単に答えの出る問いではない。資料の限界もあれば、個々の状況による変異も考慮に入れる必要がある。また、一般論としては問題を共有できるとしても、研究者ごとに主題もアプローチも異なる。しかし、少なくともこれらはスペイン植民地帝国に関する研究会を貫く主要課題であり続け、システム構築の出発点となった。これらの大きな問いを軸として論文間で緩やかに共通する視点、問い、アプローチ、解釈等を潜在的な集合知と捉える。そして、それらの集

332　第Ⅳ部　研究者の集合知

合知を構成する基盤となる歴史文書に即して、注目する属性や特徴、それらに対する解釈を再検討し、ICT を活用して共有する。そして蓄積されたデータをウェブ上で効果的に可視化するための方法を探る。このようなプロセスを通して、スペイン植民地帝国の文書ネットワークに関する研究者間の集合知を浮き彫りにすることを目指した。

4　データ入力のための表形式の確定

　前節の基本方針に沿って、各論文で参照される文書を対象に、歴史研究者、地理情報研究者と議論しながら、今回の可視化システムに蓄積すべき項目を絞り込んだ。最初に筆者が素案を提示し、参加者が自分のデータを試験的に入力しながら修正を提案するかたちでデータ入力用の表の構成がまとまった。

　表のセルにデータを収めるためには歴史研究者の側で、まず自分の論文を振り返り、提案された項目に合わせて入力すべき情報をある程度抽象化、圧縮する必要がある。その過程で項目の設定に関する修正案が浮上し、それが他の参加者からの提案や意見と調整される。つまり、研究会の議論を通じて共有された認識枠組みから各論文の主題に特化、深化させた枠組みを再度、今度はデータ蓄積のための表という形式で再共有することになる。その過程と重なるように、自分の論文で参照した文書から抽出すべきデータを確定し、表に入力するという作業が進められたが、実際には1回の入力作業でデータが確定するわけではなく、入力した後、さらに微修正も繰り返し行なわれた。つまり、入力項目の確定に至る過程自体が、スペイン植民地帝国の文書ネットワークに関する研究者間の集合知を顕在化、再検討、可視化する過程でもあった。

　試行錯誤の結果、最終的にデータ入力用の表は日本語訳の列も含めて全28列になった。そして、以下に説明する通り、表の構造は共有するが、入力する語彙については標準化せず、各自が自分の論文で使う表現を尊重することとした。

　なお、表形式で使用するにはそろそろ限界の大きさであり、別途、オンライン入力インターフェイスを作れればそれに越したことはない。しかしながら、これ以上参加者が増える見込みもなく、コストの方が高くなるため、表形式のままの入力となった。

　以下では、まず歴史研究者、地理情報研究者との意見交換を経て確定した表の入力項目および項目設定の理由を説明する。なお、項目によっては、項目設定自

体が文書の特徴に関する議論の的となり、説明を超えた考察となっている。

5　入力項目と設定の理由

A 列から N 列までは一文書につき一行。

A 列 artcile_id：可視化システム参加論文の id。
B 列 document_id@article：当該論文で参照した文書の id。論文内での初出出
　　順に番号を振る。複数回参照される場合、追加入力は不要。論文中の位
　　置情報は無視する。

　　　　A、B の二列は、論文および参照した文書を同定するための列であ
　　　　る。複数回参照した場合も入力は一回とし、また位置情報も捨象する
　　　　ことで、参照関係の存在のみを抽出した。

C 列 document_id@archive：B 列で参照した文書に所蔵文書館内で付されてい
　　る id。印刷本の場合、書誌情報：出版地、出版年、出版社を記す。
D 列 archive_name：所蔵文書館名。印刷本の場合、自分が参照した版の現物
　　を所蔵している図書館などの名前（グーグルブックスで参照した場合は、ス
　　キャン元の現物の所蔵図書館を記す）。
E 列 archive_location：所蔵文書館あるいは図書館の住所。
F 列 archive_url：所蔵文書館あるいは図書館の url。url を持たない場合、空
　　欄のまま。
G 列 access：アクセス方法を数字で記す。（1）現物＝オリジナル、（2）ア
　　ナログコピー＝マイクロフィルム、コピー、ファクシミリ、アナログ写
　　真、（3）デジタルコピー＝スキャンデータ、デジタルカメラ、ネット上
　　の画像など。

　　　　C〜G 列：研究のために参照した文書の所在に関する基本情報である
　　　　が、D、F、G 列はデジタル化の進展によって情報環境が大きく変わ
　　　　りつつあるという現実が反映される構成となった。今回の集合知の可
　　　　視化の直接の対象ではないが、今後、研究活動の在り方に大きな影響
　　　　を与える項目群である。

H列 document_genre：作成当時のジャンル名。原則として、文書館の分類に従うが、入力者が独自に判断して記入する場合、先頭にアステリスクを付す。記入が難しい場合、空欄のまま。

I列文書ジャンル名：H列の日本語訳。入力者が独自に判断して記入する場合、先頭にアステリスクを付す。

J列 document_title：原文書に付されているタイトル。原則として、文書館のカタログの記載に従うが、入力者が独自に判断して記入する場合、先頭にアステリスクを付す。記入が難しい場合、空欄のまま。

K列文書タイトル：J列の日本語訳：入力者の判断で独自に判断して記入する場合、先頭にアステリスクを付す。

　　　　H～K列：文書がどのようなジャンルにカテゴリー化されているか、また、文書自体がどのようなタイトルを持っているか、を問う項目。文書ネットワークの実態に深くかかわる項目だが、一見自明のようでいて、ジャンル、タイトルともに、実はそれほど自明な情報ではない。いずれも文書館で何らかの名称が与えられているのが一般的だが、必ずしも実際に使われていた当時の名称とは限らず、また、研究者の解釈と文書館が与えた名称が異なる場合もある。

　　さらに遡り、それらの文書が実際に使われていた当時、それぞれに明確なジャンルやタイトルが与えられていたかどうかは、文書ネットワーク・システムの動態に関わる重要な問題である。植民地帝国に限らず近現代世界ではさまざまな文書が作られるが、用途が当事者にとっては自明な場合、ジャンル名やタイトルが付けられないままに文書が作られ使われることは日常的である。またジャンルやタイトルが設定されたものの、目論見通りには文書が活用されず、むしろ、同様の文書がある程度蓄積された段階で事後的にタイトルやジャンル、運用ルールが定められることも少なくない。特に現代世界では、デジタルデータの爆発的増大とデータマイニング・機械学習の進展によってこのようなアプローチが一般化しており、先述の人文情報学においても事後的な統計的分析を踏まえた解釈は重要な方法論である（Jockers and Underwood, 2015）。

　　他方、今回の可視化システム構築においては歴史研究者からは、行

政文書のようにルーティン化した文書の場合、ジャンルが明記されていなくても関連文書を精査すれば同定可能な場合が多い、という指摘がなされた。また、作成当時はタイトルが付いてなかった文書の場合、文書館で付けられたタイトルよりも、内容を精査した上で研究者がタイトルを付ける方がより適切な場合もあるという。それゆえ、表にデータを入力する際に研究者の解釈を優先する場合、先頭にアステリスクを付すというルールを設けることにした。また、解釈という点で密接に関連するが、今回は日本語で論文が執筆されているので、これらの項目については日本語訳も付けることとした。

　細かなルールではあるが、この「ジャンルやタイトルが明示されない文書に関して、研究者の解釈を明示する」という方針は、ICT を活用した歴史研究において歴史研究者の専門的知見がいかに重要かを如実に示している。

　なお、以下の項目にも共通することだが、今回、データ入力に際して、語彙の標準化を図るかどうかを議論した。集合知の可視化という目的に従えば、語彙が標準化されていると計量が容易になるというメリットがある。しかしながら、一口に標準化と言っても研究の目的によって多様な選択肢があり、目的次第では処理のためのアルゴリズムも複雑化する（綴り、句読点、語彙や文の単位など）。今回のスケールでは、そのコストに比べて定量的な分析のメリットは大きくない。

　それゆえ、今回はあえて参加者間で語彙の標準化は行わないまま入力することになった。その結果、本来の研究対象であるスペイン植民地の文書ネットワーク以前に、研究者が選ぶ語彙や句、その日本語訳の多様性が前面に出ることになった。

L 列 medium：媒体の技術的特性。manuscript, print, printed form の三種類を想定。

　この時期の文書作成技術を、（1）手書き、（2）印刷、そして、（3）さまざまな程度に様式化された印刷物に手書きで書き込む、の3種類に分類した。

M 列 document_status：作成に段階がある manuscript に関して、draft,

original, copy 等の区別。原則として、原文書の記載に従うが、入力者が
独自に判断して記入する場合、先頭にアステリスクを付記する。記入が
難しい場合、空欄のまま。
N 列 文書のステータス：M 列の日本語訳：下書き、正本、複写など。M 列を
入力者が独自に判断して記入する場合、先頭にアステリスクを付す。

M, N 列：一口に文書と言っても、それが果たす地位や役割は、文書
ネットワーク内の位置、また、作成から保管ないし廃棄に至る局面に
応じてさまざまであり、社会システムに連動して変わっていく。それ
自体、重要な課題だが、この項目では最低限の分類項目として下書
き、正書、複写等の区別を行なった。この区別もまた、書面に明示さ
れたりレイアウトや用紙から明らかな場合もあれば、使用当時はそれ
ほど明確な区別がされていなかった場合もある。それゆえ、研究者の
解釈を記入する場合、先頭にアステリスクを付すことにした。この項
目にも、N 列として日本語訳を設けた。

以下、O 列から AB 列までは、同一文書に対して actor-action ごとに行を変え
る。N 列までが文書に焦点を当てているのに対して、O 列以降の項目は文書から
読み取れる、その文書に関わった行為者・組織、その行為に焦点を合わせる。文
書に記された内容の読解、関連文書との関係や使用当時の社会状況に関する深い
理解を必要とする項目が続く。

O 列 actor_name：当該文書に関わる行為に直接的に関与した個人や組織の名
称。原則として、原文書の記載に従うが、入力者が独自に判断して記入
する場合、先頭にアステリスクを付記する。判断が難しい場合、空欄の
まま。
P 列 actor_title：個人の場合、役職名。組織の場合、部署名など。原則として、
原文書の記載に従う。入力者が独自に判断して記す場合、先頭にアステ
リスクを付記する。判断が難しい場合、空欄のまま。
Q 列 役職名：P 列の日本語訳。P 列を入力者が独自に判断して記入する場合、
先頭にアステリスクを付す。
R 列 actor_status：espanol, creole, indigena など。原則として、原文書の記載
に従う。入力者が独自に判断して記す場合、先頭にアステリスクを付記す

る。判断が難しい場合、空欄のまま。

S列 actor_gender：male/female。原則として、原文書の記載に従う。入力者が独自に判断して記す場合、先頭にアステリスクを付記する。判断が難しい場合、空欄のまま。

　　　O〜S列：当該文書に関わる行為に直接的に関与した個人や組織の属性データ。植民地帝国の文書ネットワークが、対応する社会システムに呼応してどのように構成されていたのかを示す項目となる。今回は活用できないが、もし多くのデータが蓄積できた場合、個人や組織のネットワーク分析が可能になるので、項目として立てることにした。(cf. Suarez, Vásquez and Sancho-Caparrini 2011)。

T列 action：文書に直接的に関わる行為を示す動詞や名詞。action は特定の actor と対応していると想定しているが、1 actor が複数の action を行っている場合、複数の action を同一セル内に列挙する：例：escribir, dar fe, certificar. 原則として、原文書の記載に従うが、入力者が独自に判断して記す場合、先頭にアステリスクを付す。判断が難しい場合、空欄のまま。

U列 行為：T列の日本語訳。T列を入力者が独自に判断して記入する場合、先頭にアステリスクを付す。

V列 period：year/month/day. action が生起した年月日を可能なレベルで記載。期間にまたがる場合は、最初の日付を採用し、Z列 Notes に最後の日付とともに注記。

W列 contemporary_location_name：action が生起した場所の当時の地名。地方行政単位レベルまで特定できると望ましい。

X列 present_location_name：現在の地名。地方行政単位レベルまで特定できると望ましい。

Y列 present_location_information：緯度経度など、可能であれば。不明の場合は空欄のまま。

　　　T〜Y列：多くの文書はいったん作成された後、最終的に廃棄される、あるいは、今回調査対象となったように文書館で保管されるまでに、さまざまな使われ方をする。特に、現用文書としてネットワーク内で何らかの役割を果たしている間は、修正、加筆、署名、再編集、

など、追加の行為の痕跡が文書上に残される。それらの痕跡は、文書ネットワークの実態を示す重要な情報となる。それゆえ、同一文書に関して、それに直接的に関わる行為を示す動詞や名詞、及び、それらの行為が行なわれた時間と場所を可能な範囲で入力することにした。時間に幅がある場合は、その最初の時点を記入した。また、行為の同定については、入力者の解釈をアステリスクを先頭に付して明示し、日本語訳も U 列に設けた。

Z 列 referenced_document_id：当該文書と既出の文書の間に参照関係がある場合、既出文書 id（B 列の番号）を記入。

AA 列 similar_document_id：同じ内容の文書がすでに表中にある場合、その既出文書 id（B 列の番号）を記入

Z, AA 列：論文によっては、論文中ですでに参照した文書との間に参照関係がある場合、また、同じ内容の別文書がすでに論文中で論じられている場合もあるので、それぞれについて項目を立てた。

AB 列 Notes：注釈。セルに注釈を加える場合は、同じ行の AA 列にまとめて記述する。そのかわりに、各セルには、なるべく簡潔な情報を記す。

当然のことながら、現実の文書にはつねに想定外の記載や使われ方があるありうる。共同研究の集合知の可視化という目的を優先し、可能な限り入力表構造に沿ってデータを入力してもらったが、今回の構造ではうまく示せないような文書実践は必ずある。それゆえ、可視化の解釈の際の留意事項、また、将来の改善案の検討のためのヒントとして、自由に注釈をつけるための列を最後に立てることにした。

なお、AB 列の注釈欄で述べたように、論文で参照された文書すべてに関して、今回の入力表に適合する形でデータを特定、入力できるわけではない。また、たとえば、洗礼簿のように同様の単調な記載が延々と続くだけという文書もある。そのような場合、参照した文書から今回の集合知の可視化にふさわしいと判断した代表的な文書を適宜選んで入力してもらうことになった。

6 入力表の関係データベースへの切り分け

今回、データは28列を持つ表一枚に文書、actor-action ごとに行を変えて入力することとしたが、前節で説明したように、項目全体は、所蔵館情報、文書、行為などから構成される構造を持っている。それらの構造的な特徴を可視化に反映させるべく、地理情報研究者と協議の結果、入力表を図1に示すような関係データベース構造に整理した。

要点は、まず文書が持つ媒体（物）と内容（意味）という二重性を踏まえて、文書を概念レベル（conceptual）、具体化レベル（embodied）の二つの連結データベースで構成したことである。この区別によって、AA 列に示したように、同じ内容の複数の文書の存在を区別、可視化することが可能になる。さらに、具体化レベル（embodied）データベースに行為（action）データベースを連結させることによって、同一の具体的な文書に対して複数の行為がなされたことを可視化しやすくした。

7 スペイン植民地帝国文書ネットワークに関する共同研究の集合知の可視化

前節の作業で作成した関係データベースを元に構築した可視化システムの基本

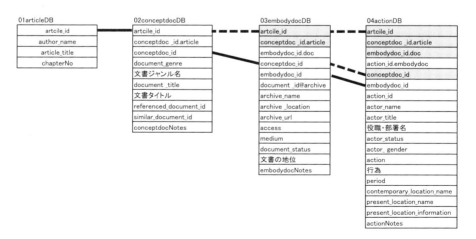

図1　スペイン植民地帝国文書ネットワーク：関係データベース構造

画面が図2である。

　参加者の論文から選ばれた文書群（全7論文、134文書、219行為）について、Google MAP API 上で入力表に基づく可視化を行なっている（Google MAP API が人文情報学に及ぼす影響力については、Presner and Shepard, 2015を参照）。そもそも画面上に可視化できる情報の量や次元には制約があるが、データベースや基本的な可視化機能には JavaScript, CSS などの一般的なウェブ技術を使った。そのため、同じ場所でなされた複数の行為を効果的に可視化できない、文書の移動をアニメーションで示すことができないなどの制約もあった。もっとも、移動に関しては、そもそも実際の移動経路を再構成すること自体困難であり、機械的なアニメーションはかえって無用な誤解を招く危険性が高い。

　これらの制約を踏まえて、文書、行為などいくつかの次元および日本語中心に可視化の対象を絞ることになった。最終的に、今回のシステムで実装した主な機能は以下の通りである。実際の機能は、直接、サイトで確認されたい。

　　初期画面：全部で219行為がなされた134文書の44場所が示される。各場所

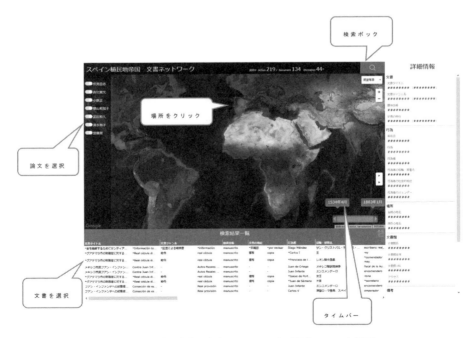

図2　スペイン植民地帝国文書ネットワーク可視化システム概要

の円の直径は行為数と連動している。

論文著者：スイッチをスライドすると、論文を複数選択できる。

検索ボックス：クリックすると、行為者のジェンダー、役職・部署名、社会的地位、文書タイトルごとに可視化の対象を選択できる。

検索結果一覧：検索ボックスのスイッチ選択に応じて、ページ下部に文書、その主要属性がリスト表示される。リストの行を選ぶと、ページ右側にそのに関するデータが「詳細情報」として表示される。

タイムバー：複数の行為が選択されている場合、時系列順に行為の生起を示す。

場所アイコン：クリックすると、その場所で起きた行為と行為の対象となった文書のリストが表示される。リスト上の行を選ぶと、ページ右側にその文に関するデータが「詳細情報」として示される。

　すでに述べたように、今回の可視化の対象となった文書は各研究者が自分の研究関心に沿って選んだものであり、行為等の語彙についても標準化は行っていない。それゆえ、スペイン植民地帝国の文書ネットワークに関して今回の可視化システムからただちに新たな知見が得られるというわけではない。
　むしろ、このシステムがまず示すのは、7本の論文を通読するだけではおぼろげにしか掴めない2年間の共同研究会で醸成されたスペイン植民地帝国の文書ネットワークに関する研究者の集合知である。特に、時間や空間、文書ジャンルなどの次元で論文横断的に文書を表示することによって、過去の文書管理実践に対するアプローチや解釈の共通性と多様性を見ることができる。たとえば、地図上の México をクリックすると、全7論文から1534年4月から1883年1月までの期間の15の文書に関する34の行為のリストが表示される。先頭にアステリスクを付した語や句を見ると、文書のジャンルやタイトルに対して、研究者の解釈がどの程度あるのか、またどのような解釈を与えているのか、を確認することができる。
　さらに、文書管理に関する基礎的な語彙のスペイン語とその日本語訳を並べて

342　第IV部　研究者の集合知

表示することによって、日本人によるヒスパニック世界の研究という営みの繊細さをうかがい知ることもできる。たとえば、文書ジャンルの日本語訳には、遺産送還手続き、異端審問財務訴訟記録、公正証書、＊洗礼簿などが並び、行為の日本語訳を見ると、書簡の作成・署名、＊正本に署名、＊正本に副署などが登場する。この研究プロジェクトの直接の主題ではないが、同様の文書管理実践の歴史的展開という課題は日本・日本語についてもあるはずだ。

　総じて、これらの可視化からまず伺えるのはスペイン植民地帝国の文書ネットワークに関して各研究者が個々の文書について行なった調査の詳細である。歴史研究という目的からすると、いまだ試作段階ではある。しかしながら、無料のウェブサービスを使って可視化がここまで可能であるという事実は重要で、ICTを使った人文学の裾野の広がりを示しているとも言える。また、小規模な試みゆえに、標準化された大規模プロジェクトでは見えにくいであろう、歴史研究とICTを繋ぐための細かい試行錯誤があまり標準化されることなく可視化されていることにも、方法論の検討という点で意義はあるといえよう。

　冒頭に述べた通り、可視化システムの構築は共同研究会の終了を受けて行なわれたものであり、プロジェクトとしてはすでに終了している。ICTの一般的な特徴として、今後、データの修正はもちろん、他のシステムとの連携や拡張の可能性も開かれている。また、しかるべき体制が整えば、各論文の記述の自由度を確保したままデータを標準化し、より複雑なアルゴリズムを使って分析することも技術的には可能ではある。ただし、必ずしも複雑なICT技術が分析方法として効果があるとは限らないし（Jockers and Underwood 2015）、これらの新しい技術については、門外漢にはなぜそのような分析結果・可視化になるのか理解が難しいブラックボックスになってしまうという問題もある。歴史研究としてはまずはできる限り自らで実証可能な問いを立てることが重要であろう。今回の可視化システムがスペイン植民地帝国文書ネットワークの歴史学的研究にとって持つ意義については、吉江による付論を参照いただきたい。

8　結論

　本論では、共同研究プロジェクト「近代ヒスパニック世界における文書ネットワーク・システムの成立と展開」の成果論文の集合知に基づく可視化システムを、その基本構想、各段階の主な検討事項、実現した可視化システムの概要、今後の展望の順で論じてきた。最後に、歴史研究とICTの関係という観点からもう少し

考察を加えておきたい。

　今回の作業全体は、共同研究会の終了後、書き上げた論文原稿を出発点に参照した歴史文書から情報を抽出しながらシステムを段階的に構築していくというプロセスをたどった。その過程で発揮されたのは、手書き文字の読解、書き間違いや表記の揺れの推測、さらにはおそらく当事者が想定していたであろう省略部分や分類体系の推測など、同時代の関連文書に精通した歴史研究者でなければとうてい実現困難な、きわめて専門性の高い知見と技能である。特に重要だったのは、そもそも形式的な処理が困難な歴史文書に対して、機械処理に委ねやすい部分と歴史研究者に委ねるべき部分をいかに組み合わせるか、という課題であった。

　新井と尾崎は、いわゆる人工知能（AI）技術と人間の違いを、「顧客の相談を聞き、問題解決を図る」という点で人間には似ていると感じられるコールセンターの分類判断支援ツールと便利屋を例に、「前者は、意味理解を要求しない分類問題を解いているにすぎないが、後者は真に状況判断と意味理解を要求する問題解決業務である」と述べている（新井・尾崎 2017: 2-3）。当然、歴史研究においても、分類問題の方は機械学習によって効率化が進むと思われる。特に、植民地帝国の官僚機構のようにある程度の体系性を前提に作られる文書の場合、上に述べたような解釈に関する研究者の知見が蓄積され体系化されれば、分類問題として機械学習で処理できる領域は増えていくだろう。本論集においても、すでにスペイン植民地帝国の文書ネットワークが、規則性、標準性を強め続けてきたことが指摘されている。

　しかしながら、これも本論集でも述べられている通り、システムには常に想定に収まらない例外が起き、時に深刻な機能不全に陥る。世界銀行は近年のe-government など公共セクタの取組みは多くが失敗しており、ICT を開発に活用するためには，規制（regulations），技能（skills），制度（institutions）から構成されるアナログ基盤（analog foundation）の強化が必要であると述べている（World Bank 2015）。時期も規模も目的も異なるが、今回の可視化システムの実現においても、専門的な訓練を受けた歴史研究者による状況判断と解釈の共有という強固なアナログ基盤が中心的な役割を果たしたことは改めて強調しておきたい。

　スペイン植民地帝国の文書ネットワークの可視化システムのさらなる展開があるとすれば、今回のような試みを踏まえた延長上にこそある。その過程では「なぜこのような可視化イメージになるのか」という問いに答えるために、歴史研究者が情報学的な知識を身に着ける必要性が高まるだろうし、情報学研究者がその

ような問いが持つ切実さを共有することもより大事になるだろう。このような共同作業を積み重ねていくことで、スペイン植民地帝国文書ネットワークの共通性と多様性、そのダイナミズムにICTを活用しながら迫ることが可能になる。

　また、今後はインターネットの多言語環境を活用し、日本人研究者・日本語によるヒスパニック世界の歴史研究が持つ特徴を世界に向けて示す可能性が開かれることも重要である。同様の試みがネットワーク化されていけば、当然、日本人研究者コミュニティを超えた広がりを持つようになり、おのずと東アジア、日本人研究者の視点の意義も顕在化することになるだろう。今回実現した可視化システムは、そのような累積的な営みに向けた最初の一歩である。

謝辞
本論文執筆、および可視化システム構築において、地理情報可視化の専門家、真鍋隆太郎氏、山田貴大氏（東京大学大学院工学系研究科都市工学専攻）のご協力を得た。
本研究はJSPS科研費JP26284087の助成を受けた。

付論 「集合知の可視化プロジェクト」に対する編者から
のコメント

吉江貴文

1 はじめに

　中村論文でも述べられているように、今回の可視化プロジェクトは、あくまで
本研究会に参加した研究者の関心に沿って収集したデータに基づいて行なわれた
実験的な試みであり、元となるデータの収集法についても厳密に標準化をはかる
ことはしていない。そうしたコーパスの制約上、現段階で数値的なデータに基づ
いた考察を進めるには慎重を要する面もある。いっぽうで、今回のような人文情
報学と歴史研究の連携という先駆的なアプローチが、今後さらに方法論的な洗練
度を高めていくためには、具体的なデータに基づく成果検証や今後に向けた改善
点の洗い出し作業を並行的に進めることも重要なのではないかと編者は考えてい
る。そこで本コメントでは、現時点におけるコーパス上の制約は十分に踏まえた
うえで、本共同研究会の課題である「近代ヒスパニック世界における文書ネット
ワークの究明」というテーマに照らして、今回の可視化システムがどのように貢
献しうるのか、その将来的な可能性も含め、歴史研究の立場から簡潔に述べてみ
たい。

2 歴史研究における可視化システムの活用

　今回の可視化システムは、コーパス全体としては、参加者7名の論文から抽
出された134文書群に含まれる119行為が対象となっており、年代的には1534
年から1883年まで、およそ350年間をカバーしている。時代区分で考えると、
16世紀前半のスペイン帝国成立期からラテンアメリカ諸国独立以降の19世紀後
半までが含まれることになる。インターネット上に公開している可視化マップ
(http://bunteku.sakura.ne.jp/hisGisMinpaku/) では、今回対象となった文書群／行
為の時間的・空間的分布が赤円の表示によって地図上で把握できるようになって
おり、それらの文書群／行為が具体的にいつ、どこで、誰によって、どのように

行なわれたのかもリスト形式で参照できるよう、可視化システムが構築されている。

そこで例えば、この可視化システムを用いて今回のコーパスに含まれる文書群／行為の全体的な分布状況を知りたいとするならば、地図右下にあるタイムバーの表示を、今回のデータの上限値である1534年4月から下限値の1883年1月までに設定すればよい。すると、対象となる文書群／行為の分布状況が、それぞれの生起した場所／数に連動した赤円の数／直径によって地図上に表示されるようになっている。それをみると、今回のコーパスでは、スペイン本国、中米地域（ヌエバ・エスパーニャ副王領）、アンデス地域（ペルー副王領）といった一定の地域に比較的まとまって文書群／行為が分布している、といった全体的な傾向を把握することができる。

さらにタイムバーの設定を変更することで、一定のタイムスパンに応じた時系列的な推移を示すことも可能である。例えばタイムバーの表示を100年単位に設定して、1世紀ごとの分布を表示してみよう。そうすると、今回のコーパスでは、16世紀まではスペイン本国と中米（ヌエバ・エスパーニャ副王領）の二地域を中心に文書群／行為が分布しているのに対し、17世紀に入るとアンデス（ペルー副王領）・ラプラタ地域が新たに加わり始め、18世紀以降は逆にアンデス地域を中心とした分布に変わってくる、といった時代的な推移を捉えることもできる。こうしたマクロな視点にもとづく大局的な文書群／行為の把握は、今回のような可視化システムを用いたアプローチのもたらす大きなメリットのひとつであろう。このようなシステムを有効に活用することができれば、個々の研究者による史料精読だけではみえてこないような、文書ネットワーク全体の俯瞰的なイメージの把握や地理的・歴史的な盛衰プロセスの分析もより容易になるのではないかと考える。今回のデータ量ではこれ以上踏み込んだ分析はできないが、今後さらに体系的なデータ蓄積を進め、可視化システムのベースとなるコーパスを充実させることにより、時空間軸の変化を含めた、より多面的な角度からの文書ネットワークの把握が可能になるのではないかという手応えは得ることができた。そのことは、今回のプロジェクトの具体的な成果として挙げられるだろう。

また、今回の可視化システムでは地図表示だけでなく、リスト形式を用いたデータベースの検索・閲覧機能も装備されている。この検索・閲覧機能を活用することにより、文書群の属性項目を対象としたリレーショナルな比較分析も可能である。そこで例えば、今回の可視化プロジェクトのねらいとして挙げられている、スペイン帝国の文書が具体的に「誰によってどのように使われていたのか」

付論　「集合知の可視化プロジェクト」に対する編者からのコメント　347

という問いについて考える手がかりとして、「文書行為者」の属性に関わる項目（O〜S列）に着目してみよう。すると、今回対象となった219行為のうち、行為者の社会的地位については「スペイン人」が183行為（約83％）を占め、ジェンダーについては「男性」が210行為（約95％）と、いずれも圧倒的多数を占めていることがわかる。つまりスペイン帝国の文書ネットワークの特徴を、それを支えた文書行為者の社会的属性という面からみた場合、「スペイン人／男性」という一定の属性に偏る傾向がみられた可能性を、今回のデータからまず推察することができる。

　いっぽう、こうした「スペイン人／男性」という属性をもつ行為者が関わった文書群をそれぞれのジャンルとの関係でみると、その対象は行政関連文書（「王庫の収支報告書」や「上申書」など）や司法関連文書（「裁定証明書」や「公正証書」など）から、宗教関連文書（「異端審問信仰裁判記録」や「洗礼簿」など）まで、かなり多岐に及んでいることがわかる。それに対し、文書行為者の属性が「スペイン人／女性」に分類されている対象文書の5行為のうち、イサベル女王が勅令に署名した1行為を除く、残りの4行為は、いずれも遺産相続をめぐる陳述や嘆願など、裁判活動に関連する文書ジャンルに関わっている。こうした傾向は、上述のような「スペイン人／男性」の関わっている文書ジャンルの多様性に比べると対照的な結果にも映る。その要因として、今回収集したデータの偏りに起因する偶発的な結果との見方も、もちろん成り立つのだが、いっぽうで、スペイン帝国における文書ネットワークの実態について、文書行為者のジェンダーやジャンルとの関わりという角度から検証するうえで、今回のような可視化システムが有効に機能する可能性を示唆するもの、との捉え方もできるのではないだろうか。

　既存の歴史研究においても、例えば、16世紀半ばから17世紀初めにかけてスペイン本国とインディアスのあいだを往来した私人書簡の発信者をジェンダー別に調べたカスティージョ・ゴメスが、調査対象となった私人書簡の6割近くを女性発信者が占めていたという事実を明らかにしたうえで、スペイン帝国における文書行為者のジェンダーと文書ジャンルとのあいだに一定程度の相関性がみられたのではないか、との指摘をしている（Castillo Gómez 2006: 21）。今回のような可視化システムは、こうした歴史研究の問いに対し、より客観的かつ体系的なデータにもとづいて事実検証を進めるための重要なデータベースとして活用することができるのではないだろうか。そのようにして、史料精読にもとづく歴史研究の成果とICTを用いた人文情報学のアプローチを効果的に組み合わせることで、従来のアプローチでは見えにくかったようなスペイン帝国の文書群の特徴を

より明確に浮かび上がらせるような分析法を将来的には見いだすことができるのではないかと考えている。

3　今後の課題と展望

　冒頭でも触れたように、今回の可視化プロジェクトは、いわば主鉱脈を掘り当てるために事前に行われる試掘作業のようなものであり、今回の試みを通して得られた結果がそのまま本研究会の課題である「近代ヒスパニック世界における文書ネットワークの究明」に直結するということではない。ただ、今回このような試みを行なったことにより、今後さらにデータベースの内容を充実させ、コーパスの質を上げていくことによって、将来的にはスペイン帝国の文書ネットワークの究明に直接貢献できるようなシステムを構築することができるのではないか、という感触が得られた点は本プロジェクトの成果としてあげられるだろう。

　ただ、そのためには課題もある。とくに今回の可視化プロジェクトは、本研究会の構想当初から研究計画に入れていたわけではなく、「文書ネットワーク」をキーワードに展開された3年半にわたる研究活動のまとめとして後半以降に実施が具体化したという経緯がある。そのため、今回のプロジェクトは、既存のデータやプログラムを組み合わせることによって、どこまでできるのかを見極めるという実験的な性格が強くなったことも事実である。本来、このような学際的プロジェクトを円滑に推進するためには、研究計画の初期段階から参加メンバーのあいだで綿密な打合せを繰り返し、それぞれが果たすべき役割について具体的な摺り合わせを行なった上で、資料収集などの研究活動にあたることができれば、理想的であったのかもしれない。

　幸いにして、今回の「可視化プロジェクト」はここで終了するわけではない。今回の経験をベースにして、さらに内容を向上させることを目的とした「第二次可視化プロジェクト」が、今年度（2018年度）からすでにスタートしている。第二次プロジェクトでは、第一次プロジェクトの反省を生かし、研究計画の初期段階から人文情報学と歴史研究の連携体制を強化し、「可視化」対象となる資料収集の方法やデータ標準化の基準などの見直しを一からはかった上で、具体的なシステムの構築を進めていく予定でいる。そのようにして、さらに内容をバージョンアップさせた「可視化システム ver.02」を数年後に稼働させることが、次なるプロジェクトの目標である。

参考文献

未刊史料

Archivo y Biblioteca Nacionales de Bolivia, Sucre (ABNB)

Archivo de la Corona de Aragón, Barcelona (ACA)

Archivo General de Indias, Sevilla（AGI）

Archivo Histórico Nacional, Madrid（AHN）

Archivo General de la Nación, Buenos Aires (AGN・BA)

Archivo General de la Nación, México (AGN・M)

Archivo Histórico Municipal de La Paz, La Paz (AHMLP)

Archivo Histórico de Límites del Perú, Lima (AHLP)

Archivo Histórico de la Provincia de Toledo de la Compañía de Jesús, Alcalá de Henares (AHPTCJ)

Archivo de La Paz, La Paz　(ALP)

Archivo de la Provincia Boliviana de la Compañía de Jesús, La Paz (APBCJ)

Archivo de la Provincia Chilena de la Compañía de Jesús, Santiago de Chile (APChCJ)

Archivum Romanum Societatis Iesu, Roma (ARSI)

Archivo Regional de Ayacucho, Ayacucho (ARAY)

British Library, London（BL）

Instituto Anchietano de Pesquisa, São Leopoldo (IAP)

既刊史料

Acosta, José de

  1962　[1590] *Historia natural y moral de las Indias.* 2 ed. México: FCE.

Alemán, Mateo.

  2012　[1599-1604] *Guzmán de Alfarache* (ed. Luis Gómez Canseco). Madrid: Real Academia Española.

Annuae litterae 1583

  1585　*Annuae litterae Societatis Jesu: anni 1583: ad patres et fratres eiusdem Societatis.* Romae: Collegio eiusdem Societatis.

Annuae litterae 1586

  1586　*Annuae litterae Societatis Iesu anni M. D. LXXXIV. ad patres, et fratres eiusdem Societatis.* Romae: Collegio eiusdem Societatis. (http://www.tulips. tsukuba.ac.jp/mylimedio/dl/page.do;jsessionid=83999cec6877950d082ffe0 fc47f?bookid=100625462&tocid=0).

Annuae litterae 1609

1609 *Annuae litterae Sociatatis Iesu, anni CIC. IOC. IX.: ad patres et fratres eiusdem Societatis.* Dilingae: Ioannis Mayer.

Béligand, Nadine (ed.)

1993 *Códice de San Antonio Techialoyan A 701, Manuscrito pictográfico de San Antonio de la Isla, Estado de México.* Toluca: Instituto Mexiquense de Cultura.

Blair, Emma Helen & Robertson, James Alexander

1973 *The Philippine Islands, 1493-1898: explorations by early navigators, descriptions of the Islands and their peoples, their history and records of the catholic missions, as related in contemporaneous books and manuscripts, showing the political, economic, commercial and religious conditions of those Islands from their earliest relations with European nations to the beginning of the nineteenth century,* 55 vols. Mandaluyong: Cachos Hermanos.

Brito Guadarrama, Baltazar

2006 *Lienzo de Ajusco. Títulos primordiales.* México: Gobierno del Distrito Federal / Secretaría de Desarrollo Social.

De La Torre, Gonzalo S. (ed.)

2009 El cartulario de la encomienda templaria de Castellote (Teruel), 1183-1283. Zaragoza.

Eder, Francisco Javier

1985 *Breve descripción de las reducciones de Mojos, ca.1772.* Josep M. Barnadas (trad.). Cochabamba: Historia Boliviana.

Ediciones Cultura Hispánica

1973 *Recopilación de leyes de los reynos de las Indias mandadas imprimir, y publicar por la Magestad Católica del Rey Don Carlos II Nuestro Señor.* Edición de Julián de Paredes en 1681. Edición Facsímil, tomo 1, 2. Mardid: Ediciones Cultura Hispánica.

Escuela Libre de Derecho

1987 *Recopilación de Leyes de los Reinos de las Indias 1681.* México: Miguel Angel Porrúa,

Esteban Mateo, L. (ed.)

1979 *Cartulario de la encomienda de Aliaga,* Zaragoza.

Febrero, José

1990 (1789) *Librería de escribanos e instrucción jurídica teórico-práctica de principiantes*. Madrid: Consejo general del notariado.

Fraschini, Alfredo E. (ed.)

2005 *Index librorum Bibliothecae Collegii Maximi Cordubensis Societatis Jesu: anno 1757,* Vols. 1-2. Córdoba: Universidad Nacional (http://www.bn.gov.ar/descargas/pnbc/estudios/pnbc_estudio5_indexlibrorum.pdf).

García Boix, Rafael.
   1983   *Autos de fe y causas de la Inquisición de Córdoba.* Córdoba: Publicaciones de la Excma. Diputación Provincial.

Gargallo Moya, M., Iranzo Munio, M.T. et Sánchez Usón, M.J. (ed.)
   1985   *Cartulario del Temple de Huesca.* Zaragoza.

Gorzalczany, Marisa Andrea y Alejandro Olmos Gaona, Alejandro (Eds.)
   2006   *La Biblioteca jesuítica de Asunción.* Buenos Aires: el autor.

Harvey, Herbert H. (ed.)
   1993   *Códice Techialoyan de Huixquilucan (Estado de México).* Toluca: Gobierno del Estado de México / El Colegio Mexiquense.

Huertas Vallejo, Lorenzo, Juan Granada Oré, Enrique González Carré.
   1976   *La revisita de los chocorbos de 1683.* Ayacucho: Departamento de Ciencias Histórico Sociales, Universidad Nacional de San Cristóbal de Huamanga.

Iparraguirre, Ignacio y Cándido de Dalmases (eds.)
   1963   *Obras Completas de San Ignacio de Loyola.* Madrid: BAC.

Laínez, Diego
   1917   *Lainii monumenta: epistolae et acta patris Jacobi Lainii, secundi praepositi generalis Societatis Jesu, ex autographis vel originalibus exemplis potissimum deprompta a patribus ejusdem Societatis edita,* Vol. 8. Matriti: Typis Gabrielis Lopez del Horno.

Le Blévec, D. et Venturini, A. (éd.)
   1997   *Cartulaire du Prieuré de Saint-Gilles de l'Hôpital de Saint-Jean de Jérusalem (1129-1210).* Paris.

Leonardo Lisi, Francesco (ed.)
   1990   *El tercer concilio limense y la aculturación de los indígenas sudamericanos.* Salamanca: Ediciones Universidad de Salamanca.

Leonhardt, Carlos (ed.)
   1927   *Cartas Anuas de la Provincia del Paraguay, Chile y Tucumán, de la Compañía de Jesús, 1609-1614.* Buenos Aires: Jacobo Peuser.
   1929   *Cartas anuas de la Provincia del Paraguay, Chile y Tucumán, de la Compañía de Jesús, 1615-1637.* Buenos Aires: Casa Jacobo Peuser.

Litterae quadrimestres
   1894-1932   *Litterae quadrimestres ex universis: praeter Indiam et Brasiliam, locis in quibus aliqui de Societate Jesu versabantur, Romam missae,* 7 Vols. Matriti: A. Avrial.

López Caballero, Paula
   2003   *Los Títulos primordiales del centro de México.* México: Consejo Nacional para la Cultura y las Artes.

352　参考文献

Madrid Medina, A. (ed.)

2012　*El maestre Juan Fernández de Heredia y el Cartulario Magno de la Castellanía de Amposta (tomo II),* 3vols. Zaragoza.

Maeder, Ernesto J. A. (ed.)

1984　*Cartas Anuas de la Provincia del Paraguay, 1637-1639.* Buenos Aires: FECIC.

1990　*Cartas Anuas de la Provincia Jesuítica del Paraguay, 1632 a 1634.* Buenos Aires: Academia Nacional de la Historia.

1996　*Cartas Anuas de la Provincia Jesuítica del Paraguay, 1641 a 1643.* Resistencia: Instituto de Investigaciones Geohistóricas.

2000　*Cartas Anuas de la Provincia del Paraguay, 1644.* Resistencia: Instituto de Investigaciones Geohistóricas.

2007　*Cartas Anuas de la Provincia Jesuítica del Paraguay 1645-1646 y 1647-1649.* Resistencia: Instituto de Investigaciones Geohistóricas.

Molina Argüello, Carlos (ed.)

2001　*Monumenta centroamericae histórica: Colección de documentos y materiales para el estudio de la historia y de la vida de los pueblos de la América Central,* vol. 7. Managua: Banco Central de Nicaragua.

Obara-Saeki, Tadashi

2016　*Cuenta de la Caja Real de Chiapas, 1540-1549.* San Cristóbal de Las Casas: Universidad Autónoma de Chiapas, Instituto de Estudios Indígenas.

Orellana, Antonio de

1755　Relación abreviada de la vida, y muerte del padre Cypriano Barraza, de la Compañía de Jesús, fundador de la misión de los moxos en el Perú. En Diego Davin (ed.), *Cartas edificantes, y curiosas, escritas de las misiones extranjeras, y de Levante por algunos misioneros de la Compañía de Jesús,* vol. 7, pp.93-122. Madrid: Viuda de Manuel Fernández.

Paulo V

1617　*Rituale romanum Pauli V. P. M. iussu editum.* Romae: Typographia Camerae Apostolicae.

Peralta Apaza, Luz Eladia

2007　Pragmática de la ley que ordena el uso del papel sellado en Hispanoamérica. Dada por Felipe IV en Madrid el 28 de diciembre de 1638, impresa en la Imprenta Real de las Indias en 1639 En Peralta Apaza, Luz Eladia. *El papel sellado en el Perú colonial 1640-1824,* pp.216-220. Lima: Seminario de Historia Rural Andina-UNMSM.

Pérez Bocanegra, Juan

1631　*Ritual formulario, e institución de curas, para administrar a los naturales de este reino, los santos sacramentos del bautismo, confirmación, eucaristía, y viático, penitencia, extremaunción, y matrimonio, con advertencias muy necesarias.* Lima: Gerónimo de Contreras.

Pérez Zevallos, Juan Manuel y Luis Reyes García (eds.)

2003 *La fundación de San Luis Tlaxialtemalco según los Títulos primordiales de San Gregorio Atlapulco, 1519-1606.* México: Gobierno del Distrito Federal / Delegación Xochimilco / Instituto Mora.

Polanco, Juan Alfonso

1903 *Sancti Ignatii de Loyola: epistolae et instructiones,* Vol.1. Matriti: Typis Gabrielis Lopez del Horno.

Retana, W. E.

1895-1905 *Archivo del bibliófilo filipino: recopilación de documentos históricos, científicos, literarios y políticos y estudios bibliográficos,* 5 vols, Madrid: Viuda de M. Minuesa de los Ríos.

Ribadeneyra, Pedro de

1920 *Patris Petri de Ribadeneira, Societatis Jesu sacerdotis, Confessiones, epistolae aliaque scripta inedita, ex autographis, antiquissimis apographis et regestis deprompta,* Vol. 1. Matriti: Editorial Iberica.

Rodríguez Fermosino, Nicolás

1674 Recopilación y sumario de las Instrucciones, Concordias..., orden de procesar, visitas y advertencias mandadas guardar por los Inquisidores generales, que se han hallado en la Inquisición de Murcia, desde 1488 hasta 1673. En Bibiana Candela Oliver, *Práctica del procedimiento inquisitorial para inquisidores. El Abecedario de Nicolás Rodríguez Fermosino.* Tesis doctoral, Universidad de Alicante, 2015.

Saenz de la Peña, Andrés

1691 *Manual de los santos sacramentos conforme al Ritual de Paulo V.* Puebla: Diego Fernández de León.

Salinas, María Laura (ed.)

2008 *Cartas Anuas de la Provincia Jesuítica del Paraguay 1650-1652 y 1652-1654.* Resistencia: Instituto de Investigaciones Geohistóricas.

2010 *Cartas Anuas de la Provincia Jesuítica del Paraguay 1658-1660 y 1659-1662.* Resistencia: Instituto de Investigaciones Geohistóricas.

2013 *Cartas Anuas de la Provincia Jesuítica del Paraguay: 1663-1666, 1667-1668, 1669-1672, 1672-1675.* Asunción: Universidad Católica Nuestra Señora de la Asunción.

2015 *Cartas Anuas de la Provincia Jesuítica del Paraguay, 1681-1692, 1689-1692, 1689-1700.* Asunción: Centro de Estudios Antropológicos de la Universidad Católica.

354 参考文献

Silva Cruz, Ignacio (ed.)

2002a *Transcripción, traducción y dictamen de los Títulos primordiales del pueblo de San Miguel Atlauhtla. Siglo XVI.* México: Archivo General de la Nación.

2002b *Transcripción y traducción del Códice Techialoyan de Cuajimalpa.* México: Archivo General de la Nación.

S/N

1854 *Formulario de las dilijencias judiciales.* La Paz: Imprenta de la opinión.

S/N

1805 *Novísima recopilación de las leyes de España.* Madrid: Impresa de Madrid.

S/N

1769 *Ordenanza de la Universidad y Casa de Contratación de Bilbao.* Madrid: Viuda de Manuel Fernández.

Toledo, Francisco de

1986-1989 *Francisco de Toledo: disposiciones gubernativas para el virreinato del Perú, 1569-1574.* María Justina Sarabia Viejo (ed.), Vol. 1. Sevilla: Escuela de Estudios Hispano-Americanos/ Consejo Superior de Investigaciones Científicas/ Monte de Piedad y Caja de Ahorro de Sevilla.

Urbano de Mata, Nicolás

1704 *Relación sumaria de la vida, y dichosa muerte del V. P. Cypriano Baraze de la Compañía de Jesús, muerto a manos de bárbaros en la misión de los moxos de la provincia del Perú.* Lima: Joseph de Contreras.

Vallejo García-Hevia, José María

2008 *Juicio a un conquistador. Pedro de Alvarado: Su proceso de residencia en Guatemala (1536-1538),* 2 vols. Madrid: Marcial Pons Historia.

Vargas Ugarte, Rubén (ed.)

1951-1954 *Concilios limenses (1551-1772),* 3 vols. Lima: Tipografía Peruana.

Wicki, Joseph (ed.)

1950 *Documenta Indica,* Vol. 2 (1550-1553). Romae: Apud "Monumenta Historica Soc. Iesu".

メンドーサ, ゴンサーレス・デ

1965 長南実他訳『シナ大王国誌』岩波書店.

ロヨラ, イグナチオ・デ

1993 『イエズス会会憲』中井允訳, イエズス会日本管区.

刊行文献・論文
〔洋文献〕

Archivo Histórico Nacional

2009 *Guía del Archivo Histórico Nacional.*

参考文献　355

Avilés Fernández, M., Martínez Millán, J. y Pinto Crespo, V.
　1978　El Archivo del Consejo de la Inquisición: Aportaciones para una historia de los archivos inquisitoriales. *Revista de Archivos, Bibliotecas y Museos,* 81, pp.459-517.
Barlow, Robert H.
　1994　*Obras de Robert H. Barlow, vol. 5: Fuentes y estudios sobre el México indígena, primera parte.* México: Instituto Nacional de Antropología e Historia, Universidad de Las Américas Puebla.
Barnadas, Josep M.
　1974　La biblioteca jesuita de Quito en el siglo XVII: breve panorama analítico. *Ibero-Americana Pragensia,* 8, pp.151-161.
　2002　*Diccionario histórico de Bolivia. A-K.* Sucre: Grupo de estudios históricos.
Barrera, Florencio y Claudio Barrera
　2009　La falsificación de títulos de tierras a principios del siglo XX. *Historias,* 72, pp. 41-64.
Beinart, Haim
　1983　*Los conversos ante el Tribunal de la Inquisición.* Barcelona: Riopiedras Ediciones
Bertrand, P.
　2009　À. propos de la revolution de l'écrit (Xᵉ-XIIIᵉ siècle). Considérations inactuelles. *Médiévales,* 56, pp.75-92.
　2013　Jeux d'écriture: censiers, comptabilités, quittances··· (France du Nord, XIIIᵉ-XIVᵉ siècles), *Décrire, inventorier, enregistrer entre Seine et Rhin au Moyen Âge,* pp.165-195. Paris.
Bertrand, P., Bourlet, C. et Hélary, X.
　2006　Ver une typlogie des cartulaires médiévaux. *Les cartulaires méridionaux,* pp.7-20. Paris.
Betancor Pérez, Fernando
　2011　El Santo Oficio de la Santa Inquisición de Canarias: la institución y su archivo. En Enrique Pérez Herrero (coord.), *Historia de los archivos de Canarias,* II, pp.485-575.
Blair, Ann M.
　2010　*Too Much to Know: Managing Scholarly Information before the Modern Age.* New Haven: Yale University Press.
Blasco Martínez, A.
　1994　El notariado en Aragón, *Actas del I Congrés d'Historia del Notariat Català,* pp.189-273. Barcelona.
Borges, Pedro (ed.)

356 参考文献

1992 *Historia de la Iglesia en Hispanoamérica y Filipinas (siglos XV-XIX),* Vol.1. Madrid: BAC.

Borja y Enríquez, Juan de (ed.)

1911 *Sanctus Franciscus Borgia: quartus gandiae dux et Societati Jesu: praepositus generalis tertius,* Vol. 5. Matriti: Typis August. Avrial.

Bouza, Fernando.

2001 *Corre manuscrito. Una historia cultural del Siglo de Oro.* Madrid: Marcial Pons.

Bravo de la Serna, Marco.

1674 *Espejo de la juventud, moral, político y christiano.* Madrid: Marcos de Espinosa Arteaga.

Brendecke, Arndt.

2012 *Imperio e información. Funciones del saber en el dominio colonial español.* Madrid: Iberoamericana.

Brodrick, James

1952 *Saint Francis Xavier (1506-1552).* London: Burns Oates.

Bruxel, Arnaldo

1957 A filmoteca historica do Instituto Anchietano de Pesquisas. *Pesquisas: anuário do Instituto Anchietano do Pesquisas,* 1, pp.14-66.

Burns, Kathryn

2005 Notaries, Truth, and Consequences. Writing and Power in Colonial Peru. *The American Historical Review,* Volume 110, Issue 2, pp.350–379. Durham: Duke University Press.

2010 *Into the archive: Writing and Power in Colonial Peru.* Durham and London: Duke University Press.

Cabezas Fontanilla, Susana

2002 La carta acordada: nacimiento y consolidación de un documento inquisitorial. *Hidalguía,* 294, pp.713-726.

2004 El Archivo del Consejo de Inquisición ultrajado por Gaspar Isidro de Argüello, secretario y compilador de las Instrucciones del Santo Oficio. *Documenta & Instrumenta,* 2, pp.7-22.

2005 Las secretarias del Consejo de Inquisición y su sistema de producción documental (siglos XV-XVII). *Boletín de la Sociedad Española de Ciencias y Técnicas Historiográficas,* 3, pp.211-238.

2007 Nuevas aportaciones al estudio del archivo del Consejo de la Suprema Inquisición. *Documente & Instrumenta,* 5, pp.31-49.

Calvo, Julián

1952 *El primer formulario jurídico publicado en la Nueva España: la "Política de*

Escrituras" de Nicolás Irolo (1605). México, Imprenta Universitaria.

Campos y Fernández de Sevilla, F. Javier

1986 *La mentalidad en Castilla la Nueva en el siglo XVI: religión, economía y sociedad, según las <<Relaciones topográficas>> de Felipe II.* Madrid: EDES, et. al.

2003 Las relaciones topográficas de Felipe II; índices, fuentes y bibliografía. *Anuario jurídico y económico escurialense,* 36, pp.441-574.

Cardim, Herzog, Ibáñez and Sabatini

2012 *Polycentric monarchies: How did Early Modern Spain and Portugal achieve and maintain a global hegemony?* Brighton [England] : Sussex Academic Press.

Cardozo, Efraím

1979 *Historiografía paraguaya,* 2 ed. México: Instituto Panamericano de Geografía e Historia.

Carraz, D.

2006 Le cartulaire du Temple de Saint-Gilles, outil de gestion et instrument de pouvoir. *Les cartulaires méridionaux,* pp.145-162. Paris.

Castillo Gómez, Antonio.

1997 *Escrituras y escribientes. Prácticas de la cultura escrita en una ciudad del Renacimiento.* Palma de Gran Canaria: Gobierno de Canarias.

2006 *Entre la pluma y la pared. Una historia social de las escrituras en los siglos de oro.* Madrid: Ediciones AKAL.

Cavillac, Michel.

1994 *Pícaros y Mercaderes en el «Guzmán de Alfarache».* Granada: Universidad de Granada.

2010 *Guzmán de Alfarache y la novela moderna.* Madrid: Casa de Velázquez.

Cebrián Abellán, Aurelio y José Canto Valero

1992 *Relaciones topográficas de los pueblos del reino de Murcia (1575-1579).* Murcia: Universidad de Murcia.

Chamberlain, Robert S.

1948 The Governorship of the Adelantado Francisco de Montejo in Chiapas, 1539-1544. *Contributions to American Anthropology and History,* 46, pp.163-207.

Charles, John

2010 *Allies at Odds. The Andean Church and its Indigenous Agents, 1583-1671.* Albuquerque: University of New Mexico Press.

Chastang, P.

2001 *Lire, écrire, transcrire. Le travail des rédacteurs de cartulaires en Bas-Languedoc (XIe-XIIIe siècles).* Paris.

358　参考文献

　2006　Cartulaires, cartularisation et scripturalité médiévale : la structuration d'un
　　　　nouveau champ de recherche. *Cahiers de civilisation médiévale,* 49, pp.21-
　　　　31.

Clanchy, M.T.
　1993　[1979] *From Memory to Written Record. England 1066-1307.* Oxford and
　　　　Cambridge: Blackwell Publishers Ltd.

Clossey, Luke
　2008　*Salvation and Globalization in the Early Jesuit Missions.* Cambridge:
　　　　Cambridge University Press.

Colomar Albajar, María Antonia & Escosura, Pilar Lázaro de la
　2016　Los "Pepeles de Gobierno" del Archivo general de Indias. *Archivo general de
　　　　Indias: el valor del documento y la escritura en el gobiero de América*, pp.
　　　　195-227.

Correia-Afonso, John
　1969　*Jesuit Letters and Indian History, 1542-1773,* 2 ed. Bombay: OUP.

Cummins, Tom
　2002　Forms of Andean Colonial Towns, Free Will, and Marriage. In Claire L. Lyons
　　　　and John K. Papadopoulos (eds.), *The Archaeology of Colonialism,* pp. 199-
　　　　240. Los Angeles: Getty Research Institute.

Cummins, Tom and Joanne Rappaport
　1998　The Reconfiguration of Civic and Sacred Space: Architecture, Image, and
　　　　Writing in the Colonial Northern Andes. *Latin American Literary Review,*
　　　　26(52), pp.174-200.

De La Torre, Gonzalo S.
　2011　La encomienda templaria de Castellote en el espejo de su cartulario (1196-
　　　　1308). *Baylías. Año 2010. Miscelánea del Centro de Estudios del Maestrazgo
　　　　Turolense,* pp.47-68. Teruel.

Dedieu, Jean Pierre
　1986　The archives of the Holy Office of Toledo as a source for historical
　　　　anthropology. In G. Henningsen and J. Tedeschi (ed.), *The Inquisition in
　　　　Early Modern Europe. Studies on Sources and Methods,* pp.158-189. Dekalb:
　　　　Northern Illinois University Press.

Donoso Anes, Rafael.
　1996　*Una contribución a la historia de la contabilidad: Análisis de las prácticas
　　　　contables desarrolladas por la tesorería de la Casa de la Contratación de las
　　　　Indias de Sevilla (1503-1717).* Sevilla: Universidad de Sevilla.

Escalona, J. et Sirantoine, H. (éd.)
　2013　*Chartes et cartulaires comme intruments de pouvoir. Espagne et Occident*

chrétien (VIIIe-XIIe siècles). Toulouse.

Escamilla Colin, Michèle

1985 L'Inquisition espagnole et ses archives secrètes (XVe-XVIe siècles). *Histoire, économie et société,* Volume 4, Numéro 4, pp.443-477.

Fernández-Turégano, Carlos Pérez.

2001 Gaspar Isidro de Argüello: una vida en los archivos del santo oficio. *Revista de la Inquisición,* 10, pp.231-258.

2015 El archivo de la Secretaria de Aragón del Consejo de la Inquisición: Domingo de la Cantolla Miera y su labor recopilatoria en el tránsito del XVII al XVIII. *Revista de la Inquisición,* 19, pp.41-74.

Florescano, Enrique

1999 *Memoria indígena*. México: Taurus.

2002 *Historia de las historias de la nación mexicana*. México: Taurus.

Foisil, Madeleine.

1993 The Literature of Intimacy. In Roger Chartier (et al), *A History of Private Life, Vol III: Passions of Renaissance,* pp.327-361. Cambridge: Harvard University Press.

Forey, A. J.

1973 *The Templars in the Corona de Aragón*. London.

Foucault, Michel

1966 *Les mots et les choses: une archéologie des sciences humaines.* Paris: Éditions Gallimard.

1977 *Discipline and Punish: The Birth of the Prison.* London: Allen Lane.

1979 Governmentality. *Ideology & consciousness,* 6, pp.5-21.

Friedrich, Markus

2008 Circulating and Compiling the *Litterae Annuae:* Towards a History of the Jesuit System of Communication. *Archivum Historicum Societatis Iesu,* 77, pp. 3-39.

2009 *Governance in the Society of Jesus, 1540-1773: its Methods, Critics, and Legacy Today.* St. Louis: Seminar on Jesuit Spirituality.

2017 Government in India and Japan Is Different from Government in Europe: Asian Jesuits on Infrastructure, Administrative Space, and the Possibilities of a Global Management of Power. *Journal of Jesuit Studies,* 4(1), pp.1-27.

Fuestes Isla, Benito

1928 *Consejo de la Suprema Inquisición. Catálogo de las informaciones genealógicas de los pretendientes a cargos del Santo Oficio.* Valladolid: Casa social católica.

Galende Díaz, Juan Carlos

360　参考文献

2001　El proceso inquisitorial a través de su documentación: estudio diplomático. *Espacio, tiempo y forma. Serie IV, Historia moderna,* 14, pp.491-518.

2002　Diplomática inquisitorial: documentación institucional y procesal. *Archivo secreto: revista cultural de Toledo,* 1, pp.46-61.

2003　Documentación inquisitorial: el edicto de fe. Revisión diplomática. *Acta historica et archaeologica mediaevalia,* 25, pp.777-795.

2004　La recorrección de registros: diplomática inquisitorial. *Documenta & Instrumenta,* 1, pp.21-34.

Galende Díaz, J.C. y Cabezas Fontanilla, S.

2003　Una colección de libros producto de la reorganización documental de los archivos del Consejo de Inquisición: "Diversos para la recopilación." *Boletín de la Sociedad Española de Ciencias y Técnicas Historiográficas,* 1, pp.57-70.

Galende Díaz, J.C. y Criado Lázaro, A.

2009　Estudio documental de las primeras instrucciones inquisitoriales dadas por Tomás de Torquemada el 29 de noviembre de 1484 en Sevilla. *Lope de Barrientos: Seminario de cultura,* 2, pp.73-89.

Ganson, Barbara

2003　*The Guaraní under Spanish Rule in the Río de la Plata.* Stanford: Stanford University Press.

García Icazbalceta, Joaquín

1904　*Relación de los obispados de Tlaxcala, Michoacán, Oaxaca y otros lugares en el siglo XVI.* México: Casa del Editor.

García Fresca, F. y Gómez del Campillo, M.

1903　*Catálogo de las causas contra la fe seguidas ante el tribunal del Santo Oficio de la inquisición de Toledo y de las informaciones genealógicas de los pretendientes a oficios del mismo.* Madrid: Revista de Archivos Bibliotecas y Museos.

Gibson, Charles

1964　*The Aztecs Under Spanish Rule: A History of the Indians of the Valley of Mexico 1519-1810.* Stanford: Stanford University Press.

1975　Prose Sources in the Native Historical Traditions: A Survey of Middle American Prose Manuscripts in the Native Historical Tradition. In Howard Cline (ed.), *Handbook of Middle American Indians, Vol.15: Guide to Ethnohistorical Sources, Part Four,* pp.311-321. Austin: University of Texas Press.

Given, James B.

1997　*Inquisition and Medieval Society: Power, Discipline, and Resistance in Languedoc.* Ithaca, N.Y.: Cornell University Press.

González Carré, Enrique, Gutiérrez Gutiérrez, Yuri y Urrutia Ceruti, Jaime

1995 *La ciudad de Huamanga: espacio, historia y cultura.* Ayacucho: Universidad Nacional de San Cristóbal de Huamanga / Consejo Provincial de Huamanga / Centro Peruano de Estudios Sociales.

González Echevarría, Roberto.
1990 *Myth and Archive. A Theory of Latin American Narrative.* Cambridge: Cambridge University Press.

González Novalín, José Luis.
1986 Las instrucciones de la Inquisición española. De Torquemada a Valdés (1484-1561). En Escudero López, J. A. (coord.), *Perfiles jurídicos de la inquisición española,* pp.91-110. Madrid: Universidad Complutense.

Grupo de estudios históricos
2002 *Diccionario histórico de Bolivia.* Sucre: Grupo de estudios históricos.

Gruzinski, Serge
1991 *La colonización de lo imaginario. Sociedades indígenas y occidentalización en el México español. Siglos XVI-XVIII.* México: Fondo de Cultura Económica.

Guyotjeannin, O., Parisse, H. et Morelle, L.
1993 *Les cartulaires, actes de la table ronde organisé par l'Ecole nationale des cartes et le G.D.R. 121 du C.N.R.S.* (Paris 5-7 decembre 1991). Paris.

Haliczer, Stephen
1996 *Sexuality in the confessional : a sacrament profaned.* New York: Oxford University Press.

Harris, Steven J.
1996 Confession-Building, Long-Distance Networks, and the Organization of Jesuit Science. *Early Science and Medicine,* 1(3), pp.287-318.

Harvey, Herbert H.
1986 Techialoyan Codices: Seventeenth-Century Indian Land Titles in Central Mexico. In Ronald Spores (ed.), *Supplement to the Handbook of Middle American Indians, Volume 4: Ethnohistory,* pp.153-164. Austin: University of Texas Press,

Haskett, Robert
2005 *Visions of Paradise: Primordial Titles and Mesoamerican History in Cuernavaca.* Norman: University of Oklahoma Press.

Henningsen, Gustav
1986a The Archives and the Historiography of the Spanish Inquisition. In G. Henningsen and J. Tedeschi (ed.), *The Inquisition in Early Modern Europe. Studies on Sources and Methods,* pp.54-78. Dekalb: Northern Illinois University Press.
1986b La legislación secreta del Santo Oficio. En Escudero López, J. A. (coord.),

362   参考文献

       Perfiles jurídicos de la inquisición española, pp.163-172. Madrid: Universidad Complutense.

Hernández Esteve, Esteban.

   1989   The Life of Bartolomé Salvador de Solórzano: Some Further Evidence. The *Accounting Historians Journal.* 16(1), pp.87-99.

   2013   *Aproximación al estudio del pensamiento contable español.* Madrid: Asociasión española de Contabilidad y Administración de Empresas.

Herredia Herrera, Antonia

   1980   La Audiencia de Filipinas en el AGI. *Anuario de estudios americanos,* No. 37, pp.463-511.

   1985   *Recopilación de estudios de diplomática indiana.* Sevilla: Gráficas del Sur.

   1997   Fondos y colecciones sobre Filipinas en el Archivo General de Indias de Sevilla. *El Lejano oriente español: Filipinas (siglo XIX),* Actas VII Jornadas Nacionales de Historia Militar, Sevilla: CLAMADES

Hidalgo Brinquis, María del Carmen.

   2006   La industria papelera en la España de Cervantes. en José Manuel Lucía Megías (ed.) *Imprenta, libros y lectura en la España del Quijote,* pp.197-213. Madrid; Ayuntamiento de Madrid.

Huertas Vallejo, Lorenzo

   1981   Poblaciones indígenas en Huamanga colonial. En Amalia Castelli, Marcia Koth de Paredes, Mariana Mould Pease (comps.), *Etnohistoria y antropología andina,* pp. 131-144. Lima: Museo Nacional de Historia.

   1998   Conformación del espacio social en Huamanga, siglo XV y XVI. En Luis Millones, Hiroyasu Tomoeda y Tatsuhiko Fujii (eds.), *Historia, religión y ritual de los pueblos ayacuchanos* (SER 9), pp.7-28. Osaka: National Museum of Ethnology.

Inoue Okubo, Yukitaka

   2007   Crónicas indígenas: una reconsideración sobre la historiografía novohispana temprana. In Danna Levin y Federico Navarrete (coords.), *Indios, mestizos y españoles. Interculturalidad e historiografía en la Nueva España,* pp.55-96. México: Universidad Autónoma Metropolitana-Unidad Azcapotzalco, Universidad Nacional Autónoma de México.

   2014   Un análisis de dos Códices Techialoyan: Huixquilucan y Cuajimalpa. *Quaderni di Thule,* XIII, pp.609-614.

Institutum

   1893   *Institutum Societatis Iesu,* Vol.3. Florentiae: Ex Typographia A. SS. Conceptione.

Jan Bazant.

1980   *Cinco haciendas mexicanas: Tres siglos de vida rural en San Luis Potosí, 1600-1910.* México: Colegio de México.

Jiménez Gomez, Juan Ricardo

2005   *Un formulario notarial mexicano del siglo XVIII. La instrucción de escribanos de Juan Elías Ortiz de Logroño.* México: Miguel Ángel Porrua.

Kagan, Richard L.

2009   *Clio & the Crown: The Politics of History in Medieval and Early Modern Spain.* Baltimore: Johns Hopkins University Press.

Kamen, Henry

2014   *The Spanish Inquisition: A Historical Revision,* 4th edition. New Haven: Yale University Press.

Konetzke, Richard

1946   Documentos para la historia y crítica de los registros parroquiales en las Indias. *Revista de Indias,* 7(25), pp.581-586.

Le Blévec, D. (éd.)

2006   *Les cartulaires méridionaux.* Paris.

Lea, Henry Charles

1983   *Historia de la Inquisición española,* 3 vols. Madrid: Fundación Universitaria Española.

Leite, Serafim

1938   *História da Companhia de Jesus no Brasil,* Vol. 2. Lisboa: Livraria Portugália.

Lemire, Beverly.

2005   *The Business of Everyday Life. Gender, Practice and Social Politics in England, c.1600-1900.* Manchester Manchester University Press.

Lenkersdorf, Gudrun

1993   *Génesis histórica de Chiapas, 1522-1532: El conflicto entre Portocarrero y Mazariegos.* México: Universidad Nacional Autónoma de México.

1998   El gobierno provincial de Chiapa en sus primeros tiempos. *Anuario de Estudios Indígenas,* 7, pp.59-72. San Cristóbal de Las Casas: Universidad Autónoma de Chiapas, Instituto de Estudios Indígenas.

Lenz, Hans.

1990   *Historia del papel en México y cosas relacionadas, 1525-1950.* México: Porrúa.

Lockhart, James

1991   Views of Corporate Self and History in Some Valley of Mexico Towns, Late Seventeenth and Eighteenth Centuries. In James Lockhart, *Nahuas and Spaniards: Postconquest Central Mexican History and Philology.* Stanford: Stanford University Press.

1992　*The Nahuas After the Conquest: A Social and Cultural History of the Indians of Central Mexico, Sixteenth Through Eighteenth Centuries.* Stanford: Stanford University Press.

1999　Double Mistaken Identity, Some Nahua Concepts in Postconquest Guise. In James Lockhart, *Of Things of the Indies: Essays Old and New in Early Latin American History*, pp.98-119. Stanford: Stanford University Press.

López Vala, Roberto

1993　Inquisición, honor y limpieza de sangre. En B. Escandell Bonet y J. Pérez Villanueva(dir.), *Historia de la Inquisición en España y América,* Ⅱ, pp.226-274. Madrid: Biblioteca de Autores Cristiaos.

Luque Muriel, Francisco de Borja

1986　Los abecedarios como fuente para el estudio de la legislación. En Escudero López, J. A. (coord.) *Perfiles jurídicos de la inquisición española,* pp.147-162. Madrid: Universidad Complutense.

Málaga Medina, Alejandro

1974　Las reducciones en el Perú durante el gobierno del virrey Francisco de Toledo. *Anuario de Estudios Americanos*. 31, pp.819-842

1993　Las reducciones toledanas en el Perú. En Ramón Gutiérrez (ed.), *Pueblos de indios: otro urbanismo en la región andina*, pp.263-316. Quito: Ediciones Abya-Yala.

Mandingorras Llavata, María Luz.

1994　Usos privados de la escritura en la Baja Edad Media: secuencias espacio-temporales y contextos de uso. En Carlos Sáez (et.al.) *Las diferentes historias de letrados y analfabetos,* pp.57-80. Alcalá de Henares: Universidad de Alcalá.

2002　La configuración de la identidad privada: Diarios y libros de memorias. En Antonio Castillo Gómez (ed.). *La conquista del alfabeto: escritura y clases populares,* pp.131-152. Gijón: Trea.

Manzano Manzano, Juan

1991　*Historia de las Recopilaciones de Indias,* Tomo I siglo XVI. Madrid: Instituto de Cooperaciones Iberoamericanas / Ediciones de Cultura Hispánica.

Martínez Bara, José Antonio

1970　*Catálogo de informaciones genealógicas de la Inquisición de Córdoba conservadas en el Archivo Histórico Nacional,* 2 vols. Madrid: Dirección Gral. de Archivos y Bibl. Diputación Prov. de Jaén.

Martini, Mónica Patricia

1993　*El indio y los sacramentos en Hispanoamérica colonial: circunstancias adversas y malas interpretaciones.* Buenos Aires: PRHISCO, del CONICET.

Mendo Carmona, C.

2005　El cartulario como instrumento archivístico, *Signo*, 15, pp.119-137.

Menegus Bornemann, Margarita

1999　Los títulos primordiales de los pueblos de indios. En Margarita Menegus Bornemann (coord.), *Dos décadas de investigación en historia económica comparada en América Latina. Homenaje a Carlos Sempat Assadourian*, pp.137-161. México: El Colegio de México / Centro de Investigaciones y Estudios Superiores en Antropología Social / Instituto Mora / Universidad Nacional Autónoma de México.

Mizota, Nozomi

2017　Pervivencia y cambios de las reducciones en la región de Huamanga, siglo XVII. En Akira Saito y Claudia Rosas Lauro (eds.), *Reducciones: la concentración forzada de las poblaciones indígenas en el virreinato del Perú*. Colección Estudios Andinos 21. pp.347-383. Lima: PUCP Fondo Editorial / National Museum of Ethnology.

Morelle, L.

2013　Comment inspirer confiance? Quelques remarques sur l'autorité des cartulaires. *Chartes et cartulaires comme instruments de pouvoir. Espagne et Occident chrétien (VIIIᵉ-XIIᵉ siècles)*, pp.153-163. Toulouse.

Moreno, Doris.

1998　La Inquisición vista desde dentro. La visita del licenciado Cervantes al Tribunal del Santo Oficio en Barcelona. *Historia social,* 32, pp.75-95.

Moreno Garbayo, Natividad.

1979　*Sección de Inquisición. Inventario de los libros 1225 a 1281 con índices de personas, materias y lugares*. Madrid.

Morin, Claude

1972　Los libros parroquiales como fuente para la historia demográfica y social novohispana. *Historia Mexicana,* 21(3), pp.389-418.

Nakamura, Yusuke, Chikahiko Suzuki, Katsuya Masuda, and Hideki Mima

2017　Designing Research for Monitoring Humanities-based Interdisciplinary Studies: A Case of Cultural Resources Studies (Bunkashigengaku 文化資源学) in Japan. *Journal of the Japanese Association for Digital Humanities*, Vol. 2 (2017) No.1, pp.60-72.

Nussdorfer, Laurie

2009　*Brokers of Public Trust. Notaries in Early Modern Rome*. Baltimore: The Johns Hopkins University Press.

Obara-Saeki, Tadashi

en prensa

Las actividades económicas de los españoles en Chiapas, 1540-1549. La minería de oro y la producción de azúcar. Justus Fenner y Dolores Palomo Infante (eds.), *Chiapas: Tierra de la diversidad. Nuevas miradas a su historia.* México: Biblioteca Milenio.

O'Neill, Charles E. y Joaquín María Domínguez (eds.)

2001 *Diccionario histórico de la Compañía de Jesús: biográfico-temático,* 4 Vols. Madrid y Roma: HI y UCP.

Oudijk, Michel R.

2000 *Historiography of the Bènizàa: The Postclassic and Early Colonial Periods (1000-1600 A.D.).* Leiden: Leiden University.

2003 Espacio y escritura. El Lienzo de Tabaá I. En María de los Ángeles Romero Frizzi (coord.), *Escritura zapoteca. 2,500 años de historia,* pp.341-391. México: Centro de Investigaciones y Estudios Superiores en Antropología Social / Miguel Ángel Porrúa.

Oudijk, Michel R. y María de los Ángeles Romero Frizzi

2003 Los títulos primordiales: Un género de tradición mesoamericana. Del mundo prehispánico al siglo XXI. *Relaciones,* 95, pp.18-48.

Palacios Alcalde, María.

1986 Investigaciones sobre la historia de la legislación inquisitorial en el siglo XVIII. En Escudero López, J. A. (coord.), *Perfiles jurídicos de la inquisición española,* pp.121-132. Madrid: Universidad Complutense.

Palomera Serreinat, Lluís

2002 *Un ritual bilingüe en las reducciones del Paraguay: el Manual de Loreto (1721).* Cochabamba: Editorial Verbo Divino / Compañía de Jesús / Universidad Católica Boliviana.

Palomo, Federico

2016 Written Empires: Franciscans, Texts and the Making of the Early Modern Iberian Empires. *Culture & History Digital Journal,* 5(2), pp.1-8 (https://distancia.hypotheses.org/851).

Panizo Santos, Juan Ignacio.

2014 Aproximación a la documentación judicial inquisitorial conservada en el Archivo Histórico Nacional. *Cuadernos de historia moderna,* 39, pp.255-275.

Parker, Geoffrey

1998 *The Grand Strategy of Philip II.* New Haven and London: Yale University Press.

Parrilla-Albuerne, Ana María

2013 La organización de la Hacienda Real en la provincia de Chiapa (1540-1644): Oficiales reales, subdelegados y demás personales. *LiminaR,* 11(2), pp.149-

164.

Pérez Ramírez, Dimas.

1982 *Catálogo del archivo de la Inquisición de Cuenca.* Madrid: Fundación Universitaria Española.

Pillsbury, Joanne (ed.)

2008 *Guide to Documentary Sources for Andean Studies, 1530-1900,* 3 Vols. Norman: University of Oklahoma Press.

Pinto Crespo, Vilgilio.

1982 La documentación inquisitorial. En *La Inquisición. Exposición organizada por el Ministerio de Cultura.* Madrid: Subdirección General de Archivo.

1984 Fuentes y técnicas del conocimiento histórico del Santo Oficio. En B. Escandell Bonet y J. Pérez Villanueva (dir.), *Historia de la Inquisición en España y América,* I, pp.58-77. Madrid: Biblioteca de Autores Cristianos.

Poole, Stafford.

2004 *Juan de Ovando. Governing the Spanish Empire in the Reign of Philip II.* Norman: Oklahoma University Press.

Portuondo, María M.

2009 *Secret Science: Spanish Cosmography and the New World.* Chicago: University of Chicago Press.

Rabuske, Arthur

1984 A Coleção de Angelis no Instituto Anchietano de Pesquisas. *Folia Histórica del Nordeste,* 6, pp.181-197.

Raeff, Marc

1983 *The Well-Ordered Police State: Social and Institutional Change through Law in the Germanies and Russia, 1600-1800.* New Haven: Yale University Press.

Rama, Angel

1984 *La ciudad letrada.* Hanover: Ediciones del Norte.

Ramos, Gabriela

2010 *Muerte y conversión en los Andes: Lima y Cuzco, 1532-1670.* Lima: IEP / (cooperación Regional para les países andinos / IFEA.)

Rappaport, Joanne and Tom Cummins

1994 Literacy and Power in Colonial Latin America. In Angela Gilliam and George Bond(eds.), *The Social Construction of the Past: Representation as Power,* pp.89-109. London: Loutledge.

2012 *Beyond the Lettered City: Indigenous Literacies in the Andes.* Durham: Duke University Press.

Real Díaz, José Joaquín

1991 [1970] *Estudio diplomático del documento indiano.* Madrid: Dirección de

Archivos Estatales.

Robertson, Donald

1975　Techialoyan Manuscripts and Paintings, with a Catalog. In Howard Cline (ed.), *Handbook of Middle American Indians, Vol.14: Guide to Ethnohistorical Sources, Part Three,* pp. 253-280. Austin: University of Texas Press.

1994　[1959] *Mexican Manuscript Painting of the Early Colonial Period: The Metropolitan Schools.* Norman: University of Oklahoma Press.

Rodríguez Díaz, E. et García Martínez, A. C. (ed.)

2011　*La escritura de memoria: los cartularios.* Huelva.

Rojas, reyes

2010　La Literatura notarial de ida y vuelta. Los primeros formularios notariales en américa. En Enrique Villalba y Emilio Torné (eds.), *El nervio de la República: El oficio de escribano en el Siglo de Oro,* No.10205-10726. Calambur: Biblioteca Litterae. (電子書籍)

Roskamp, Hans

1998　*La historiografía indígena de Michoacán: el Lienzo de Jucutácato y los Títulos de Carapan.* Leiden: Researchschool CNWS, Leiden University.

Rueda, Pedro

2010　Escrituras de navegación a las Indias: El ESTILO NUEVO (1645) de Tomás de Palomares. En Enrique Villalba y Emilio Torné (eds.), *El nervio de la República: El oficio de escribano en el Siglo de Oro,* No.10754-11364. Calambur: Biblioteca Litterae. (電子書籍)

Ruigómez Gómez, Carmen

1988　*Una política indigenista de los Habsburgo: el protector de indios en el Perú.* Madrid: Ediciones de Cultura Hispánica / Instituto de Cooperación Iberoamericana.

Ruiz Medrano, Ethelia

2010　*Mexico's Indigenous Communities: Their Lands and Histories, 1500-2010.* Boulder: University Press of Colorado.

Ruiz Medrano, Ethelia, Claudio Barrera Gutiérrez y Florencio Barrera Gutiérrez

2012　*La lucha por la tierra. Los títulos primordiales y los pueblos indios en México, siglos XIX y XX.* México: Fondo de Cultura Económica.

Sáez, C.

2010　Origen y función de los cartularios hispanos. *Anuario del Centro de Estudios Históricos "Prof. Carlos S. A. Segreti",* no.10, pp.37-48.

Saito, Akira

2007　Creation of Indian Republics in Spanish South America. *Bulletin of the National Museum of Ethnology,* 31(4), pp.443-477.

2015 Guerra y evangelización en las misiones jesuíticas de Moxos. *Boletín Americanista,* 70: 35-56.

2017 Consolidación y reproducción de las parcialidades tras la implantación de las reducciones en el Moxos jesuítico. En Akira Saito y Claudia Rosas Lauro (eds.), *Reducciones: la concentración forzada de las poblaciones indígenas en el Virreinato del Perú,* pp.509-552. Lima: Fondo Editorial de la Pontificia Universidad Católica del Perú.

Saito, Akira y Claudia Rosas Lauro (eds.)

2017 *Reducciones: la concentración forzada de las poblaciones indígenas en el Virreinato del Perú.* Lima: Fondo Editorial de la Pontificia Universidad Católica del Perú.

Salomon, Frank and Mercedes Niño-Murcia

2011 *The Lettered Mountain. A Peruvian Village's Way with Writing.* Durham and London: Duke University Press.

Salvador de Solórzano, Bartolomé.

1590 *Libro de Caxa y Manuel de cuentas de Mercaderes, y otras personas, con la declaración dellos.* Sevilla: Imprenta de Pedro Madrigal.

Sampedro Redondo

2009 *Escribanos y protocolos notariales de Gijón en el siglo XVI.* Gijón: Ediciones Tarea, S.L.

Sánchez Bella, Ismael

1990 [1968] *La organización financiera de las Indias, siglo XVI.* México: Escuela Libre de Derecho; y Miguel Ángel Porrúa.

Santiago Medina, Bárbara

2014 Pablo García, notario del secreto: retazos de una vida al servicio del Santo Oficio. En F. Lorenzana de la Puente y F. J. Mateos Ascacíbar (coord.), *Inquisición,* pp.109-122. Llerena: Sociedad Extremeña de Historia.

Sanz, Eufemio Lorenzo

1979 *Comercio de España con América en la época de Felipe II,* 2 tomos. Valladolid: Diputación Provincial de Valladolid.

Sarreal, Julia J.S.

2014 *The Guaraní and Their Missions: A Socioeconomic History.* Stanford: Stanford University Press.

Sarrión Mora, Adelina

1994 *Sexualidad y confesión : la solicitación ante el Tribunal del Santo Oficio (siglos XVI-XIX).* Madrid: Alianza.

Schäfer, Ernesto

2003 *El Consejo Real y Supremo de las Indias,* Junta de Castilla y León, Consejería

370　参考文献

de Educación y Cultura. 2 vols. Salamanca: Marcial pons, Ediciones de Historia.

Schreibman, Susan, Ray Siemens, John Unsworth
2015　*A New Companion to Digital Humanities.* Wiley-Blackwell.

Sellers-García, Sylvia
2013　*Distance and Documents at the Spanish Empire's Periphery.* Stanford; Stanford University Press.

Sherwood, Jessie.
2012　The Inquisitor as Archivist, or Surprise, Fear, and Ruthless Efficiency in the Archives. *The American Archivist,* Vol. 75, No. 1, pp.56-80.

Simón Díaz, José
1952　*Historia del colegio imperial de Madrid,* Vol. 1. Madrid: CSIC.

Smith, Robert Sidney.
1978　*Historia de los Consulados de Mar (1250-1700).* Barcelona: Ediciones Península.

Stewart, Edith Anne
1918　Some Curious and Edifying Letters from Jesuit Missionaries. *International Review of Mission,* 7(4), pp.510-523.

Suárez, Juan Luis, Shiddarta Vásquez and Fernando Sancho-Caparrini
2011　The Potosí principle: religious prosociality fosters self-organization of larger communities under extreme natural and economic conditions. *Literary and Linguistic Computing,* Volume 27, Issue 1, 1 April 2012, pp.25–38.

Torales Pacheco, Maria Cristina (ed.)
1985　*La compañía de comercio de Francisco Ignacio de Yraeta (1767-1797).* México: Instituto Mexicano de Comercio Exterior.

Torquemada Sánchez, María Jesús.
1997　El libro 497 de la Sección de Inquisición, AHN. *Revista de la Inquisición,* 6, pp.89-100.

Torres y Lanzas, Pedro & Pastells, Pablo
1925-1936　*Catálogo de los documentos relativos a las islas Filipinas existentes en el Archivo de Indias de Sevilla por D. Pedro Torres y Lanzas: Historia general de Filipinas por el P. Pablo Pastells,* 9 vols. Barcelona: Compañía General de Tabacos de Filipinas.

Urrutia Cerruti, Jaime
1985　*Huamanga: región e historia, 1536-1770.* Ayacucho: Universidad Nacional de San Cristóbal de Huamanga.

Valls i Subirà, Oriol.
1978　*La historia del papel en España,* 3 Vols.Madrid: Empresa Nacional de

参考文献　371

Celulosas.

Vargas Ugarte, Rubén

1964　*Historia de la Compañía de Jesús en el Perú,* Vol. 3. Burgos: Aldecoa.

Warren, J. Benedict,

1984　*La administración de los negocios de un encomendero en Michoacán.* Morelia: SEP/UMSNH.

1977　*La Conquista de Michoacán 1521-1530.* Morelia: Fimax Publicistas.

1977　*Vasco de Quiroga y sus hospitales-pueblo de Santa Fe.* Morelia: UMSNH.

Wood, Stephanie

1989　Don Diego García de Moctezuma: A Techialoyan Mastermind? *Estudios de Cultura Náhuatl,* vol. 19, pp.245-268.

1991　The Cosmic Conquest: Late-Colonial View of the Sword and Cross in Central Mexican Títulos. *Ethnohistory,* 38 (2), pp.176-195.

1997　The Social vs. Legal Context of Nahuatl Títulos. In Elizabeth Hill Boone and Tom Cummins (eds.), *Native Traditions in the Postconquest World,* pp.201-231. Washington D.C.: Dumbarton Oaks.

1998　El problema de la historicidad de los Títulos y los códices del grupo Techialoyan. En Xavier Noguez y Stephanie Wood (coords.), *De tlacuilos y escribanos,* pp.167-221. Zamora: El Colegio de Michoacán / El Colegio Mexiquense.

2003　*Transcending the Conquest: Nahua Views of Spanish Colonial Mexico.* Norman: University of Oklahoma Press.

World Bank

2015　*World Development Report 2016: Digital Dividends.* World Bank Publications.

Yokoyama, Wakako

2014　*Dos mundos y un destino. Cien años de la encomienda de Juan Infante y sus herederos en la provincia novohispana de Michoacán, 1528-1628,* Morelia, Mich: Universidad Keio / Universidad Michoacana de San Nicolás de Hidalgo / Archivo Histórico Municipal de Morelia.

YOSHIE, Takafumi y Yusuke Nakamura

2005　El proceso de la introducción del mapa catastral en la Bolivia moderna y su consecuencia: enfocando al caso de La Paz. *Anuario de Estudios Bolivianos, Archivísticos y Bibliográficos.* 11, pp.613-652. Archivo y Biblioteca Nacionales de Bolivia.

Yuste López, Carmen.

2007　*Emporios transpacíficos. Comerciantes mexicanos en Manila, 1710-1815.* México: Universidad Nacional Autónoma de México.

Zozaya Montes, Leonor.

372 参考文献

2011 *De papeles, escribanos y archivos: Escribanos del Condejo de Madrid (1557-1610).* Madrid: CSIC.

〔和文献〕

アートン, ゲイリー
2014 「数学と権威：旧世界と新世界における会計学に関する事例研究」エレアノール・ロブソン他編『Oxford 数学史』pp.21-46, 共立出版.

網野徹哉
2017 『インディオ社会史―アンデス植民地時代を生きた人々―』みすず書房.

新井紀子、尾崎幸謙
2017 『NIRA オピニオンペーパー―デジタライゼーション時代に求められる人材育成』no.31/2017. July.

池端雪浦
1991 「フィリピンにおける植民地支配とカトリシズム」石井米雄編『講座東南アジア学4　東南アジアの歴史』pp.217-242, 弘文堂.

井上幸孝
2007 「ヌエバ・エスパーニャ先住民村落の創設と境界―メキシコ盆地の権原証書の分析―」中南米におけるエスニシティ研究班編『神戸市外国語大学外国学研究68　メソアメリカ先住民の多義的アイデンティティ』pp.39-75, 神戸市外国語大学外国学研究所.

内村俊太
2015 「16世紀スペインにおける修史事業」『上智大学外国語学部紀要』第50号, pp.201-226.

エリオット, J. H.
2009 『スペイン帝国の興亡　1469-1716』岩波書店.

岡田裕成・齋藤晃
2007 『南米キリスト教美術とコロニアリズム』名古屋大学出版会.

岡崎敦
1993 「フランスにおける中世古文書学の現在―カルチュレール研究集会（1991年12月5-7日, 於パリ）に出席して―」『史学雑誌』第102編第1号, pp.89-110.
2008 「記憶の管理とカルチュレール―モレルとシャスタンの仕事をめぐって―」『西欧比較史料論研究平成19年度年次活動報告書』pp.100-118.
2009 「西欧中世における記憶の管理とアーカイヴズ―パリ司教座教会のあるカルチュレールをめぐって (Liber Niger)―」『史淵』第146輯, pp.57-89.

大藤修
1990 「記録と記録史料学」『記録と史料』1, pp.53-72.
2003 「近世の社会・組織体と記録―近世文書の特質とその歴史的背景」国文学研究資料館史料館（編）『アーカイブズの科学　上』pp.99-118, 柏書房.

ギブソン, チャールズ

1981 『イスパノアメリカ―植民地時代―』染田秀藤訳, 平凡社.

クロスビー, アルフレッド・W.

2000 『数量化革命―ヨーロッパ覇権をもたらした世界観の誕生』紀伊國屋書店.

小山哲

2015 「近世ヨーロッパの複合国家　ポーランド・リトアニアから考える」近藤和彦編『ヨーロッパ史講義』pp.74-89, 山川出版社.

五野井隆史

1978 「イエズス会日本年報について―その手書本の所在を中心にして―」『キリシタン研究』第18輯, pp. 317-378.

2001 「日本イエズス会の通信について―その発送システムと印刷―」『東京大学史料編纂所研究紀要』第11号, pp.154-171.

齋藤晃（編）

2009 『テクストと人文学―知の土台を解剖する―』人文書院.

齋藤晃

2009 「序」齋藤晃編『テクストと人文学　知の土台を解剖する』pp.7-17, 人文書院.

2009 「テクストに厚みを取り戻す」齋藤晃編『テクストと人文学―知の土台を解剖する―』pp.172-192, 人文書院.

佐藤真一

2009 『ヨーロッパ史学史』知泉書館.

シュワーデ, アルカディオ

1963 「秀吉の禁教令以前におけるイエズス会士の布教通信」『キリシタン文化研究会報』第6年第4号, pp.2-7.

菅谷成子

2001 「スペイン領フィリピンの成立」池端雪浦他編『岩波講座東南アジア史3　東南アジア近世の成立』pp.121-148, 岩波書店.

ソール, ジェイコブ

2014 『帳簿の世界史』村井章子訳, 文藝春秋.

高木俊輔、渡辺浩一（編著）

2000 『日本近世史料学研究　史料空間論への旅立ち』北海道大学図書刊行会.

田島久歳・武田和久（編）

2011 『パラグアイを知るための50章』明石書店.

チースリク, フーベルト

1975 「イエズス会年報の成立と評価」『東方学』第49号, pp.1-22.

中村雄祐

2009 『生きるための読み書き　発展途上国のリテラシー問題』みすず書房.

野村悠里

2017 『書物と製本術　ルリユール／綴じの文化史』みすず書房.

374 参考文献

バーク, ピーター
   2004 『知識の社会史』新曜社.
平山篤子
   2012 『スペイン帝国と中華帝国の邂逅─十六・十七世紀のマニラ』法政大学出版局.
藤田苑子
   1992 「解説Ⅰ─史料について」ピエール・グベール『歴史人口学序説─17・18世紀ボーヴェ地方の人口動態構造』遅塚忠躬他訳, pp.155-175, 岩波書店.
伏見岳志
   2017 「一七世紀メキシコの貿易商の経済活動と人的紐帯─ポルトガル系セファルディム商人の帳簿分析から」玉木俊明・川分圭子編『商業と異文化の接触─結合される世界の経済』pp.293-328, 吉田書店.
古谷大輔
   2015 「歴史的ヨーロッパにおける「礫岩のような国家」への眼差し」『歴史評論』787, pp.27-37.
ブローデル, フェルナン
   2004 『地中海Ⅱ　集団の運命と全体の動き』浜名優美訳, 藤原書店.
マビヨン, ジャン
   2002 『ヨーロッパ中世古文書学』宮松浩憲訳, 九州大学出版会.
三瀬利之
   2009 「近代官僚制の文書主義　文書機能論からみたその合理性」齋藤晃編『テクストと人文学　知の土台を解剖する』pp.264-283, 人文書院.
溝田のぞみ
   2012 「先住民証書のファイリングシステムの変遷─植民地時代ペルー・ワマンガの事例─」『ラテンアメリカ研究年報』No.32, pp.69-100.
リトルトン
   1978 『会計発達史（増補版）』同文館出版.
安村直己
   2012 「スペイン帝国と文書行政─植民地期メキシコにおける文書行政ネットワークとその外部─」小名康之編『近世・近代における文書行政─その比較史的研究─』pp.70-107, 有志舎.
柳田利夫
   1988 「イエズス会年報制度と日本〈上〉」箭内健次編『鎖国日本と国際交流』（上巻）pp.35-76, 吉川弘文館.
吉江貴文
   2011 「公証人帳簿と書かれたものの力」染田秀藤・関雄二・網野徹哉編『アンデス世界　交渉と創造の力学』pp.172-187, 世界思想社.
横山和加子
   2005 「インディアス法にみるスペイン系植民都市の建設」中川文雄・山田睦男編『植

　　　　民地都市の研究―JCAS 連携研究成果報告8』pp.109-127.
　2010　「古文書が紡ぐ物語：フランシスカ・インファンテの結婚と転換期の植民地
　　　　メキシコ」清水透他（編著）『ラテンアメリカ出会いの形』pp.393-424, 慶
　　　　應義塾大学出版会.
ロペス・ガイ, ヘスス
　1983　『キリシタン時代の典礼』井出勝美訳, キリシタン文化研究会.
ロペス・ベルトラン, クララ
　2011　「十七世紀インディアスにおける紙・書類仕事・書記」染田秀藤・関雄二・網
　　　　野徹哉編『アンデス世界　交渉と創造の力学』pp.157-171, 世界思想社.

インターネット情報

Circulaciones, intercambios, redes
https://www.casadevelazquez.org/es/investigacion/politica-cientifica-del-
ehehi-2017-2021/eje-ii-circulaciones-intercambios-redes/（2017/04/04）

The New History of Archives
http://www.mww-forschung.de/en/scholarships/international-summer-
school/?menuopen=1（2017/04/04）

索　引

事項

ア

ICT　*328, 329, 331-343, 347*
アイユ　*287*
アウグスチノ会士　*63, 64*
アーカイブ（ズ）　*17*
アーカイブ学　*121*
アシエンダ　*231, 241-244, 247, 249*
アステカ人　*256*
アステカ帝国（王国）　*7, 23, 25*
アヤクチョ地方文書館（ARAY）　*276, 277, 285, 296*
アラゴン連合王国文書館　*226*
アラビア数字　*310, 311, 313*
アラマ　*141*
アルカバラ　*304, 321*
アルカラ大学　*204, 224*
アルカルデ・オルディナリオ　*292*
アルテペトル　*257, 272, 273*
アルファベット　*313, 318*
アルモハリファスゴ　*25*
アンシエタノ研究所　*115, 117, 119*
『アンポスタ管区大カルチュレール』　*212, 224*
イエズス会　*10, 17, 18, 101-125, 129, 132-139, 142, 154*
鋳型　*161-163, 180-183, 198, 199*
異教徒　*84*
イスラム　*84, 98*
イタリア語　*125*
異端審問（所）　*10, 17, 77-96, 308, 309, 316-319, 347*
イトナマ語　*142*

イフエラ　*107*
インカ（帝国）　*7, 277*
印紙　*280-282*
インディアス諮問会議　*8, 10, 18, 23, 24, 27, 31, 34, 36, 38, 40, 42-44, 46-48, 51, 52, 55-59, 61-63, 66, 68, 70, 72, 74, 122, 231, 234-236, 238-242, 244-247, 249, 250-252*
インディアス省　*74*
インディアス新法　*235, 236, 242, 246, 251*
インディアス総合文書館（AGI）　*9, 14, 15, 20, 35, 52, 53, 57-61, 65, 72, 73, 232, 249, 275*
インディアス通商院　*36, 234*
インディアス天地誌編纂官　*122*
インディアス年代記編纂官　*122*
インディアス法　*235, 237, 240, 250-253, 291, 304*
インデックス　*17, 78, 88-90, 92-96, 100, 305*
インファンテ家　*18, 231-234, 237, 239-249*
ウィスキルカン絵文書　*263, 266, 268*
永代貸借契約　*215*
エスコリアル宮殿　*40, 52*
エヒード　*267*
絵文書　*261-264, 266, 268*
エンコミエンダ　*60, 204, 231, 233, 235, 236, 240, 241, 243-246, 249, 251, 252*
エンコメンデーロ　*9, 10, 18, 231, 233, 234, 236, 241-243, 303*
王庫　*25-31, 33-41, 43-45, 47-49, 51-53*
王庫収支報告書　*10, 347*
王室財産　*24, 31, 34, 45, 46, 49*
王の書状　*236*
王令　*58, 246*
王勅　*56, 58-61, 63, 64, 68, 74, 236*
折り紙　*279, 282, 285*
恩顧主義　*246*

恩典　　231, 234

カ

海禁政策　　64
会計監査官　　38, 40-42, 47, 51-53
会計官　　24-26, 29-34, 44, 46, 47, 252
会計証書　　60
会計簿　　26, 49
『会憲』　　106, 107
花押　　38, 39, 259, 295, 312, 314
学院　　104, 107, 119
学院長　　123
隠れユダヤ教徒　　79, 82, 83, 87, 95, 98
カサ・デ・ベラスケス　　125
飾り書き　　280
可視化　　345-347
カシーケ　　272
カスティーリャ語　　303, 312
カスティーリャ諮問会議　　81, 121
カタルーニャ語　　209
カトリック　　25, 49, 135
カピタン　　141
カブレオ　　222, 228
紙　　302
カラトラーバ騎士団　　205
カルチュレール　　18, 203-218, 221-228
カルデロン　　310
カルメル修道会　　270
ガレオン（ガレオーネス）　　63
管区　　17, 77-80, 83, 85-87, 94, 99, 101, 104-110,
　　118-120, 125, 129, 132, 204, 206, 212, 213,
　　219, 224, 226, 228, 277, 288, 289
管区長　　106, 107, 109, 110-113, 117, 118, 123,
　　212, 221, 222
管区年報　　10, 113-115, 117-120, 124
管区文書館　　135, 136, 142
監査報告書　　40, 52
監視官　　24-26, 29-31, 46, 49
記憶　　318, 319
規則書　　79, 82, 83, 98
規定　　236

キナツィン絵図　　261
機密文書　　84
宮廷公証人　　169, 196
宮廷書記官　　70, 71
教区簿冊　　49
教区民台帳　　134, 35
教皇　　103, 135, 234
教皇庁　　79, 138
教皇勅書　　89, 90, 234, 243, 250
供述　　290
共同体金庫　　288
キリスト教会　　144
キリスト教（徒）　　264
記録簿　　83, 86, 87, 89, 92, 97
クアショチトリ　　264, 266, 268, 272
クアヒマルパ絵文書　　263, 264, 266, 268
グアラニ（語）　　110
グララニ語系先住民　　110, 112, 117, 133
クリオーリョ　　16, 245
クロニカ　　256, 272
軍事総監　　43, 52
形式性　　161
ケチュア系先住民　　16
ケチュア語　　135, 276, 292
ケレタロ自治大学　　184
権原証書　　19, 255-274
堅信簿　　134, 35
権利委託任状　　289, 290
合意書　　287, 289
公証術　　180, 201
公証（人）制度　　19, 245, 236, 249, 250
公証人　　18, 161-164, 167, 168, 176, 179, 180,
　　182-186, 191, 194-200, 235, 240, 245, 250,
　　251, 253, 275, 278-280, 282-286, 291-296, 320
公証人登記簿（帳簿）　　10, 164, 200, 275, 277-
　　279, 282-285, 291-294, 296
公証人マニュアル　　18, 161-164, 167, 168, 170-
　　172, 174, 175, 176, 180, 182-187, 194, 198,
　　199, 200, 215
公正証書　　19, 275-280, 282-284, 286-291, 293,
　　295-297, 305, 347
貢租帳（サンシエ）　　206, 208, 212, 215, 217,

索引　379

225, 228
公的認証力　　161
高等法院　　58
5分の1税　　25
国王　　56, 57, 63
国王公証人　　184, 227
国王修史官　　121
国王通達　　236
国王命令　　19, 236
極秘文書　　107
国務諮問会議　　8
国立総合文書館（アルゼンチン）　　112, 119
国立歴史文書館（マドリード）　　59, 77, 82, 97, 98, 225
国立総合文書館（メキシコ）　　258, 269, 309
コマンドリィ　　204, 225
コメンダドール　　204, 209, 212-217, 226, 228
コレヒドール　　292, 294
コレヒミエント　　277
婚姻簿　　134, 35
コングレガシオン　　257, 271
コンプルテンセ大学　　78
コンベルソ　　95, 96
コンポシシオン　　257, 271

サ

財宝官　　24-26, 29, 31-34, 44, 46, 47
財務官　　24-34, 40, 41, 43-49, 52, 53, 252
財務監査制度　　17
財務諮問会議　　8, 38
債務証書　　289, 290, 294
索引　　77, 78, 83, 87-90, 93, 94, 96, 98, 100, 307, 316
査察　　79, 83, 84, 237
査問　　235, 251
サラゴーサ司教　　205
懺悔者　　93
参事会　　161, 236, 243, 247, 277, 278, 285, 297
サン・フアン・デ・ディオス修道会　　290
七部法典　　303
司教　　41, 60

司教区文書館　　82
司教座聖堂教会　　204
司政官　　287, 289, 291, 297
支払命令書　　26
死亡簿　　135
シマンカス総合文書館　　58, 82
シマンカス要塞　　58
諮問会議　　48, 57, 60, 64, 81, 85
集合知　　19, 327, 329, 331-333, 335.338, 339, 341, 342, 345
集住化　　129, 134, 141, 146, 148, 151, 154, 287
収支報告書　　10, 24, 27-29, 31-48, 50-52, 347
終身賃貸契約　　288
修道院　　204, 290
修道会　　84, 94, 101-104, 106, 121, 133, 135, 156, 270, 290
首長　　287, 288, 289, 290, 291, 293, 295, 296, 297
受領証　　288
巡察　　109, 235, 237, 244, 245, 249, 251
巡察士　　109, 155
小教区帳簿　　134
上長　　112, 118
商事裁判所　　307, 310, 315-317, 320
商品取引所　　58
商務官　　24-26, 30-32, 46, 49
植民地　　278, 280, 284, 289, 294, 295
書記局　　58, 60, 61
書式　　162
署名　　279, 280, 291, 293-295, 298, 310
ショロトル絵文書　　261
新キリスト教徒　　308, 316
人文情報学　　19, 345, 347, 348
人名勘定　　315-317, 320
審問官　　79, 81-84, 86, 87, 90-92
審問記録　　10, 78, 79, 81, 83-87, 92, 94, 96, 98, 100
出納官　　252
数量化　　302
スペイン王室　　5, 11, 17, 3, 24-28, 30, 31, 33, 36, 38, 42, 44, 46-49, 196
スペイン語　　231, 276, 291, 296

380　索引

スペイン人　23, 63, 64, 231, 237, 275, 276, 280, 288, 290, 292, 295, 298, 347
スペイン（植民地）帝国　8-19, 24, 38, 47, 48, 56, 57, 61, 71-74, 121, 164, 196, 197, 198, 200, 300, 302, 308, 318, 345-348
製紙法　302
聖職者　290, 292, 293, 295, 298
宣誓　305, 306
聖ヨハネ騎士団　19, 203-206, 213, 219, 220
セファルディム系ユダヤ人　300, 308
施療院　290, 294, 298
先スペイン期　255, 257, 262, 264, 268, 271, 272
先住民　277, 280-282, 284, 286-292, 295-297
先住民証書　275, 280-286, 290, 292, 295, 296
先住民保護官および代理　291, 292, 294-296
前線総督　27, 30
洗礼記録　137, 143, 151, 155
洗礼簿　18, 49, 134, 135, 138, 139, 142, 144-146, 148, 150, 152-155, 347
総長　103, 107, 156, 212
総督　24, 27, 28, 41, 43, 52, 56, 57, 60, 61, 239, 250-252
総督府（区）　28, 36
租税再査定　289

タ

代官　26-28, 31, 46
大審問官　82, 83, 86, 90-92
大西洋貿易　317
代父母　137, 138
チアパス地方王庫　17, 23, 24, 33-53
『地誌報告』　237
地誌報告書　122
血の純潔　85, 89, 98, 99
地方法廷　79, 81-83, 85, 86, 88-90, 92-100
地方年報　118, 119
中央法廷　79, 81-86, 88-100
中国皇帝　64
中国使節　63, 64
聴訴院　8, 27, 33, 36, 40-43, 47, 48, 52, 60, 161, 234, 241, 242, 245, 246, 250-253
帖簿　299-306, 308, 309, 312, 315-321
勅書　234, 250
勅令　31, 32, 40, 42, 43, 51-53, 236, 246, 347
賃貸契約　288, 291
通商院　239
通信船　238, 239
綴込帳　279, 280, 282, 283, 285, 290
帝国学院　102, 123
デジタルアーカイブ　328
デジタル地図　328
テチアロヤン絵文書群　255, 256, 262, 263, 268
テンプル騎士団
典礼書　135
ドイツ語　121
同君連合　308
謄本　279
土地権利正常化　257
土地権利証書　10
土地貸借文書　10, 288
土地売買契約　292
都市工学　129, 130, 145, 155
ドミニコ会　104
トラシラカリ　257
トラトアニ　257, 272
トラロカン　256
トリエント公会議　135
トロ法　250

ナ

ナワトル系先住民　18, 19
ナワトル語　135, 256, 258, 260, 262, 264, 272, 273
日本人　139
年史　112
年次報告書　78, 81, 93, 99, 113
年報　17, 103, 104, 108, 109, 112, 113, 115-120
納税額査定記録　288
ノティティア　200

ハ

配架　　91, 92, 97

媒体　　335, 340

売買（契約）証書　　161, 164, 165, 167, 168, 171, 172, 175, 176, 179, 180-182, 194, 198, 199, 200, 281, 287, 290

バイリア　　204-206, 208, 209, 212, 213, 217, 219, 221, 224-226, 228

バウレ語系先住民　　150

パナマ総督　　243

ハプスブルク王朝　　60

パラグアイ・ミッション　　10

パルシアリダ　　137-143, 145-148, 150, 152-155

バレンシア法　　306

パンカルタ　　203、204

判事　　162, 287

バンデイランテ　　112

ピカレスク小説　　299, 321

被疑者　　77, 84, 86-90, 93-96.100

非先住民証書　　280, 282

『ビジェル緑書』　　212, 224

秘書　　70

標準化　　335

ビルバオ商事裁判所　　305, 307, 310, 315-317, 320

ファイリング　　276, 280, 282, 283, 303

ファディーガ　　215

フィリピン諸島総督　　68

フィリピン総督（府）　　10, 17, 55, 60, 63, 64, 71, 72

フィリピン総督府文書　　55, 57, 59, 61, 72, 74

フォラステロ　　289

布教区　　111, 117

布教区年報　　117-119

文書利用　　275, 288, 294

副王　　42-44, 46, 47, 53, 64, 250, 287, 291

副王制　　8

副王領　　63, 291

複合王制　　79, 81

複式簿記　　300, 307, 315, 317, 320

普通紙　　280, 282, 290

フランシスコ会　　258

フランス語　　203

ブルボン王朝　　60, 74

ブルボン改革　　36

フロタ（フロータス）船団　　63, 238, 252

文官　　8, 81

文書管理（実践）　　11-13, 121, 161, 162, 186, 284, 331, 342

文書記録　　24, 43, 47, 51, 161-163, 179

文書空間　　18, 131, 141, 148, 153-156

文書形式学　　78

文書庫　　112, 117-119

文書作成術　　162, 163, 187, 198, 199

文書主義　　7, 9, 13

文書循環サイクル　　10-13, 15, 17

文書探索　　93, 94, 96, 99, 100

文書ネットワーク　　8-10, 12, 14-19, 55, 61, 63, 72, 102-104, 112, 118, 121, 164, 200, 237, 249, 346-348

文書メディア　　9, 12-14, 16

ペドロ・デ・アンジェリス・コレクション　　115

ペルー独立期　　278, 283

弁護士　　81, 162, 171

法廷速記者　　76

ボカンドルム　　94-96, 100

簿記行為　　299, 301, 302, 304, 306, 317, 318, 320, 321

保釈金支払証書　　287, 289, 290

ポルトガル語　　313

ポルトガル人　　112

マ

マニュアル　　44, 52, 53, 196, 200, 201

マニラ市議会　　60

マニラ大司教　　60

マニラ聴訴院　　60, 74

マヨラスゴ（限子相続財産）　　234, 242, 247, 250

マリナス法　　235, 251

ミシオン（ミッション）　　18, 111

三つの鍵　*82, 84*
ミヌータ　*279*
ムデハル　*227*
ムボロレの戦い　*112*
メキシコ公会議　*134*
メキシコ政庁　*64*
メキシコ大司教区　*240*
メキシコ副王　*62-64, 71, 74*
メシーカ人　*273*
メスティソ　*15, 16, 276, 286*
目次　*88, 97, 171, 275, 279*
目録　*88, 90, 92*
モタ城　*58*
モビマ語　*145*
モホ語　*143*

ヤ

ヤナコナ　*287, 289*
遺言状（書）　*161, 169, 184, 185, 200, 287, 288, 290, 292-294*
遺言付随書　*243*
誘惑者　*93, 94, 96, 100*
ユダヤ（教徒）　*79, 82-84, 87, 95, 98, 227, 300, 308*
羊皮紙　*301, 303*

ラ

ラテン語　*119*
ラパス文書館　*200, 201*
ラビニャーニ研究所　*115*
リテラシー（論）　*16*
リマ公会議　*134, 156, 157*
輪番制労働　*287, 289*
ルイスモ　*215*
ルネサンス　*130, 302*
レドゥクシオン　*111, 136, 137, 139-141, 143-150, 153-156*
レパルティミエント　*252*
ロス・コンフィネス聴訴院　*29-31, 46*
ローマ教皇　*103, 234*

ローマ数字　*313*
ローマ総長　*17*
ローマ典礼書　*134, 135, 137*
ローマ文書館　*113*

地名

ア

アヴィニョン　*215*
アカプルコ　*62, 63, 312*
アジア　*7-9, 14, 15*
アスンシオン　*110*
アマゾン　*133*
アメリカ（大陸）*7, 8, 14-16, 23, 25, 59, 73, 161, 232, 234*
アヤクチョ　*276*
アラゴン（連合）王国　*18, 204, 215, 225-227*
アラビア半島　*62*
アリアーガ　*204-208*
アルカニス　*205*
アルゼンチン　*110*
アルバラシン　*205*
アルファンブラ　*205, 212*
アレキパ　*297*
アンガラエス管区　*297*
アンデス　*16, 129, 157, 276, 346*
アンポスタ（管区）　*204-206, 213, 219, 221, 222, 226*
イギリス
イグレスエラ　*217*
イタリア　*161, 300, 302*
イベリア半島　*23, 212, 225*
インディアス　*7, 8, 9, 12, 15, 17, 18, 56, 58, 232, 235, 237-239, 247-252, 275, 280, 308, 347*
インド　*62*
ヴァチカン市国　*113*
ウエスカ　*225*
ウエルバ　*204*
ウルグアイ　*110, 118*
ウルデコーナ　*205*

エクアドル　　102
エスパニョーラ島　　24, 53
エル・カブロンシーリョ　　213
エル＝サロブラール　　214
オアハカ　　257
オリノコ　　133
オロカウ・デル・レイ　　209, 216

カ

カスティーリャ　　81, 121, 231, 289, 300, 303,
　　304, 306-308, 311, 312, 317, 320, 321
カステリョーテ　　204, 205, 208, 210, 225, 228
カステロブランコ　　308
カディス　　58, 63
カナリアス　　80, 81
カニャーダ　　217
カリブ海　　238, 252
カルタヘナ　　49, 304
カンタビエハ　　204-206, 208, 212, 217-219, 221,
　　222, 228
カンデラリア　　112, 113, 117, 118, 120
キト　　102
キューバ（島）　　23, 49, 59, 70, 241, 245
ギリシア　　130
グアタグアタ　　139
グアダラハラ市　　25
グアテマラ　　24, 25, 27-29, 32-34, 36, 40, 43,
　　45-47, 49, 50, 53, 238
クアヒマルパ　　263, 264, 266, 268
グアマハ　　139
クエンカ　　80-82, 90, 98
クスコ　　276-278, 283, 289
クバグア　　49
グラシアス・ア・ディオス　　28, 30, 43, 50
グラナダ　　58
グラナダ新王国　　25
ケレタロ　　184, 186, 187, 301
ゴア　　62
コインブラ　　108
コヨアカン　　268
コルドバ　　98, 99, 110, 112, 113, 117, 118, 125

コロンビア　　49

サ

サカテカス市　　26
サラゴーサ　　205
サラマンカ　　162
サン・アントニオ・ソヤツィンコ
サン・イグナシオ・グアス　　110
サンガロ管区　　277, 288
サン・サルバドル市　　50
サン・ジル　　215
サンタ・アナ教区　　287, 289, 293
サンタ・マリア・マグダレナ教区　　287, 289,
　　293
サンティアゴ　　291
サン・ニコラス・テテルツィンコ　　258, 259,
　　262
サン・フアン・デ・プエルトリコ　　49
サン・マティアス・クイシンコ　　258-262, 271
サン・ミゲル（布教区）　　115、117
サンパウロ　　112
サン・ペドロ　　135, 137, 139, 142, 146
サン・レオポルド　　115
シウダ・レアル市（サン・クリストバル・デ・ラス・
　　カサス市）　　27-30, 34
シマンカス　　58, 59, 60
スペイン　　7-9, 12, 14, 15, 17-19, 23-27, 32-34,
　　43, 45, 55, 62, 161-164, 168, 184-187, 199,
　　200, 204, 234, 238-240, 242, 243, 245, 252,
　　276, 277, 280, 284, 294, 295, 346, 347
スペイン領アメリカ　　16, 17, 23-25, 27, 36, 38,
　　43, 44, 48, 49, 129, 135, 139, 140, 161-164,
　　168, 180, 184187, 196
セビーリャ　　15, 23, 36, 52, 58, 59, 63, 238, 239,
　　241, 253, 300, 304, 308
セブ　　60, 102

タ

チアパス　　17, 27-30, 32-34, 36, 38, 40, 43-47,
　　49, 51, 52, 57

384　索引

チキトス　*132*
中国　*62, 63, 68, 70, 74*
中米　*28, 134, 135, 156, 252, 346*
チリ　*133, 291*
ティエラ・フィルメ　*238*
テツココ　*272*
テノチティトラン　*25*
テルエル県　*204, 205*
ドイツ　*109*
トランクタイユ　*215*
トルーカ　*263*
トレド　*80-82, 98, 99*
トロンチョン　*217, 227*

ナ

南米　*25, 58, 252*
ニカラグア　*25, 32-34, 45, 46, 49, 53*
日本　*55, 74, 139*
ヌエバ・エスパーニャ　*18, 28, 42, 44-47, 60, 68, 70, 102, 184, 185, 231, 238, 239, 241, 242, 245, 249, 253, 346*
ヌエバ・ガリシア　*25*

ハ

パナマ　*234*
ハバナ　*238, 239*
パラグアイ　*17, 101, 104, 105, 108, 110, 113, 114, 118, 119, 124, 125, 132*
パラナ　*118*
パリ　*203*
バリャドリード　*58, 162, 243*
バルセロナ　*305*
バレンシア　*204, 304*
東アジア　*64, 344*
ビサヤ諸島　*102*
ビジャルエンゴ　*217, 220, 228*
ビジャスタル　*213, 215, 216*
ビジェル　*204-206, 208, 212-216*
ビルカス管区　*277, 297*
ビルバオ　*304*

フィリピン　*7, 55-62, 66, 70-75*
ブエノスアイレス　*112*
プエブラ　*309*
プエルト・デ・カバージョス　*32, 34*
プエルトリコ　*59*
ブラジル　*109, 110*
フランス　*32, 134, 203, 204, 225*
ブリュッセル　*125*
ブルゴス　*304*
プロヴァンス　*225*
ベニ県　*133*
ベネズエラ　*25, 49*
ベラクルス　*63*
ペルー　*16, 23, 25, 32, 49, 60, 120, 129, 239, 251, 275, 295*
ペルー副王領　*11, 19, 163, 277, 283, 346*
ベルギー　*225*
ポトシ　*277*
ボリビア　*110, 133, 135, 136, 164, 165, 171, 196, 201*
ポルトガル　*62, 108, 308*
ホンジュラス　*25, 28, 30, 32-34, 36, 43, 45, 46, 49, 53*

マ

マカオ　*62*
マグダレナ　*139, 142, 143, 146, 150*
マドリード　*24, 40, 51, 52, 70, 77, 82, 90, 97, 102, 156, 162, 169, 196-198, 200, 204, 319*
マニラ（市）　*60, 62, 63, 70, 74, 102*
マヤグエ　*139*
マラッカ　*108*
マルガリータ島　*49*
ミチョアカン　*129, 236, 243, 249, 257*
ミラノ　*300*
ミランベル　*217, 219*
ムルシア　*80, 99*
メキシコ　*9, 18, 19, 23, 44, 61, 64, 70, 72, 133, 134, 162, 184, 185, 231, 233-245, 301, 303, 308, 309, 320*
メキシコ市　*18, 27, 41, 48, 63, 184, 239-241,*

243-245, 304
メキシコ盆地　256, 263
メソアメリカ　261, 262, 271
メディナ・デル・カンポ　58
モクヨ　139
モホス　18, 129, 132-136, 138-142, 145, 146,
　154-156, 157
モルッカ　108
モンテビデオ　239

ヤ

ヤッカ　139
ユカタン地方　41
ヨーロッパ　7, 12, 14, 16, 17, 23, 65

ラ

ライン＝ロワール両河川間　204
ラ・クバ　217
ラ・コルーニャ　239
ラテンアメリカ　8, 9, 12, 162, 164, 165, 179,
　180, 345
ラパス　18, 136, 161, 163, 164, 168, 171, 172,
　176, 179-182, 184, 187, 191, 194-198, 200, 201
ラプラタ　112, 129, 133, 156, 346
ラ・マグダレナ・アトリティク　269, 270
ラングドック　204
リオ・グランデ・ド・スル　115
リオデジャネイロ　115
リオデバ　213
リオ・デ・ラ・プラタ　25
リシュランシュ　215
リスボン　108
リブロス　213
リマ　48, 134, 277, 283
ルカナス管区　277, 289
ルソン　55
琉球　74
ロエ　215
ローマ　107, 108, 113, 118, 119, 134, 135, 156,
　157

ワ

ワマンガ　19, 275-280, 282, 283, 285, 287-291,
　295, 296
ワロチリ　16
ワンカベリカ　277, 289

人名

ア

アウマダ、ペドロ・デ　262, 273
アコスタ、ホセ・デ　102
アバルカ・ペドロ・デ　122
アバロス、アロンソ・デ　242
アルグエーリョ、ガスパル・イシドロ　90,
　91
アルバラード、ペドロ・デ　27, 28
アレマン、マテオ　300, 301, 321
イサベル女王　347
インファンテ、エルナンド　233, 240
インファンテ、フアン　233, 234, 240, 241,
　243, 244, 246
インファンテ、フランシスカ　233, 234, 243
インファンテ、ヘロニマ　232
インファンテ、マリアナ　234, 239, 242, 243
インファンテ、ルイス　233, 239, 243
ヴェラ、サンティアーゴ・デ　72
エステベ、エルナンデス　307
エストラーダ、アロンソ・デ　241, 244
エストラーダ、ペドロ・デ　29
エスピノーサ、ディエゴ・デ　83, 86, 88
エリアス・オルティス・デ・ログローニョ、フ
　アン　184, 186
エリオット、J.H.　56, 63, 73, 74
エレディア・エレーラ、アントニア　14, 55,
　57, 59, 73, 74
岡崎敦　203, 223
オバンド、ニコラス・デ　24
オバンド、フアン・デ　122, 236
オルテガ、フランシスコ・デ　63, 64

オルドゥーニャ、フアン・デ　27, 28, 49

カ

カステジャーノス、フランシスコ・デ　34
カトリック両王　245, 303
カミンズ、トム　16, 131, 132, 154, 156
カラール・イローロ　162
カルカセス、ドミンゴ　212
ガルガーリョ・モヤ、アントニオ　225
カール5世（カルロス5世）　→カルロス1世
カルロス1世　7, 56, 57, 121, 236, 246, 251, 262
カルロス2世　60, 250
カルロス3世　58
ギブソン、チャールズ　256
キレス、ハイメ　221, 228
キロガ、バスコ・デ　129, 242, 246
クランチィ、マイケル・T　203, 223
グリュジンスキ、セルジュ　256, 257
クリソストモ・デ・サラテ、フアン　184-186, 201
クロッセイ・リューク　102
ゲラ、バルタサル　29, 47
ゴウヴェイア、クリストヴァン・デ　109
コルーニャ、コンデ・デ　230
コルテス、エルナン　241, 259
コルテス・マルティン　248
コレイラ・アフォンソ、ジョン　103, 107, 110, 119
コントレラス、フアン・ルイス・デ　61

サ

サエス、カルロス　204, 224
サタリャーダ、ゲラウ　217, 221
ザビエル、フランシスコ　101
サマノ、フアン・デ　58, 241, 242, 244, 253
サリーナス、マリア・ラウラ　115
サルバドル・デ・ソロサノ、バルトロメ　306, 307, 313

サルメロン　58
サロモン、フランク　11, 16
サンチェス・デ・ファンロ、ペドロ　213, 216
サンデ、フランシスコ・デ　61, 64, 66, 68, 71
シャスタン、ピエール　204
シェッファー、エルネスト　71, 73, 75
センテノ、アンドレス　30
ソルエタ、ベルナルド・デ　165, 182, 186

タ

ディアス、ガレンデ　78
ディアス、シモン　123
デサ、ディエゴ・デ　83
デ・ラ・トーレ、ゴンサロ・サンドラ　205
デ・ラ・トーレ、アントニオ　30, 46
トルケマダ、トマス・デ　82
トレド・フランシスコ・デ　129, 154, 283, 291

ナ

ナダル、ハイメ　222
ニニョ・ムルシア、メルセデス　11, 16

ハ

ハイメ2世　226
パウルス5世　135
バエス・デ・セビーリャ、シモン　310, 312, 313, 315-320
バエス、ガスパール　316, 317, 319
パエス・デ・カストロ、フアン　121
パーカー、ジョフリー　66, 74
バスケス、アントニオ　172, 186
バスケス・デ・リバデネイラ、ディエゴ　29, 33, 34, 46, 47
パステルス　55-57, 59, 72, 73, 74
パチョーリ、ルカ・バルトロメオ・デ　300, 321
パラフォックス、フアン・デ　102

ハリス、スティーブン　102, 107
パルド・フェリペ　60
バレーラ、パトリシオ　195, 196
バーロウ、ロバート・H　256
パローモ、フェデリコ　104
バーンズ、キャスリン　162, 163, 198, 199
ピサロ、ゴンサロ　248, 251
ピサロ、フランシスコ　49
ヒメネス・ゴメス、フアン・リカルド　184,
　185
平山篤子　62, 74
フアナ王女　58
ファブロ、ペドロ　107
ファルファン、ペドロ　242-245, 247
フアン1世　217
フェブレーロ、ホセフ　169, 171, 180, 184,
　196, 200
フェリペ2世　7, 57-59, 61, 63-66, 68, 70-73,
　75, 236, 237, 258, 280, 304
フェリペ5世　74
フェルナンデス・デ・エレディア、フアン
　212
フェルナンド7世　81
フォリィ、アラン・ジョン　226
フォンターナ、カベサス　78
フーコー、ミシェル　102, 130, 155
プッチブリアウ、ロレンソ　227
ブランコ・デ・カサスア、フランシスコ
　276, 284-286, 294, 295, 297
フリードリヒ・マルクス　102, 108, 109
ブルーシェル、アルナルド　115
ブレア、エマ・ヘレン　55
フロイス、ルイス　108
ブローデル、フェルナン　65, 71, 74, 75
フロレスカーノ　256
フロレント、フアン　227
ペニャロサ、ゴンサロ・ロンキリョ・デ　63
ヘナロ・チャベス・デ・ペニャロサ、ホセ
　195
ベラスコ、ルイス・デ　259
ベルトラン、ポール　223, 225
ボラーニョス、エビア　162

ポランコ、フアン・デ　107, 119
ボルネマン、メネグス　257
ボルハ、フランシスコ・デ　107, 108
ボルヘス、ペドロ　106

マ

マビヨン、ジャン　122
マリェン、フアン・デ　222, 228
マリン、ヒエロニモ　64
メーデール・エルネスト　115
メディーナ、サンティアーゴ　78
メルカード、ペロ　221
メルガレーホ・マンリケ、ペドロ　185
メンダニョ、ガルシア・デ　29, 46
メンドーサ、フアン・ゴンサレス・デ　64,
　74
メンドーサ、アントニオ・デ　28, 29, 46
モラレス・ミジャン、フランシスコ　34
モレノ、ペドロ　29
モレル、ローラン　223
モンテスキュー、シャルル＝ルイ　112
モンテッホ、フランシスコ・デ　28, 29, 30,
　41, 49, 52

ラ

ライネス、ディエゴ　107, 108
ラパポート、ジョアン　16, 131, 132, 154, 156
ラビニャーニ、エミリオ　113
ラブスキ、アルトゥール　124
ラベサリス　74
ラマ、アンヘル　7, 129-132, 141, 154-156
リオリ、マルティン・デ　221
リバデネイラ、ペドロ・デ　125
リピア、フアン・デ・ラ　185
ルイス・デ・トレグロサ、ペドロ　322
ルソー、ジャン・ジャック　112
レアル・ディアス、ホアキン・ホセ　14
レイテ、セラフィム　109
レオンハルト・カルロス　113
レオン＝ポルティージャ　256

388 索引

レガスピ　　74
レターナ、W. E.　　55
ロアイサ、ヘロニモ・デ　　134
ロカベルティ　　90-92
ロス・コボス、フランシスコ・デ　　58
ロダス・アニセト　　176, 179, 194, 198, 201
ロックハート、ジェームス　　256, 257

ロバートソン、ジェームス・アレクサンダー　　55
ロペス・デ・セラート、アロンソ　　32, 34, 36, 44-47, 50, 51
ロヘル、フアン　　37, 46, 47, 52
ロヨラ、イグナチオ・デ　　106, 107

【執筆者紹介】掲載順　＊は編者

吉江　貴文（よしえ・たかふみ）＊
1965 年生まれ。博士（学術）（総合研究大学院大学）。広島市立大学・国際学部准教授。
専門は文化人類学、ラテンアメリカ地域研究。現在は、近代スペインを発信地とする公文書
管理システムのラテンアメリカ地域への移植・変容・融合の史的プロセスについて文書論の
視座から研究を進めている。
主要業績に『テクストと人文学─知の土台を解剖する』（人文書院、2009、共著）、『アンデ
ス世界─交渉と創造の力学』（世界思想社、2012、共著）など。

小原　正（おばら・ただし）
1979 年生まれ。修士（社会人類学）（Centro de Investigaciones y Estudios Superiores en
Antropología Social, Mexico）。慶應義塾大学経済学部専任講師。
専門は歴史学、メキシコ近世史。スペイン植民地支配下のメキシコ南部先住民社会が研究対
象。先住民がスペイン政府に納めていた貢納品の流通と消費の分析を通じて、先住民社会と
その外部との経済的関係を調査している。
主 要 業 績 に Ladinización sin mestizaje. Historia demográfica del Área Chiapaneca 1748–
1813. Tuxtla Gutiérrez: Consejo Estatal para las Culturas y las Artes de Chiapas, 2010（単
著）、El arte de contar tributarios. Provincia de Chiapas, 1560–1821. México: El Colegio de
México, 2017（Juan Pedro Viqueira Alban との共著）、Cuenta de la Caja Real de Chiapas.
1540–1549. San Cristóbal de Las Casas: Universidad Autónoma de Chiapas, Instituto de
Estudios Indígenas, 2016（史料編纂）など。

清水　有子（しみず・ゆうこ）
1972 年生まれ。博士（史学）（東京都立大学）。明治大学文学部准教授。
専門は近世日本対外関係史。とくにスペインとの関係に着目して、織豊期の政治外交や鎖国
の形成をめぐる諸問題を解明することを、主たる研究課題にしている。
主要業績に『近世日本とルソン─「鎖国」形成史再考─』（東京堂出版、2012 年）、「豊臣政
権の神国宣言─伴天連追放令の基本的性格と秀吉の宗教政策を踏まえて─」（『歴史学研究』
958、2017 年）、「フェリペ 2 世の東アジア政策─スペイン帝国の海外情報収集と分析の特
性─」（『洋学』25、2018 年）など。

坂本　宏（さかもと・ひろし）
1969 年生まれ。修士（文学）（東京大学）。中央大学経済学部准教授。
専門は西洋史・スペイン史。近世スペインの宗教マイノリティ（コンベルソ）や神秘主義を
研究対象としている。
主要業績に「ベアータ研究の新しい潮流」（『人文研紀要（中央大学人文科学研究所）』80、
2015 年）、「フェリペ 3 世の歴史学的見直し」（松原典子編『フェリペ 3 世のスペイン：そ
の歴史的意義と評価を考える』上智大学ヨーロッパ研究所研究叢書 8、2015 年）、「フアン・
デ・アビラとその弟子集団─スペイン神秘主義史における聖人と異端者のあいだ」（『スペイ
ン史研究』26、2012 年）。

武田　和久（たけだ・かずひさ）
1977 年生まれ。博士（地域研究）（上智大学）。明治大学政治経済学部専任講師。
専門は歴史学、ラテンアメリカ史、ラテンアメリカ地域研究。イエズス会を中心に、特に次の 3 点について研究している。（1）ラテンアメリカにおけるキリスト教布教の歴史、（2）アメリカ先住民に対するキリスト教布教の社会文化的インパクト、（3）キリスト教布教における軍事的側面。
主要業績に『パラグアイを知るための 50 章』（明石書店、2011、共編著）、「17–18 世紀スペイン領南米ラプラタ地域のイエズス会布教区における銃器配備」（『国際武器移転史』（4）2017）、"Los padrones de indios guaraníes de las misiones jesuíticas（1656–1801）: análisis dinámico y comparativo desde la óptica de los cacicazgos," *Surandino Monográfico*,（No. 1, 2016）; "The Jesuit-Guaraní Confraternity in the Spanish Missions of South America（1609–1767）: A Global Religious Organization for the Colonial Integration of Amerindians," *Confraternitas*,（No. 28 (1) 2017）など。

齋藤　晃（さいとう・あきら）
1963 年生まれ。修士（学術）（東京大学）。国立民族学博物館人類文明誌研究部教授。
専門は文化人類学、ラテンアメリカ研究。スペイン統治下の南米先住民の社会文化的変容の研究に従事する。
主要業績に *Reducciones: la concentración forzada de las poblaciones indígenas en el Virreinato del Perú*（Fondo Editorial de la Pontificia Universidad Católica del Perú、2017、共編著）、*Les outils de la pensée: étude historique et comparative des « textes »*（Éditions de la Maison des sciences de l'homme、2010、共編著）、*Usos del documento y cambios sociales en la historia de Bolivia*（National Museum of Ethnology、2005、共編著）などがある。

足立　孝（あだち・たかし）
1970 年生まれ。博士（文学）（名古屋大学）。広島大学大学院文学研究科准教授。
専門は、歴史学、西欧中世史。イベリア半島およびフランス南部を中心とする西地中海世界の社会経済史ならびに文書生成論をおもな研究対象とする。
主要業績に Une critique génétique du compte seigneurial: idéal et réalite de l'exploitation d'un domaine épiscopal de Huesca au XIIIᵉ siècle, *Entre texte et histoire. Etudes d'histoire médiévale offertes au professeur Shoichi Sato*, Paris, 2015, pp. 3–18; Charters, Cartulary and Family Lineage Re-created: A Genetic Study of the Cathedral Archive of Huesca from the Twelfth to the Mid-Thirteenth Century, *Configuration du texte en histoire*, Nagoya, 2012, pp. 95–107; Documents of Dispute Settlement in Eleventh-Century Aragón and Navarra: King's Tribunal and Compromise, *Imago Temporis. Medium Aevum*, no. 1, 2008, pp. 71–85.

横山　和加子（よこやま・わかこ）
1954 年生まれ。博士（文学）（筑波大学）　慶應義塾大学商学部教授。
専門は、メキシコの植民地時代。具体的には、植民都市の形成とその特徴、入植スペイン人の土着化と心性、先住民共同体の文化変容、植民地文化・芸術の萌芽と発展といった観点からの社会文化史研究。

主要業績に『メキシコ先住民社会と教会建築：植民地期タラスコ地域の村落から』（慶應義塾大学出版会、2004、単著）、「古文書が紡ぐ物語：フランシスカ・インファンテの結婚と転換期の植民地メキシコ」（清水透ほか編著『ラテンアメリカ出会いの形』慶應義塾大学出版会、2010）、*Dos Mundos y un destino. Cien Años de la encomienda de Juan Infante y sus herederos en la provincia novohispana de Michoacán, 1528-1628*（Morelia, Mich., Universidad Keio, UMSNH, Archivo Histórico Municipal de Morelia, 2014）など。

井上　幸孝（いのうえ・ゆきたか）
1971 年生まれ。博士（文学）（神戸市外国語大学）。専修大学文学部教授。
専門は歴史学（メキシコ史・メソアメリカ史）。主に 15 ～ 18 世紀のメキシコ中央部の先住民社会を対象とし、先住民クロニカの歴史記述、ナワトル語圏の権原証書、クリオーリョの歴史記述などを研究している。
主要業績に『自然環境と人間の世界誌―知的融合への試み』（専修大学出版局、2017 年、共編著）、『メソアメリカを知るための 58 章』（明石書店、2014 年、編著）、Indios, mestizos y españoles. Interculturalidad e historiografía en la Nueva España（Universidad Autónoma Mtropolitana, México, 2007, 共著）など。

溝田　のぞみ（みぞた・のぞみ）
1972 年生まれ。修士（言語・文化学）（大阪外国語大学）。同志社大学嘱託講師。
専門は、アンデス史。アンデス地域における植民地時代の先住民社会史に関心があり、とくにペルー中部山岳地帯のワマンガ地方においてスペインから導入された文書システムや裁判制度、集住政策の先住民社会への影響を調査・研究対象としている。
主要業績に「先住民証書のファイリングシステムの変遷―植民地時代ペルー・ワマンガの事例」（『ラテンアメリカ研究年報』32、2012 年）、「訴訟制度のなかの先住民― 一七世紀ペルー・ワマンガ地方の三つの事例を通して」（染田秀藤、関雄二、網野徹哉編『アンデス世界―交渉と創造の力学―』、世界思想社、2012 年）、Pervivencia y cambios de las reducciones en la región de Huamanga, siglo XVII.（Akira Saito y Claudia Rosas Lauro（eds.）, *Reducciones: la concentración forzada de las poblaciones indígenas en el Virreinato del Perú*. Colección Estudios Andinos 21. Lima: PUCP Fondo Editorial/ National Museum of Ethnology, 2017）などがある。

伏見　岳志（ふしみ・たけし）
1972 年生まれ。博士（学術）（東京大学）。慶應義塾大学商学部教授。
専門は、ラテンアメリカ、大西洋、スペイン帝国の歴史。現在は、スペイン帝国各地の会計文書と商業慣習行為、近世イベリア世界のユダヤ系コミュニティについて研究している。
主要業績に『世界史のなかの女性たち』（勉誠出版、2015、共編著）、「海賊と先住民に悩まされるスペイン領ユカタン植民地」（島田竜登編著『1683 年　近世世界の変容』山川出版社、2018）など。

中村　雄祐（なかむら・ゆうすけ）

1961 年生まれ。博士（学術）（東京大学）。東京大学大学院人文社会系研究科文化資源学研究専攻・教授。

読み書きに関する文理の基礎研究を踏まえつつ、文書という重要な文化資源を、調査研究の資料として、手段として、の両面から研究している。

主要業績に『生きるための読み書き—発展途上国のリテラシー問題』（みすず書房，2009）、Yusuke, Nakamura, Suzuki Chikahiko，Masuda Katsuya & Mima Hideki, "Designing Research for Monitoring Humanities-based Interdisciplinary Studies: A Case of Cultural Resources Studies（Bunkashigengaku 文化資源学）in Japan," (*Journal of the Japanese Association for Digital Humanities*, 2(1), 2017), Tomomi, Kozaki & Nakamura Yusuke, "The Evolving Life Improvement Approach: From Home Taylorism to JICA Tsukuba, and Beyond," (*Psychosociological Issues in Human Resource Management*, 6(1), 2018）など。

「国立民族学博物館論集」は、国立民族学博物館が推進する共同研究・機関研究の成果を、研究者コミュニティならびに一般社会へ発信することを目的とする。出版に際しては、国立民族学博物館における出版物に関する規定にもとづいた審査を経ている。

近代ヒスパニック世界と文書ネットワーク　　国立民族学博物館論集 5

2019（平成 31 年）4 月 22 日　　第 1 刷発行

編　者　吉江貴文

発行所　悠書館　代表：長岡正博　　http://www.yushokan.co.jp/

〒 113-0033　東京都文京区本郷 3-37-3-303　電話 03-3812-6504　FAX 03-3812-7504

本文組版・フレックスアート　装幀・尾崎美千子　印刷・理想社　製本・新広社

ISBN978-4-86582-035-5 C3022　　　　　　　　　　Printed in Japan